Die psychiatrisch-psychotherapeutische Versorgung
von geflüchteten Menschen

Vanessa Marie Zeeb

Die psychiatrisch-psychotherapeutische Versorgung von geflüchteten Menschen

Möglichkeiten und Grenzen der Prävention

PETER LANG

Bibliografische Information der Deutschen Nationalbibliothek
Die Deutsche Nationalbibliothek verzeichnet diese Publikation in der Deutschen Nationalbibliografie; detaillierte bibliografische Daten sind im Internet über http://dnb.d-nb.de abrufbar.

Veröffentlichung als Dissertation an der Deutschen Universität für Verwaltungswissenschaften Speyer 2022

Sp 3
ISBN 978-3-631-89022-6 (Print)
E-ISBN 978-3-631-89035-6 (E-PDF)
E-ISBN 978-3-631-89036-3 (EPUB)
DOI 10.3726/b20205

Peter Lang – Berlin · Bruxelles · Lausanne · New York · Oxford

Diese Publikation wurde begutachtet.

www.peterlang.com

Vorwort

Die vorliegende Arbeit zum Thema „Die psychiatrisch-psychotherapeutische Versorgung von geflüchteten Menschen – Möglichkeiten und Grenzen der Prävention“ ist im Sommersemester 2022 an der Deutschen Universität für Verwaltungswissenschaften Speyer als Dissertation angenommen worden. Rechtsprechung und Literatur wurden bis zum 25.08.2022 berücksichtigt.

Mein herzlichster Dank gilt meiner Doktormutter, Frau Prof. Dr. Constanze Janda, die mir die Gelegenheit geboten hat, diese Arbeit zu schreiben und mich dabei stets mit Rat und Unterstützung durch diese Zeit begleitet hat. Danke, dass Sie an mich geglaubt und mich gefördert haben.

Vielen Dank an Frau Prof. Dr. Cristina Fraenkel-Haeberle für die Bereitschaft zur Übernahme des Zweitgutachtens sowie an Frau Prof. Dr. Sanja Korac für ihre Beteiligung an der mündlichen Prüfung.

Durch die Arbeit für den Lehrstuhl und das Projekt „Migration und Institutionenwandel im deutschen Gesundheitswesen im Feld der psychiatrischen und psychotherapeutischen Versorgung von Geflüchteten (MIGEP)“, in dessen Rahmen diese Arbeit erstellt wurde, durfte ich viele lehrreiche Erfahrungen machen; vielen Dank an Mathieu Wagner für die schöne Zusammenarbeit.

Auch das Team vom Lehrstuhl war eine Bereicherung für mich, vor allem Martina Dieterle war mit ihrer hilfsbereiten und lieben Art eine große Unterstützung.

Meine Bürokolleg*innen haben mich, nicht nur durch anregende Gespräche, immer wieder zum Weiterdenken ermutigt – vielen Dank.

Meine Eltern, meine Familie, mein Partner und mein Umfeld haben mich bestärkt und unterstützt, mir immer wieder neuen Mut gemacht und an mich geglaubt – ich danke euch von Herzen.

Heidelberg, im August 2022
Vanessa Marie Zeeb

Inhaltsverzeichnis

Abkürzungsverzeichnis

a. A.	anderer Ansicht
Abb.	Abbildung
ABH	Ausländer*innenbehörde(n)
ABl	Amtsblatt der Europäischen Union
ÄBl BY	Bayerisches Ärzteblatt
Abs.	Absatz
ADHS	Aufmerksamkeits-Defizit-Hyperaktivitäts-Störung
Adolescent Res Rev	Adolescent Research Review
AEMR	Allgemeine Erklärung der Menschenrechte
AEUV	Vertrag über die Arbeitsweise der Europäischen Union
a. F.	alte Fassung
Alt.	Alternative
ALS	Amyotrophe Lateralsklerose
Am J Psychiatry	The American journal of psychiatry
Am J Public Health	American journal of public health
AMN	Adrenomyeloneuropathie
Am Psychol	The American psychologist
AnkER-Zentrum	Zentrum für **Ank**unft, **E**ntscheidung, **R**ückführung
Anm.	Anmerkung
AöR	Archiv des öffentlichen Rechts
AP	Arbeitsrechtliche Praxis
APuZ	Aus Politik und Zeitgeschichte
Art.	Artikel
Ärzte-ZV	Zulassungsverordnung für Vertragsärzte
ASU Med	Arbeitsmedizin, Sozialmedizin, Umweltmedizin - Zeitschrift für medizinisch Prävention
AsylbLG	Asylbewerberleistungsgesetz
AsylG	Asylgesetz, früher: Asylverfahrensgesetz (AsylVfG)
Asylmagazin	Asylmagazin Zeitschrift für Flüchtlings- und Migrationsrecht
AufenthG	Aufenthaltsgesetz

AufenthG-AVwV	Allgemeine Verwaltungsvorschrift zum Aufenthaltsgesetz
Aufl.	Auflage
Aufnahme-RL 2003/ 9/EG (alt)	Richtline 2003/9/EG des Rates vom 27. Januar 2003 zur Festlegung von Mindestnormen für die Aufnahme von Asylbewerbern in den Mitgliedstaaten v. 06.02.2003
Aufnahme-RL 2013/ 33/EU	Richtlinie 2013/33/EU des Europäischen Parlaments und des Rates vom 26. Juni 2013 zur Festlegung von Normen für die Aufnahme von Personen, die internationalen Schutz beantragen (EU-Aufnahmerichtlinie) v. 29.06.2013
AuR	Arbeit und Recht
AZR	Ausländerzentralregister
AZR-Gesetz	Gesetz über das Ausländerzentralregister
BA	Bundesagentur für Arbeit
BAMF	Bundesamt für Migration und Flüchtlinge
Bd.	Band
BeckRS	Beck online Rechtsprechung
Behav. Cogn. Psychother.	Behavioural and Cognitive Psychotherapy
Beschl.	Beschluss
BeschV	Verordnung über die Beschäftigung von Ausländerinnen und Ausländern (Beschäftigungsverordnung)
BJPsych Bull	BJPsych Bulletin
BGB	Bürgerliches Gesetzbuch
BGBl. (I und II)	Bundesgesetzblatt
BGH	Bundesgerichtshof
Bgrd.	Begründer*in
BJPsych Bull	BJPsych Bulletin
BMC Med	BioMed Central Medicine
BMC Psychiatry	BioMed Central Psychiatry
BMC Public Health	BioMed Central Public Health
BMI	Bundesministerium des Innern
Br J Psychiatry	The British journal of psychiatry: the journal of mental science
BRD	Bundesrepublik Deutschland

BR-Drs.	Bundesratsdrucksache
BSHG	Bundessozialhilfegesetz
BSG	Bundessozialgericht
BSGE	Entscheidungen des Bundessozialgerichts
BT-Drs.	Bundestagsdrucksache
Bundesgesundheitsbl	Bundesgesundheitsblatt, Gesundheitsforschung, Gesundheitsschutz
BVerfG	Bundesverfassungsgericht
BVerfGE	Entscheidungen des Bundesverfassungsgerichts
BVerwG	Bundesverwaltungsgericht
BVerwGE	Entscheidungen des Bundesverwaltungsgerichts
Can J Psychiatry	Canadian Journal of Psychiatry
Can. Psychol.	Canadian Psychology/Psychologie canadienne
CESCR	UN-Ausschuss für wirtschaftliche, soziale und kulturelle Rechte
Clin Pract Epidemiol Ment Health	Clinical practice and epidemiology in mental health
Clin Psychol Rev.	Clinical Psychology Review
Clunet	Journal du droit international
CNS Spectr	CNS spectrums
CURIA	Rechtsprechungsportal des EuGH
Curr Psychiatry Rep	Current psychiatry reports
DCM	Dialogical Communication Method
(Der) Internist	Zeitschrift
(Der) Nervenarzt	Zeitschrift
ders./dies./dass.	derselbe/dieselbe(n)/dasselbe
DGUV	Deutsche Gesetzliche Unfallversicherung
d. h.	das heißt
(Die) Psychiatrie	Zeitschrift
DIMR aktuell	Deutsches Institut für Menschenrechte – Zeitschrift
dms	der moderne staat – Zeitschrift für Public Policy, Recht und Management
DNP	Der Neurologe & Psychiater
DÖV	Zeitschrift für öffentliches Recht und Verwaltungswissenschaft
DSM	Diagnostic and Statistical Manual of Mental Disorders

Dtsch Arztebl	Deutsches Ärzteblatt
Dtsch Arztebl Int	Deutsches Arzteblatt international
Dtsch Arztebl PP	Deutsches Ärzteblatt für Psychologische Psychotherapeuten und Kinder- und Jugendlichenpsychotherapeuten
Dublin III-VO	Verordnung (EU) Nr. 604/2013 des Europäischen Parlaments und des Rates vom 26. Juni 2013 zur Festlegung der Kriterien und Verfahren zur Bestimmung des Mitgliedstaats, der für die Prüfung eines von einem Drittstaatsangehörigen oder Staatenlosen in einem Mitgliedstaat gestellten Antrags auf internationalen Schutz zuständig ist
EASO	Europäisches Unterstützungsbüro für Asylfragen
ECSR	Europäischer Ausschuss für soziale Rechte des Europarats
EFA	Europäisches Fürsorgeabkommen
EG	Europäische Gemeinschaften
eGK	Elektronische Gesundheitskarte
EGMR	Europäischer Gerichtshof für Menschenrechte
EJIL	European journal of international Law
EJPH	European journal of public health
EJPT	European journal of psychotraumatology
EMRK	Europäische Menschenrechtskonvention
Epidemiol Psychiatr Sci	Epidemiology and psychiatric sciences
ESC	Europäische Sozialcharta
EU	Europäische Union
EuGH	Europäischer Gerichtshof
(EU)GRCh	Charta der Grundrechte der Europäischen Union
EuR	Europarecht – Zeitschrift
Eur J Epidemiol	European journal of epidemiology
Eur J Public Health	European journal of public health
Eurojust	EU-Agentur für justizielle Zusammenarbeit
Europol	Europäisches Polizeiamt
EUV	Vertrag über die Europäische Union
e. V.	Eingetragener Verein
EWR	Europäischer Wirtschaftsraum

f. (ff.)	(fort) folgende
FdNP	Fortschritte der Neurologie Psychiatrie
FD-SozVR	Fachdienst Sozialversicherungsrecht
FlüAG-BW	Flüchtlingsaufnahmegesetz Baden-Württemberg
Fontene Forskning	Zeitschrift
Forschung Frankfurt	Zeitschrift
Forum Psychoanal	Forum der Psychoanalyse
Frontex	Europäische Agentur für die Grenz- und Küstenwache
GAP	Globaler Aktionsplan / Global Action Plan
G-BA	Gemeinsamer Bundesausschuss
GBl. BW	Gesetzblatt für Baden-Württemberg
Gesundheitswesen	Das Gesundheitswesen
GFK	Abkommen über die Rechtsstellung der Flüchtlinge / Genfer Flüchtlingskonvention
GG	Grundgesetz für die Bundesrepublik Deutschland
GKV	Gesetzliche Krankenversicherung
GSG	Gesundheits-Strukturgesetz
GU	Kommunale Gemeinschaftsunterkunft
GuP	Gesundheit und Pflege
GUVO-MV	Gemeinschaftsunterkunftsverordnung Mecklenburg-Vorpommern
GVOBl. M-V	Gesetz- und Verordnungsblatt für Mecklenburg-Vorpommern
Health Hum Rights	Health and human rights
h. M.	herrschende Meinung
Hrsg. (hrsg.)	Herausgeber*in(nen) (herausgegeben)
HS.	Halbsatz
IAO / ILO	Internationale Arbeitsorganisation / International Labour Organization
IASC	Inter-Agency Standing Committee
IBIS	Interkulturelle Arbeitsstelle für Forschung, Dokumentation, Bildung und Beratung e.V.
ICD(-GM)	International Classification of Diseases – German Modification
ICJ Review	Review of the International Commission of Jurists
IGH-Statut	Internationaler Gerichtshof

Im Dialog	Im Dialog – Beiträge aus der Akademie der Diözese Rottenburg-Stuttgart
INGO	Internationale Nichtregierungsorganisationen
info also	Informationen zum Arbeitslosenrecht und Sozialhilferecht
Int Health	International health
Int J Appl Psychoanal Studies	International Journal of Applied Psychoanalytic Studies
Int. Migration & Integration	Journal of International Migration and Integration
IpbpR / ICCPR	Internationaler Pakt über bürgerliche und politische Rechte (UN-Zivilpakt) (englisch: International Covenant on Civil and Political Rights, ICCPR)
IPwskR / ICESCR	Internationaler Pakt über wirtschaftliche, soziale und kulturelle Rechte (UN-Sozialpakt) (englisch: International Covenant on Economic, Social and Cultural Rights, ICESCR)
i. S. d.	im Sinne des/der
i. S. v.	im Sinne von
i. V. m.	in Verbindung mit
JA	Juristische Arbeitsblätter
JMMH	Journal of Muslim Mental Health
JoHM	Journal of Health Monitoring
JURA	Juristische Ausbildung
Juris	Rechtsportal
jurisPR-SozR	jurisPraxisReport Sozialrecht
Justiz-Online NRWE	Rechtsprechungsdatenbank der Gericht in Nordrhein-Westfalen
JuWiss	Junge Wissenschaft im öffentlichen Recht
JZ	JuristenZeitung
KJ	Kritische Justiz
LEA	(Landes-)Erstaufnahmeeinrichtung
lit.	litera
LS.	Leitsatz
LSG	Landessozialgericht
LT-Drs.	Landtagsdrucksache

Massenzustrom-RL 2001/55/EG	Richtlinie 2001/55/EG des Rates vom 20. Juli 2001 über Mindestnormen für die Gewährung vorübergehenden Schutzes im Falle eines Massenzustroms von Vertriebenen und Maßnahmen zur Förderung einer ausgewogenen Verteilung der Belastungen, die mit der Aufnahme dieser Personen und den Folgen dieser Aufnahme verbunden sind, auf die Mitgliedstaaten (L 212/12) v. 07.08.2001
MedR	Medizinrecht
Medsach	Der medizinische Sachverständige
MIGEP	Migration und Institutionenwandel im deutschen Gesundheitswesen im Feld der psychiatrischen und psychotherapeutischen Versorgung von Geflüchteten
Milbank Q	The Milbank quarterly
MiLoG	Gesetz zur Regelung eines allgemeinen Mindestlohns
MMW – Fortschritte der Medizin	Zeitschrift
movements	movements – Journal for critical migration and border regime studies
MS	Multiple Sklerose
m. w. N.	mit weiteren Nachweisen
NDV	Nachrichtendienst des Deutschen Vereins für Öffentliche und Private Fürsorge
NGOs	Nichtregierungsorganisation(en), englisch: Non-Governmental Organization(s)
NJOZ	Neue Juristische Online-Zeitschrift
NJW	Neue Juristische Wochenschrift
Nr.	Nummer(n)
NVwZ	Neue Zeitschrift für Verwaltungsrecht
NZS	Neue Zeitschrift für Sozialrecht
OLG	Oberlandesgericht
Ottawa-Charta	Ottawa-Charta zur Gesundheitsförderung
OVG	Oberverwaltungsgericht
Pediatrics	Zeitschrift
PHF	Public Health Forum
PLOS ONE	Public Library of Science

PPmP	Psychotherapie, Psychosomatik, medizinische Psychologie
Prakt. Arb.med.	Praktische Arbeitsmedizin
Prävention und Gesundheitsförderung	Zeitschrift
PrävG	Präventionsgesetz
PSNV	Psychosoziale Notfallversorgung
Psyche	Zeitschrift
Psychiat Prax	Psychiatrische Praxis
Psychiatrie und Neurologie	Schweizer Zeitschrift für Psychiatrie & Neurologie
Psychiatry Investig	Psychiatry investigation
Psychol Rev	Psychological Review
psychoneuro	Zeitschrift für Praxis und Klinik; Psychiatrie, Neurologie, Psychotherapie
Psychotherapeut	Zeitschrift
Psychotherapie Forum	Zeitschrift
Psychotherapie-RL	Richtlinie des Gemeinsamen Bundesausschusses über die Durchführung der Psychotherapie
PsychThG	Psychotherapeutengesetz
PSZ	Psychosoziales Zentrum
PTBS / PTSD	Posttraumatische Belastungsstörung / Posttraumatic Stress Disorder
PVS	Politische Vierteljahresschrift
Qualifikations-RL	Richtlinie 2011/95/EU des Europäischen Parlaments und des Rates vom 13. Dezember 2011 über Normen für die Anerkennung von Drittstaatsangehörigen oder Staatenlosen als Personen mit Anspruch auf internationalen Schutz, für einen einheitlichen Status für Flüchtlinge oder für Personen mit Anrecht auf subsidiären Schutz und für den Inhalt des zu gewährenden Schutzes
Rechtsmedizin	Zeitschrift
Report Psychologie	Zeitschrift

Resonanzen	Resonanzen. E-Journal für biopsychosoziale Dialoge in Psychosomatischer Medizin, Psychotherapie, Supervision und Beratung
RESC	Revidierten Europäischen Sozialcharta
RL	Richtlinie
Rn.	Randnummer(n)
S.	Seite(n)
Schweiz Arch Neurol Psychiatr	Schweizer Archiv für Neurologie und Psychiatrie
SDG	Sustainable Development Goal(s)
SEV	Sammlung Europäischer Verträge
SG	Sozialgericht
SGb	Die Sozialgerichtsbarkeit
SGB I	Sozialgesetzbuch Erstes Buch: Allgemeiner Teil
SGB II	Sozialgesetzbuch Zweites Buch: Grundsicherung für Arbeitsuchende
SGB V	Sozialgesetzbuch Fünftes Buch: Gesetzliche Krankenversicherung
SGB VII	Sozialgesetzbuch Siebtes Buch: Gesetzliche Unfallversicherung
SGB VIII	Sozialgesetzbuch Achtes Buch: Kinder- und Jugendhilfe
SGB X	Sozialgesetzbuch Zehntes Buch: Sozialverwaltungsverfahren und Sozialdatenschutz
SGB XII	Sozialgesetzbuch Zwölftes Buch: Sozialhilfe
SGB XIV	Sozialgesetzbuch Vierzehntes Buch: Soziale Entschädigung
Soc Sci Med	Social Science & Medicine
Soziale Psychiatrie	Zeitschrift
Sozialrecht aktuell	Sozialrecht aktuell - Zeitschrift für Sozialberatung
SozSich	Soziale Sicherheit
STIKO	Ständige Impfkommission
StPO	Strafprozessordnung
St.Rspr.	Ständige Rechtsprechung
Terrorism	Zeitschrift
The Lancet	Zeitschrift

Torture	Torture: quarterly journal on rehabilitation of torture victims and prevention of torture
UAbs.	Unterabsatz
UN(O)	United Nations (Organization) – Vereinte Nationen
UN-Charta	Charta der Vereinigten Nationen
UN-Doc.	UN Official Document System
UN-KRK	UN-Kinderrechtskonvention
UNHCR	United Nations High Commissioner for Refugees – Hoher Flüchtlingskommissar der Vereinten Nationen
v. a.	vor allem
Verhaltenstherapie	Zeitschrift
VG	Verwaltungsgericht
VGH	Verwaltungsgerichtshof
Vgl.	Vergleiche
VO	Verordnung
VSSAR	Vierteljahresschrift für Sozial- und Arbeitsrecht
VwGO	Verwaltungsgerichtsordnung
VwVfG	Verwaltungsverfahrensgesetz
WHO	World Health Organization / Weltgesundheitsorganisation
WPA	World Psychiatry
Z Pol	Zeitschrift für Politikwissenschaft
Z'Flucht	Zeitschrift für Flüchtlingsforschung
ZAR	Zeitschrift für Ausländerrecht und Ausländerpolitik
ZEFQ	Zeitschrift für Evidenz, Fortbildung und Qualität im Gesundheitswesen
ZEP	Zeitschrift für internationale Bildungsforschung und Entwicklungspädagogik
ZESAR	Zeitschrift für europäisches Sozial- und Arbeitsrecht
ZEuS	Zeitschrift für Europarechtliche Studien
ZfF	Zeitschrift für das Fürsorgewesen
ZfMER	Zeitschrift für Medizin-Ethik-Recht
ZfMR	Zeitschrift für Menschenrechte
ZFSH / SGB	Zeitschrift für die sozialrechtliche Praxis
ZfVP	Zeitschrift für Vergleichende Politikwissenschaft
ZGI	Zielgruppenorientierte Intervention

ZIAS	Zeitschrift für ausländisches und internationales Arbeits- und Sozialrecht
ZKPP	Zeitschrift für Klinische Psychologie & Psychotherapie
ZSR	Zeitschrift für Sozialreform

Kapitel 1 Einleitung

A. Gegenstand der Untersuchung

Für Menschen, die aus ihrem Herkunftsland flüchten müssen, hat diese erzwungene Migration erheblichen Einfluss auf ihren Lebensverlauf. Zahlreiche einschneidende Erlebnisse, die zur Flucht führen und während der Flucht geschehen, prägen das zukünftige Verhalten dieser Personen. Dabei haben diese Erfahrungen auch Auswirkungen auf die individuelle Gesundheit, das sowohl im physischen als besonders auch im psychischen Sinne.

Wollen diese Menschen in Deutschland Schutz suchen, müssen sie dafür einen Antrag auf Asyl stellen. Anschließend prüfen die zuständigen Behörden den individuellen Schutzbedarf. In dieser Zeit ist der Aufenthalt zunächst „gestattet", das heißt, sie haben das Recht, sich zur Durchführung und mindestens bis zum Abschluss ihres Asylverfahrens in Deutschland aufzuhalten.

Während der Prüfung des Antrags sind Personen, die hilfebedürftig sind, für die Deckung ihrer Bedarfe einem Gesetz für Leistungen für Asylsuchende, dem Asylbewerberleistungsgesetz (AsylbLG)[1] zugeordnet. In dieser Zeit werden diese Personen Leistungen, die sie zur Deckung der Bedarfe an Ernährung, Unterkunft, Heizung, Kleidung, Gesundheitspflege oder Gebrauchs- und Verbrauchsgütern des Haushalts benötigen, zur Verfügung gestellt. Diese Leistungen werden auf der Grundlage des AsylbLG erbracht.

Seit Ende der 1970er-Jahre bis in die frühen 1990er-Jahre waren Migration und Flucht nach und in Deutschland immer stärker polarisierende Themen, die vor allem in Politik und Medien kontrovers diskutiert wurden; heute ist dieser Prozess als „Asyldebatte" bekannt. Die Folge dessen war der sog. „Asylkompromiss", bei dem zum einen das individuelle Recht auf Asyl im Grundgesetz (GG) stark eingeschränkt und zum anderen das AsylbLG eingeführt wurde. Damals wurde in der zum Teil auch populistischen Debatte zahlreiche Anschuldigungen und Verdächtigungen gegen Ausländer*innen in Deutschland vorgebracht, wie zum Beispiel der Vorwurf des Missbrauchs von Asylanträgen, um unter Vorspiegelung falscher Tatsachen Sozialleistungen zu erschleichen.[2] Denn bis dato wurde den Personen die damalige Sozialhilfe auf Grundlage des

1 Asylbewerberleistungsgesetz (AsylbLG) v. 14.8.1997, BGBl. 1997 Teil I Nr. 57, 2022–2026.

2 *Bade*, Ausländer, Aussiedler, Asyl, S. 110.

Bundessozialhilfegesetzes (BSHG) gewährt, vor allem Leistungen für Unterkunft und Krankenhilfe sowie die Regelsätze der Sozialhilfe. Diese Leistungen wären angeblich Anreiz gewesen für einen rechtsmissbräuchlichen Zuzug nach Deutschland. Dem angeblichen Missbrauch und auch der wirtschaftlich motivierten Zuwanderung wollte die Politik und die Gesetzgebung durch Abschreckung und folglich mit restriktiven Mitteln begegnen, weshalb das AsylbLG 1993 die bis dahin geltenden Regelungen des BSHG für geflüchtete Menschen ablöste. Die Legislative wollte zudem eine deutliche Kostenreduktion mit der Einführung des AsylbLG, auch durch die Einschränkung der Gesundheitsleistungen erreichen.[3]

Durch das AsylbLG haben die Personen, die in dessen Anwendungsbereich fallen, zunächst keinen Rechtsanspruch auf Sozialhilfe mehr. Das AsylbLG bildete damit ein eigenständiges Leistungsrecht für den Zweck der Versorgung von Asylsuchenden, Geduldete sowie Personen, die vollziehbar zur Ausreise verpflichtet sind, was durchweg von migrationspolitischen Zielen geprägt ist. Besonders drastisch waren die Änderungen bezüglich der Bargeldleistungen, die auch bis heute hauptsächlich durch Sachleistungen ersetzt wurden, sowie die Leistungen zur Gesundheitsversorgung, die von einem krankenversicherungsrechtlichen Niveau auf Leistungen zur Deckung des Notwendigsten reduziert wurden.[4] Bis heute sind die Gesundheitsleistungen im AsylbLG nicht bedarfsorientiert, sondern großteils pauschal geregelt.

Dieser sogenannte Asylkompromiss führt bis heute dazu, dass Menschen, die nach Deutschland flüchten und hier einen Asylantrag stellen, bei Hilfebedürftigkeit auf die deutlich abgesenkten Leistungen des AsylbLG angewiesen sind, was bedeutet, dass ihre Gesundheitsversorgung nur durch die dort enthaltenen restriktiven und abgesenkten Vorgaben gewährt wird. So erhalten sie nur Zugang zu Leistungen bei akuten Erkrankungen oder Schmerzzuständen sowie Ermessensleistungen für besondere Bedarfe. Die Berücksichtigung von akuter Behandlungsbedürftigkeit der Erkrankung als Leistungskriterium anstelle der Unterscheidung zwischen und chronisch war angedacht; ein dahingehend gerichteter Änderungsantrag hat im Gesetzgebungsverfahren 1993 jedoch keine Mehrheit erreicht.[5]

---

3 „Einsparungen werden in Höhe von bis zu 2 Milliarden DM jährlich bei Ländern und Kommunen erwartet", BT-Drs. 12/4451, S. 1, 6.

4 *Nuscheler*, Internationale Migration, 2004, S. 147.

5 BT-Drs. 12/5008, S. 14.

Dabei haben Zwangsmigration und Flucht einen erheblichen Einfluss auf die psychische Gesundheit. Flucht kann dabei psychische Erkrankungen auslösen bzw. deren Entstehung begünstigen. Durch die deutlich abgesenkten Leistungen des AsylbLG ist eine angemessene gesundheitliche Versorgung nicht möglich.

Das AsylbLG regelt bis heute den Leistungsbezug von hilfebedürftigen Personen im Asylverfahren und weiteren Personengruppen. Die Leistungsberechtigten nach § 1 Abs. 1 AsylbLG haben Anspruch auf Leistungen der §§ 3, 4, 6, 7 AsylbLG; Leistungen zur gesundheitlichen Versorgung richten sich nach den §§ 4 und 6 AsylbLG. Kurative Leistungen können nach § 4 Abs. 1 S. 1 AsylbLG zur Behandlung von akuten Erkrankungen und Schmerzzuständen erbracht werden. In § 4 Abs. 1 S. 2 AsylbLG sind Schutzimpfungen zur Verhütung und Früherkennung von Krankheiten normiert; danach werden auch medizinisch gebotene Vorsorgeuntersuchungen erbracht. Zahnersatz kann bei medizinischer Unaufschiebbarkeit im Einzelfall nach § 4 Abs. 1 S. 3 AsylbLG erbracht werden. Sonstige Leistungen zur Sicherung der Gesundheit können darüber hinaus nach § 6 Abs. 1 Alt. 1 AsylbLG gewährt werden. Die Leistungsberechtigten sind grundsätzlich nicht gesetzlich krankenversichert. Nach § 2 Abs. 1 AsylbLG sind erst nach 18 Monaten Aufenthalt die Vorschriften des SGB XII entsprechend anzuwenden, das heißt, die Personen werden anderen Sozialhilfeempfänger*innen gleichgestellt und erhalten dann auch einen Zugang zu den Leistungen der gesetzlichen Krankenversicherung.

Fluchterfahrungen sind potenziell traumatische Erlebnisse mit nachteiligen Auswirkungen auf die psychische Gesundheit.[6] Geflüchtete Menschen haben ein höheres Gesundheitsrisiko für psychische Erkrankungen als die Allgemeinbevölkerung.[7] Psychische Erkrankungen wirken sich negativ auf Leben und Gesundheit aus. Für die Behandlung von psychischen Erkrankungen stehen für die Leistungsberechtigten die Leistungen nach §§ 4, 6 AsylbLG zur Verfügung, wobei hier der Rechtsanspruch nur bei akuten Fällen und Schmerzzuständen besteht; im Übrigen steht die Gewährung von Gesundheitsleistungen im Ermessen des zuständigen Trägers. Die Behandlung chronischer Erkrankungen, zu denen oft auch psychische Erkrankungen gezählt werden, ist im Leistungsumfang allenfalls im Ermessenswege vorgesehen und damit grundsätzlich rechtlich eingeschränkt. Der effektive Zugang zu einer angemessenen Gesundheitsversorgung ist bereits so kaum mehr möglich, die Chancen von präventiver Intervention sind überhaupt nicht gegeben. Dabei kann ein schneller und direkter

---

6 *Porter*, et al., JAMA 294 (2005), 602–612.

7 *Greiser*, et al., SGb 65 (2018), 213–221 (213).

Zugang zur Gesundheitsversorgung bei der Entstehung und Behandlung von psychischen Belastungen und Erkrankungen von Bedeutung sein. Präventionsmaßnahmen können darüber hinaus dazu beitragen, dass eine behandlungsbedürftige Erkrankung nicht entsteht.

Die eingangs beschriebenen Abschreckungseffekte konnte das AsylbLG nicht leisten, denn infolge der gesteigerten Fluchtmigration nach Deutschland ab 2015 wuchs die Zahl der registrierten geflüchteten Menschen und somit auch die Zahl der Leistungsberechtigten nach dem AsylbLG auf ein historisches Hoch an. Auch die Asylantragszahlen und damit die Leistungsberechtigten im AsylbLG in jüngster Zeit steigen erneut,[8] was zeigt, wie dringlich der adäquate Zugang zu einem Gesundheitssystem und zu niedrigschwelligen Interventionen für die Leistungsberechtigten ist.

B. Stand der Forschung

Die angesprochenen Themen haben bisher nur wenig Aufmerksamkeit in Literatur und Forschung erfahren, obwohl die Bedeutung einer frühzeitigen Prävention bei potenziell traumatischen Erlebnissen weithin bekannt ist. Dennoch wurde dieser Ansatz bisher nicht in Verbindung mit dem Asylbewerberleistungsgesetz gebracht.

Zahlreiche Veröffentlichungen beschäftigen sich jeweils mit der psychischen Gesundheit geflüchteter Menschen aus psychologischer Sicht.

Dabei ist das vorliegende Vorhaben nicht gänzlich unbekannt. Es gibt eine Erhebung über die Bedingungen für psychosoziale Interventionen für angekommene jugendliche Geflüchtete. Zugrunde liegt die Annahme, dass jugendliche Geflüchtete nach der Flucht mit vielfältigen entwicklungspsychologischen, psychischen und sozialen Herausforderungen konfrontiert sind. Eine Intervention ist daher notwendig, um sie in der Zeit nach der Ankunft in einem Aufnahmeland zu unterstützen und negative Spätfolgen zu vermeiden. Die Untersuchung zeigte positive Effekte einer traumabezogenen Intervention auf bestimmte psychische Symptome.[9]

In einer anderen Übersichtsarbeit wurde untersucht, wie unterschiedliche Lebensbedingungen von geflüchteten Menschen mit psychischer Belastung und Lebenszufriedenheit zusammenhängen. Die Ergebnisse zeigten, dass ein unsicherer Aufenthaltsstatus, die Trennung von der Familie oder das Leben in

---

8 *BAMF*, Aktuelle Zahlen Dezember 2021, 2021, S. 5.

9 *Hettich*, et al., Adolescent Res Rev 5 (2020), 99–114.

Gemeinschaftsunterkünften zu einer geringeren Lebenszufriedenheit beitragen. Auf der anderen Seite können Erwerbstätigkeit, Kontakte zu Mitgliedern der Aufnahmegesellschaft und bessere Sprachkenntnisse die Lebenszufriedenheit steigern.[10]

Verschiedene Untersuchungen zu langfristigen Folgen für die psychische Gesundheit von Kriegsflüchtlingen, die bereits seit mehreren Jahren im Aufnahmeland leben, zeigen, dass die Prävalenz, also die Krankheitshäufigkeit psychischer Störungen bei geflüchteten Menschen mit Kriegserfahrungen teilweise deutlich höher sind als bei Menschen ohne solche Erfahrungen. Je stärker die Exposition gegenüber traumatischen Erfahrungen vor der Migration und Stress nach der Migration war, desto eher entwickeln die Betroffenen eine manifeste psychische Störung. Auch ein schlechter sozioökonomischer Status nach der Migration hat einen Zusammenhang mit der Entstehung einer Depression. Es zeigte sich, dass psychische Störungen bei Kriegsflüchtlingen noch viele Jahre nach der Umsiedlung weit verbreitet sind. Das ist möglicherweise nicht nur Folge der Kriegstraumata, sondern auch durch sozioökonomische Faktoren nach der Migration beeinflussbar.[11]

Auch hinsichtlich der Wirkung von präventiven Interventionen bei potenziellen psychischen Erkrankungen gibt es Untersuchungen.

Brand, et al.[12] untersuchten 2015 die Teilnahme von Menschen mit Migrationshintergrund an Präventionsleistungen und beleuchteten migrationssensible Präventionsstrategien und Angebotscharakteristika. Die Auswertung ergab eine sehr geringe Anzahl an Angeboten ausschließlich für Menschen mit Migrationshintergrund. Migrationsspezifische Angebote sind häufig an Frauen oder Mädchen gerichtet. Die Teilnahmebereitschaft an Präventionsleistungen ist dabei bei dieser Gruppe deutlich geringer als bei der Allgemeinbevölkerung. Migrationssensible Strategien müssen gruppenspezifisch ausgestaltet sein. Wichtig sind die angebotenen Sprachen und die Berücksichtigung der soziokulturellen Lage. Insgesamt stellten sie fest, dass es einen erheblichen Bedarf an diversifizierenden, migrationssensiblen Angeboten benötigt.

Doch der Zugang zu diesen Präventionsleistungen auch zu migrationssensiblen Präventionsstrategien ist für Leistungsberechtigte des § 1 Abs. 1 AsylbLG bisher nicht gegeben. Eine Betrachtung der Problemsituation aus juristischer Sicht fand bisher nicht statt.

10 *Walther*, et al., J Immigr Minor Health 22 (2020), 903–913.
11 *Bogic*, et al., BMC Public Health 15 (2015).
12 *Brand*, et al., Bundesgesundheitsbl 58 (2015), 584–592.

Auch die Vorgaben des AsylbLG sind Inhalt unterschiedlichster Literatur, wobei sich die Auseinandersetzungen mit diesen Themen in den vergangenen Jahren gesteigert hat.

Kaltenborn[13] untersuchte die Neufassung des AsylbLG 2015 und deren Vereinbarkeit mit dem Menschenrecht auf Gesundheit. Er sieht durch das Sonderregime der §§ 4 und 6 AsylbLG verfassungs- und europarechtliche Bedenken, ob die Vorschriften des AsylbLG „an die Grenze des nicht mehr verfassungsrechtlich Vertretbaren" stoßen. Mit Blick auf die Umsetzung der RL 2013/33/EU stellt er eine Völkerrechtswidrigkeit fest.

Die Leistungen der §§ 4 und 6 AsylbLG und deren Gehalt für die Behandlung von psychischen Erkrankungen war Gegenstand einer Ausarbeitung von *Greiser*, et al.,[14] wobei diese die Bedingungen der psychotherapeutischen Behandlung von Asylsuchenden nachzeichneten und die Vorgaben des AsylbLG mit Unions- und Verfassungsrecht verglichen. Ihrer Einschätzung nach ist ein eingeschränkter Zugang zur Behandlung von psychischen Erkrankungen bei den Leistungsberechtigten in den ersten Monaten des Aufenthalts gerechtfertigt, muss aber bei einer längeren Aufenthaltsdauer an das Niveau der GKV angeglichen werden.

Ein Modellprojekt unter dem Namen „Bremer Modell" ermöglicht Asylsuchenden den Erhalt einer Gesundheitskarte, die ihnen zwar auch nur einen begrenzten Zugang zur Regelversorgung ermöglicht, allerdings die Beantragung eines Behandlungsscheins erspart. So konnte seit 1993 das Versorgungsniveau mithilfe der Gesundheitskarte stetig verbessert und stabil gehalten werden. So konnten die Ziele „eines niedrigschwelligen Zugangs zur Gesundheitsversorgung für Asylsuchende, die adäquate Behandlung ihrer Gesundheitsprobleme und die Berücksichtigung ihrer Lebens- und Wohnverhältnisse unter gesundheitlichen Aspekten" erreicht werden.[15]

Insgesamt gibt es zahlreiche Forschungsergebnisse zu den einzelnen Punkten der vorliegenden Arbeit. Einen Zusammenhang aus diesen Erkenntnissen und eine Ableitung von Schlussfolgerungen daraus, um die psychiatrisch-psychotherapeutische Versorgung und die psychische Situation von geflüchteten Menschen zu verbessern, gab es bisher jedoch noch nicht.

---

13 *Kaltenborn*, NZS 24 (2015), 161–165.

14 *Greiser*, et al., SGb 65 (2018), 213–221.

15 *Jung, F.*, et al., Das Bremer Modell Gesundheitsversorgung Asylsuchender, 2011, S. 20.

C. Ziel der Untersuchung

Die vorliegende Arbeit beschäftigt sich mit der Frage der psychiatrisch-psychotherapeutischen Versorgung der Menschen, die in den Anwendungsbereich des AsylbLG fallen aus einer rechtswissenschaftlichen, aber auch sozialwissenschaftlichen, insgesamt aus einer interdisziplinären Perspektive.

Deshalb soll erstmals wird eine Verbindung zwischen (1.) der Bedeutung von Prävention bzw. Frühintervention bei (2.) potenziell traumatisierten Geflüchteten, die (3.) Leistungsberechtigte nach § 1 AsylbLG sind und damit den Gesundheitsleistungen der §§ 4 und 6 AsylbLG unterliegen, hergestellt.

Dazu soll ein Verständnis geschaffen werden, wie psychische Erkrankungen auch unter dem Einfluss von potenziell traumatischen Erfahrungen wie bspw. Flucht, entstehen. Es soll aufgezeigt werden, welche Möglichkeiten Prävention bzw. Frühintervention von psychischen Erkrankungen bieten, wobei auch die Behandlung von bereits entstandenen psychischen Erkrankungen relevant ist. Deshalb sollen die rechtlichen Bedingungen untersucht werden, nach denen psychiatrisch-psychotherapeutische Versorgung von geflüchteten Menschen erbracht werden kann – einen besonderen Schwerpunkt sollen dabei die Möglichkeiten und Grenzen von Präventionsmaßnahmen bilden. An dieser Schnittstelle setzt diese Arbeit an. Juristisch richtet sich der Blick deshalb auf das (Menschen-)Recht auf Gesundheit, sowohl im Verfassungsrecht als auch im höherrangigen Recht. Dabei werden verschiedene Gesetze und Vorgaben untersucht, aus denen sich das Recht auf Gesundheit ableiten lässt, da sich dieses dort zunächst nicht explizit wiederfindet. Unionsrechtliche Vorgaben haben zudem einen stärkeren Einfluss auf das nationale Migrationsrecht als bspw. völkerrechtliche Vorgaben. Mit der RL 2013/33/EU auch als Aufnahme-RL bezeichnet, hat die EU einen Rahmen für die Mitgliedstaaten zur Festlegung von Normen für die Aufnahme von Personen, die internationalen Schutz beantragen, geschaffen. Darin sind auch gesundheitsbezogene Leistungen enthalten, die für die hier vorzunehmende Untersuchung äußerst relevant sind. Es wird aufgezeigt, ob und wie diese Regelungen im nationalen Recht und in der Praxis wirken. Dabei wird auch fraglich sein, ob die untersuchten Vorgaben und die gegebene Rechtslage im AsylbLG miteinander vereinbar sind. Am Ende soll aufgezeigt werden, wie ein unions- und völkerrechtskonformes nationales System der Versorgung von Menschen mit psychischen Erkrankungen ausgestaltet sein muss, damit es präventiven Ansätzen gerecht wird.

D. Gang der Untersuchung

Zunächst werden in Kapitel 2 die Leistungsberechtigten nach § 1 AsylbLG detailliert vorgestellt und ein Überblick über die ihnen zustehenden Grundleistungen nach § 3 AsylbLG gegeben. Die besonderen Leistungen nach § 2 AsylbLG werden anschließend diskutiert. Danach erfolgt ein Blick ins SGB V zum einen, weil § 2 AsylbLG die Brücke ins SGB XII und damit auch zum SGB V schlägt und zum anderen, weil die Vorgaben aus dem SGB V den Maßstab für die Leistungen der §§ 4 und 6 AsylbLG bilden. Anschließend werden die Bedingungen für die Gesundheitsleistungen für Leistungsberechtigten nach den §§ 4 und 6 AsylbLG vertieft dargestellt. Bei bestimmten Handlungen können einige Leistungen des AsylbLG eingeschränkt werden, diese Vorgaben werden abschließend vorgestellt. Kapitel 3 beschäftigt sich mit psychischen Erkrankungen bei geflüchteten Menschen. Um gesundheitlich relevante psychische Störungen zu verhindern, muss zunächst verstanden werden, wie diese überhaupt entstehen, um den zugrunde liegenden Herausforderungen dann entgegenwirken zu können. Verschiedene Bedingungen haben Einfluss auf die Entstehung von psychischen Erkrankungen und Auffälligkeiten, wie etwa einer Posttraumatischen Belastungsstörung (PTBS), die zunächst genauer betrachtet werden, wobei auch die Folgen von Chronifizierungen relevant sind. Anschließend wird Flucht als potenziell erkrankungsauslösendes Ereignis diskutiert. Dabei werden vor allem die Auswirkungen der verschiedenen Stressoren im Verlauf einer Flucht genauer beleuchtet. Abschließend werden Merkmale, die im Hinblick auf psychische Erkrankungen von Kindern, Jugendlichen und jungen Erwachsenen besonders relevant sind, vorgestellt. Kapitel 4 gibt einen Einblick in die bisherigen Behandlungsformen psychischer Erkrankungen. Dabei können gesetzlich Krankenversicherte und Analog-Leistungsberechtigte nach § 2 AsylbLG für die Behandlung von psychischen Erkrankungen u. a. Psychotherapie und andere Behandlungsformen nach Maßgabe des SGB V erhalten. In diese Regelleistungen wird dann eingeführt. Für Leistungsberechtigte des AsylbLG innerhalb der ersten 18 Monate des Aufenthalts richten sich die Bedingungen für eine Inanspruchnahme von Psychotherapie und anderen Leistungen nach den §§ 4, 6 AsylbLG. Da die zuständigen Träger – in der Regel die Sozialämter –Behandlungsleistungen nicht selbst durchführen, wird die Leistungserbringung oft durch nichtstaatliche Organisationen und Akteur*innen bspw. in Form von Psychosozialen Zentren (PSZ) wahrgenommen. Die sich daraus ergebenden Herausforderungen werden aufgeschlüsselt. In Kapitel 5 werden die Möglichkeiten und Risiken bei der Prävention von psychischen Erkrankungen in den Blick genommen. Dabei wird zunächst in das Verständnis von Prävention eingeführt. Anschließend werden die verschiedenen Phasen, in denen Prävention stattfinden kann, genauer beleuchtet und dabei auch untersucht, in welchen Phasen Prävention für Leistungsberechtigte des AsylbLG möglich wäre. Für sie kann Prävention vor allem nach potenziell traumatischen Ereignissen besonders wichtig sein, weshalb dies nochmals gesondert untersucht wird. Dabei werden vor allem die individuellen und gesellschaftlichen Folgen von entstandenen psychischen Erkrankungen herausgestellt. Es gibt bereits einige Ansätze, in denen die Erkenntnis, dass psychische Erkrankungen durch den Einsatz von Prävention bzw. Krisenintervention vermieden werden können, Anwendung findet. Diese werden vorgestellt, um zu verstehen, weshalb dieser Ansatz für die Prävention von psychischen Erkrankungen bei den Leistungsberechtigten des AsylbLG sinnvoll ist. Rechtliche Bedingungen dafür finden sich im AsylbLG, dessen Gehalt sodann daraufhin geprüft wird. Im Vergleich dazu werden die präventiven Leistungen des SGB V vorgestellt, die Teil der regulären gesetzlichen Krankenversicherung (GKV) sind. In Kapitel 6 werden dann die herausgearbeiteten Bedarfe aus den vorangegangenen Kapiteln mit den Vorgaben aus §§ 4, 6 AsylbLG in Relation zu den völker-, unions- und verfassungsrechtlichen Vorgaben abgeglichen. Dabei wird auch die Frage geklärt, ob es ein Recht auf Gesundheit oder sogar Prävention für die Leistungsberechtigten des AsylbLG gibt, da das Recht auf Gesundheit maßgeblich für einen eventuellen Zugang zu präventiven Leistungen der Gesundheitsversorgung ist. In Kapitel 7 endet die Arbeit mit einer Zusammenfassung über die gewonnenen Erkenntnisse und der Beantwortung der in der Einleitung aufgestellten Hypothesen über die Prävention von psychischen Erkrankungen für Leistungsberechtigte des AsylbLG.

Kapitel 2 Das Asylbewerberleistungsgesetz

A. Leistungsberechtigte nach dem AsylbLG

Das AsylbLG scheint zunächst Teil des Sozialrechts zu sein, denn es regelt den Leistungsbezug von hilfebedürftigen Personen.[16] Es wird deshalb auch als „Sondersozialhilferecht"[17] bzw. „Asylsozialrecht"[18] bezeichnet. Das Sozialrecht ist eines der wichtigsten Instrumente staatlicher Sozialpolitik; vgl. § 1 Abs. 1 SGB I.[19] Allerdings handelt es sich beim AsylbLG nicht um Sozialrecht im formellen Sinne, da es in § 68 SGB I nicht als besonderer Teil der Sozialgesetzbücher aufgeführt ist. Zum anderen wird angeführt, dass die Leistungen des AsylbLG keine Sozialleistungen i. S. d. § 11 SGB I sind, da Sozialleistungen, Dienst-, Sach- und Geldleistungen als Gegenstand der sozialen Rechte nach diesem Gesetzbuch sind. Dabei wird auf die sozialen Rechte in §§ 3–10 SGB I verwiesen.[20] Gleichfalls wird in § 9 AsylbLG ausdrücklich geregelt, welche Regelungen aus dem SGB I und dem SGB X anzuwenden sind. Es besteht vielmehr eine von der Legislative so gewünschte enge Verbundenheit mit aufenthaltsrechtlichen Regelungen. Dennoch kommt dem AsylbLG eine existenzsichernde Aufgabe zu, auch wenn dies nur für einen kurzen, vorübergehenden Aufenthalt gedacht ist.[21] Das AsylbLG regelt als eigenständiges Gesetz die materiellen (existenzsichernden) Leistungen des Personenkreises aus § 1 Abs. 1 AsylbLG und ist deshalb dem materiellen Sozialrecht zuzuordnen.[22] Abgesehen von einzelnen Vorschriften, wie etwa § 9 Abs. 4 AsylbLG, richten sich die Verwaltungsverfahren nach den einzelnen Landesverwaltungsverfahrensgesetzen, die weitgehend mit dem

---

16 Siehe hierzu im Folgenden zu § 1 Abs. 1 AsylbLG ab S. 44.

17 Hessischer VGH Beschl. v. 5.3.2007 – 3 UE 2823/06, Juris (18); jurisPK-SGB I/*Palsherm*, § 28 Rn. 48; *Becker, U.* in Becker, U./Hablitzel/Kreßel (Hrsg.), Migration und soziale Sicherheit, 53–71 (63); *Hohm*, NVwZ 17 (1998), 1045–1048 (1048); *Mahler*, et al., ZAR 31 (2011), 378–384 (379).

18 *Wollenschläger* in Wulffen/Krasney (Hrsg.), Der sozialrechtliche Schutz von Asylbewerbern in Deutschland, 317–338 (338).

19 BVerfGE 68, 193–226 (209) – Zahntechniker-Innung, Kostendämpfungs-Ergänzungsgesetz.

20 Vgl. BSGE 102, 10–21 (19); LSG Rheinland-Pfalz Urt. v. 26.5.2011 – L 1 AY 16/10, Juris (18).

21 BT-Drs. 12/4451, S. 5.

22 BSG Urt. v. 25.6.2015 – B 14 AS 17/14 R, Juris; *Spitzlei*, JA 49 (2017), 165–171 (166).

Verwaltungsverfahrensgesetz des Bundes (VwVfG) identisch sind.[23] Die Ausführung des AsylbLG fällt als eigene Angelegenheit nach Art. 83 GG in die Zuständigkeit der Länder. Der Bund bzw. die Bundesregierung kann durch den Erlass allgemeiner Verwaltungsvorschriften nach Art. 84 Abs. 2 GG mit Zustimmung des Bundesrates Einfluss darauf nehmen. Das AsylbLG beinhaltet unter anderem Maßnahmen, mit denen die Gesetzgebung die gesundheitliche und teilweise auch die psychiatrisch-psychotherapeutische Versorgung von geflüchteten Menschen sicherstellen will. Der Name „Asylbewerberleistungsgesetz" ist dabei irreführend, da die Leistungsberechtigten eine sehr heterogene Gruppe sind und nicht nur Asylbewerber*innen umfasst sind. Die Anspruchsberechtigten haben dabei eine Vielzahl unterschiedlichster Aufenthaltsstatus- oder -titel.

Abbildung 1 zeigt die Zahl sowie die Entwicklung der tatsächlich Leistungsberechtigten des AsylbLG insgesamt jeweils zum Jahresende.

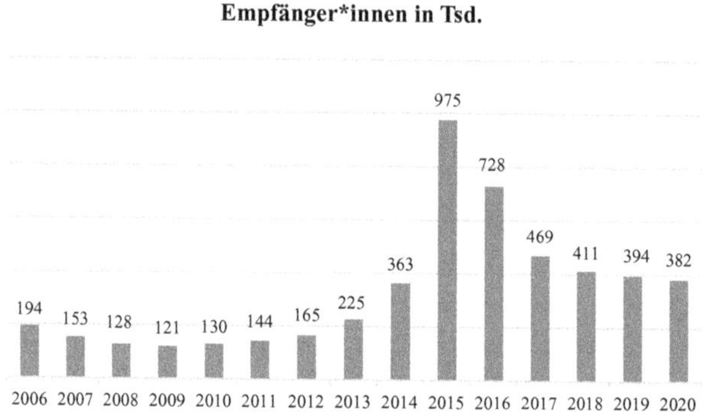

Abbildung 1: AsylbLG-Leistungsempfänger*innen[24]

I. Zuständigkeiten

Für Menschen, die in der Bundesrepublik Deutschland (BRD) Schutz suchen, gibt es je nach aufenthaltsrechtlichem Status verschiedene Zuständigkeiten. Direkt nach der Einreise erhalten sie einen Ankunftsnachweis nach § 63a Asylgesetz (AsylG), der ihnen meist in einer (Landes-)Erstaufnahmeeinrichtung (LEA)

23 Grube/Wahrendorf/Flint SGB XII/*Leopold*, Einleitung Rn. 9 f.; *Frings*, et al., Sozialrecht für Zuwanderer, 2018, S. 408.

24 Eigene Darstellung nach *Destatis*, Asylbewerberleistungen.

ausgestellt wird. Stellen die Eingereisten anschließend einen Asylantrag[25], erhalten sie eine Aufenthaltsgestattung nach § 55 AsylG; auch für Menschen aus sicheren Herkunftsstaaten.[26] Die Sicherung des Lebensunterhalts erfolgt durch das AsylbLG.

Nach § 29a Abs. 2 AsylG sind sichere Herkunftsstaaten die Mitgliedstaaten der Europäischen Union und Albanien, Bosnien und Herzegowina, Ghana, Kosovo, Nordmazedonien, Senegal und Serbien; vgl. Anlage II (zu § 29a) AsylG.

Eine Anerkennung des Asylantrags kann unterschiedliche Rechtsfolgen und aufenthaltsrechtliche Status bedeuten. Werden die Antragstellenden als Asylberechtigte nach Art. 16a GG oder Flüchtlinge nach § 3 AsylG anerkannt, erfolgt eine Aufenthaltserlaubnis für zunächst drei Jahre nach § 25 Abs. 1, 2 AufenthG, wobei die Aufenthaltserlaubnis für subsidiär Schutzberechtigte, die nach § 4 AsylG anerkannt wurden, nach § 25 Abs. 2 AufenthG lediglich für ein Jahr ausgestellt wird. Die Berechtigten fallen dann bei Hilfebedürftigkeit regelmäßig in den Anwendungsbereich des SGB II bzw. des SGB XII. Die Zuständigkeit für die Leistungen des SGB II, also für das Jobcenter als „gemeinsame Einrichtungen", obliegen dem Bund und den kommunalen verantwortlichen Einrichtungen[27], wobei die Zuständigkeit für die Durchführung der Leistungen des SGB XII bei den örtlichen und überörtlichen Körperschaften[28] liegt. Wer Leistungen nach dem SGB II erhält, unterliegt nach § 5 Abs. 1 Nr. 2a SGB V der Krankenversicherungspflicht. Wer sozialversicherungspflichtig beschäftigt ist, ist nach § 5 Abs. 1 Nr. 1 SGB V gesetzlich krankenversichert. Personen, die nicht erwerbsfähig und hilfebedürftig sind, erhalten Leistungen nach dem SGB XII; sie sind nach § 264 Abs. 2 SGB V den gesetzlich Krankenversicherten leistungsrechtlich gleichgestellt.

Führt die Prüfung des Asylantrags endgültig zu einem negativen, ablehnenden Bescheid, besteht eine Ausreisepflicht nach § 50 AufenthG. Allerdings kann unter bestimmten Bedingungen eine Aussetzung der Abschiebung durch eine

25 Wenn im Folgenden von einem Antrag bzw. der Antragstellung geschrieben wird, sind damit alle Formen der Antragstellung gemeint, die sowohl mündlich als auch schriftlich oder in einer anderen Form vorgenommen werden können. Eingeschlossen ist auch das materielle Asylgesuch; näheres dazu bei *Altinzencir* in Wartenpfuhl (Hrsg.), Rechtliche Rahmenbedingungen für geflüchtete Menschen in Deutschland und die Aufgabe der Sozialen Arbeit, 55–70 (61).

26 BeckOK Ausländerrecht/AsylG/*Heusch*, § 29a Rn. 31; zu den Bedenken bezüglich sicherer Herkunftsstaaten *Thym*, ZAR 38 (2018), 193–200 (198–199).

27 Vgl. § 6 SGB II.

28 Vgl. § 3 SGB XII.

Duldung nach § 60a AufenthG stattfinden, die Ausreisepflicht bleibt de jure weiterhin bestehen. In beiden Fällen erfolgt die Sicherung des Lebensunterhalts erneut durch das AsylbLG.

Grundsätzlich sind die Länder für den Vollzug des AsylbLG nach § 10 AsylbLG zuständig,[29] da der Bund das durch § 10 AsylbLG auf sie übertragen hat. Diese wiederum haben die Aufgaben meistens an die Kommunen in der Regel Kreise und kreisfreie Städte delegiert[30], denen die Erbringung von Grund- und Analogleistungen wie Unterbringung oder Geld- und Sachleistungen zur Existenzsicherung obliegen. § 10a AsylbLG regelt die örtliche Zuständigkeit.

II. Persönlicher Anwendungsbereich des § 1 Abs. 1 AsylbLG

> Leistungsberechtigt nach diesem Gesetz sind Ausländer, die sich tatsächlich im Bundesgebiet aufhalten und die [, die Voraussetzungen einer der Nr. 18 erfüllen]. (§ 1 Abs. 1 AsylbLG)

Die vorliegende Arbeit konzentriert sich auf die leistungsberechtigten Ausländer*innen im Sinne des AsylbLG und somit die Personen, die deshalb Gesundheitsleistungen nach Maßgabe der §§ 4 und 6 AsylbLG erhalten. Dies sind Personen, die die Voraussetzungen des § 1 Abs. 1 AsylbLG erfüllen.

Aus Abbildung 2 gehen die Zahlen der Berechtigte nach § 1 Abs. 1 AsylbLG zum Stand Dezember 2020 bzw. für die Nr. 1, 1a und 2 zum Stand Dezember 2021 hervor.

Hier werden die beiden Gruppen deutlich, die das AsylbLG besonders betrifft: Zum einen Personen, die sich noch im Asylverfahren befinden und denen noch keine Entscheidung bekannt gemacht wurde (Aufenthaltsgestattung; § 1 Abs. 1 Nr. 1, 1a AsylbLG) und zum anderen Personen, die vollziehbar ausreisepflichtig sind (Duldungsinhaber*innen; § 1 Abs. 1 Nr. 4, 5 AsylbLG). Insgesamt sind die Leistungsberechtigten ein überaus heterogener Personenkreis, denen die Gesetzgebung keine hinreichend verfestigte rechtliche Aufenthaltsperspektive zuschreibt, faktisch haben aber durchaus viele der erfassten Personen ihren Lebensmittelpunkt in Deutschland. Das Schaubild zeigt nur Personen, die sich zum Erhebungszeitpunkt noch keine 18 Monate in Deutschland aufgehalten haben und deshalb noch nicht die Bedingungen des § 2 AsylbLG erfüllen.

---

29 Eine ausführliche Beschreibung der Zuständigkeiten bei *Reiter*, et al., dms 12 (2019), 194–220 (202 ff.).

30 BeckOK SozR/AsylbLG/*Korff*, § 10 Rn. 1; *Schammann*, ZfVP 9 (2015), 161–182 (172).

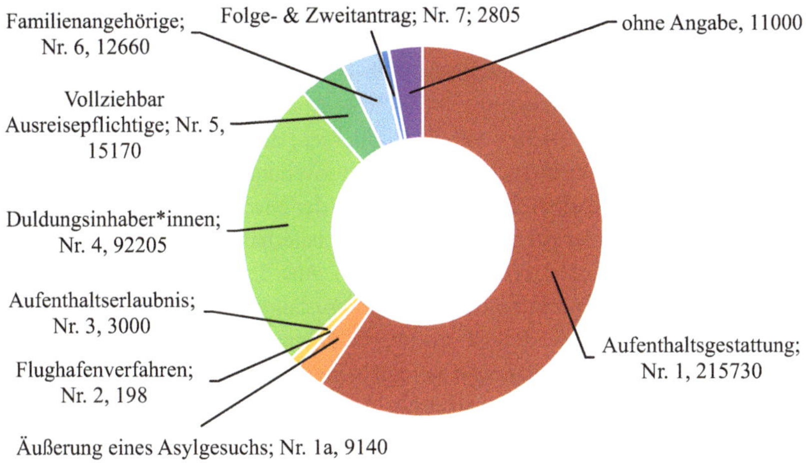

Abbildung 2: Berechtigte nach § 1 Abs. 1 AsylbLG[31]

*1. Ausländer*innen, die sich tatsächlich im Bundesgebiet aufhalten nach § 1 Abs. 1 HS. 1 AsylbLG*

Ausländer*innen i. S. d. Gesetzes sind Personen nach § 2 Abs. 1 AufenthG, also jede*r Nicht-Deutsche i. S. v. Art. 116 Abs. 1 GG. Dort wird definiert, dass Deutsche*r ist,

> [...] wer die deutsche Staatsangehörigkeit besitzt oder als Flüchtling oder Vertriebener deutscher Volkszugehörigkeit oder als dessen Ehegatte oder Abkömmling in dem Gebiete des Deutschen Reiches nach dem Stande vom 31.12.1937 Aufnahme gefunden hat. (Art. 116 Abs. 1 GG)

Für EU-Ausländer*innen gilt das Unionsrecht. Sie sind deutschen Staatsangehörigen weitgehend gleichgestellt.[32] Die Vorgaben des § 1 Abs. 1 AsylbLG sind, wenn nicht ausdrücklich anders geregelt, auf volljährige Personen zu beziehen. Kinder und Jugendliche sind vorrangig durch das SGB VIII abgesichert.[33]

Einen tatsächlichen Aufenthalt im Bundesgebiet hat, wer physisch anwesend ist. Im Unterschied zu einem gewöhnlichen Aufenthalt wird hier nicht an den

---

31 Eigene Darstellung nach *Destatis*, Empfängerinnen und Empfänger von Leistungen nach dem Asylbewerberleistungsgesetz.

32 *Gerlach, S.*, SGb 65 (2018), 333–339 (335).

33 Dazu ausführlich ab S. 67.

dauerhaften Aufenthalt im räumlichen Zuständigkeitsbereich der Leistungsträger angeknüpft; vgl. § 10a Abs. 3 AsylbLG.[34] Die Leistungsberechtigung besteht ab Beginn des Aufenthalts in Deutschland,[35] ob ein nur flüchtiger oder besuchsweiser Aufenthalt genügt, ist umstritten.[36] Durch die Anknüpfung an den tatsächlichen Aufenthalt sind auch Menschen mit eingeschlossen, die sich illegal im Bundesgebiet aufhalten, eine Wohnsitznahme ist nicht notwendig.[37] Von verfestigtem Aufenthalt wird bei aufenthaltsrechtlichen Titeln wie der Niederlassungserlaubnis nach § 9 Abs. 1 AufenthG oder bei der Prognose eines dauerhaften Aufenthalts aufgrund einer befristeten Aufenthaltserlaubnis i. S. d. § 7 Abs. 1 AufenthG ausgegangen.[38] Dies zeigt, dass nicht alle drittstaatsangehörigen Ausländer*innen mit tatsächlichem Aufenthalt im Bundesgebiet deshalb leistungsberechtigt im AsylbLG sind. Vielmehr müssen sie eine der Voraussetzungen aus den Nummern 1–8 des § 1 Abs. 1 AsylbLG erfüllen, die kumulativ mit einem tatsächlichen physischen Aufenthalt im Bundesgebiet[39] erfüllt sein müssen, wobei es sich überwiegend um Aufenthaltstitel handelt, die von noch keinem verfestigten Aufenthalt ausgehen, wie im Folgenden zu sehen sein wird.

Ein rechtmäßiger Aufenthalt hingegen ist für den Zugang zum deutschen Sozialrecht maßgeblich; vgl. § 30 Abs. 1 SGB I (Wohnsitz oder gewöhnlicher Aufenthalt). Dabei wird der gewöhnliche Aufenthalt angenommen, wenn sich eine Person unter Umständen an einem Ort aufhält, die erkennen lassen, dass sie an diesem Ort nicht nur vorübergehend verweilt; § 30 Abs. 3 SGB I. Die Bestimmung des § 30 Abs. 1 SGB I knüpft die Anwendbarkeit des inländischen Sozialrechts damit an den Wohnsitz oder gewöhnlichen Aufenthalt.

2. Aufenthaltsgestattung; § 1 Abs. 1 Nr. 1 AsylbLG

Bei Personen, die um Asyl nachsuchen, wird auf die Geltendmachung des asylrechtlichen Schutzbegehrens abgestellt, erhalten zunächst einen Ankunftsnachweis nach § 63a AsylG und werden dem Personenkreis der Asylsuchenden zugeordnet, erhalten aber bis zur Ausstellung des Ankunftsnachweises nur Leistungen des § 1a

34 Eicher/Luik/SGB II/*Böttiger*, § 36 Rn. 46.

35 jurisPK-SGB XII/*Frerichs*, § 1 AsylbLG Rn. 82.

36 BeckOK SozR/AsylbLG/*Korff*, § 1 Rn. 4 findet es genügt nicht; jurisPK-SGB XII/*Frerichs*, § 1 AsylbLG Rn. 82; Grube/Wahrendorf/Flint, SGB XII, Sozialhilfe/*Leopold*, § 1 AsylbLG Rn. 12 hingegen halten auch einen flüchtigen Aufenthalt für ausreichend.

37 Grube/Wahrendorf/Flint SGB XII/*Leopold*, § 1 AsylbLG Rn. 15.

38 BeckOK Sozialrecht/SGB XII/*Groth*, § 23 Rn. 10.

39 BeckOK SozR/AsylbLG/*Korff*, § 1 Rn. 4.

Abs. 1 AsylbLG; vgl. § 11 Abs. 2a AsylbLG und § 1 Abs. 1 Nr. 1a AsylbLG. Der Ankunftsnachweis ist längstens für sechs Monate zu erteilen und kann maximal um drei Monate verlängert werden; § 63a Abs. 2 AsylG. Nach Stellung des Asylantrags erhalten sie nach § 55 Abs. 1 S. 1 AsylG eine Aufenthaltsgestattung, wobei der Ankunftsnachweis erlischt. Das Schutzbegehren, welches durch das Grundrecht auf Asyl verbürgt ist, benötigt für die Durchführung des Asylverfahrens den Aufenthalt im Bundesgebiet. Für den Titel der Aufenthaltsgestattung irrelevant ist, ob die Antragstellenden über einen sicheren Drittstaat eingereist sind.[40] Sie werden juristisch als Asylbewerber*innen bezeichnet. Hierzu zählen Personen, die nach Art. 16a Abs. 1 GG Schutz vor politischer Verfolgung oder nach § 1 Abs. 1 Nr. 2 Alt. 1, 2 AsylG eine Anerkennung als Flüchtling(e) i. S. d. Genfer Flüchtlingskonvention (GFK) oder subsidiären Schutz beantragen. § 1 Abs. 1 Nr. 2 AsylG bezieht sich auf die RL 2011/95/EU[41]. Leistungsberechtigt sind typischerweise erwachsene Personen, die das 18. Lebensjahr erreicht haben. Allerdings können in Ausnahmefällen auch Kinder und Jugendliche leistungsberechtigt nach § 1 Abs. 1 Nr. 1 AsylbLG sein, wenn sie nicht durch das Jugendamt in Obhut genommen wurden und deshalb nach § 39 SGB VIII Leistungen zum Unterhalt erhalten.[42] Darunter fällt auch die Krankenhilfe nach § 40 SGB VIII.[43]

Ende 2021 waren insgesamt 215.730 Personen mit einer Aufenthaltsgestattung im Bundesgebiet registriert und damit leistungsberechtigt nach § 1 Abs. 1 AsylbLG.[44]

3. *Äußerung eines Asylgesuchs; § 1 Abs. 1 Nr. 1a AsylbLG*

§ 1 Abs. 1 Nr. 1a AsylbLG meint Personen, die ein Asylgesuch geäußert haben und nicht die in den § 1 Abs. 1 Nrn. 1, 2–5 und 7 AsylbLG genannten Voraussetzungen erfüllen. Aufgrund der Änderung des § 55 AsylG durch das Dritte Gesetz zur Änderung des AsylbLG 2019[45] entsteht die ausländerrechtliche Gestattung

---

40 Grube/Wahrendorf/Flint SGB XII/*Leopold*, § 1 AsylbLG Rn. 20.

41 Richtlinie 2011/95/EU des Europäischen Parlaments und des Rates vom 13. Dezember 2011 über Normen für die Anerkennung von Drittstaatsangehörigen oder Staatenlosen als Personen mit Anspruch auf internationalen Schutz, für einen einheitlichen Status für Flüchtlinge oder für Personen mit Anrecht auf subsidiären Schutz und für den Inhalt des zu gewährenden Schutzes (L 337/9) v. 20.12.2011, ABl. L 337, 9–26.

42 Zu den Besonderheiten bei Kindern und Jugendlichen ab S. 67 ausführlich.

43 *Meysen*, et al. in Lehner/Wapler (Hrsg.), Geflüchtete Kinder und Jugendliche im Spannungsfeld von Kinder- und Jugendhilfe-, Familien- und Ausländerrecht, 313–349 (325).

44 *Destatis*, Empfängerinnen und Empfänger von Leistungen nach dem Asylbewerberleistungsgesetz.

45 Drittes Gesetz zur Änderung des Asylbewerberleistungsgesetzes v. 13.8.2019, BGBl. 2019 Teil I Nr. 31, 1290–1293.

grundsätzlich nur noch mit der Ausstellung des Ankunftsnachweises. Zuvor war diese regelmäßig an die Äußerung des Asylgesuchs (§ 13 Abs. 1 AsylG) geknüpft und § 1 Abs. 1 Nr. 1 AsylbLG anzuwenden. Es konnte allerdings deshalb zu der Folge kommen, dass ein Asylgesuch geäußert, aber noch kein Ankunftsnachweis ausgestellt wurde. Diese Regelungslücke wurde durch Einführung des § 1 Abs. 1 Nr. 1a AsylbLG geschlossen.[46] Dennoch hatten Ende 2020 1.120 Personen bis dahin nur ein Asylgesuch geäußert.[47]

4. *Flughafenverfahren; § 1 Abs. 1 Nr. 2 AsylbLG*

Das durchzuführende Verfahren richtet sich nach § 18a AsylG und ist lediglich für Personen vorgesehen, die über den Luftweg und damit über einen Flughafen die Einreise ins Bundesgebiet versuchen und denen die Einreise nicht oder noch nicht gestattet ist. Eine Aufenthaltsgestattung wie nach § 1 Abs. 1 Nr. 1 AsylbLG wird hier nicht ausgestellt, weshalb eine Zusatzregelung nötig ist. Vor der Einreise muss ein Asylantrag bei der entsprechenden Grenzbehörde gestellt werden. Der Aufenthalt im Flughafentransitbereich stellt daher noch keine Einreise dar, wird jedoch in Bezug auf die Leistungsgewährung als tatsächlicher Aufenthalt gewertet, auch wenn dort das Verfahren durchgeführt wird. Es besteht für die Zeit während der Erstaufnahme im laufenden Flughafenverfahren eine Nichteinreise-Fiktion.[48] Das Flughafenverfahren ist für Staatenlose bzw. Personen ohne gültigen Pass oder Passersatz und Personen aus sicheren Herkunftsstaaten anzuwenden. Die Antragstellenden werden während des typischerweise kurzen Verfahrens – Antragstellung innerhalb von drei Tagen, Asylverfahrensentscheidung binnen zwei Tagen sowie gerichtliches Eilverfahren binnen 14 Tagen – auf dem Flughafengelände untergebracht; ausgenommen hiervon ist eine erforderliche stationäre Krankenhausbehandlung.[49] Personen, deren Verfahren nicht kurzfristig entschieden werden kann, ist die Einreise zu gestatten; § 18a Abs. 6 Nr. 1 AsylG.

Die Zahlen der durchgeführten Flughafenverfahren sind in den vor allem durch gesteigerte Fluchtmigration geprägten Jahren 2015 bis 2017 nicht

---

46 BT-Drs. 19/10052, S. 17–18.

47 *Destatis*, Empfängerinnen und Empfänger von Leistungen nach dem Asylbewerberleistungsgesetz.

48 Vgl. § 13 Abs. 2 AufenthG; außerdem MPFormB VerwR/*Hocks*, 3. Klage und Eilantrag nach Asylablehnung als „offensichtlich unbegründet“ und Einreiseverweigerung im Flughafenverfahren (Flughafenasylverfahren) Rn. 6.

49 Vgl. § 18a Abs. 6 GG; näheres bei *Gerlach, S.*, SGb 65 (2018), 333–339 (336).

nennenswert gestiegen. Vielmehr wurden unter anderem durch Maßnahmen des Bundes weniger Anträge als in den Vorjahren entgegengenommen. Das Bundesamt für Migration und Flüchtlinge (BAMF) hat an den am meisten diesbezüglich frequentierten Flughäfen in Berlin, Düsseldorf, Frankfurt, Hamburg und München Außen- und Nebenstellen eingerichtet, an denen das Asylverfahren im Eilverfahren durchgeführt wird.[50] 2021 wurden insgesamt 198 Flughafenverfahren durchgeführt. Bei 104 Personen konnte das Verfahren nicht innerhalb von zwei Tagen entschieden werden, weshalb ihnen zunächst die Einreise gestattet wurde. Bei weiteren 88 Personen wurde der Antrag im Flughafenverfahren als offensichtlich unbegründet abgelehnt.[51]

Gegenüber dem Flughafenverfahren gibt es auch nach der Rechtsprechung des BVerfG[52] weiterhin Bedenken bezüglich der Verfassungsmäßigkeit. Besonders problematisch ist dabei der Schutz vor Freiheitsentziehungen im Flughafenverfahren und der Zugang zu effektivem Rechtsschutz.[53] Außerdem wird die Bearbeitung von Fällen von unbegleiteten Minderjährigen im Rahmen des Flughafenverfahrens als problematisch angesehen.[54]

5. *Aufenthaltserlaubnis nach § 23 Abs. 1 AufenthG; § 1 Abs. 1 Nr. 3 lit. a) AsylbLG*

Grundsätzlich haben Ausländer*innen mit einer Aufenthaltserlaubnis keine Ansprüche im AsylbLG, sondern beziehen bei Hilfebedürftigkeit Leistungen des SGB II oder SGB XII.

Die Aufenthaltserlaubnis nach § 23 Abs. 1 AufenthG verleiht den Inhaber*innen jedoch keinen endgültigen und gesicherten Status. Vielmehr kann durch die oberste Landesbehörde eine Aufenthaltserlaubnis nach § 23 Abs. 1 AufenthG aufgrund völkerrechtlicher oder humanitärer Gründe oder zur Wahrung der politischen Interessen der Bundesrepublik angeordnet werden, wenn im Heimatland der Person Krieg herrscht, also für sogenannte „Kriegs- und Bürgerkriegsflüchtlinge“.[55] Eine solche Aufenthaltserlaubnis bedarf zur Wahrung der Bundeseinheitlichkeit die Zustimmung des Bundesministeriums des Innern (BMI); § 23

---

50 *BAMF*, Das Bundesamt in Zahlen 2017, Asyl, Migration und Integration, 2018, S. 56.

51 *BAMF*, Das Bundesamt in Zahlen 2021, Modul Asyl, 2021, Flughafenstatistik.

52 BVerfGE 94, 166–240.

53 Näheres über die Bedenken u. a. bei Dürig/Herzog/Scholz/GG/*Gärditz*, 95, Art. 16a Rn. 476–480; *Ahlswede*, ZAR 39 (2019), 245–256 (256).

54 *Löhr*, ZAR 30 (2010), 378–385 (382).

55 BT-Drs. 16/5065, S. 232.

Abs. 1 S. 3 AufenthG.[56] Da die Aufnahme nur für einen kurzen Zeitraum vorgesehen ist, können Leistungen des AsylbLG erbracht werden.

Zusätzlich wird in § 23 Abs. 1 S. 2 AufenthG auf eine Verpflichtungserklärung nach § 68 AufenthG von in Deutschland lebenden, meist verwandten Personen verwiesen, die maßgeblich sein kann und regelmäßig angewendet wird. Mit einer Verpflichtungserklärung nach § 68 AufenthG geht einher, dass die Verpflichteten alle Kosten für Wohnraum und Lebensunterhalt (gemessen an den Leistungen des AsylbLG) für die Inhaber*innen der Aufenthaltserlaubnis tragen müssen. Soweit der Lebensunterhalt der betroffenen Person tatsächlich gedeckt wird, besteht aber kein Leistungsanspruch nach dem AsylbLG; vgl. auch § 8 Abs. 1 S. 1 AsylbLG. Nur wenn der Lebensunterhalt tatsächlich nicht gesichert ist, sind Leistungen nach dem AsylbLG zu gewähren, die die Person, welche die Verpflichtungserklärung abgegeben hat, gemäß § 68 Abs. 1 S. 1 AufenthG erstatten muss. Leistungen bei Krankheit, Schwangerschaft, Geburt, Pflegebedürftigkeit und Behinderung werden dann durch die zuständige Behörde erbracht. Soweit durch Landesrecht vorgesehen ist – die Entscheidung darüber liegt wegen ihrer grundsätzlichen Kostenzuständigkeit bei den Ländern[57] allerdings bisher in keinem Bundesland umgesetzt – übernimmt die sachlich und örtlich zuständige Behörde die Kosten für Leistungen im Krankheitsfall, bei Behinderung und bei Pflegebedürftigkeit, also auch die Leistungen der §§ 4 und 6 AsylbLG; vgl. § 8 Abs. 1 S. 2 AsylbLG.[58]

Eine Aufenthaltserlaubnis nach § 23 Abs. 1 AufenthG, die nicht aufgrund des Krieges im Heimatland erteilt wurde, sondern aus anderen Gründen, führt zudem nicht zu einem Leistungsanspruch nach § 1 Abs. 1 Nr. 3 lit. a) AsylbLG.[59]

Die Anordnung nach § 23 Abs. 1 AufenthG kann vor allem für Personengruppen bestimmter Staaten wie z. B. syrische Staatsangehörige oder anderer in sonstiger Weise bestimmten Ausländer*innengruppen in Baden-Württemberg z. B. durch das Aufnahmeprogramm für Opfer traumatisierender Gewalt aus dem Nordirak erteilt werden.[60] Auch aktuelle Aufnahmeprogramme z. B. durch die Anordnung des Thüringer Ministeriums für Migration, Justiz und

---

56 *Deutscher Bundestag*, Zur Aufnahme sog. Kontingentflüchtlinge, WD 3 - 3000 - 388/18, 2018, S. 5.

57 BT-Drs. 13/2746, S. 17.

58 Vgl. *Flüchtlingsrat Niedersachsen e.V.*, Soziale Sicherung; *Deutscher Bundestag*, Leistungen nach dem Asylbewerberleistungsgesetz und Kirchenasyl, WD 6 - 3000 - 086/18, 2018, S. 10.

59 jurisPK-SGB XII/*Frerichs*, § 1 AsylbLG Rn. 105.

60 Grube/Wahrendorf/Flint SGB XII/*Leopold*, § 1 AsylbLG Rn. 28.

Verbraucherschutz zur „Erteilung von Aufenthaltserlaubnissen für afghanische Flüchtlinge, die eine Aufnahme durch ihre in Thüringen lebenden Verwandten beantragen" vom 31.08.2021 sollen zur schnellen und unbürokratischen Aufnahme von gefährdeten Personen beitragen. Dieser Vorstoß des Thüringer Kabinetts wurde aber durch den 2021 amtierenden Bundesinnenminister abgelehnt.[61]

Es besteht darüber hinaus Kritik an der Einbeziehung von Menschen, die eigentlich nicht in den Kreis der Asylbewerber*innen fallen, ins AsylbLG. Dies begründet sich darin, dass hier nicht, wie behauptet, von einem nur kurzfristigen Aufenthalt ausgegangen werden kann. Als Beispiel wird der seit 2011 andauernde Krieg in Syrien angeführt, hier sei nochmals auf die bundesweiten und -einheitlichen Aufnahmeprogramme verwiesen. Bis heute ist eine Prognose über die Rückkehr dorthin nicht zu treffen.[62]

Die Regelung des § 23 Abs. 1 AufenthG ist verbindlich, sodass bei Vorliegen der Erteilungsvoraussetzungen die Aufenthaltserlaubnis auszustellen ist. Die Anordnung kann die Entscheidung über die sogenannten Kontingentflüchtlinge jedoch in das Ermessen der Behörden stellen (AufenthG-VwV[63]).

2020 hielten sich insgesamt 20.965 Personen mit einer Aufenthaltserlaubnis nach § 23 Abs. 1 AufenthG in Deutschland auf; 2017 waren es noch 26.245 Personen.[64] 3.691 Personen waren unter 18 Jahren. Es lebten aber 14.697 Personen bereits über sechs Jahre im Bundesgebiet. Sie wurden typischerweise nach 18 Monaten Aufenthalt nach § 2 AsylbLG leistungsberechtigt und sind für die fraglichen Leistungen nicht mehr relevant. Grundleistungsberechtigt waren vorbehaltlich § 8 Abs. 1 S. 1 AsylbLG 330 Personen, da sie den Status nach § 23 Abs. 1 AufenthG 2020 zum ersten Mal erhalten hatten und somit noch keine 18 Monate im Leistungsbezug waren.[65]

Bis zum 31.05.2022 enthielt § 1 Abs. 1 Nr. 3 lit. a) AsylbLG eine zweite Alternative für Personen mit einer Aufenthaltserlaubnis wegen des Krieges in ihrem

---

61 *Thüringer Ministerium für Migration, Justiz und Verbraucherschutz*, Aufnahmen aus Afghanistan.

62 jurisPK-SGB XII/*Frerichs*, § 1 AsylbLG Rn. 49, 106; *Kepert*, ZFSH / SGB 50 (2015), 80–83; BT-Drs. 18/3000, S. 3, 7–8.

63 Allgemeine Verwaltungsvorschrift zum Aufenthaltsgesetz (AufenthG-AVwV) v. 26.10.2009, GMBl S. 878, Rn. 23.1.1.1.

64 BT-Drs. 19/633, S. 19.

65 BT-Drs. 19/22457, S. 13 ff; BT-Drs. 19/21460, S. 4.

Heimatland nach § 24 AufenthG, welche zum 01.06.2022[66] gestrichen wurde. Dieser Tatbestand findet sich seither in § 1 Abs. 1 Nr. 8 AsylbLG als eigenständige neue Nummer sowie in § 1 Abs. 3a AsylbLG. Dazu siehe die Ausführungen ab S. 60.

6. *Aufenthaltserlaubnis nach § 25 Abs. 4 AufenthG; § 1 Abs. 1 Nr. 3 lit. b) AsylbLG*

§ 25 Abs. 4 S. 1 AufenthG regelt

> einem nicht vollziehbar ausreisepflichtigen Ausländer kann für einen vorübergehenden Aufenthalt eine Aufenthaltserlaubnis erteilt werden, solange dringende humanitäre oder persönliche Gründe oder erhebliche öffentliche Interessen seine vorübergehende weitere Anwesenheit im Bundesgebiet erfordern.

Damit sind Ausländer*innen gemeint, die sich nur zu einem kurzfristigen Aufenthalt keineswegs zu einem Daueraufenthalt in Deutschland befinden. Regelmäßig wird die Aufenthaltserlaubnis nach § 25 Abs. 4 S. 1 AufenthG für längstens sechs Monate ausgestellt; vgl. § 26 Abs. 1 S. 1 AufenthG.[67]

Neben dem vorübergehenden Aufenthaltszweck in Deutschland sind zudem weitere Erteilungsvoraussetzungen vorgegeben. Es darf keine vollziehbare Ausreisepflicht bestehen, die Person muss sich bereits in Deutschland aufhalten, die Aufenthaltserlaubnis kann also nicht vorab aus dem Ausland beantragt werden[68] und die allgemeinen Erteilungsvoraussetzungen des § 5 AufenthG müssen vorliegen. Zudem müssen dringende humanitäre oder persönliche Gründe oder ein erhebliches öffentliches Interesse am vorübergehenden Aufenthalt bestehen.

Dringende humanitäre Gründe müssen „individuell-konkrete Umstände"[69] sein, die inlandsbezogen sind. Nicht relevant sind hingegen zielstaatsbezogene Hindernisse und Gefahren oder die Unmöglichkeit des Erhalts von Arbeitsgelegenheiten oder Ausbildungsplätzen. Dringende humanitäre oder persönliche Gründe können also z. B. der Aufenthalt zur Durchführung einer Operation, die so im Herkunftsland nicht (in ausreichendem Maße) gewährleistet werden, könnte[70], die befristete Betreuung erkrankter Angehöriger oder

---

66 Gesetz zur Regelung eines Sofortzuschlages und einer Einmalzahlung in den sozialen Mindestsicherungssystemen sowie zur Änderung des Finanzausgleichsgesetzes und weiterer Gesetze v. 23.5.2022, BGBl. 2022 Teil I Nr. 17, 760–767.

67 Bergmann/Dienelt, Ausländerrecht/*Röcker*, § 25 AufenthG Rn. 62.

68 AufenthG-AVwV v. 26.10.2009, Rn. 25.4.1.1.

69 AufenthG-AVwV v. 26.10.2009, Rn. 25.4.1.4.

70 AufenthG-AVwV v. 26.10.2009, Rn. 25.4.1.6.1.

die Regelung wichtiger persönlicher Angelegenheiten sein. Ein öffentliches Interesse liegt unter anderem dann vor, wenn die ausländische Person als bezeugende Person in einem Verfahren benötigt wird[71] oder auch bei Ermittlungen zu Straftaten mit den Behörden kooperiert und gegebenenfalls sogar in entsprechende Schutzprogramme aufgenommen wird.[72] Insgesamt steht die Erteilung der Aufenthaltserlaubnis nach § 25 Abs. 4 S. 1 AufenthG im Ermessen der Ausländer*innenbehörde (ABH).

2021 hatten 465 Personen eine Aufenthaltserlaubnis nach § 25 Abs. 4 S. 1 AufenthG. 5.040 hatten zudem eine Verlängerung der Aufenthaltserlaubnis wegen außergewöhnlicher Härte nach § 25 Abs. 4 S. 2 AufenthG.[73]

7. *Aufenthaltserlaubnis nach § 25 Abs. 5 AufenthG; § 1 Abs. 1 Nr. 3 lit. c) AsylbLG*

Personen mit einer Aufenthaltserlaubnis nach § 25 Abs. 5 AufenthG sind Leistungsberechtigte im AsylbLG, wenn ihre Abschiebung ausgesetzt ist und die Entscheidung darüber weniger als 18 Monate zurückliegt. Für eine Aufenthaltserlaubnis nach § 25 Abs. 5 AufenthG muss die Person neben den allgemeinen Erteilungsvoraussetzungen des § 5 AufenthG folgende weitere Voraussetzungen erfüllen. Zum einen muss eine vollziehbare Ausreisepflicht i. S. d. § 58 Abs. 2 AufenthG vorliegen, die Person sich jedoch noch im Inland aufhalten, weil eine freiwillige Ausreise nicht in Betracht kommt. Zum anderen muss die Ausreise aus rechtlichen oder tatsächlichen Gründen unmöglich sein. Die Erteilung liegt im Ermessen der ABH.[74] Die Regelung des § 25 Abs. 5 AufenthG soll als eine Basis für Entscheidungen in Härtefällen dienen, die eine „flexible, den Erfordernissen des Einzelfalls Rechnung tragende Gesetzesanwendung ermöglicht.“[75] Hierfür sind auch Befristungen, Einschränkungen und Auflagen vorgesehen.

Da auf die freiwillige Ausreise Bezug genommen wird, ist ein allgemeiner Abschiebestopp nach § 60a Abs. 1 AufenthG[76] kein rechtlicher Grund nach § 25

71 BVerwG Urt. v. 12.7.2018 – 1 C 16/17, Juris (13).

72 BeckOK Ausländerrecht/AufenthG/*Maaßen/Kluth*, § 25 Rn. 69–71.

73 *Destatis*, Genesis-Online, Statistik über Schutzsuchende, Tabelle 12531-0007.

74 BeckOK Ausländerrecht/AufenthG/*Maaßen/Kluth*, § 25 Rn. 127–151.

75 BT-Drs. 15/420, S. 64.

76 Generelle Abschiebestopps werden aufgrund von völkerrechtlichen oder humanitären Gründen oder zur Wahrung politischer Interessen durch die oberste Landesbehörde verhängt; *Ritgen* in Meyer/Ritgen/Schäfer, R. (Hrsg.), Rückführung abgelehnter Schutzsuchender, 294–315 (303).

Abs. 5 AufenthG. Es muss in absehbarer Zeit nicht mit dem Wegfall des Ausreisehindernisses gerechnet werden können, was nach einem prognostizierten Zeitraum von mehr als sechs Monaten der Fall ist. Zudem muss bzw. müssen die Ausreiseverhinderung(en) der Person durch diese unverschuldet sein.[77] Täuschung in Bezug auf Identität oder Nationalität sowie fehlende Mitwirkung bei der Dokumentenbeschaffung werden als selbst verschuldete Ausreiseverhinderung gewertet. Es wird deutlich auf eine sowohl aktive als auch passive Rolle der Antragstellenden verwiesen.[78]

Aus tatsächlichen Gründen ist eine Ausreise unmöglich, wenn eine Reiseunfähigkeit besteht oder die Person unverschuldet passlos ist.[79] Auch eine fehlende Verkehrsverbindung kann die Ausreise verhindern. Rechtliche Gründe sind dann zu berücksichtigen, wenn sich der physische oder psychische Gesundheitszustand der Person durch die Ausreise erheblich verschlechtern würde. Hierbei wird auf die inländischen Verhältnisse abgestellt.[80] Herkunftslandbezogene Gesundheitsverschlechterungen fallen demnach nicht in den Anwendungsbereich des § 25 Abs. 5 AufenthG, sondern müssen der Prüfung der zielstaatsbezogenen Abschiebungsverbote nach § 60 Abs. 2, 3, 5 oder 7 AufenthG unterzogen werden und können zu einer Aufenthaltserlaubnis nach § 25 Abs. 3 AufenthG führen.[81]

Inlandsbezogene rechtliche Ausreisehindernisse stellen körperliche oder geistige schwere Erkrankungen dar, die ein ernsthaftes Risiko bergen, dass sich unmittelbar durch die Umstände der Ausreise der Gesundheitszustand lebensbedrohlich oder irreparabel wesentlich verschlechtern würde, was sich aus dem in Art. 2 Abs. 2 S. 1 GG verfassungsrechtlich gebotenen Schutz von Leben und körperlicher Unversehrtheit ergibt.[82] Rechtliche und tatsächliche Unmöglichkeit liegen dann vor, wenn von Reise- und Transportunfähigkeit aufgrund von gesundheitlichen Problemen ausgegangen werden muss.[83] Reiseunfähigkeit im engeren Sinne ist Transportunfähigkeit wegen einer Erkrankung, was sich auf die tatsächliche „Reise“ bezieht und eine wesentliche Verschlechterung oder eine Lebens- oder Gesundheitsgefahr transportbedingt erstmals entsteht.

---

77 Bergmann/Dienelt, Ausländerrecht/*Röcker*, § 25 AufenthG Rn. 122.
78 BeckOK Ausländerrecht/AufenthG/*Maaßen/Kluth*, § 25 Rn. 142.
79 BeckOK Ausländerrecht/AufenthG/*dies.*, § 25 Rn. 130.
80 BT-Drs. 15/420, S. 80.
81 BeckOK Ausländerrecht/AufenthG/*Maaßen/Kluth*, § 25 Rn. 132.
82 BeckOK Ausländerrecht/AufenthG/*dies.*, § 25 Rn. 132.
83 *Ritgen* in Meyer/Ritgen/Schäfer, R. (Hrsg.), Rückführung, 266–269 (266).

Reiseunfähigkeit im weiteren Sinne ist unabhängig vom konkreten Zielstaat zu sehen, da sie sich auf die Abschiebung als solche bezieht und zu beachten ist, wenn sich eine erhebliche konkrete Gesundheitsgefahr ergibt, die den Gesundheitszustand der Person wesentlich (oder gar lebensbedrohlich) verschlechtert.[84]

> 38.580 Personen hatten 2021 eine Aufenthaltserlaubnis nach § 25 Abs. 5 AufenthG. Bei wie vielen die Entscheidung über die Aussetzung ihrer Abschiebung noch nicht 18 Monate zurücklag und sie deshalb leistungsberechtigt nach § 1 Abs. 1 Nr. 3 lit. c) AsylbLG waren, geht aus den Zahlen nicht hervor.[85]

Insgesamt waren 2020 nach Angabe des Statistischen Bundesamts 3.000 Personen mit einer der genannten Aufenthaltserlaubnisse leistungsberechtigt § 1 Abs. 1 AsylbLG.

8. *Duldungsinhaber*innen; § 1 Abs. 1 Nr. 4 AsylbLG*

Bei der Duldung handelt es sich um die vorübergehende Aussetzung der Abschiebung; § 60a AufenthG. Geduldete Personen sind dabei weiterhin vollziehbar ausreisepflichtig, können aber aus tatsächlichen oder rechtlichen Gründen nicht abgeschoben werden. Eine Duldung ist kein Aufenthaltstitel und begründet daher keinen rechtmäßigen Aufenthalt. Eine Duldung nach § 60a AufenthG kann sowohl aufgrund einer Ermessensentscheidung ausgestellt werden, als auch, weil ein Rechtsanspruch darauf besteht. Leistungsberechtigt nach § 1 Abs. 1 Nr. 4 AsylbLG sind regelmäßig erwachsene Personen. Allerdings können in sehr wenigen Ausnahmefällen auch Kinder und Jugendliche leistungsberechtigt nach § 1 Abs. 1 Nr. 4 AsylbLG sein. Es besteht meistens eine Leistungspflicht aus dem AsylbLG und dem SGB VIII. Wenn Kinder und Jugendliche nicht durch das Jugendamt in Obhut genommen wurden (§ 42 Abs. 1 Nr. 3 und § 42a Abs. 1 SGB VIII) und deshalb nicht nach § 39 SGB VIII Leistungen zum Unterhalt erhalten, sind sie dem AsylbLG zuzuordnen.[86]

Für Personen des § 1 Abs. 1 Nr. 4 AsylbLG kann keine Abschiebung angeordnet werden, entweder aufgrund inlands- oder zielstaatsbezogener Abschiebungshindernisse. Inlandsbezogene Hindernisse können die Wahrung des Ehe- und Familienlebens in Deutschland sein sowie krankheitsbedingte Gefahren, z. B.,

84 VGH Baden-Württemberg Beschl. v. 15.10.2004 – 11 S 2297/04, Juris (3).

85 *Destatis*, Statistik über Schutzsuchende, Tabelle 12531-0007.

86 *Meysen*, et al. in Lehner/Wapler (Hrsg.), Geflüchtete Kinder und Jugendliche im Spannungsfeld von Kinder- und Jugendhilfe-, Familien- und Ausländerrecht, 313–349 (325); siehe auch zu den Besonderheiten bei Kindern und Jugendlichen ab S. 67.

wenn bestimmte Krankheiten aufgrund der geplanten Ausweisung auftreten. Hier sind häufig psychische und psychosomatische Erkrankungen Abschiebungshindernisse. Diese können aber auch als zielstaatsbezogen gewertet werden, wenn spezielle Behandlungen dort nicht durchgeführt werden können.[87] Tabelle 1 gibt Auskunft über die verschiedenen Gründe, nach denen eine Duldung nach § 60a AufenthG ausgestellt werden kann sowie die Zahl der Leistungsberechtigten im Jahr 2020.

Tabelle 1: Duldungen nach § 60a AufenthG 2020[88]

§ 60a (alt)	Duldung (alt, ohne nähere Angabe)	905
Abs. 1	Duldung aufgrund eines Abschiebungsstopps (für bestimmte Gruppen oder in bestimmte Staaten)	3.727
Abs. 2 S. 1	Abschiebung aus tatsächlichen oder rechtlichen Gründen unmöglich; hier: Duldung wegen fehlender Reisedokumente	91.383
Abs. 2 S. 1	Abschiebung aus tatsächlichen oder rechtlichen Gründen unmöglich; hier: Duldung wegen familiärer Bindungen zu Duldungsinhaber*innen nach § 60a (alt) AufenthG	17.957
Abs. 2 S. 1	Abschiebung aus tatsächlichen oder rechtlichen Gründen unmöglich; hier: Duldung aus medizinischen Gründen	3.592
Abs. 2 S. 1	Abschiebung aus tatsächlichen oder rechtlichen Gründen unmöglich; hier: Duldung aus sonstigen Gründen	75.813
Abs. 2 S. 2	Vorübergehende Anwesenheit für ein Strafverfahren	324
Abs. 2 S. 3	Sog. „Ermessensduldung“: es liegen dringende humanitäre oder persönliche Gründe vor (z. B. Beendigung von Schule/ Ausbildung; Betreuung kranker Familienangehöriger)	12.534
Abs. 2a	Zurückschiebung oder Abschiebung ist gescheitert und Deutschland ist rechtlich zur Rückübernahme verpflichtet	0
Abs. 2b	Eltern von minderjährigen Kindern mit AE nach § 25a AufenthG (gut integrierte Jugendliche)	736
Abs. 2 S. 1	Abschiebungshindernisse nach § 60 Abs. 1–5, 7 AufenthG	1.953

87 Grube/Wahrendorf/Flint SGB XII/*Leopold*, § 1 AsylbLG Rn. 50–52.
88 Eigene Darstellung nach BT-Drs. 19/22457, S. 29.

Abs. 2 S. 1	Unbegleitete Minderjährige nach § 58 Abs. 1a AufenthG	669
Abs. 2 S. 1	Anordnung der aufschiebenden Wirkung nach § 80 Abs. 5 VwGO	163
Abs. 2 S. 1	Fehlendes Absehen von einer Vollstreckung nach § 456a StPO	27
Abs. 2 S. 1	Stattgegebener Eilantrag gemäß § 123 VwGO	104
Abs. 2 S. 1	Fehlendes, aber erforderliches Einvernehmen einer Stelle nach § 72 Abs. 4 AufenthG	28
Abs. 2 S. 1	Asylfolgeantrag	2.541
Abs. 2 S. 1	Konkrete Maßnahmen zur Aufenthaltsbeendigung stehen bevor	3.082
Abs. 2 S. 4 (alt: S. 13)	Vaterschaftsanerkennung	82
(alt: Abs. 2 S. 4)	Ausbildungsduldung	3.531
		Insgesamt 220.907

Für alle Duldungsinhaber*innen wird der Lebensunterhalt zunächst nach dem AsylbLG erbracht. 92.205 dieser Personen waren 2020 noch nicht länger als 18 Monate im Inland aufhältig und deshalb leistungsberechtigt nach § 1 Abs. 1 AsylbLG.[89] Die weiteren Personen fielen beim Vorliegen keiner Sanktionsgründe unter die Voraussetzungen des § 2 AsylbLG.

9. *Vollziehbar Ausreisepflichtige; § 1 Abs. 1 Nr. 5 AsylbLG*

Von dieser Regelung werden Ausländer*innen erfasst, die keinen Asylantrag gestellt haben, deren Antrag abgelehnt wurde und die bisher nicht ausgereist sind oder noch nicht abgeschoben worden sind oder die nicht (mehr) im Besitz eines Aufenthaltstitels sind und deshalb nach § 50 AufenthG ausreisepflichtig sind.[90] Auch Personen, die sich in Abschiebehaft befinden, sind leistungsberechtigt

89 *Destatis*, Empfängerinnen und Empfänger von Leistungen nach dem Asylbewerberleistungsgesetz.

90 BeckOK SozR/AsylbLG/*Korff*, § 1 Rn. 18.

nach dem AsylbLG; Näheres hierzu in § 3 Abs. 1 S. 9 AsylbLG.[91] Personen, die sich illegal im Bundesgebiet aufhalten, haben ebenfalls einen Anspruch auf diese Leistungen, nehmen diese jedoch aus offensichtlichen Gründen nur sehr selten wahr.[92]

Bei vollziehbar Ausreisepflichtigen, die leistungsberechtigt nach § 1 Abs. 1 Nr. 5 AsylbLG sind, sich aber im Kirchenasyl befinden, kann die zuständige Behörde einem Anspruch auf Leistungen für Ernährung sowie Körper- und Gesundheitspflege nicht den Leistungsausschluss nach § 8 Abs. 1 S. 1 AsylbLG entgegenhalten. Die Gewährung von Kirchenasyl verpflichtet rechtlich nicht zur Deckung des (gesamten) notwendigen Lebensunterhalts. Übernimmt die Kirche nicht die vollständige Hilfegewährung, dann liegt keine anderweitige Bedarfsdeckung i. S. d. § 8 Abs. 1 S. 1 AsylbLG vor.[93]

2020 befanden sich 49.028 abgelehnte Asylsuchende im Bundesgebiet, von denen 22.281 ausreisepflichtig waren.[94] Zudem waren im selben Jahr insgesamt 47.367 weitere Personen ausreisepflichtig ohne Aufenthaltsstatus. Wie viele davon einen asylrechtlichen Bezug hatten, kann nicht abgelesen werden. Die Zahlen aus dem Ausländerzentralregister (AZR)[95] beinhalten jedoch auch Personen wie EU- und EWR-Bürger*innen und können aufgrund fehlender Sachverhaltsspeicherung auch Mehrfachnennungen enthalten. Insgesamt waren 2020 15.170 vollziehbar ausreisepflichtige Personen leistungsberechtigt nach § 1 Abs. 1 AsylbLG.[96]

---

91 Kritik zu Abschiebungshaft u. a. in *Beichel-Benedetti*, NJW 68 (2015), 2541–2545 (2543 f.); *Gordzielik*, et al., ZAR 33 (2013), 196–203 (198 f.); *Cremer, H.*, Abschiebungshaft und Menschenrechte, 2011, S. 10.

92 Vgl. dazu u. a. *Bornschlegl*, Der Zugang von Kindern ohne Papiere zu medizinischer Versorgung in Deutschland, 2016; *Mylius*, Die medizinische Versorgung von Menschen ohne Papiere in Deutschland, 2016; *Mylius*, et al., Gesundheitswesen 76 (2014), 440–445.

93 LSG Bayern Beschl. v. 11.11.2016 – L 8 AY 28/16 B ER, Juris (33 f.); zu weiteren Anspruchseinschränkungen durch § 1a AsylbLG ab S. 93.

94 BT-Drs. 19/22457, S. 43–46.

95 Kritik zum AZR ausführlich bei *Lincoln*, Das Ausländerzentralregister, Eine Datensammlung außer Kontrolle, 2022.

96 *Destatis*, Empfängerinnen und Empfänger von Leistungen nach dem Asylbewerberleistungsgesetz.

10. Familienangehörige; § 1 Abs. 1 Nr. 6 AsylbLG

Hier sind alle nicht-deutschen Ehegatt*innen, Lebenspartner*innen, Elternteile sowie minderjährige Kinder der bisher aufgeführten Leistungsberechtigten nach § 1 Abs. 1 Nr. 1–5 AsylbLG erfasst, die selbst nicht die Leistungsvoraussetzungen erfüllen[97], aber dennoch privilegiert werden. § 1 Abs. 1 Nr. 6 AsylbLG stellt demnach ein akzessorisches Verhältnis zwischen den Parteien her, die dafür in einer Haushaltsgemeinschaft leben müssen; bezieht sich aber nur auf Ausländer*innen. Die Haushaltsgemeinschaft ist auch für minderjährige Kinder relevant, die zunächst alleine in das Bundesgebiet eingereist sind und dann in den Haushalt eines Familienmitglieds aufgenommen wurden. Für sie kommt es auf die Leistungsberechtigung des Haushaltsvorstandes an. Im umgekehrten Fall besteht allerdings nach herrschender Meinung eine Gesetzeslücke.[98] Reist eine minderjährige Person alleine ein und erfüllt die Voraussetzungen des § 25 Abs. 5 AufenthG[99] mit der 18-monatigen Frist und fällt in den Anwendungsbereich des SGB II oder SGB XII, werden die (nachgereisten) Eltern deshalb nicht auch privilegiert. Hier entsteht so ein gespaltenes Leistungsrecht zwischen dieser Fallvariante und § 1 Abs. 3 AsylbLG. Eine gemischte Bedarfs- oder Einstehensgemeinschaft, bei denen Ausländer*innen mit deutschen Partner*innen zusammenleben, führen für die ausländische Person zu einem Anspruch nach dem SGB II oder SGB XII. Nicht geregelt ist dies hingegen, wenn die Leistungsberechtigten nach dem SGB II oder SGB XII ebenfalls Ausländer*innen mit einem Aufenthaltsrecht sind, die mit den in § 1 Abs. 1 Nr. 6 AsylbLG genannten Personen gemischte Bedarfs- oder Einstandsgemeinschaften bilden.[100] Eine Privilegierung in diesen Fällen wird allerdings durch die Rechtsprechung[101] so gehandhabt.

Als Familienangehörige waren 2020 12.660 Personen leistungsberechtigt nach § 1 Abs. 1 AsylbLG.

---

97 BeckOK SozR/AsylbLG/*Korff*, § 1 Rn. 19.

98 So z. B. Grube/Wahrendorf/Flint SGB XII/*Leopold*, § 1 AsylbLG Rn. 59.

99 Siehe für § 1 Abs. 3 AsylbLG ab S. 64.

100 Grube/Wahrendorf/Flint SGB XII/*Leopold*, § 1 AsylbLG Rn. 56–59.

101 LSG Berlin-Brandenburg Beschl. v. 15.8.2018 – L 31 AS 1194/18 B ER, Juris (17); LSG Nordrhein-Westfalen Beschl. v. 15.3.2014 – L 19 AS 73/14 B ER, Juris.

11. Folge- und Zweitantrag; § 1 Abs. 1 Nr. 7 AsylbLG

Folgeanträge nach § 71 AsylG sind Asylanträge i. S. d. § 13 AsylG, die nach Rücknahme oder unanfechtbar gewordener Ablehnung eines früheren Asylantrags gestellt werden. Für eine erneute inhaltliche Sachprüfung des Folgeantrags muss ein Wiederaufnahmegrund nach § 51 Abs. 1–3 VwVfG vorliegen. Personen, die in einem sicheren Drittstaat, der unter das Dublin-Regime fällt oder mit dem die BRD einen entsprechenden völkerrechtlichen Vertrag hat, ein erfolgloses Asylverfahren durchlaufen haben und dann im Bundesgebiet einen weiteren Asylantrag stellen, sind Zweitantragsteller*innen nach § 71a AufenthG. Beide Personengruppen fallen während der Verfahrensdauer in den Geltungsbereich des AsylbLG[102]; vgl. § 1 Abs. 1 Nr. 1 AsylbLG.

2.541 Personen waren 2020 Asylfolgeantragsteller*innen[103] und insgesamt 2.805 Personen leistungsberechtigt nach § 1 Abs. 1 AsylbLG.

12. Aufenthaltserlaubnis nach § 24 Abs. 1 AufenthG oder Fiktionsbescheinigung nach § 81 Abs. 5 i. V. m. Abs. 3 oder 4 AufenthG; § 1 Abs. 1 Nr. 8 AsylbLG

§ 1 Abs. 1 Nr. 8 AsylbLG erfasst Personen, die eine Aufenthaltserlaubnis nach § 24 Abs. 1 AufenthG besitzen, die nach dem 24.02.2022 und vor dem 01.06.2022 erteilt wurde (§ 1 Abs. 1 Nr. 8 lit. a) AsylbLG) und Personen, die eine entsprechende Fiktionsbescheinigung nach § 81 Abs. 5 i. V. m. Abs. 3 oder 4 AufenthG besitzen, die ebenfalls nach dem 24.02.2022 und vor dem 01.06.2022 ausgestellt wurde (§ 1 Abs. 1 Nr. 8 lit. b) AsylbLG). Zudem müssen die Leistungsberechtigten noch keine erkennungsdienstliche Behandlung nach § 49 AufenthG oder § 16 AsylG durchlaufen haben sowie ihre Daten noch nicht nach § 3 Abs. 1 Gesetz über das Ausländerzentralregister (AZR-Gesetz) gespeichert worden sein. Nur wenn die Fiktionsbescheinigung noch nicht ausgestellt wurde oder diese zwar ausgestellt wurde oder eine Aufenthaltserlaubnis nach § 24 Abs. 1 AufenthG bereits erteilt wurde, aber noch keine erkennungsdienstliche Behandlung stattgefunden hat und kein AZR-Eintrag vorgenommen wurde, besteht demnach eine Leistungsberechtigung nach § 1 Abs. 1 Nr. 8 AsylbLG.

102 BeckOK Ausländerrecht/AufenthG/*Dickten*, § 71 Rn. 4.

103 BT-Drs. 19/22457, S. 30.

Am 24.02.2022 begann der russische Angriffskrieg gegen die Ukraine und ab dem 01.06.2022 trat eine Neuregelung in Kraft, die im Folgenden noch ausgeführt wird.[104]

Durch § 24 AufenthG wurde die sogenannte Massenzustrom-Richtlinie 2001/55/EG[105] umgesetzt. Die Feststellung der Schutzwürdigkeit wird dabei nicht auf Landes- oder Bundesebene getroffen, sondern durch einen mit qualifizierter Mehrheit zu treffenden Ratsbeschluss auf EU-Ebene.[106] Art. 2 lit. d) RL 2001/55/EG legt fest, unter Massenzustrom ist ein Zustrom einer großen Zahl Vertriebener zu verstehen, der aus einem bestimmten Land oder einem bestimmten Gebiet kommt, unabhängig davon, ob der Zustrom in die Gemeinschaft spontan erfolgte oder bspw. durch ein Evakuierungsprogramm unterstützt wurde.[107]

Die Richtlinie 2001/55/EG enthält Bestimmungen über Mindestnormen für den begrenzten temporären Schutz, der bis zu drei Jahre gewährt werden kann. Dazu zählen unter anderem eine Arbeitserlaubnis (Art. 12), eine angemessene Unterbringung (Art. 13 Abs. 1), der Zugang zu Sozialleistungen, medizinischer Versorgung (Art. 13 Abs. 2) und zum Bildungssystem (Art. 14) sowie die Möglichkeit der Familienzusammenführung (Art. 15).

Die RL 2001/55/EG wurde bis 2022 nicht zur Anwendung gebracht, weshalb keine Aufenthaltserlaubnis nach § 24 AufenthG ausgestellt werden konnte.[108] Die Nicht-Anwendung der Richtlinie bis 2022 wurde von verschiedenen Seiten kritisch hinterfragt.[109] Eine Anwendung war nicht geplant, die Europäische Kommission hatte laut eigener Aussage[110] andere Maßnahmen in Bezug auf die von ihnen so bezeichnete „Flüchtlingskrise" ergriffen und verwies zudem auf die Asylverfahren[111]- und Aufnahmerichtlinien[112].

---

104 BeckOK MigR/*Becker*, § 1 AsylbLG Rn. 28a–28e.

105 Richtlinie 2001/55/EG des Rates vom 20. Juli 2001 über Mindestnormen für die Gewährung vorübergehenden Schutzes im Falle eines Massenzustroms von Vertriebenen und Maßnahmen zur Förderung einer ausgewogenen Verteilung der Belastungen, die mit der Aufnahme dieser Personen und den Folgen dieser Aufnahme verbunden sind, auf die Mitgliedstaaten (L 212/12) v. 07.08.2001, ABl. L 212, 12–23.

106 *Hruschka*, et al., NVwZ 26 (2007), 645–650 (649).

107 AufenthG-AVwV v. 26.10.2009, Rn. 24.

108 BT-Drs. 19/22457, S. 18; BT-Drs. 19/633, S. 25.

109 *Kluth*, ZAR 40 (2020), 119–127 (123); *Lübbe*, EuR 52 (2017), 639–647 (643 f.); *Schmidt, A.*, ZAR 35 (2015), 205–212.

110 *Avramopoulos*, Activation of the temporary protection directive.

111 Richtlinie 2013/32/EU des Europäischen Parlaments und des Rates vom 26. Juni 2013 zu gemeinsamen Verfahren für die Zuerkennung und Aberkennung des internationalen Schutzes (L 180/60) v. 29.06.2013, ABl. L 180, 60–95.

112 Richtlinie 2013/33/EU des Europäischen Parlaments und des Rates vom 26. Juni 2013 zur Festlegung von Normen für die Aufnahme von Personen, die internationalen Schutz beantragen (EU-Aufnahmerichtlinie) v. 29.06.2013, ABl. L 180, 96–116.

Durch die Ereignisse in der Ukraine im Winter und Frühjahr 2022 erließ der Europäische Rat am 04.03.2022 einen Durchführungsbeschluss (EU) 2022/382 zur Feststellung des Bestehens eines Massenzustroms von Vertriebenen aus der Ukraine im Sinne des Art. 5 der RL 2001/55/EG und zur Einführung eines vorübergehenden Schutzes.[113] Das hat in Deutschland dazu geführt, dass für Vertriebene aus der Ukraine § 24 AufenthG zur Anwendung kommt.

Eine Rechtsfolge des § 24 AufenthG war, dass für diese Personen ein Anspruch auf Leistungen nach § 1 Abs. 1 Nr. 3 lit. a) Alt. 2 AsylbLG bestand.

Seit 01.06.2022 haben Personen mit einer Aufenthaltserlaubnis nach § 24 AufenthG und Personen, denen eine Fiktionsbescheinigung nach § 81 Abs. 5 AufenthG aufgrund eines Erstantrags nach § 81 Abs. 3 AufenthG oder eines Verlängerungsantrags nach § 81 Abs. 4 AufenthG ausgestellt wurde, keine Leistungsansprüche nach § 1 AsylbLG mehr, sondern einen Leistungsanspruch nach § 7 SGB II bzw. für Personen, die das Regelrentenalter erreicht haben oder die dauerhaft erwerbsunfähig sind, Grundsicherung nach den §§ 41 ff. SGB XII. Voraussetzung ist zudem eine erkennungsdienstliche Behandlung oder die Aufnahme im Ausländerzentralregister bis zum 31.05.2022; vgl. § 1 Abs. 1 Nr. 8 HS. 3 AsylbLG.

§ 1 Abs. 3a AsylbLG ist ebenfalls in diesem Zusammenhang zum 01.06.2022 eingeführt worden. Die Regelung zielt auf den angesprochenen Rechtskreiswechsel vom AsylbLG in die Sozialhilfe nach SGB II und SGB XII ab. § 1 Abs. 3a AsylbLG regelt den entsprechend notwendigen Ausschluss von der Leistungsberechtigung im AsylbLG und der damit verbundenen Zuordnung zum SGB II bzw. SGB XII.[114]

Insgesamt sind die Berechtigten nach Nr. 8 in vielen Fällen bessergestellt als die sonstigen Leistungsberechtigten im AsylbLG. Das zeigt auch die Folge des § 24 AufenthG, durch die eine Beschäftigungserlaubnis durch die ABH von Beginn an zu erteilen ist, auch wenn noch kein Beschäftigungsverhältnis in Aussicht steht.

Außerdem gilt für diese Personen seit dem 01.06.2022 die gesetzliche Krankenpflichtversicherung nach § 5 Abs. 1 Nr. 2a SGB V.

---

113 Durchführungsbeschluss (EU) 2022/382 des Rates vom 4. März 2022 zur Feststellung des Bestehens eines Massenzustroms von Vertriebenen aus der Ukraine im Sinne des Artikels 5 der Richtlinie 2001/55/EG und zur Einführung eines vorübergehenden Schutzes v. 04.03.2022, ABl. L 71, 1.

114 BeckOK MigR/*Becker*, § 1 AsylbLG Rn. 40a.

Durch die Besserstellung dieser Leistungsberechtigten war eine Übergangsregelung in § 18 AsylbLG notwendig, um sicherzustellen, dass die hilfebedürftigen Personen nicht ohne Leistungen sein werden, falls es bei den Leistungsträgern zu Verzögerungen aufgrund vieler Leistungsanträge kommt.[115] § 18 AsylbLG betrifft Personen, die zum 01.06.2022 einen Anspruch auf eine Aufenthaltserlaubnis nach § 24 AufenthG haben und diese beantragt haben, die Voraussetzungen aber noch nicht erfüllen, etwa weil Dokumente fehlen. Sie beziehen dann weiterhin Leistungen nach dem AsylbLG, vollziehen aber den Rechtskreiswechsel rückwirkend zum 01.06.2022, sobald alle Voraussetzungen erfüllt sind. Die Differenz zwischen den Leistungen nach dem AsylbLG – die deutlich niedriger sind – und dem SGB II bzw. SGB XII sollen dann nachgezahlt werden.[116]

Zusammenfassend kann festgestellt werden, dass durch die Neuregelungen im AsylbLG und SGB II bzw. SGB XII die Lebensbedingungen dieser Menschen mit denen von anerkannten hilfebedürftigen Schutzberechtigten gleichgestellt wurden.[117] Für andere schutzsuchende Leistungsberechtigte des AsylbLG sind diese Verbesserungen weiterhin nicht vorgesehen, was zu einer deutlichen Ungleichbehandlung geflüchteter Menschen führt.

III. § 1 Abs. 2 AsylbLG

§ 1 Abs. 2 AsylbLG enthält eine Ausnahme für Ausländer*innen, die eigentlich dem Anwendungsbereich des § 1 Abs. 1 AsylbLG unterfallen würden, sich aber gleichzeitig auf ein verfestigtes Aufenthaltsrecht berufen können, etwa weil zwei verschiedene Aufenthaltstitel vorliegen. Dies ist der Fall, wenn ihnen ein anderer Aufenthaltstitel als eine Aufenthaltserlaubnis nach § 23 Abs. 1[118], § 24[119] sowie § 25 Abs. 4 S. 1 oder § 25 Abs. 5[120] AufenthG mit einer Geltungsdauer von mehr als sechs Monaten erteilt wurde. Typischerweise verleiht eine Aufenthaltserlaubnis einen verfestigten Status, weshalb dann keine Leistungen des AsylbLG, sondern bei vorliegender Hilfebedürftigkeit des SGB II oder SGB XII erbracht

---

115 BeckOK MigR/*Becker*, § 18 AsylbLG Rn. 1–2.

116 BT-Drs. 20/1768, S. 28.

117 BT-Drs. 20/1768, S. 27.

118 Zu Aufenthaltserlaubnis nach § 23 Abs. 1 AufenthG; § 1 Abs. 1 Nr. 3 lit. a) AsylbLG ab S. 49.

119 Zu Aufenthaltserlaubnis nach § 24 Abs. 1 AufenthG oder Fiktionsbescheinigung nach § 81 Abs. 5 i. V. m. Abs. 3 oder 4 AufenthG; § 1 Abs. 1 Nr. 8 AsylbLG ab S. 60.

120 Zu Aufenthaltserlaubnis nach § 25 Abs. 5 AufenthG; § 1 Abs. 1 Nr. 3 lit. c) AsylbLG ab S. 53.

werden sollen. Diese Aufenthaltstitel könnten die des § 4 Abs. 1 S. 2 AufenthG sein.[121] Im Umkehrschluss bedeutet dies nach h. M.[122], dass für eigentlich ehemalige Leistungsberechtigte des AsylbLG, selbst nach Entfall der Leistungsvoraussetzungen des AsylbLG – sie sind keine in § 1 Abs. 1 AsylbLG bezeichneten Ausländer*innen mehr – für weitere sechs Monate Leistungen des AsylbLG erbracht werden sollen, sofern der ihnen erteilte Aufenthaltstitel eine Geltungszeit von sechs Monaten nicht überschreitet.[123] Dies begründete die Legislative damit, dass sich erst nach Ablauf dieser Zeit das Bleiberecht derart verfestigt hätte, dass es einen Leistungsanspruch nach den SGB auslösen würde.[124] Die Aussagekraft dessen wird bezweifelt, die Umkehranwendung der Regelung wird deshalb als falsch angesehen.[125] In der vorliegenden Arbeit werden die Leistungsberechtigten des § 1 Abs. 2 AsylbLG, die noch weitere sechs Monate Leistungen erhalten, der Einfachheit wegen mit den Leistungsberechtigten des § 1 Abs. 1 AsylbLG gleichgestellt mitgemeint.

IV. § 1 Abs. 3 AsylbLG

§ 1 Abs. 3 AsylbLG regelt das Ende der Leistungsberechtigung im AsylbLG. Hierfür wird wie in § 1 Abs. 1 AsylbLG bereits an den tatsächlichen Aufenthalt angeknüpft, der durch die Ausreise nicht mehr im Bundesgebiet sein kann. Für minderjährige Kinder, die eine Aufenthaltserlaubnis nach § 25 Abs. 5 AufenthG besitzen, also Begünstigte nach § 1 Abs. 1 Nr. 3 lit. c) AsylbLG sind und die mit ihren Eltern in einer Haushaltsgemeinschaft leben, entfallen die Leistungen des AsylbLG, wenn bei einem Elternteil mit ebenfalls einer Aufenthaltserlaubnis nach § 25 Abs. 5 AufenthG die Leistungsberechtigung endet. Seit Inkrafttreten

---

121 GK-AsylbLG/*Hohm*, § 1 Rn. 169; Grube/Wahrendorf/Flint, SGB XII, Sozialhilfe/*Leopold*, § 1 AsylbLG Rn. 72.

122 OVG Niedersachsen Beschl. v. 4.2.1999 – 4 M 137/99, Juris; LSG Bayern Beschl. v. 12.1.2006 – L 11 B 598/05 AS ER, Juris; Adolph SGB II/SGB XII/*Adolph*, § 1 AsylbLG Rn. 88; LPK-SGB XII/*Birk*, § 1 AsylbLG Rn. 14; Oestreicher/Decker, SGB II/SGB XII/*Decker*, 93, § 1 AsylbLG Rn. 69; BeckOK SozR/AsylbLG/*Korff*, § 1 Rn. 22; Grube/Wahrendorf/Flint SGB XII/*Leopold*, § 1 AsylbLG Rn. 72.

123 OVG Nordrhein-Westfalen Beschl. v. 26.9.2005 – 12 A 2524/03, Juris; OVG Niedersachsen Beschl. v. 4.2.1999 – 4 M 137/99, Juris (24, 31); LSG Bayern Beschl. v. 12.1.2006 – L 11 B 598/05 AS ER, Juris; Oestreicher/Decker, SGB II/SGB XII/*Decker*, 93, § 1 AsylbLG Rn. 69.

124 BT-Drs. 12/4451, S. 7.

125 So jurisPK-SGB XII/*Frerichs*, § 1 AsylbLG Rn. 157.

des Asylverfahrensbeschleunigungsgesetzes[126] enthält § 1 Abs. 3 S. 2 AsylbLG also insoweit insbesondere eine Sonderregel für das Ende der Leistungsberechtigung von Minderjährigen, wenn für ein Elternteil die Aufenthaltserlaubnis nach § 25 Abs. 5 AufenthG entfällt.[127] Außerdem kommt es zum Ende der Leistungsberechtigung mit Ablauf des Monats, in dem die Leistungsvoraussetzung entfällt, also bspw. auch durch einen positiv beschiedenen Asylantrag. Dies wurde durch das Geordnete-Rückkehr-Gesetz[128] zusammengefasst. Danach folgt beim Erfüllen der sonstigen Leistungsvoraussetzungen dort eine Zurechnung der Personen zum Rechtskreis des SGB II oder SGB XII.[129]

V. § 1 Abs. 4 AsylbLG

Grundsätzlich keinen Leistungsanspruch nach dem AsylbLG haben vollziehbar Ausreisepflichtige, die Leistungsberechtigte nach § 1 Abs. 1 Nr. 5 AsylbLG sind und denen in einem anderen Dublin-Staat internationaler Schutz aufgrund der Dublin III-VO[130] gewährt worden ist und der internationale Schutz fortbesteht; vgl. § 1 Abs. 4 S. 1 AsylbLG. § 1 Abs. 4 S. 2–5 AsylbLG enthalten Überbrückungsleistungen bis zur Ausreise aus der Bundesrepublik.

> S. 2 Hilfebedürftigen Ausländern, die [§ 1 Abs. 4] S. 1 [AsylbLG] unterfallen, werden bis zur Ausreise, längstens jedoch für einen Zeitraum von zwei Wochen, einmalig innerhalb von zwei Jahren nur eingeschränkte Hilfen gewährt, um den Zeitraum bis zur Ausreise zu überbrücken (Überbrückungsleistungen); die Zweijahresfrist beginnt mit dem Erhalt der Überbrückungsleistungen nach [§ 1 Abs. 4] S. 2 [AsylbLG]. S. 3 Hierüber und über die Möglichkeit der Leistungen nach [§ 1 Abs. 4] S. 6 [AsylbLG] sind die Leistungsberechtigten zu unterrichten. S. 4 Die Überbrückungsleistungen umfassen die Leistungen nach § 1a Abs. 1 [AsylbLG] und nach § 4 Abs. 1 S. 1 und Abs. 2 [AsylbLG]. S. 5 Sie sollen als Sachleistung erbracht werden.

---

126 Asylverfahrensbeschleunigungsgesetz v. 20.10.2015, BGBl. 2015 Teil I Nr. 40, 1722–1735.

127 BeckOK SozR/AsylbLG/*Korff*, § 1 Rn. 1–3.

128 Zweites Gesetz zur besseren Durchsetzung der Ausreisepflicht – Geordnete-Rückkehr-Gesetz v. 15.08.2019, BGBl. 2019 Teil I Nr. 31, 1294–1306.

129 Grube/Wahrendorf/Flint, SGB XII, Sozialhilfe/*Leopold*, § 1 AsylbLG Rn. 74.

130 Verordnung (EU) Nr. 604/2013 des Europäischen Parlaments und des Rates vom 26. Juni 2013 zur Festlegung der Kriterien und Verfahren zur Bestimmung des Mitgliedstaats, der für die Prüfung eines von einem Drittstaatsangehörigen oder Staatenlosen in einem Mitgliedstaat gestellten Antrags auf internationalen Schutz zuständig ist (Dublin III-VO) v. 29.06.2013, ABl. 180, 31–59.

§ 1 Abs. 4 S. 2–5 AsylbLG werden durch die Härtefallregelung der § 1 Abs. 4 S. 6–9 AsylbLG beschränkt. Die Regelung gründet auf der Annahme, dass die betroffenen Personen typischerweise erst vor sehr kurzer Zeit nach Deutschland eingereist sind und deshalb angenommen wird, dass es mit „keinem unverhältnismäßigen Aufwand verbunden sein wird, kurzfristig in das Land zurückzukehren, durch das ihnen internationaler Schutz gewährt worden ist, solange dieser Schutz fortbesteht."[131] Hierzu weiter in § 1 Abs. 4 S. 6–9 AsylbLG:

> S. 6 Soweit dies im Einzelfall besondere Umstände erfordern, werden Leistungsberechtigten nach [§ 1 Abs. 4] S. 2 [AsylbLG] zur Überwindung einer besonderen Härte andere Leistungen nach den §§ 3, 4 und 6 [AsylbLG] gewährt; ebenso sind Leistungen über einen Zeitraum von zwei Wochen hinaus zu erbringen, soweit dies im Einzelfall auf Grund besonderer Umstände zur Überwindung einer besonderen Härte und zur Deckung einer zeitlich befristeten Bedarfslage geboten ist. S. 7 Neben den Überbrückungsleistungen werden auf Antrag auch die angemessenen Kosten der Rückreise übernommen. S. 8 [§ 1 Abs. 4] S. 7 [AsylbLG] gilt entsprechend, soweit die Personen allein durch die angemessenen Kosten der Rückreise die in [§ 1 Abs. 4] S. 4 [AsylbLG] genannten Bedarfe nicht aus eigenen Mitteln oder mit Hilfe Dritter decken können. S. 9 Die Leistung ist als Darlehen zu erbringen.

Die Härtefallregelungen decken die notwendigen Leistungen der §§ 3, 4, 6 AsylbLG ab. Die Betroffenen erhalten also Grundleistungen, Leistungen bei Krankheit, Schwangerschaft und Geburt sowie Sonstige Leistungen nach § 6 AsylbLG. Diese sind nach § 1 Abs. 4 S. 6 HS. 2 AsylbLG allerdings auf nur zwei Wochen innerhalb von zwei Jahren befristet und können nur durch eine weitere besondere Härte verlängert werden. Hintergrund für diese Härtefallregelung ist die Abdeckung der Bedarfe kurz vor der Ausreise der betroffenen Personen.[132] Dieser völlige Leistungsausschluss nach Ablauf der zwei Wochen wird im Hinblick auf seine Verfassungsmäßigkeit diskutiert[133], denn anschließend wird kein menschenwürdiges Existenzminimum mehr gewährt, was gegen die Leitsätze der Bundesverfassungsgericht (BVerfG)-Asylbewerberleistungsgesetz-Entscheidung[134] stehen könnte, wonach migrationspolitische Entscheidungen, die die Vermeidung von Migrationsanreizen zum Ziel haben, keinen Einfluss

---

131 BT-Drs. 19/10047, S. 51.

132 BeckOK SozR/AsylbLG/*Korff*, § 1 Rn. 22a.

133 jurisPK-SGB XII/*Frerichs*, § 1 AsylbLG Rn. 181; GK-AsylbLG/*Hohm*, § 1 Rn. 218; Grube/Wahrendorf/Flint, SGB XII, Sozialhilfe/*Leopold*, § 1 AsylbLG Rn. 89; *Oppermann*, ZESAR 19 (2020), 305–312 (309); *Lederer*, Das neue Asylbewerberleistungsgesetz, 2019, S. 17.

134 BVerfGE 132, 134–179 (173) – Asylbewerberleistungsgesetz.

auf die Leistungshöhe haben dürfen. Andererseits gibt es in § 23 SGB XII ähnliche Leistungsausschlüsse und diese werden aufgrund der bestehenden Ausreisemöglichkeit eher als verfassungsgemäß angesehen.[135]

VI. Besonderheiten bei Kindern und Jugendlichen

Kinder und Jugendliche, die mit ihren Eltern, einem Elternteil oder einem anderen volljährigen Mitglied der Kernfamilie einreisen, werden als Familienangehörige i. S. v. § 1 Abs. 1 Nr. 6 AsylbLG ins AsylbLG mit einbezogen. Zur Kernfamilie zählen Ehegatt*innen, eingetragene Lebenspartner*innen und minderjährige unverheiratete Kinder. Wenn sich die Eltern eines minderjährigen unbegleiteten Kindes bzw. Jugendlichen im Bundesgebiet aufhalten, die Einreise jedoch unabhängig voneinander stattgefunden hat, wird bei erfolgter Zusammenführung von einem begleiteten Aufenthalt ausgegangen.[136]

Für unbegleitete Minderjährige hingegen sind die Vorgaben der Kinder- und Jugendhilfe anzuwenden, weshalb sie nach den Regelungen des Kinder- und Jugendhilferechts im SGB VIII untergebracht, betreut und versorgt werden müssen. Dies beinhaltet auch die Inobhutnahme meist direkt nach Ankunft in Deutschland; vgl. §§ 42 Abs. 1 Nr. 3, 42a Abs. 1 SGB VIII. Sie haben Anspruch auf Leistungen der Jugendhilfe, wenn sie eine Duldung besitzen oder sich rechtmäßig im Inland aufhalten und ihren gewöhnlichen Aufenthalt im Bundesgebiet haben; vgl. § 6 Abs. 2 SGB VIII. Die Krankenhilfe richtet sich nach § 40 SGB VIII, wobei sich der Leistungsumfang sogar noch über die Inhalte des SGB V hinaus erstreckt, denn er umfasst zudem den „im Einzelfall notwendigen Bedarf in voller Höhe"; vgl. § 40 S. 2 SGB VIII.[137]

VII. Grundleistungen; § 3 AsylbLG

§ 3 AsylbLG regelt Art und Umfang der Bedarfe sowie deren Leistungsform und die Art und Weise der Leistungserbringung. Diese umfassen nach § 3 Abs. 1 AsylbLG die notwendigen Bedarfe für Ernährung, Unterkunft, Heizung, Kleidung, Gesundheitspflege und Gebrauchs- bzw. Verbrauchsgüter des Haushalts

---

135 *Devetzi*, et al., ZESAR 16 (2017), 197–206 (202 f.); kritisch dazu Grube/Wahrendorf/Flint, SGB XII, Sozialhilfe/*Deckers*, § 23 SGB XII Rn. 3, der durch die Härtefallregelung in S. 6 die Verfassungskonformität erhalten sieht, vgl. Rn. 73, 76; a. A. Schellhorn/Hohm/Schneider/SGB XII/*Hohm*, § 23 SGB XII Rn. 77.

136 *Tangermann*, et al., Unbegleitete Minderjährige in Deutschland. Herausforderungen und Maßnahmen nach der Klärung des aufenthaltsrechtlichen Status, 2018, S. 40.

137 BeckOK Sozialrecht/SGB VIII/*Winkler*, § 40 Rn. 7.

(§ 3 Abs. 1 S. 1 AsylbLG), sowie den notwendigen persönlichen Bedarf zur Deckung persönlicher Bedürfnisse des täglichen Lebens (§ 3 Abs. 1 S. 2 AsylbLG). Erfolgt eine Unterbringung in einer Erstaufnahmeeinrichtung i. S. d. § 44 AsylG, sind die Leistungen durch Sachleistungen zu gewähren; vgl. § 3 Abs. 2 S. 1 AsylbLG.[138] Außerhalb von Erstaufnahmeeinrichtungen haben Geldleistungen Vorrang; vgl. § 3 Abs. 3 S. 1 AsylbLG. Teil der Gesundheitspflege hier sind „Pflaster, Verbandsmaterial, Fieberthermometer und Ähnliches[139]", wie Wundcreme und Brandsalbe.[140] Es richtet sich nach dem tatsächlich notwendigen Bedarf.[141] Durch § 3 Abs. 4 AsylbLG haben Kinder, Jugendliche und junge Erwachsene Anspruch auf die Deckung der Bedarfe für Bildung und Teilhabe. Die Regelung der Geldleistungssätze für diese Grundleistungen sind in § 3a AsylbLG zusammengefasst. § 3 AsylbLG wird ergänzt durch die §§ 4–6 AsylbLG.[142]

VIII. Leistungen in besonderen Fällen; § 2 AsylbLG

1. Voraussetzungen für Analogleistungen

Leistungsberechtigte nach § 1 Abs. 1 AsylbLG sind vom Zugang zur formellen Sozialhilfe im SGB XII grundsätzlich ausgeschlossen, vgl. § 9 Abs. 1 AsylbLG. Eine Ausnahme bildet § 2 Abs. 1 AsylbLG, denn er eröffnet für Leistungsberechtigte nach § 1 Abs. 1 AsylbLG, sog. „Analogleistungen", die mutatis mutandis gelten und einen „Anspruch auf höhere und umfangreichere Leistungen"[143] entsprechend dem SGB XII beinhalten.

Für Analogleistungen müssen die Anspruchsberechtigten die Wartezeit von 18 Monaten ohne wesentliche Unterbrechungen erfüllt haben. Dabei darf die Dauer des Aufenthalts nicht rechtsmissbräuchlich selbst beeinflusst worden sein. Bei Erfüllung der Voraussetzungen sind die Sozialhilfeleistungen entsprechend der §§ 27 ff. SGB XII anzuwenden. Eine Gleichstellung mit

---

138 Zur Wiedereinführung der Sach- statt Geldleistungen in § 3 AsylbLG *Eichenhofer, J.* in Lehner/Wapler (Hrsg.), Die rechtliche Gestaltung der Integration in Zeiten der „Flüchtlingskrise", 111–145 (125).

139 jurisPK-SGB XII/*Frerichs*, § 3 AsylbLG Rn. 79; BeckOK SozR/AsylbLG/*Korff*, 63, § 3 Rn. 9.

140 jurisPK-SGB XII/*Frerichs*, § 3 AsylbLG Rn. 94.

141 Oestreicher/Decker, SGB II/SGB XII/*Decker*, § 3 AsylbLG Rn. 8.

142 Adolph SGB II/SGB XII/*Adolph*, 71, § 3 AsylbLG Rn. 25.

143 *Deutscher Bundestag*, Sanktionen im Leistungsrecht für Asylbewerber und Flüchtlinge Asylbewerberleistungsgesetz, Zweites und Zwölftes Buch Sozialgesetzbuch, WD 6 - 3000 - 053/16, 2016, S. 6.

Sozialhilfeempfänger*innen soll nicht erfolgen, weshalb hier der Begriff der analogen Leistungserbringung zentral ist,[144] sie werden aber wie sie behandelt. Dazu gehört auch die Übernahme der Krankenbehandlung für nicht Versicherungspflichtige gegen Kostenerstattung im Rahmen der GKV nach § 264 Abs. 2 SGB V ohne die in §§ 4, 6 AsylbLG festgelegten Einschränkungen. Leistungsberechtigte nach § 2 AsylbLG haben keinen Anspruch auf Leistungen der §§ 4 und 6 AsylbLG.[145] Obwohl sie nicht Mitglied der GKV werden, werden die Leistungen nach den Grundsätzen des SGB V erbracht und über die gesetzlichen Krankenkassen abgewickelt.[146] Dies bedeutet, dass sie unter Ärzt*innen und anderen Gesundheitsdienstleister*innen freie Wahl haben und eine Krankenkasse wählen können. Die Leistungen werden jedoch weiterhin von den zuständigen AsylbLG-Trägern finanziert[147], die für die Finanzierung und Bereitstellung der Leistungen des AsylbLG zuständig sind. Aufgrund § 264 Abs. 7 SGB V werden die Aufwendungen der Krankenkassen einschließlich angemessener Verwaltungskosten erstattet. Die Länder und Kommunen haben den Sicherstellungsauftrag für diese Gesundheitsleistungen nach dem AsylbLG.[148]

Zum Zeitpunkt des Inkrafttretens des AsylbLG betrug die Wartezeit 12 Monate. Im Laufe der Jahre war sie auf 24, 36 und 48 Monate angehoben worden; 2015 wurde sie auf 15 Monate verkürzt und 2019 erneut auf 18 Monate angehoben.[149] Es gab eine Übergangsregelung für die Leistungsberechtigten, für die § 2 Abs. 1 AsylbLG bereits anzuwenden war, die durch die Neuregelung jedoch wieder den Leistungen der §§ 4, 6 AsylbLG zuzuordnen gewesen wären; vgl. § 15 AsylbLG. Die Anhebung der Wartezeit kann als bloße politische Aussage und nicht als notwendige Gesetzesänderung angesehen werden.

2. Rechtsfolge aus § 2 Abs. 1 AsylbLG

Wie sich auch im Weiteren[150] zeigen wird, sind im AsylbLG zahlreiche Anspruchseinschränkungen und negative Rechtsfolgen aufgeführt, die alle

---

144 Grube/Wahrendorf/Flint SGB XII/*Leopold*, § 2 AsylbLG Rn. 38; jurisPK-SGB XII/*Oppermann/Filges*, § 2 AsylbLG Rn. 146.

145 Grube/Wahrendorf/Flint SGB XII/*Leopold*, § 6 AsylbLG Rn. 6.

146 *Vorholz* in Meyer/Ritgen/Schäfer, R. (Hrsg.), Zugang zu Sozialleistungen, 267–275 (273).

147 *dies.* in Meyer/Ritgen/Schäfer, R.(Hrsg.), Leistungen nach dem Asylbewerberleistungsgesetz, 214–220 (219).

148 BT-Drs. 19/1620, S. 16.

149 Geordnete-Rückkehr-Gesetz v. 15.08.2019, BGBl. 2019 Teil I Nr. 31, 1294–1306.

150 Zu den Anspruchseinschränkungen im AsylbLG ab S. 93.

eine Absenkung der Leistungen zur Folge haben. So hat auch § 2 Abs. 1 HS. 2 AsylbLG einen sanktionsartigen Charakter[151], da die sozialhilferechtliche Privilegierung der Leistungsberechtigten nur dann erfolgt, wenn diese den ohne wesentliche Unterbrechungen stattfindenden tatsächlichen Aufenthalt im Bundesgebiet nicht rechtsmissbräuchlich selbst beeinflusst haben.

Typische Fälle für eine missbräuchliche Beeinflussung der Dauer des Aufenthalts sind bspw. die Vernichtung des Passes, die Angabe einer falschen Identität[152], falsche Angaben zur Staatsangehörigkeit[153] und „Untertauchen".[154] Das Verhalten muss feststellbar und insgesamt überhaupt geeignet sein, die Aufenthaltsdauer in einer unentschuldbaren, sozialwidrigen Weise zu verlängern.[155] Ist das Verhalten nach individueller und sorgfältiger Prüfung persönlich vorwerfbar[156], kann die Leistungsgewährung auf Dauer eingeschränkt werden,[157] wenn dies geeignet, erforderlich und angemessen ist, um dem Leistungsmissbrauch entgegenzuwirken.[158] Ist dies der Fall und das Verhalten ist persönlich unentschuldbar, reduzieren sich die Leistungen auf ein abgesenktes Niveau, „auf die niedrigeren Leistungen nach dem AsylbLG".[159] Die Frage, wie weit sich die Leistungen reduzieren, ist nicht abschließend geklärt. Zum einen wird die Meinung vertreten, dass privilegierte Leistungsberechtigte nicht nach § 1a Abs. 1 AsylbLG einschränkbar sind, weil sowohl nach Systematik als auch nach Sinn und Zweck § 1a Abs. 1 AsylbLG nicht neben § 2 AsylbLG anwendbar ist und demnach § 2 AsylbLG auch nicht verdrängt.[160] Zum anderen aber deutet der Wortlaut des § 2 Abs. 1 S. 1 AsylbLG, wonach „abweichend von den §§ 3 und 4 sowie 6 bis 7

---

151 jurisPK-SGB XII/*Oppermann/Filges*, § 2 AsylbLG Rn. 45.

152 Schellhorn/Hohm/Schneider/SGB XII/*Hohm*, § 2 AsylbLG Rn. 22 mit weiteren Verweisen auf Rechtsprechung der Sozialgerichte; jurisPK-SGB XII/*Oppermann/Filges*, § 2 AsylbLG Rn. 7.

153 jurisPK-SGB XII/*Oppermann/Filges*, § 2 AsylbLG Rn. 79.

154 LSG Baden-Württemberg Beschl. v. 6.11.2017 – L 7 AY 2691/15, Juris.

155 BeckOK SozR/AsylbLG/*Korff*, § 2 Rn. 7; jurisPK-SGB XII/*Oppermann/Filges*, § 2 AsylbLG Rn. 76.

156 BSG Urt. v. 17.6.2008 – B 8/9b AY 1/07 R, Juris (48); BeckOK SozR/AsylbLG/*Korff*, § 2 Rn. 7.

157 Grube/Wahrendorf/Flint SGB XII/*Leopold*, § 2 AsylbLG Rn. 19.

158 LSG Bayern Beschl. v. 28.6.2005 – L 11 B 212/05 AY ER, BeckRS, 56982; Schellhorn/Hohm/Schneider/SGB XII/*Hohm*, § 2 AsylbLG Rn. 21.

159 *Deutscher Bundestag*, Sanktionen im Leistungsrecht für Asylbewerber und Flüchtlinge Asylbewerberleistungsgesetz, Zweites und Zwölftes Buch Sozialgesetzbuch, WD 6 - 3000 - 053/16, 2016, S. 6.

160 LSG Hessen Beschl. v. 2.6.2020 – L 4 AY 7/20 B ER, Juris (24).

[AsylbLG]" § 2 AsylbLG entsprechend Anwendung findet, sowie der Wortlaut des § 1a Abs. 1 AsylbLG[161], nachdem kein Anspruch auf Leistungen nach den §§ 2, 3[162] und 6 AsylbLG mehr besteht, darauf hin, dass eine Absenkung der Leistungen für Berechtigte nach § 2 Abs. 1 AsylbLG auf das Niveau des § 1a Abs. 1 AsylbLG möglich ist.[163] Demnach sind die Personen von den Leistungen auf Sozialhilfeniveau ausgeschlossen.

B. Recht der Krankenversicherung

Obwohl die Leistungsberechtigten des AsylbLG in der gesetzlichen Krankenversicherung nicht krankenversichert sind, orientieren sich die beschränkten Leistungen am Leistungskatalog der gesetzlichen Krankenversicherung.[164]

Problematisch ist für den Leistungskatalog der gesetzlichen Krankenversicherung vor allem die Erbringung von Präventions- und Frühinterventionsleistungen.

Leistungen können grundsätzlich erst nach voll ausgebildetem Krankheitsbild erbracht werden. Zudem können Behandlungen ohne Diagnose nicht abgerechnet werden,[165] weshalb nur sehr erschwert eine Behandlung von Risikofaktoren stattfinden kann. Dies ergibt sich bereits aus den vertragstypischen Pflichten des Behandlungsvertrags nach § 630a BGB sowie der darin enthaltenen Behandlungspflicht, die Anamnese, Untersuchung, Befunderhebung, Diagnosestellen und Ergreifen notwendiger therapeutischer Maßnahmen umfasst.[166] Die Abgrenzung zwischen „bloßen psychischen Problemen ohne Krankheitswert und einer psychischen Erkrankung" ist problematisch und muss durch Sachverständige geklärt werden.[167] Die Leistungen des SGB V sind insgesamt wenig psychisch mehr somatisch ausgelegt. Mangels eigener Definitionen oder Regelungen im AsylbLG sind die meistens medizinischen Begriffe am SGB V orientiert. Die wichtigsten Grundlagen werden im Folgenden vorgestellt.

---

161 So auch Cantzler, AsylbLG/*Cantzler*, § 1a Rn. 6, 20; a. A. Schellhorn/Hohm/Schneider/SGB XII/*Hohm*, § 2 AsylbLG Rn. 61.

162 jurisPK-SGB XII/*Oppermann*, § 1a AsylbLG Rn. 12 sieht bei Einschränkung durch § 2 Abs. 1 AsylbLG einen Anspruch auf § 3 AsylbLG.

163 So auch LSG Schleswig-Holstein Beschl. v. 15.6.2020 – L 9 AY 78/20 B ER, BeckRS 2020, 14412.

164 *Vorholz* in Meyer/Ritgen/Schäfer, R. (Hrsg.), Leistungen nach dem Asylbewerberleistungsgesetz, 214–220 (218).

165 Vgl. § 295 Abs. 1 S. 1 Nr. 1 SGB V.

166 MüKo BGB/*Wagner, G.*, § 630a Rn. 4, 111, 120; *Janda*, Medizinrecht, 2016, S. 129–130.

167 MAH VersR/*Schubach*, Krankenversicherung Rn. 138.

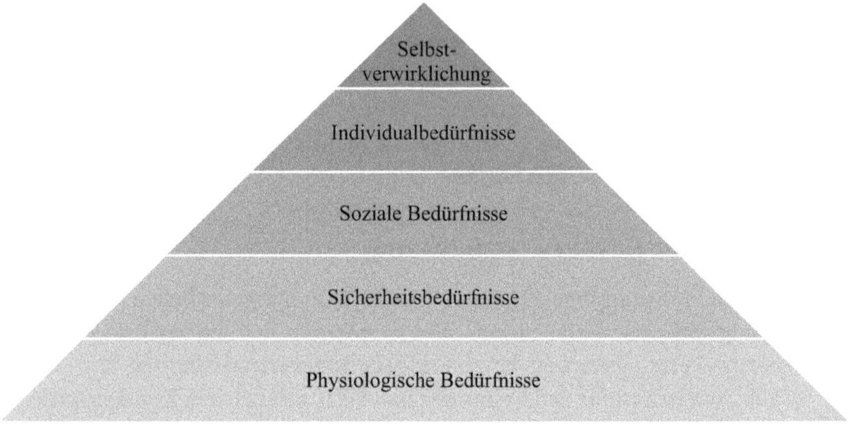

Abbildung 3: Maslowsche Bedürfnishierarchie[168]

I. Gesundheit und Krankheit

1. Was ist Gesundheit?

Gesundheit ist eines der relevantesten Bedürfnisse des Menschen, führt mangelnde Gesundheit schließlich im schlimmsten Fall zum Tod. Über die Bedeutung der Gesundheit für die Menschen gibt es seit jeher einschlägige Theorien. Einem positiven Menschenbild folgt die humanistische Psychologie. Am bekanntesten ist wohl die aus *Abraham Maslows* Arbeit interpretierte Maslowsche Bedürfnishierarchie, Abbildung 3, die nach den elementaren, lebenserhaltenden physiologischen Bedürfnissen auf zweiter Stufe die Sicherheitsbedürfnisse des Menschen anordnet. Gesundheit wird hier mit anderen Bedürfnissen wie körperlicher und seelischer Sicherheit, einer materiellen Grundsicherung sowie Familie, Arbeit und Wohnung als essenzielles Bedürfnis gesehen.
Eine genaue Definition von Gesundheit kann nicht einheitlich gegeben werden, der Begriff wird vielmehr aus und für verschiedene Disziplinen unterschiedlich definiert. Aus rein naturwissenschaftlicher Sicht z. B. ist ein Mensch dann nicht gesund, wenn er „einen Befund von Krankheitswert" hat, der wissenschaftlich-objektiv festgestellt werden kann.[169] Diese Definition stößt allerdings spätestens

168 *Maslow*, Psychol Rev 4 (1943), 370–396 (373); *Maslow*, Motivation and Personality, 1954.
169 *Hülshoff*, Basiswissen Medizin für die Soziale Arbeit, 2011, S. 15.

bei psychosomatischen Erkrankungen an ihre Grenzen, weshalb eine ausgeweitete Betrachtung nötig ist. Mit der Festlegung von Gesundheit geht meist das Abgrenzen einer Krankheit einher. Beim klinischen Gesundheitsverständnis wird neben der objektiven Perspektive auch die subjektive Betrachtung der behandelnden Ärzt*innen eingenommen, sodass auch individuelle Bedingungen wie Lebenslage, Alter und Geschlecht berücksichtigt werden. Überdies ist aber vor allem die Weiterentwicklung durch die Sozialmedizin zu berücksichtigen. Dabei geht es dann nicht mehr nur um Gesundheit als Abwesenheit von Krankheit, sondern auch die Entstehung und Verhinderung von Krankheiten sowie die Erhaltung von Gesundheit sind relevant.[170]

Nach *Whitehead* und *Dahlgren* unterliegt das Vorhandensein von Gesundheit mehreren Determinanten, die die verschiedenen aufgezählten Bereiche alle miteinschließen. Diese sind erstens die unveränderlichen Gesundheitsmerkmale wie Alter, Geschlecht und Erbanlagen. Zweitens die Faktoren individueller Lebensweise, die jedoch veränderbar sind. Darunter fallen z. B. Ess-, Trink- oder Rauchverhalten. Drittens: Die sozialen Einflüsse und Netzwerke Beeinflussen die Gesundheit. Hierzu zählen Familie und Freunde sowie nähere Nachbarschaft oder eine Gemeinschaft allgemein. Als Viertes üben auch sozioökonomische, kulturelle und physische Bedingungen einen Einfluss auf die Gesundheit aus. Darunter fallen z. B. die politische Lage, unsichere Aufenthaltszeiten sowie ein guter Zugang zur medizinischen Grundversorgung.[171] Die World Health Organization (WHO)-Definition von Gesundheit zielt schließlich auf den Idealzustand des vollständigen körperlichen, geistigen und sozialen Wohlbefindens und nicht nur das Freisein von Krankheit und Gebrechen ab.

2. *Krankheitsbegriff im SGB V*

Der Parlamentarische Rat folgte der WHO-Definition, die bereits 1946 vorlag, beim Erstellen des Grundgesetzes 1948/49 nicht,[172] weshalb Art. 2 Abs. 2 GG auf den Begriff der körperlichen Unversehrtheit statt der Gesundheit abstellt. Das SGB V enthält überdies weder eine Definition von Krankheit noch von Gesundheit.[173] Die Definition von Krankheit wird in Abgrenzung zu Gesundheit als ein

---

170 *Zwermann-Milstein*, Grund und Grenzen einer verfassungsrechtlich gebotenen gesundheitlichen Mindestversorgung, 2015, S. 131–133.

171 *Dahlgren*, et al., Policies and strategies to promote social equity in health, Background document to WHO – Strategy paper for Europe, 1991, S. 14 ff.

172 Dürig/Herzog/Scholz/GG/*Di Fabio*, 95, Art. 2 Rn. 57.

173 Für viele Becker/Kingreen, SGB V/*Lang*, § 27 Rn. 3.

regelwidriger, vom Leitbild eines gesunden Menschen abweichender Körper- oder Geisteszustand, der ärztlicher Behandlung bedarf oder Arbeitsunfähigkeit bedingt verstanden.[174] Den Versicherungsfall in der GKV löst typischerweise eine Krankheit aus.[175] Dieser richtet sich allerdings nach den Vorgaben des § 11 SGB V, sodass der Versicherungsfall nach § 11 Abs. 1 Nr. 2 SGB V auch für „Leistungen […] zur Verhütung von Krankheiten und von deren Verschlimmerung" eintritt.

Für die Behandlung einer Erkrankung auch nach § 4 AsylbLG muss also zunächst eine Krankheit vorliegen – diese Tatsache klingt weniger relevant, als sie ist. Schließlich ist ein subjektiv als Krankheit empfundener Zustand nur dann eine Krankheit i. S. d. SGB V, wenn sie als solche definiert ist und nur dann ist auch eine Behandlung möglich. Was genau eine Krankheit ist, gibt das Gesetz nicht vor. Allgemein wird davon ausgegangen, dass Krankheit ein regelwidriger, vom Leitbild eines gesunden Menschen abweichender Körper- oder Geisteszustand ist, der ärztlicher Behandlung bedarf oder Arbeitsunfähigkeit bedingt.[176] Laut § 27 Abs. 1 S. 1 SGB V als sozialversicherungsrechtlicher Krankheitsbegriff besteht ein Anspruch auf Krankenbehandlung, wenn diese notwendig ist, „um eine Krankheit zu erkennen, zu heilen, ihre Verschlimmerung zu verhüten oder Krankheitsbeschwerden zu lindern."[177] Dies kann ärztliche Behandlung einschließlich Psychotherapie, Leistungen zur medizinischen Rehabilitation und ergänzende Leistungen umfassen; vgl. § 27 Abs. 1 S. 2 Nr. 1, 5, 6 SGB V.[178] Ärztliche Behandlung ist die auf medizinisch-wissenschaftlicher Grundlage durchgeführte Tätigkeit von approbierten (Zahn-)Ärzt*innen und Krankenhausbehandlung.[179] Die Tätigkeit muss den Regeln der ärztlichen Kunst entsprechen, also den anerkannten Grundsätzen und Methoden der Medizin.[180] Für eine präventive Intervention ist diese Definition nachteilhaft, da ohne das Vorliegen einer Krankheit keine Behandlung stattfinden kann und der Zweck der Frühintervention eben die Verhinderung der Entstehung von Krankheiten

---

174 BSG Urt. v. 19.10.2004 – B 1 KR 3/03 R, BeckRS 2005, 41108; BSG Urt. v. 9.6.1998 – B 1 KR 18/96 R, NZS 8, 242–245 – Anspruch auf Krankenhausbehandlung; BeckOK Sozialrecht/SGB V/*Knispel*, § 27 Rn. 5.

175 KassKomm/*Nolte*, 111, § 27 SGB V Rn. 7.

176 Für viele BeckOK Sozialrecht/SGB V/*Knispel*, § 27 Rn. 5.

177 BVerwGE 148, 106–116; St.Rspr. BVerwGE 65, 87–95 (91).

178 LSG Niedersachsen-Bremen Beschl. v. 10.7.2017 – L 16 KR 13/17, Juris (23).

179 BSG Urt. v. 1.3.1979 – 6 RKa 3/78, Juris (20).

180 BGH Urt. v. 27.11.1952 – VI ZR 25/52, Juris (7); vgl. auch KassKomm/*Nolte*, 116, § 28 SGB V Rn. 8.

ist. Die GKV schuldet ihren Leistungsberechtigten also keinesfalls optimale Gesundheit.

II. Diagnoseerfordernis

Das Diagnoseerfordernis wurde 1993 durch das Gesundheits-Strukturgesetz (GSG)[181] in § 295 Abs. 1 S. 1 Nr. 1 SGB V aufgenommen.[182] Das Erfordernis gilt sowohl für den ambulanten Bereich gemäß § 295 SGB V als auch für den stationären Bereich gemäß § 301 SGB V. Es geht dabei um Datenschutz sowie Rechtmäßigkeits- und Wirtschaftlichkeitsprüfung.[183] Das Diagnoseerfordernis ist die Pflicht zur Abgabe mindestens einer Diagnose nach der „International Classification of Diseases" (ICD). Behandlungen können nur ausgeführt werden, wenn mindestens eine Diagnose aus der ICD festgestellt wurde. Enthalten sind alle bekannten Erkrankungen sowohl somatischer als auch psychischer Form. Die erbrachten Leistungen auf die in § 295 Abs. 1 S. 1 Nr. 2 SGB V abgestellt wird, sind ärztliche Maßnahmen, die für die Vergütung relevant sind und für die Prüfung auf Abrechnung, Wirtschaftlichkeit und Qualität erforderlich sein können.[184] Ähnlich wie bei der Problematik des Krankheitsbegriffs ist auch hier die Notwendigkeit der Stellung einer Diagnose nachteilhaft. Ohne manifeste Diagnose kann keine Behandlung eingeleitet werden, die wiederum das Bestehen einer Erkrankung voraussetzt. Sofern es also um die Verhinderung der Entstehung einer Erkrankung geht, sind die Regelungen und Vorgaben des SGB V mangelhaft.

III. Wirtschaftlichkeitsgebot; § 12 SGB V

Leistungen der Krankenbehandlung müssen nach § 12 Abs. 1 S. 1, § 70 Abs. 1 S. 2 SGB V ausreichend zweckmäßig und wirtschaftlich sein und dürfen das Maß des Notwendige nicht überschreiten[185] und müssen in der fachlich gebotenen Qualität erbracht werden. Die Wirtschaftlichkeit der Leistung bestimmt sich durch einen Vergleich. Eine wirtschaftliche Leistung muss „das günstigste Verhältnis zwischen Aufwand und Wirkung aufweisen."[186] Hier erfolgt eine

---

181 Gesetz zur Sicherung und Strukturverbesserung der gesetzlichen Krankenversicherung (Gesundheits-Strukturgesetz (GSG)) v. 21.12.1992, BGBl. 1992 Teil I Nr. 59, 2266–2334.

182 BT-Drs. 12/3608, S. 122.

183 KassKomm/*Hess*, 105, § 295 SGB V Rn. 4.

184 Krauskopf/*Schneider, U.*, 103, § 295 SGB V Rn. 7.

185 Krauskopf/*ders.*, 103, § 295 SGB V Rn. 7.

186 *Janda*, Medizinrecht, 2016, S. 82.

Kosten-Nutzen-Abwägung, die sich neben dem Preis auch auf die Dauer und Nachhaltigkeit des Heilerfolgs bezieht.[187] Beim Kriterium ausreichend wird auf eine Mindestversorgung, um die medizinisch notwendige Heilbehandlung zu gewährleisten, abgestellt.[188] Zweckmäßig sind Leistungen, die nach Qualität und Wirksamkeit den Zielen des SGB V dienen, also der Verhütung, Früherkennung, Behandlung oder Rehabilitation.[189] Eine Leistung ist notwendig, wenn sie nicht übermäßig unvertretbar oder überflüssig ist, insofern wird hier auf eine Maximalversorgung Bezug genommen. Notwendigkeit bedeutet also, dass Art und Umfang der Leistung zur Zielerreichung zwangsläufig unentbehrlich und unvermeidlich sind. Es wird deshalb die Auffassung vertreten, dass die Leistungen der GKV gerade ausreichende Leistungen zur Deckung der gesundheitlichen Versorgung für ein menschenwürdiges Existenzminimum sind. Abgestellt wird dabei eben auf die ausreichenden und notwendigen Leistungen der Krankenbehandlung, die sicherstellen, dass nicht über ein Mindestmaß hinaus geleistet wird.[190] Die Bedingungen sind miteinander verbunden, wird also eine notwendige Leistung nicht (rechtzeitig) erbracht, ist die Leistung unwirtschaftlich.[191] Leistungen, die nicht notwendig oder unwirtschaftlich sind, können Leistungsberechtigte nicht beanspruchen, dürfen die Leistungserbringer nicht bewirken und die Krankenkassen nicht bewilligen.[192]

Das Wirtschaftlichkeitsgebot ist auch bei den Grundleistungsberechtigten des AsylbLG anzuwenden.[193] Widersprüchlich dazu ist eine Entscheidung des OVG Mecklenburg-Vorpommern, die befanden:

> Das - durchaus im Ansatz nachvollziehbare - zentrale Kostenargument der Beschwerdebegründung, wonach die zu erwartenden Dialysekosten höher als die der begehrten Nierentransplantation ausfallen sollen, ist im Rahmen der Prüfung der tatbestandlichen Voraussetzungen der §§ 4, 6 AsylbLG gänzlich irrelevant, da es ausschließlich um die

---

187 BSGE 52, 70–76.

188 BSG Urt. v. 28.6.1983 - 8 RK 22/81, Juris (29).

189 *Janda*, Medizinrecht, 2016, S. 82; siehe auch BSGE 70, 24–31; 52, 70–76.

190 Für viele *Neumann*, NZS 15 (2006), 393–397 (395).

191 Siehe näher BSG Urt. v. 26.10.1982 – 3 RK 28/82, SozR 2200 § 182b Nr 26; PdK Bu H-5/ *Gerlach, W.*, 4.8.1.2 Notwendigkeit der Krankenbehandlung; *Müller*, Basiswissen Vertragsarztrecht, 2019, S. 16.

192 Vgl. § 12 Abs. 1 S. 1 SGB V und auch LSG Niedersachsen-Bremen Beschl. v. 10.7.2017 – L 16 KR 13/17, Juris (23).

193 Cantzler, AsylbLG/*Cantzler*, § 4 Rn. 36; jurisPK-SGB XII/*Frerichs*, § 4 AsylbLG Rn. 55; Siefert AsylbLG/*Krauß*, § 4 Rn. 21; BeckOK SozR/AsylbLG/*Korff*, § 4 Rn. 12; GK-AsylbLG/*Langer*, 60, § 4 Rn. 36.

> medizinische Indikation einer bestimmten Behandlungsart geht. Abgesehen davon handelt es sich dabei um ein fiskalisches Argument, hinsichtlich dessen ein subjektives Recht des Klägers ausgeschlossen ist. Dieser Gesichtspunkt kann folglich bereits unter dem Blickwinkel der Klagebefugnis gemäß § 42 Abs. 2 VwGO keine Berücksichtigung finden.[194]

Das bedeutet, dass für Leistungsberechtigte des AsylbLG die Leistung weniger effizient und weniger wirtschaftlich sein kann. Im Gegensatz zu den Leistungen für GKV-Leistungsberechtigte können im AsylbLG schlechtere Leistungen zu einem höheren Preis erbracht werden. Für SGB V-Leistungsberechtigte ist das Wirtschaftlichkeitsgebot anzuwenden und es gibt keinen Anspruch auf eine unwirtschaftliche, wenn auch effizientere Leistung, sofern die wirtschaftliche Leistung ausreichend und zweckmäßig ist. Da für den gesamten Leistungsumfang der Gesundheitsversorgung des AsylbLG die Bedingungen des SGB V unterstellt werden, muss das Wirtschaftlichkeitsgebot wahlweise konsequent beachtet werden, was im Ausnahmefall zu einer Leistungsgewährung abseits der Tatbestandsmerkmale der §§ 4, 6 AsylbLG führt oder das Wirtschaftlichkeitsgebot kann nicht auf das AsylbLG angewendet werden. Dies ist auch historisch nachvollziehbar. Schließlich wollte die Legislative 1993 eine deutliche Kostenreduktion mit der Einführung des AsylbLG und der Einschränkung der Gesundheitsleistungen erreichen.[195] Eine Nicht-Anwendung des Wirtschaftlichkeitsgebots ist also rechtswidrig und nicht zulässig. Dabei zeigen die Auswertungen zu den Kosten für die Gesundheitsversorgung von Leistungsberechtigten des AsylbLG, dass diese um ca. 40 % höher sind als die für Leistungsberechtigte des AsylbLG, die dem SGB XII zugeordnet sind.[196]

C. Gesundheitsversorgung durch §§ 4 und 6 AsylbLG

Die §§ 4 und 6 AsylbLG regeln die Gesundheitsleistungen für Leistungsberechtigte des AsylbLG. Sie sind seit ihrer Einführung 1993 kaum verändert worden. Inhaltlich sind sie stark limitiert. Begründet wurde dies mit der angeblich nur kurzen Aufenthaltsdauer und damit, dass eine langfristige Behandlung deshalb nicht sinnvoll wäre. Auch nicht eindeutig angezeigte Behandlungen seien unter diesem Gesichtspunkt nicht zu gewähren. Damals war bereits klar, dass die Anwendung dieser Paragrafen

194 OVG Mecklenburg-Vorpommern Beschl. v. 28.1.2004 - 1 O 5/04, Juris (22).

195 „Einsparungen werden in Höhe von bis zu 2 Milliarden DM jährlich bei Ländern und Kommunen erwartet", BT-Drs. 12/4451, S. 1, 6.

196 *Bozorgmehr*, et al., PLOS ONE 10 (2015), 1–22.

schwierig sein würde, denn es bestand Einigkeit darüber, dass die Abgrenzung verschiedener Merkmale im Einzelfall nicht immer einfach sein wird.[197]

§§ 4, 6 AsylbLG sind für die Leistungsberechtigten des § 1 AsylbLG anzuwenden, Leistungsberechtigte nach § 2 AsylbLG werden über den Verweis in § 264 Abs. 2, 4 SGB V für die leistungsrechtlichen Vorschriften des SGB V bessergestellt[198] und gelten als sogenannte „Quasi-Versicherte".[199]

I. Leistungen bei Krankheit, Schwangerschaft und Geburt; § 4 AsylbLG

§ 4 Abs. 1 S. 1 AsylbLG sieht vor, dass

> Abs. 1 S. 1 Zur Behandlung akuter Erkrankungen und Schmerzzustände [...] die erforderliche ärztliche und zahnärztliche Behandlung einschließlich der Versorgung mit Arznei- und Verbandmitteln sowie sonstiger zur Genesung, zur Besserung oder zur Linderung von Krankheiten oder Krankheitsfolgen erforderlichen Leistungen zu gewähren [sind].

§ 4 Abs. 1 AsylbLG wurde 2015 durch das Asylpaket I[200] um § 4 Abs. 1 S. 2 AsylbLG ergänzt, der Schutzimpfungen und Vorsorgeuntersuchungen vorsieht. Nach § 4 Abs. 2 AsylbLG sind Müttern und Wöchnerinnen ärztliche und pflegerische Hilfe und Betreuung, Hebammenhilfe, Arznei-, Verband- und Heilmittel zu gewähren. Der Leistungsumfang des § 4 AsylbLG wurde grundsätzlich an § 37 Abs. 1 BSHG heute § 48 SGB XII, angepasst.[201] Die Vorgaben des § 4 Abs. 1 AsylbLG waren wiederum Regelungsvorbild für den Ausnahmetatbestand in § 16 Abs. 3a S. 2 HS. 1 SGB V für die Ruhensvorschriften des § 16 SGB V.[202] Für die nicht gesetzlich krankenversicherten Leistungsberechtigten des AsylbLG sind die Vorgaben zur Leistungserbringung des SGB V anzuwenden.[203]

---

197 BT-Drs. 12/4451, S. 9.

198 *Kaltenborn*, NZS 24 (2015), 161–165 (162).

199 *Wilksch*, Recht auf Krankenbehandlung und Recht auf ein menschenwürdiges Existenzminimum, 2017, S. 169.

200 Art. 2 des Asylverfahrensbeschleunigungsgesetz v. 20.10.2015, BGBl. 2015 Teil I Nr. 40, 1722–1735; das Asylverfahrensbeschleunigungsgesetz wird zusammen mit der zugehörigen Begleitverordnung auch Asylpaket I genannt; so auch *Eichenhofer, J.* in Lehner/Wapler (Hrsg.), Die rechtliche Gestaltung der Integration in Zeiten der „Flüchtlingskrise", 111–145 (123).

201 BT-Drs. 12/4451, S. 9; *Gerlach, S.*, SGb 65 (2018), 408–414 (409).

202 *Deutscher Bundestag*, Ruhen der Leistungen in der gesetzlichen Krankenversicherung bei Nichtzahlung von Beiträgen, WD 9 - 3000 - 023/15, 2014, S. 41.

203 Cantzler, AsylbLG/*Cantzler*, § 4 Rn. 36; jurisPK-SGB XII/*Frerichs*, § 4 AsylbLG Rn. 55; BeckOK SozR/AsylbLG/*Korff*, § 4 Rn. 12; Siefert AsylbLG/*Krauß*, § 4 Rn. 21;

1. *Personenkreis*

Leistungen nach § 4 AsylbLG erhalten Grundleistungsberechtigte nach den §§ 1, 1a, 3 AsylbLG, nicht aber Analogleistungsberechtigte nach § 2 Abs. 1 AsylbLG.

2. *Kenntnis der Behörden*

Die zuständige Behörde stellt die Versorgung mit den Leistungen nach § 4 Abs. 1, 2 AsylbLG sicher; vgl. § 4 Abs. 3 S. 1 AsylbLG. Es ist aber umstritten, ob die leistungsverantwortlichen Behörden immer vor der Inanspruchnahme von medizinischen Leistungen Kenntnis darüber haben müssen.[204] Eine Genehmigungspflicht gibt es zunächst nicht.[205] Für die Behandlung ist aber ggf. ein „Behandlungsschein[206]", der zur Bestimmung des Leistungsumfangs dient[207], vorzulegen. Aus § 6b AsylbLG, wonach § 18 SGB XII entsprechend anzuwenden ist,[208] ergibt sich die Verpflichtung des Leistungsberechtigten, die Behörde über eine Behandlung in Kenntnis zu setzen, damit die Notwendigkeit der ärztlichen Behandlung (auch im Nachhinein) geprüft werden kann. Liegt ein Notfall nach § 6a AsylbLG vor und konnte der für die Leistung zuständige AsylbLG-Träger nicht oder nicht schnell genug über die Notsituation informiert werden, erstatten die Träger die angemessenen Aufwendungen.[209] Ergibt die Prüfung, dass kein Notfall vorgelegen hat, besteht die Gefahr, dass die Leistungsberechtigten die entstandenen Kosten der Behandlung selbst tragen müssen oder die Behandler*innen keine Kompensation für ihre Kosten erhalten.[210] Die Notwendigkeit des Behandlungsscheins führt bei den Behandler*innen zu Unklarheiten über die Leistungen, die erbracht werden dürfen, und zu hohem Verwaltungsaufwand.[211]

GK-AsylbLG/*Langer*, 60, § 4 Rn. 36; für die Auslegung der Begriffe Krankheit und ärztliche Behandlung ist auf die Ausführungen ab S. 72 verwiesen.

204 OVG Niedersachsen Urt. v. 17.10.2001 – 4 LB 1109/01, BeckRS 2001, 18013; LSG Sachsen-Anhalt Beschl. v. 9.3.2015 – L 8 SO 23/14 B ER, BeckRS 2015, 71522; LSG Nordrhein-Westfalen Urt. v. 6.5.2013 – L 20 AY 145/11, Juris; Mergler/Zink/*Herbst*, § 4 AsylbLG, Rn. 24; GK-AsylbLG/*Langer*, 60, § 4 Rn. 22; Grube/Wahrendorf/Flint, SGB XII, Sozialhilfe/*Leopold*, § 4 AsylbLG Rn. 20.

205 SG Karlsruhe Urt. v. 22.9.2016 – S 12 AY 3783/14, Juris (35).

206 Auch „Arztschein" oder „Krankenschein" genannt; vgl. dazu auch *Burmester*, NDV 95 (2015), 109–114 (111 f.).

207 jurisPK-SGB XII/*Frerichs*, § 4 AsylbLG Rn. 14.

208 GK-AsylbLG/*Langer*, 60, § 4 Rn. 22.

209 jurisPK-SGB XII/*Waldhorst-Kahnau*, § 6a AsylbLG Rn. 12.

210 Grube/Wahrendorf/Flint, SGB XII, Sozialhilfe/*Leopold*, § 4 AsylbLG Rn. 20.

211 *Fölsch*, et al., Der Internist 57 (2016), 822–830 (829).

Das schränkt den Zugang der geflüchteten Menschen zum Gesundheitssystem ein.[212]

3. *Elektronische Gesundheitskarte*

Die Kommunen setzen das AsylbLG im Rahmen ihrer Selbstverwaltung (Art. 28 Abs. 2 GG) um, weshalb bei einer Behandlungsbedürftigkeit für Grundleistungsberechtigte des AsylbLG zunächst im Regelfall die zuständige Behörde einen Behandlungsschein ausstellen muss. Nach § 264 Abs. 1 S. 2 SGB V sind die Krankenkassen zur Übernahme der Krankenbehandlung für Grundleistungsempfänger*innen des AsylbLG verpflichtet, wenn die Landesregierung bzw. deren oberste Behörde mit Landkreisen oder kreisfreien Städten entsprechende Vereinbarungen geschlossen haben. Hierfür kann eine elektronische Gesundheitskarte (eGK) ausgegeben werden, vgl. § 264 Abs. 1 S. 3 HS. 2 SGB V.[213] Durch die Vereinbarungen entfällt die Beschaffung des Behandlungsscheins für die Leistungen nach §§ 4, 6 AsylbLG, weshalb sich die Zuordnung zum Kreis der Leistungsberechtigten des AsylbLG aus den Daten auf der eGK ergeben muss; vgl. § 264 Abs. 2 S. 7 SGB V. Ein Bundesrahmenvertrag[214], der von den Vertragspartner*innen auf Landesebene übernommen werden soll, ist vorhanden. Dieses Vorgehen wurde unter der Bezeichnung „Bremer Modell" bekannt, wo es im Interesse der Verwaltungsvereinfachung und der Verbesserung des Zugangs zur Gesundheitsversorgung bereits seit 2005 Anwendung findet.[215] Hier ist der praktische Leistungsumfang jedoch an den der gesetzlichen Krankenkassen angelehnt, um eine reguläre medizinische Versorgung zu ermöglichen. Die Entscheidung über die Leistungserbringung liegt damit nicht mehr bei der zuständigen Leistungsbehörde, sondern dem (behandelnden) medizinischen Fachpersonal,[216] die die medizinische Behandlung fachkundig und unvoreingenommen durchführen können, bzw. bei den Krankenkassen

---

212 *Razum*, et al., Bundesgesundheitsbl 59 (2016), 543–544 (543); *Wångdahl*, et al., BMC Public Health 15 (2015), 1162.

213 *Gerlach, S.*, SGb 65 (2018), 408–414 (410); *Gerlach, S.*, ZfF 69 (2017), 221–237 (236); KassKomm/*Peters*, 114, § 264 SGB V Rn. 10; Becker/Kingreen, SGB V/*Pfohl*, § 264 Rn. 2.

214 *Deutscher Landkreistag*, et al., Bundesrahmenempfehlung zur Übernahme der Krankenbehandlung für nicht Versicherungspflichtige gegen Kostenerstattung nach § 264 Abs. 1 SGB V.

215 *Jung, F.*, et al., Das Bremer Modell Gesundheitsversorgung Asylsuchender, 2011, S. 6.

216 *Deibel*, ZAR 15 (1995), 57–64 (62).

im Falle von Leistungen, die beantragt werden müssen. Die Einführung der eGK für Leistungsberechtigte des AsylbLG sorgte für Differenzen zwischen den beteiligten Stellen, es kam bisher nicht zu einer bundesweit flächendeckenden Einführung.[217] So sei das Konzept zu riskant bzw. teuer[218] für einige verantwortliche Einrichtungen, wenn die angesetzten Verwaltungsgebühren nicht durch das Land entrichtet werden.[219] Die Erfahrungen haben jedoch gezeigt, dass die uneinheitliche Umsetzung der eGK in den Bundesländern zu einer bürokratischen Herausforderung[220] geführt hat. Eine flächendeckende Einführung der eGK würde nicht nur für einen Bürokratieabbau sorgen, sondern auch den Zugang der geflüchteten Menschen zum Gesundheitssystem verbessern[221] und zudem zu einer Kostensenkung führen.[222]

4. *Akute Erkrankungen*

Eine Leistungspflicht des § 4 AsylbLG setzt ein, wenn eine akute Erkrankung vorliegt.[223] Akut sind Erkrankungen, die plötzlich auftreten und oder schnell und heftig verlaufen. Akute Erkrankungen sind aus medizinischen Gründen der ärztlichen oder zahnärztlichen Behandlung zu unterziehen. Das Gegenteil von akut ist chronisch.[224] Chronische Erkrankungen entwickeln sich und verlaufen typischerweise langsam und schleichend und sind langandauernd.[225] Sie können im Einzelfall über § 6 Abs. 1 AsylbLG behandelt werden, außer die chronische Erkrankung, wie z. B. Diabetes führt zu akuten Erkrankungserscheinungen oder

---

217 Eine Übersicht bieten *Günther*, et al., Z Pol 29 (2019), 361–392 (371).

218 So z. B. *MiGAZIN*, Städte lehnen Gesundheitskarte für Flüchtlinge ab, Krankenkassen sind dafür; *MiGAZIN*, Flickenteppich bei Gesundheitsversorgung von Asylsuchenden; *Vorholz* in Meyer/Ritgen/Schäfer, R. (Hrsg.), Leistungen nach dem Asylbewerberleistungsgesetz, 214–220 (218 f.).

219 *Wächter-Raquet*, Einführung der Gesundheitskarte für Asylsuchende und Flüchtlinge, Der Umsetzungsstand im Überblick der Bundesländer, 2016, S. 25

220 *Philippi*, et al., Prävention und Gesundheitsförderung 13 (2018), 203–210 (208); *Vorholz* in Meyer/Ritgen/Schäfer, R. (Hrsg.), Leistungen nach dem Asylbewerberleistungsgesetz, 214–220 (218).

221 *Fölsch*, et al., Der Internist 57 (2016), 822–830.

222 *Burmester*, PHF 23 (2015), 106–108.

223 BeckOK SozR/AsylbLG/*Korff*, § 4 Rn. 3.

224 Vgl. LSG Nordrhein-Westfalen Urt. v. 6.5.2013 – L 20 AY 145/11, Juris (52); akut bei: Pschyrembel Klinisches Wörterbuch, S. 40.

225 jurisPK-SGB XII/*Frerichs*, § 4 AsylbLG Rn. 47; BeckOK SozR/AsylbLG/*Korff*, § 4 Rn. 4.

die akute Erkrankung kann nur durch Behandlung der chronischen Vorleiden gelindert werden.[226] Die gesetzliche Unterscheidung zwischen akut und chronisch ist medizinisch nicht sinnvoll und darüber hinaus praktisch nicht möglich.[227] Wie sich zeigt, gibt es chronische Erkrankungen, die mehrmals täglich zu einer akuten Erkrankung sogar lebensbedrohlich werden, wenn sie nicht behandelt werden und deshalb eine behandlungsbedürftige akute Erkrankung i. S. d. § 4 AsylbLG darstellen.[228] Dennoch ist eine unaufschiebbare Behandlungsbedürftigkeit bei einer chronischen Erkrankung keine akute Erkrankung.[229] Weitere chronische Erkrankungen, die ohne Behandlung zum Notfall und damit akut werden, sind z. B. auch „Herzkranzgefäßverengungen, Hypertonie, gastritische Beschwerden, Niereninsuffizienz und neurologische Erkrankungen wie Parkinson, Multiple Sklerose (MS), Amyotrophe Lateralsklerose (ALS) und Epilepsie."[230]

Die Abgrenzung zwischen psychischen und körperlichen Ursachen ist medizinisch nicht immer einfach, vor allem bei chronisch-psychischen Erkrankungen wie z. B. Migräne-, Schmerz- oder Schwindelattacken. Durch eine medikamentöse Therapie kann eine akute Symptomreduktion erreicht werden, für eine dauerhafte Stabilisierung müssen die psychisch bedingten Auslöser aber zusätzlich identifiziert und durch interdisziplinäre Therapie überwunden werden.[231]

Problematisch ist die Einordnung psychischer Erkrankungen in den Anforderungskatalog des § 4 AsylbLG. Zwar können unter § 4 Abs. 1 AsylbLG psychische Erkrankungen als akute Erkrankungen angesehen werden, wenn die Leidenszustände ähnlich intensiv sind, teilweise aber auch als Schmerzzustände, eine rechtssichere Trennung zwischen chronischen und akuten psychischen Erkrankungen lässt sich also hier nur sehr schwer vornehmen. Nach § 4 Abs. 1 AsylbLG werden psychische Erkrankungen oftmals nur bei akuter lebensbedrohlicher

---

226 BeckOK SozR/AsylbLG/*Korff*, § 4 Rn. 5.

227 *Dietrich*, MMW - Fortschritte der Medizin 157 (2015), 30 (30).

228 *Janda* in Nowak, A. C./Krämer/Schmidt, K. (Hrsg.), Existenzminimum, Gleichbehandlung, Menschenwürde: Rechtliche Anforderungen an die Gesundheitsversorgung von Asylsuchenden, 31–49 (33); *Kanalan*, et al., ZESAR 16 (2017), 418–426 (420) m. w. N; *Kaltenborn*, NZS 24 (2015), 161–165 (162).

229 Vgl. hierzu GK-AsylbLG/*Langer*, 60, § 4 Rn. 28.

230 Interpretationshilfe zur Gesundheitsversorgung nach dem Asylbewerberleistungsgesetz v. 01.12.2016.

231 *Moosmann*, Dtsch Arztebl 97 (2000), A-824 / B-683 / C-639.

Zuspitzung behandelt.[232] Obwohl der Interpretationsspielraum der Begriffe akut und chronisch juristisch eher groß ist, orientieren sich die zuständigen Verwaltungen und Gerichte häufig an der legislativen Intention der Leistungsabsenkung im Vergleich zum SGB V.[233]

5. *Schmerzzustand*

Eine Leistungspflicht des § 4 Abs. 1 AsylbLG setzt ein, wenn ein Schmerzzustand vorliegt.[234] Als Schmerzzustand wird ein komplexer und unangenehmer Sinnes- oder Gefühlszustand verstanden, der mit einer aktuellen oder potenziellen Gewebeschädigung verknüpft ist und deshalb aus medizinischen Gründen der ärztlichen oder zahnärztlichen Behandlung bedarf.[235] Auch chronische Schmerzen sind vom Leistungsumfang gedeckt, da sich das Merkmal „akut" lediglich auf Erkrankungen bezieht, weshalb sich Schmerzzustände auch durch psychische Leiden klassifizieren lassen.[236] Teilweise wurden sogar Leistungen der Psychotherapie eher unter Heranziehung des Anspruchs auf Schmerzbehandlung nach § 4 Abs. 1 AsylbLG gewährt.[237]

6. *Impfungen und Vorsorgeuntersuchungen*

Die Verhütung und Vorsorge von Erkrankungen ist in § 4 Abs. 1 S. 2 AsylbLG lediglich auf somatische Erkrankungen beschränkt, die durch Impfungen und Untersuchungen identifiziert werden können.[238] § 4 Abs. 1 S. 2 AsylbLG regelt,

---

232 *Lindner*, Ansprüche auf Gesundheitsleistungen für Asylsuchende in Deutschland, Rechtslage und Reformbedarfe, 2021, S. 10; *Hillmann* in Brecht-Heitzmann (Hrsg.), Rechtliche Gestaltungsvorgaben für die Gesundheitsversorgung Geflüchteter, 83–104 (93).

233 BT-Drs. 12/4451, S. 5; *Lindner*, Ansprüche auf Gesundheitsleistungen für Asylsuchende in Deutschland, Rechtslage und Reformbedarfe, 2021, S. 10; *Hillmann* in Brecht-Heitzmann (Hrsg.), Rechtliche Gestaltungsvorgaben für die Gesundheitsversorgung Geflüchteter, 83–104 (89); siehe auch *Eichenhofer, E.*, ZAR 33 (2013), 169–175 (170 f.).

234 BeckOK SozR/AsylbLG/*Korff*, § 4 Rn. 3.

235 Oestreicher/Decker, SGB II/SGB XII/*Decker*, 93, § 4 AsylbLG Rn. 6; BeckOK SozR/AsylbLG/*Korff*, § 4 Rn. 6; Grube/Wahrendorf/Flint, SGB XII, Sozialhilfe/*Leopold*, § 4 AsylbLG Rn. 25.

236 VGH Baden-Württemberg Urt. v. 4.5.1998 – 7 S 920/98, Juris (24).

237 OVG Niedersachsen Beschl. v. 22.9.1999 – 4 M 3551/99, BeckRS, 23074.

238 *Vorholz* in Meyer/Ritgen/Schäfer, R. (Hrsg.), Leistungen nach dem Asylbewerberleistungsgesetz, 214–220 (218).

dass zur Verhütung und Früherkennung von Krankheiten Schutzimpfungen entsprechend den §§ 47, 52 Abs. 1 S. 1 SGB XII und die medizinisch gebotenen Vorsorgeuntersuchungen erbracht werden. Diese Impfungen entsprechen den Empfehlungen der Ständigen Impfkommission (STIKO). Die Vorsorgeuntersuchungen, auf die seit 2015 ein Anspruch besteht, knüpfen an die §§ 47, 52 SGB XII an[239] die sich wiederum für die Begriffsbestimmung an §§ 25, 26 SGB V ausrichten.[240] Viele der geflüchteten Menschen sind nach den WHO-Standards geimpft, wissen häufig aber nicht über den Nutzen dieser Maßnahmen.[241] Die Vorgabe in § 4 Abs. 3 S. 2 AsylbLG, den Impfschutz frühzeitig durch Impfangebote zu vervollständigen, zielt darauf ab, den Gesundheitsschutz in Gemeinschaftsunterkünften aufrecht zu erhalten.[242]

7. Erforderlichkeit

Das Kriterium „Erforderlichkeit" der ärztlichen Behandlung stellt einen unbestimmten Rechtsbegriff dar, der uneingeschränkt der gerichtlichen Nachprüfung unterzogen werden darf.[243] Die Beschränkung auf die erforderlichen Leistungen schließt einen Anspruch auf optimale und bestmögliche medizinische Versorgung aus.[244] Vielmehr genügt die erforderliche Maßnahme, die geeignet ist, den Schmerzzustand oder die akute Erkrankung zu behandeln. Ein dauerhafter Behandlungserfolg ist hier nicht ausschlaggebend.[245] Die Erforderlichkeit der Leistung muss notfalls durch Fachkompetenzen von (Zahn-)Ärzt*innen geklärt werden.[246] Zudem richtet sich die Frage der Erforderlichkeit nach der Stärke bzw. Intensität der akuten Erkrankung oder der individuellen Schmerzen. Außerdem muss die Möglichkeit einer Linderung dieses Zustandes mit in den Blick genommen werden.[247] Verschärft wird dies noch bei der Versorgung mit

---

239 Oestreicher/Decker, SGB II/SGB XII/*Decker*, 93, § 4 AsylbLG Rn. 16.

240 Siefert AsylbLG/*Krauß*, § 4 Rn. 29; Grube/Wahrendorf/Flint, SGB XII, Sozialhilfe/*Leopold*, § 4 AsylbLG Rn. 36; Krauskopf/*Wagner, R.*, 111, § 16 SGB V Rn. 29.

241 *Philippi*, et al., Prävention und Gesundheitsförderung 13 (2018), 203–210 (207).

242 BT-Drs. 13/2746, S. 16; BeckOK SozR/AsylbLG/*Korff*, § 4 Rn. 22; Grube/Wahrendorf/Flint, SGB XII, Sozialhilfe/*Leopold*, § 4 AsylbLG Rn. 44.

243 VG Gera Urt. v. 7.8.2003 - 6 K 1849/01.GE, Juris (35).

244 LSG Baden-Württemberg Beschl. v. 11.1.2007 – L 7 AY 6025/06 PKH-B, Juris (5); BeckOK SozR/AsylbLG/*Korff*, § 4 Rn. 13.

245 Vgl. dazu OVG Mecklenburg-Vorpommern Beschl. v. 28.1.2004 - 1 O 5/04, Juris.

246 Grube/Wahrendorf/Flint, SGB XII, Sozialhilfe/*Leopold*, § 4 AsylbLG Rn. 27; GesKomm-SRB/*Treichel*, § 4 AsylbLG Rn. 12.

247 VG Gera Urt. v. 7.8.2003 - 6 K 1849/01.GE, Juris (35).

Zahnersatz, wo neben dem Erfordernis der Erforderlichkeit auch das Merkmal der Unaufschiebbarkeit aus medizinischen (nicht zahnmedizinischen) Gründen gefordert wird; § 4 Abs. 1 S. 3 AsylbLG.[248] Nicht verschärft werden darf die Erforderlichkeit ansonsten z. B. durch das Beiwort „zwingend", da dies von der Legislative nicht gewollt war.[249] Gewollt hingegen sind keine langfristigen Behandlungen.[250] Vielmehr muss die Behandlung in absehbarer Zeit abgeschlossen werden können, vor allem weil oder wenn die Leistungsberechtigten das Bundesgebiet wieder verlassen sollen.

II. Sonstige Leistungen; § 6 AsylbLG

§ 6 AsylbLG dient als Auffangnorm, um Leistungsentscheidungen zu ermöglichen, die dem Erhalt des Existenzminimums entsprechen[251] und nicht durch die §§ 3–4 AsylbLG abgedeckt sind.

Leistungen nach § 6 Abs. 1 AsylbLG erhalten zunächst ebenfalls die Leistungsberechtigten der § 1 Abs. 1, § 3 AsylbLG. Keine Leistungen des § 6 AsylbLG erhalten Personen, deren Anspruch nach dem AsylbLG eingeschränkt sind. § 6 Abs. 1 AsylbLG kennt vier typische, aber nicht abschließende Fallgruppen.[252] 2005 wurde § 6 Abs. 2 AsylbLG mit erweiterten medizinischen Leistungen für bestimmte Personengruppen eingefügt. Er wurde 2010 von einer Soll-Vorschrift zu einer Pflichtleistung. § 6 AsylbLG wurde seit Inkrafttreten des AsylbLG 1993 also lediglich einmal nennenswert geändert.

1. § 6 Abs. 1 AsylbLG

§ 6 Abs. 1 S. 1 AsylbLG kennt vier festgelegte Gruppen für die Sonstige Leistungen, die nicht durch die weiteren regulären Leistungen des AsylbLG abgedeckt sind, erbracht werden können. Diese Gruppen sind jedoch nicht abschließend, vielmehr sind Sonstige Leistungen „insbesondere" zu gewähren, wenn sie im Einzelfall zur Sicherung des Lebensunterhalts (§ 6 Abs. 1 S. 1 Alt. 1 AsylbLG) oder der Gesundheit (§ 6 Abs. 1 S. 1 Alt. 2 AsylbLG) unerlässlich, zur Deckung besonderer Bedürfnisse von Kindern (§ 6 Abs. 1 S. 1 Alt. 3 AsylbLG) geboten oder zur Erfüllung einer verwaltungsrechtlichen Mitwirkungspflicht (§ 6 Abs. 1

---

248 BeckOK SozR/AsylbLG/*Korff*, § 4 Rn. 18.
249 VG Osnabrück Beschl. v. 22.11.1999 - 6 B 61/99, IBIS, 120.
250 VG Gera Urt. v. 7.8.2003 - 6 K 1849/01.GE, Juris (35).
251 BeckOK SozR/AsylbLG/*Korff*, § 6 Rn. 1.
252 *Gerlach, S.*, SGb 65 (2018), 408–414 (410).

S. 1 Alt. 4 AsylbLG) erforderlich sind. Dies wurde auch damit begründet, dass die Behörden ansonsten keine Möglichkeit hätten, auf besondere Bedarfe zu reagieren, die nicht durch die „Pauschalleistungen auf niedrigem Niveau" abgedeckt sind.[253]

Nach § 6 Abs. 1 S. 2 AsylbLG sind die Sonstigen Leistungen keine Ermessensleistungen mehr, sondern seit 2010 verpflichtend. Zudem sind Geldleistungen subsidiär, es besteht also ein Sachleistungsanspruch – nur bei Vorliegen besonderer Umstände sind die Leistungen als Geldleistung zu gewähren; vgl. § 6 Abs. 1 S. 2 AsylbLG. Dennoch verbleiben den Behörden ein Entschließungsermessen und eine damit verbundene Einzelfallprüfung. Bei der Auslegung des § 6 Abs. 1 S. 1 AsylbLG ist neben einer Verhältnismäßigkeitsprüfung auch die Grundrechtsrelevanz des betroffenen Rechts, also die Wesentlichkeit der Leistung für die Verwirklichung der Grundrechte, zu beachten. Zudem müssen das Ausmaß und die Intensität der tatsächlichen Beeinträchtigung im Falle der Leistungsablehnung berücksichtigt werden. Die bisherige und weitere Aufenthaltsdauer in Deutschland hat ggf. eine zeitnahe Leistungsprivilegierung im SGB II, SGB XII oder durch § 2 AsylbLG zur Folge, was einen positiven Einfluss auf die Auslegung haben muss. Dennoch ist auch eine anderweitige Bedarfsdeckung zu prüfen, vgl. § 8 AsylbLG, und ob gleichwertige, kostengünstigere Leistungen Vorrang haben.[254]

a. Bedarf zur Sicherung des Lebensunterhalts

Der Anspruch nach § 6 Abs. 1 S. 1 Alt. 1 AsylbLG besteht, wenn die Leistung zur Sicherung des Lebensunterhalts unerlässlich und nicht bereits durch den Umfang des § 3 Abs. 1, 2 AsylbLG abgedeckt ist.[255] Dies könnten z. B. Bedarfe für besondere Hygieneartikel sein, die atypisch vorübergehend oder von andauernder Natur sind, hier vor allem bei Frauen* in den ersten sechs bis acht Wochen nach der Geburt,[256] bei körperlichen Beeinträchtigungen und Leistungen im Zusammenhang mit Todesfällen.[257]

253 BT-Drs. 12/4451, S. 10.
254 jurisPK-SGB XII/*Frerichs*, § 6 AsylbLG Rn. 39.
255 BeckOK SozR/AsylbLG/*Korff*, § 6 Rn. 5 f.
256 BT-Drs. 12/4451, S. 10.
257 BT-Drs. 13/2746, S. 16.

b. Bedarf aufgrund von besonderen Bedürfnissen von Kindern

In § 6 Abs. 1 S. 1 Alt. 3 AsylbLG sind die Kinder, die unter die Leistungsberechtigten des § 1 Abs. 1 Nr. 6 AsylbLG fallen, berücksichtigt. Zu den typischen Leistungen in diesem Fall gehören unter anderem auch typische Bedarfe Minderjähriger wie schulische Bedarfe oder Klassenfahrten.[258] Seit der Änderung des § 3 Abs. 3 AsylbLG und die Verweise auf §§ 34, 34a und 34b SGB XII werden die beschriebenen Leistungsinhalte des § 6 Abs. 1 S. 1 Alt. 3 AsylbLG häufig bereits durch § 3 Abs. 3 AsylbLG abgedeckt. Für Maßnahmen zur Eingliederung von Kindern mit einer Behinderung können jedoch Leistungen nach § 6 Abs. 1 AsylbLG erbracht werden, wenn die Leistungen der Jugendhilfe nach § 9 Abs. 1 AsylbLG nicht vorgehen.[259] Gemäß § 8 S. 2 SGB I, der die Förderung junger Menschen sowie die Unterstützung und Ergänzung der Erziehung in der Familie zum Ziel hat, können Kinder und Jugendliche, die leistungsberechtigt im AsylbLG sind, auch Leistungen des SGB VIII in Anspruch nehmen, die dem Anspruch zur Deckung besonderer Bedürfnisse von Kindern nach § 6 Abs. 1 S. 1 Alt. 3 AsylbLG vorgehen.[260]

c. Bedarf zur Erfüllung einer verwaltungsrechtlichen Mitwirkungspflicht

In § 6 Abs. 1 S. 1 Alt. 4 AsylbLG sind vor allem Bedarfe abgedeckt, die der Mitwirkungspflicht entgegenkommen. Also meist, wenn es um einen zügigen Ablauf des asyl- und aufenthaltsrechtlichen Verfahrens geht. Hier werden vor allem Kosten für die Passbeschaffung und dabei eventuell entstehende Fahrtkosten zum Konsulat abgedeckt.[261]

d. Bedarf zur Sicherung der Gesundheit

Nach § 6 Abs. 1 S. 1 Alt. 2 AsylbLG können Sonstige Leistungen insbesondere dann gewährt werden, wenn sie im Einzelfall zur Sicherung der Gesundheit unerlässlich sind. Dies eröffnet den Zugang zu Leistungen, die über die Vorgaben des § 4 AsylbLG hinausgehen bzw. nicht bereits dadurch abgedeckt und deshalb davon abzugrenzen sind. Berechtigte Personen sind hier alle Leistungsberechtigten des AsylbLG mit Ausnahme von Personen, die einer Leistungskürzung nach § 1a Abs. 2–7, § 5 Abs. 4, § 5a Abs. 3, § 5b Abs. 2 und § 11 Abs. 2a AsylbLG unterliegen, sowie für Analog-Leistungsberechtigte nach § 2 AsylbLG.[262]

---

258 BeckOK SozR/AsylbLG/*Korff*, § 6 Rn. 11–13.

259 Grube/Wahrendorf/Flint SGB XII/*Leopold*, § 6 AsylbLG Rn. 22–26.

260 So auch BeckOK SozR/AsylbLG/*Korff*, § 6 Rn. 11.

261 BeckOK SozR/AsylbLG/*Korff*, § 6 Rn. 14–16.

262 Vgl. Oestreicher/Decker, SGB II/SGB XII/*Decker*, § 6 AsylbLG Rn. 5.

Die Leistung ist dann unerlässlich zur Sicherung der Gesundheit, wenn geeignete Möglichkeiten, die unbedingt erforderlich sind, nicht anders ggf. kostengünstiger zur Verfügung stehen.[263] Es muss ein offensichtlicher Bezug zum Schutz der Gesundheit der betroffenen Person bestehen und die Leistung zum Schutz der Gesundheit muss objektiv geeignet sein „das Auftreten einer (weiteren) Krankheit zu verhindern, die Verschlechterung einer bestehenden (chronischen) Erkrankung oder den Eintritt von Folgeschäden zu vermeiden."[264] Die Leistung muss im Einzelfall zur Sicherung der Gesundheit und nicht nur zur Vorbeugung unerlässlich sein.[265] Aufgrund der Grundrechtsrelevanz ist § 6 Abs. 1 AsylbLG bereits ab Beginn des Aufenthalts im Bedarfsfall weit auszulegen,[266] wobei weiterhin eine Minimalversorgung und keine optimale und bestmögliche Versorgung angestrebt wird.[267] Auch die Aufenthaltsdauer ist zu berücksichtigen,[268] wobei eine restriktive Anwendung bei einer nicht mehr kurzen Aufenthaltsdauer hier werden 18 Monate angenommen, nicht mehr geboten ist.[269] Vielmehr müssen die Leistungen verfassungskonform dann dem Niveau der Gesundheitsleistungen nach dem Recht der gesetzlichen Krankenversicherung nach dem SGB V entsprechen; es entsteht ein Leistungsanspruch.[270]

Durch die (Aufnahme-)RL 2013/33/EU[271] wird schutzbedürftigen, besonders vulnerablen Personen ein Anspruch auf die erforderliche medizinische oder

---

263 Grube/Wahrendorf/Flint SGB XII/*Leopold*, § 6 AsylbLG Rn. 18.

264 *Lemmer*, Rechtliche Aspekte der psychiatrischen und psychotherapeutischen Versorgung von Geflüchteten in Deutschland, 2017, S. 12.

265 Adolph SGB II/SGB XII/*Adolph*, 71, § 6 AsylbLG Rn. 21.

266 Siefert AsylbLG/*Krauß*, § 6 Rn. 39; jurisPK-SGB XII/*Frerichs*, § 6 AsylbLG Rn. 69.

267 LSG Baden-Württemberg Beschl. v. 11.1.2007 – L 7 AY 6025/06 PKH-B, Juris (5); OVG Mecklenburg-Vorpommern Beschl. v. 28.1.2004 – 1 O 5/04, Juris (19); BT-Drs. 12/4451, S. 9; BT-Drs. 12/5008, S. 14; Adolph SGB II/SGB XII/*Adolph*, 71, § 6 AsylbLG Rn. 22; jurisPK-SGB XII/*Frerichs*, § 6 AsylbLG Rn. 69.

268 Vgl. LSG Niedersachsen-Bremen Beschl. v. 1.2.2018 – L 8 AY 16/17 B ER, BeckRS 2018, 53031; Adolph SGB II/SGB XII/*Adolph*, 71, § 6 AsylbLG Rn. 16, 21; jurisPK-SGB XII/*Frerichs*, § 6 AsylbLG Rn. 39.

269 Vgl. allgemein BVerfGE 132, 134–179 (165) – Asylbewerberleistungsgesetz.

270 BVerfGE 132, 134–179 (165) – Asylbewerberleistungsgesetz; LSG Hessen Beschl. v. 11.7.2018 – L 4 AY 9/18 B ER, Juris (28 ff.); SG Osnabrück Beschl. v. 4.9.2018 – S 44 AY 12/18 ER, Juris (59); jurisPK-SGB XII/*Frerichs*, § 6 AsylbLG Rn. 66; *Deibel*, ZFSH / SGB 47 (2012), 582–591 (585); *Deibel*, Sozialrecht aktuell 9 (2013), 103–110 (105).

271 Richtlinie 2013/33/EU des Europäischen Parlaments und des Rates vom 26. Juni 2013 zur Festlegung von Normen für die Aufnahme von Personen, die internationalen Schutz beantragen (EU-Aufnahmerichtlinie) v. 29.06.2013, ABl. L 180, 96–116; dazu ausführlich ab S. 251.

sonstige Hilfe gewährt, wobei sich das Ermessen des § 6 Abs. 1 AsylbLG auch durch die unionsrechtlichen Vorgaben auf null reduziert[272] und ein gebundener Anspruch auf den Zugang zu einer über den Leistungsumfang des § 4 Abs. 1 AsylbLG hinausgehenden Gesundheitsversorgung nach Maßgabe des § 6 Abs. 2 AsylbLG ergibt.[273] Deshalb muss bei einer begehrten Gesundheitsleistung nach § 6 Abs. 1 AsylbLG zunächst geprüft werden, ob eine besondere Schutzbedürftigkeit i. S. d. RL 2013/33/EU vorliegt und deshalb das Ermessen auf null reduziert ist und ein Anspruch besteht.[274] Die Vorgaben aus den Art. 20 und 17 RL 2003/9/EG[275] i. V. m. § 6 Abs. 1 AsylbLG führen überdies dazu, dass das Ermessen im Hinblick auf die Erbringung von Sprachmittlung im Zuge z. B. einer Psychotherapie auf null reduziert ist.[276]

Da nach § 4 Abs. 1 S. 1 AsylbLG insbesondere chronische Erkrankungen von der Behandlung ausgeschlossen sind, müssen diese im Bedarfsfall nach § 6 Abs. 1 S. 1 Alt. 2 AsylbLG erbracht werden. Hierbei hat die prognostizierte verbleibende Aufenthaltsdauer ebenfalls Bedeutung, denn es wird davon auszugehen sein, dass eine chronische Erkrankung längere Behandlung erfordert, die ggf. auch mit erheblichen Kosten verbunden ist[277] und bei einer bevorstehenden Aufenthaltsbeendigung nicht abgeschlossen werden kann.[278] Für Leistungsberechtigte, die noch in der Gestattung sind, kann dies zunächst nicht angenommen werden. Entscheidend sind die Umstände des Einzelfalls, vor allem der Schweregrad der Erkrankung und die Dauer der begehrten Behandlung.[279] Die Erbringung von psychiatrisch-psychotherapeutischen Leistungen wird auf

---

272 BT-Drs. 19/1620, S. 16; so auch Mergler/Zink/*Herbst*, § 6 AsylbLG, Rn. 31; *Classen*, Sozialleistungen für MigrantInnen und Flüchtlinge, 2008, S. 130; *Hoffmann*, Beilage zum Asylmagazin 10 (2007), 9–18 (10); kritisch dazu *Janda/Wilksch*, SGb 45 (2010), 565–574 (573); ähnlich auch *Schreiber*, ZESAR 9 (2010), 107–112 (111).

273 LSG Niedersachsen-Bremen, BeckRS 2018, 53031; ebenso LPK-SGB XII/*Birk*, § 6 AsylbLG Rn. 11; jurisPK-SGB XII/*Frerichs*, § 6 AsylbLG Rn. 31.

274 So auch jurisPK-SGB XII/*Frerichs*, § 6 AsylbLG Rn. 70.

275 Richtline 2003/9/EG des Rates vom 27. Januar 2003 zur Festlegung von Mindestnormen für die Aufnahme von Asylbewerbern in den Mitgliedstaaten v. 06.02.2003, ABl. L 31, 18–25.

276 *BMAS*, Dolmetscher - Ermessen.

277 OVG Niedersachsen Beschl. v. 6.7.2004 - 12 ME 209/04, Juris (9); jurisPK-SGB XII/*Frerichs*, § 6 AsylbLG Rn. 72.

278 LSG Nordrhein-Westfalen Urt. v. 6.5.2013 - L 20 AY 145/11, Juris (67); LSG Baden-Württemberg Beschl. v. 11.1.2007 – L 7 AY 6025/06 PKH-B, Juris (5); BT-Drs. 12/4451, S. 9; jurisPK-SGB XII/*Frerichs*, § 6 AsylbLG Rn. 72.

279 jurisPK-SGB XII/*Frerichs*, § 6 AsylbLG Rn. 73.

Grundlage von wahlweise § 4 Abs. 1 oder § 6 Abs. 1 oder § 6 Abs. 2 AsylbLG sowie nach § 4 i. V. m. § 6 AsylbLG gewährt. Bei einer begehrten Psychotherapie nach § 6 Abs. 1 AsylbLG wird auf die Möglichkeit einer kostengünstigeren medikamentösen Behandlung[280] verwiesen, wobei eine kürzere (Kurzzeittherapie) einer längeren Behandlung (Langzeittherapie) vorgeht.[281]

2. § 6 Abs. 2 AsylbLG

§ 6 Abs. 2 AsylbLG regelt Leistungen, die über die des § 4 AsylbLG hinausgehen; zumindest für Leistungsberechtigte mit einer Aufenthaltserlaubnis nach § 24 Abs. 1 AufenthG, die besondere Bedürfnisse haben.[282] Dies können bspw., also nicht nur unbegleitete Minderjährige oder Personen, die Folter, Vergewaltigung oder sonstige schwere Formen psychischer, physischer oder sexueller Gewalt erlitten haben, sein.[283] Ihnen wird die erforderliche medizinische oder sonstige Hilfe gewährt; vgl. § 6 Abs. 2 letzter HS. AsylbLG.

Die Einführung des § 6 Abs. 2 AsylbLG 2005 als eigener Absatz, der zunächst ohne Bedeutung für die darin angesprochenen Leistungsberechtigten blieb, wird als (systematisch) missglückt betrachtet,[284] weil der Absatz in der Praxis zunächst nicht anwendbar war, da die Bestimmungen des § 6 Abs. 2 AsylbLG bis Frühjahr 2022 keine praktische Rolle hatten, da eine Einbeziehung auf Grundlage der Massenzustrom-RL 2001/55/EG noch nicht stattgefunden hatte.

Durch die Anwendung der Massenzustrom-RL 2001/55/EG am 04.03.2022 können AsylbLG-Leistungsberechtigte, die eine Aufenthaltserlaubnis zum vorübergehenden Schutz wegen Krieges im Heimatland nach § 24 Abs. 1 AufenthG besitzen und besondere Bedürfnisse haben, einen weitergehenden Versorgungsanspruch haben. Praktisch wurde diese Regelung jedoch zum 01.06.2022 wieder weitestgehend irrelevant, da ab dann Personen mit einer Aufenthaltserlaubnis nach § 24 Abs. 1 AufenthG bzw. entsprechender Fiktionsbescheinigung nach § 81 Abs. 5 i. V. m. Abs. 3 oder 4 AufenthG (vgl. § 1 Abs. 1 Nr. 8 AsylbLG) anerkannten geflüchteten Menschen gleichgestellt wurden und damit einen Anspruch auf die Aufnahme in eine gesetzliche Krankenversicherung haben.

---

280 OVG Niedersachsen Beschl. v. 6.7.2004 – 12 ME 209/04, Juris (9).

281 jurisPK-SGB XII/*Frerichs*, § 6 AsylbLG Rn. 75.

282 So auch jurisPK-SGB XII/*Frerichs*, § 6 AsylbLG Rn. 121.

283 Vgl. dazu auch Art. 13 Abs. 4 RL 2001/55/EG.

284 So zumindest jurisPK-SGB XII/*Frerichs*, § 6 AsylbLG Rn. 18; *Classen*, Sozialleistungen für MigrantInnen und Flüchtlinge, 2008, S. 130.

Lediglich Personen, die leistungsberechtigt nach § 1 Abs. 1 Nr. 8 AsylbLG[285] sind, können die Leistungen des § 6 Abs. 2 AsylbLG für sich beanspruchen.

Durch die RL 2013/33/EU wird schutzbedürftigen, besonders vulnerablen Personen ein Anspruch auf die erforderliche medizinische oder sonstige Hilfe gewährt, wobei sich das Ermessen des § 6 Abs. 1 AsylbLG durch unionsrechtliche Vorgaben auf null reduziert[286] und ein gebundener Anspruch auf den Zugang zu einer über den Leistungsumfang des § 4 Abs. 1 AsylbLG, hinausgehenden Gesundheitsversorgung nach Maßgabe des § 6 Abs. 2 AsylbLG ergibt.[287] Im Rahmen eines Stufenverhältnisses sollen diese Personen einen Anspruch auf medizinische Versorgung haben, die über eine allgemeine Versorgung hinausgeht. Dafür sind die erforderlichen besonderen medizinischen Hilfen und sonstigen Hilfen vorgesehen. Insbesondere die Behandlung von physischen und psychischen Langzeitfolgen von Verfolgung, die sich nicht bereits als akute Erkrankung oder Schmerzzustand äußern, ist darin enthalten. Ein Ermessen besteht nicht. Es wird also über die in § 4 Abs. 1 AsylbLG genannten akuten Erkrankungen hinausgegangen und auch potenziell gesundheitsgefährdende Verfolgungshandlungen abgedeckt. Bei einer in dieser Art notwendigen Behandlung sind die zu gewährenden Leistungen auf dem Niveau des § 48 SGB XII.[288]

III. Bewertung der Gesundheitsversorgung nach §§ 4 und 6 AsylbLG

Wie sich zeigt, sind die Leistungen des § 4 AsylbLG häufig nicht geeignet, Erkrankungen ausreichend zu behandeln. Das liegt zum einen an den starken Einschränkungen auf akute Erkrankungen und Schmerzzustände[289] sowie den Ausschluss von chronischen Erkrankungen und zum anderen an der als zu relevant angesehenen Aufenthaltsdauer, aufgrund derer eine langfristige Behandlung nicht genehmigt wird. Es ist nachvollziehbar, dass an einigen Stellen nur von

285 Siehe zu § 1 Abs. 1 Nr. 8 AsylbLG schon ab S. 60.

286 BT-Drs. 19/1620, S. 16; so auch Mergler/Zink/*Herbst*, § 6 AsylbLG, Rn. 31; *Classen*, Sozialleistungen für MigrantInnen und Flüchtlinge, 2008, S. 130; *Hoffmann*, Beilage zum Asylmagazin 10 (2007), 9–18 (10); kritisch dazu *Janda/Wilksch*, SGb 45 (2010), 565–574 (573); ähnlich auch *Schreiber*, ZESAR 9 (2010), 107–112 (111).

287 LSG Niedersachsen-Bremen, BeckRS 2018, 53031; ebenso LPK-SGB XII/*Birk*, § 6 AsylbLG Rn. 11; jurisPK-SGB XII/*Frerichs*, § 6 AsylbLG Rn. 31.

288 jurisPK-SGB XII/*Frerichs*, § 6 AsylbLG Rn. 124; BeckOK SozR/AsylbLG/*Korff*, § 6 Rn. 20.

289 Vgl. *Eichenhofer, E.*, ZAR 33 (2013), 169–175 (170).

einer „medizinischen Notversorgung“ gesprochen wird.[290] Die Unterscheidung zwischen akut und chronisch ist medizinisch nicht sinnvoll – vielmehr müsste auf die „akute Behandlungsbedürftigkeit“ der jeweiligen Erkrankung abgestellt werden.[291] Die Berücksichtigung von akuter Behandlungsbedürftigkeit der Erkrankung als Leistungskriterium war angedacht; ein dahingehend gerichteter Änderungsantrag hat es im Gesetzgebungsverfahren 1993 jedoch nicht zur Mehrheit geschafft.[292] Auch abzuwarten, bis eine chronische Erkrankung wieder akut wird, ist weder ethisch noch ökonomisch zu rechtfertigen.[293]

Frühzeitige Behandlungsansätze sind fast ausgeschlossen, diese könnten jedoch einer langwierigen Behandlung vorbeugen, sodass keine verlängerte Leistungspflicht entstehen würde.[294] Außerdem ist die Praxis zu Impfungen und Vorsorgeuntersuchungen deutschlandweit nicht einheitlich oder standardisiert. Eine bessere Koordination würde u. a. die Erhebung von sensiblen gesundheitsbezogenen Informationen vereinfachen und diese im Sinne des Datenschutzes verbessern.[295]

Auch § 6 Abs. 1 AsylbLG kann in seinem Umfang den Bedürfnissen von erkrankten Leistungsberechtigten oft nicht gerecht werden. Vor allem der Verweis auf gleich geeignete, möglicherweise kostengünstigere Alternativen, z. B. durch medikamentöse Behandlung oder die Betreuung von psychischen Krankheiten in PSZ stellen hier enorme Zugangshindernisse dar.[296] Die Anwendung der RL 2013/33/EU wird in der Praxis kaum umgesetzt, sodass § 6 AsylbLG weiterhin restriktiv ausgelegt wird.[297] Die weiterhin enge Auslegung könnte unter anderem an der fortgeführten Orientierung an der Absenkung der Leistungen im Vergleich zum bei Inkrafttreten des AsylbLG geltenden BSHG, heute SGB II

---

290 jurisPK-SGB XII/*Frerichs*, § 6 AsylbLG Rn. 69; *Janda*, ZAR 33 (2013), 175–182 (181); *Kaltenborn*, NZS 24 (2015), 161–165 (162).

291 *Schmidt, K.*, BPtK-Standpunkt, Psychische Erkrankungen bei Flüchtlingen, 2015, S. 13; gleichgesetzt bereits bei *Classen*, Sozialleistungen zur Krankenbehandlung nichtversicherter Ausländer, 2012, S. 14; *Lautenschläger*, Der Status ausländischer Personen im deutschen Transplantationssystem, 2009, S. 180.

292 BT-Drs. 12/5008, S. 14.

293 *Dietrich*, MMW - Fortschritte der Medizin 157 (2015), 30.

294 So auch *Wilksch*, Recht auf Krankenbehandlung und Recht auf ein menschenwürdiges Existenzminimum, 2017, S. 219.

295 *Razum*, et al., Bundesgesundheitsbl 59 (2016), 543–544 (543).

296 Grube/Wahrendorf/Flint, SGB XII, Sozialhilfe/*Leopold*, § 6 AsylbLG Rn. 19.

297 jurisPK-SGB XII/*Frerichs*, § 6 AsylbLG Rn. 33.

bzw. SGB XII liegen.[298] Auch § 6 Abs. 2 AsylbLG ist zunächst wirkungslos und kann die minimierten Gesundheitsleistungen nicht ergänzen.

Die Bedarfe der Anspruchsberechtigten sind aufgrund der unterschiedlichen Aufenthaltszeiten und Verfahrensstatus kaum miteinander zu vergleichen. Die Gesundheitsversorgung ist nicht bedarfsorientiert, sondern größtenteils pauschal geregelt. Insgesamt sind die Vorgaben zur Gesundheitsversorgung sehr restriktiv und lassen eine gesundheitsbezogene Vorsorge kaum zu.

Auch gut 30 Jahre nach Inkrafttreten des AsylbLG werden weiterhin die 1993 angedachten Limitierungen aufrechterhalten, obgleich sich seither die Bedingungen von Fluchtmigration nach und in Deutschland grundlegend geändert haben. Kurze Aufenthaltszeiten sind, wie sich bereits durch die aufgeführten Zahlen zu den einzelnen Leistungsberechtigten gezeigt haben, heute vermehrt nicht mehr anzunehmen.

D. Anspruchseinschränkungen im AsylbLG

I. Rechtsfolgen nach § 1a AsylbLG

Im AsylbLG sind verschiedene Regelungen zu Anspruchseinschränkungen vorgesehen. Bei Erfüllen der Voraussetzungen besteht nach § 1a Abs. 1 AsylbLG kein Anspruch auf Leistungen nach den §§ 2, 3 und 6 AsylbLG mehr, sondern nur noch auf Leistungen zur Deckung des Bedarfs an Ernährung, Unterkunft, Heizung sowie Körper- und Gesundheitspflege. Alle Leistungen sollen als Sachleistungen erbracht werden. Die Erfüllung eines der Tatbestände schließt also die ermessensweise Erbringung von Gesundheitsleistungen aus, auch in Härtefällen.

2019 haben die Anspruchseinschränkungen in § 1a AsylbLG eine Reform erfahren. Bis zu diesem Zeitpunkt hatten einige der Leistungsberechtigten nach einer Leistungseinschränkung nur noch Anspruch auf das „unabweisbar Gebotene". Durch das Geordnete-Rückkehr-Gesetz wurde der normale Leistungsumfang um die §§ 2, 3 und 6 AsylbLG reduziert.

Nach § 1a Abs. 1 S. 3 AsylbLG können bei besonderen Umständen im Einzelfall auch andere Leistungen nach § 3 Abs. 1 S. 1 AsylbLG gewährt werden. Diese Öffnungsklausel für nicht näher definierte besondere Umstände muss für Einzelfälle die ansonsten auf das Minimum reduzierten Leistungen erweitern. Auch

298 *Lindner*, Ansprüche auf Gesundheitsleistungen für Asylsuchende in Deutschland, Rechtslage und Reformbedarfe, 2021, S. 10; *Hillmann* in Brecht-Heitzmann (Hrsg.), Rechtliche Gestaltungsvorgaben für die Gesundheitsversorgung Geflüchteter, 83–104 (89 f.).

hier können keine Leistungen nach § 6 AsylbLG in Anspruch genommen werden[299], aber z. B. Leistungen für Kleidung oder Gebrauchsgüter des Haushalts.

Für die Missbrauchstatbestände nach § 1a Abs. 2–7 AsylbLG gelten typischerweise die Rechtsfolgen nach § 1a Abs. 1 AsylbLG.[300]

§ 14 AsylbLG regelt übliche Dauer und Verfahrensanforderungen für die Anspruchseinschränkung nach § 1a AsylbLG und aufgrund § 11 Abs. 4 Nr. 2 AsylbLG haben Widerspruch und Anfechtungsklage gegen den Verwaltungsakt, der die Anspruchseinschränkung nach § 1a AsylbLG festgestellt hat, keine aufschiebende Wirkung.[301]

II. Anspruchseinschränkungen nach § 1a AsylbLG

1. Nichtausreise trotz Ausreisepflicht und -möglichkeit; § 1a Abs. 1 AsylbLG

§ 1a Abs. 1 AsylbLG richtet sich an die in § 1 Abs. 1 Nr. 5 AsylbLG bezeichneten Personen, für die bereits ein Ausreisetermin und eine Ausreisegelegenheit feststehen und die die Ausreisemöglichkeit trotz Ausreisepflicht nicht wahrgenommen haben.[302]

Dies gilt jedoch nicht, wenn die Ausreise aus rechtlichen oder tatsächlichen Gründen nicht erfolgt ist und dies nicht durch die Person(en) zu vertreten war, wie z. B. aus gesundheitlichen Gründen.[303] Die Glaubhaftmachung dieser Gründe muss aufgrund der Vermutung, dass einer Abschiebung keine gesundheitlichen Gründe entgegenstehen, durch die qualifizierte ärztliche Bescheinigung nach § 60a Abs. 2c AufenthG[304] erfolgen. Hier wird auf § 60 Abs. 7 S. 2 AufenthG verwiesen, wo auf lebensbedrohliche oder schwerwiegende Erkrankungen abgestellt wird, die sich durch die Abschiebung wesentlich verschlechtern würden.[305] Die Anspruchseinschränkungen treten ab dem auf den Ausreisetermin folgenden Tag[306] bis zur Ausreise oder bis zur Durchführung der Abschiebung ein.

---

299 Oestreicher/Decker, SGB II/SGB XII/*Decker*, 93, § 1a AsylbLG Rn. 56.

300 jurisPK-SGB XII/*Oppermann/Filges*, § 2 AsylbLG Rn. 152.

301 jurisPK-SGB XII/*Oppermann*, § 1a AsylbLG Rn. 17 f.

302 BT-Drs. 18/6386, S. 13.

303 BT-Drs. 18/6386, S. 14; BT-Drs. 18/6185, S. 44; *Janda*, SGb 65 (2018), 344–350 (345).

304 Gesetz zur Einführung beschleunigter Asylverfahren – Asylpaket II v. 17.3.2016, BGBl. 2016 Teil I Nr. 12, 390–393.

305 BeckOK SozR/AsylbLG/*Korff*, § 1a Rn. 9.

306 BeckOK SozR/AsylbLG/*dies.*, § 1a Rn. 8; unabhängig vom Wochentag GesKomm-SRB/*Treichel*, § 1a AsylbLG Rn. 44.

2. *Einreise zur Leistungserlangung; § 1a Abs. 2 AsylbLG*

Der angesprochene Personenkreis umfasst die Leistungsberechtigten des § 1 Abs. 1 Nr. 4 und 5 AsylbLG sowie deren Familienangehörige, die nach § 1 Abs. 1 Nr. 6 AsylbLG leistungsberechtigt sind. Tatbestandsvoraussetzung ist eine „sozial(-hilfe-)leistungsorientierte" Einreise in den Geltungsbereich des AsylbLG; spöttisch auch „Um-Zu"-Einreise genannt. Hierfür muss ein finaler Zusammenhang zwischen Einreise und Sozialhilfebezug bestehen, die Einreisemotivation muss die Inanspruchnahme von Sozialleistungen sein.[307] Dies wäre unter anderem der Fall, wenn es kein Asylbegehren gibt oder die Aussichten auf eine soziale und berufliche Integration aufgrund mangelhafter Sprach- und Berufsausbildung schlecht sind.[308] Als Rechtsfolge erhalten sie nur Leistungen entsprechend § 1a Abs. 1 AsylbLG, die nach § 14 Abs. 1 AsylbLG auf sechs Monate ausgelegt sind. Die Anspruchseinschränkung muss aufgrund von § 14 Abs. 2 AsylbLG unbefristet und dauerhaft verlängert werden, da der Entschluss zur Einreise als Pflichtverletzung nicht mehr rückgängig gemacht werden kann. Nach 18 Monaten entfallen die Anspruchseinschränkungen und der Wechsel in das Regime des § 2 AsylbLG, bei Erfüllung aller sonstigen Voraussetzungen erfolgt.[309]

3. *Nichtvollziehbarkeit aufenthaltsbeendender Maßnahmen; § 1a Abs. 3 AsylbLG*

Die in § 1a Abs. 3 AsylbLG genannten Personen sind die Leistungsberechtigten nach § 1 Abs. 1 Nr. 4 und Nr. 5 AsylbLG sowie deren Familienangehörige nach § 1 Abs. 1 Nr. 6 AsylbLG, wenn aus von ihnen selbst zu vertretenden Gründen aufenthaltsbeendende Maßnahmen wie Ausweisung nach § 53 AufenthG, Abschiebung nach § 58 AufenthG und Zurückschiebung nach § 57 AufenthG nicht vollzogen werden können. Ein solches Verhalten wird typischerweise bei der Vernichtung von Identitätspapieren angenommen. Aber auch der Aufenthalt im Kirchenasyl ist davon umfasst, ebenso wie physischer Widerstand gegen aufenthaltsbeendende Maßnahmen. Eine nicht zu vertretende Nichtvollziehbarkeit

---

307 Näheres dazu in *Jack*, ZAR 41 (2021), 248–250; vgl. dazu schon BVerwG Urt. v. 4.6.1992 - 5 C 22/87, BeckRS 1992, 1985 - Sozialhilfe, Ausländer; zu § 23 Abs. 3 S. 1 SGB XII vgl. BSG Urt. v. 18.11.2014 - 12 A 2524/03, Juris (25)

308 BeckOK SozR/AsylbLG/*Korff*, § 1a Rn. 10–14.

309 Oestreicher/Decker, SGB II/SGB XII/*Decker*, 93, § 1a AsylbLG Rn. 45; Grube/Wahrendorf/Flint, SGB XII, Sozialhilfe/*Leopold*, § 1a AsylbLG Rn. 55.

wiederum besteht in der Regel aufgrund dauerhafter Reiseunfähigkeit wegen lebensbedrohlicher oder schwerwiegender Erkrankungen; vgl. § 60 Abs. 7 S. 1 AufenthG.[310]

Da sich auch minderjährige Kinder und Jugendliche unter den Personen befinden können, deren Anspruch eingeschränkt ist, wirft dies Bedenken auf, da selbst im Einzelfall unter genauer Betrachtung missbilligtes Verhalten von Kindern oder Jugendlichen schwer zu identifizieren sein wird.[311]

Die Anspruchseinschränkung greift ab dem auf die Vollziehbarkeit einer Abschiebungsandrohung oder Vollziehbarkeit einer Abschiebungsanordnung folgenden Tag; vgl. § 1a Abs. 3 S. 1 AsylbLG.

4. Relokationsbeschlüsse und Verteilungsmechanismen in der EU; § 1a Abs. 4 AsylbLG

§ 1a Abs. 4 S. 1 AsylbLG betrifft Personen des § 1 Abs. 1 Nr. 1, Nr. 1a und Nr. 5 AsylbLG. Die Personen werden durch ein „Relocation"-Programm auf den für sie zuständigen Staat verteilt, also einen anderen EU-Mitgliedstaat, der ihnen gegebenenfalls bereits internationalen Schutz oder Aufenthaltsrechte gewährt hat, oder auf einen am Dublin-Verfahren teilnehmenden Drittstaat (Umsiedlung; Relocation).[312]

Im Gegensatz zu den § 1a Abs. 1–3 AsylbLG wird hier nicht an ein konkretes Fehlverhalten der Leistungsberechtigten angeknüpft, sondern an ihre Zugehörigkeit zu den „relocated people"[313]. Dies zielt auf die Unterbindung von Sekundärmigration ab und knüpft an den Relocation-Beschluss des Europäischen Rats[314] an. Die Anwendung dieses Absatzes für sogenannte „Dublin-Fälle" ist umstritten.[315]

---

310 BeckOK SozR/AsylbLG/*Korff*, § 1a Rn. 22.

311 Grube/Wahrendorf/Flint, SGB XII, Sozialhilfe/*Leopold*, § 1a AsylbLG Rn. 73, z. B. im Falle der Mitnahme von Kindern in ein Kirchenasyl; *Deibel*, ZFSH / SGB 54 (2019), 541–548 (546).

312 BT-Drs. 18/8615, S. 35.

313 BeckOK SozR/AsylbLG/*Korff*, § 1a Rn. 23 f.

314 Beschl. (EU) 2015/1523 des Rates zur Einführung von vorläufigen Maßnahmen im Bereich des internationalen Schutzes zugunsten von Italien und Griechenland v. 14.9.2015, ABl. L 239, 146–156.

315 BeckOK SozR/AsylbLG/*Korff*, § 1a Rn. 24; kritisch eher jurisPK-SGB XII/*Oppermann*, § 1a AsylbLG Rn. 117–119.

Gegen die Norm bestehen zudem einige Bedenken[316], vor allem hinsichtlich der Wahrung des Gleichbehandlungsgrundsatzes.[317] Das LSG Niedersachsen-Bremen[318] sieht zudem die tatsächliche und rechtliche Möglichkeit und Zumutbarkeit der Rückkehr in das schutzgewährende Land als erforderlich und sieht die Aufnahmebedingungen im zuständigen Land insbesondere für vulnerable Personen, als ausschlaggebend. Hier darf im Falle der Rückkehr keine unmenschliche oder entwürdigende Behandlung drohen.[319]

Keine Anspruchseinschränkung soll stattfinden, wenn die Schutzgewährung lange zurückliegt und die Voraussetzungen des § 2 AsylbLG eingetreten sind.[320]

5. *Verstoß gegen die asylrechtlichen Mitwirkungspflichten; § 1a Abs. 5 AsylbLG*

Leistungsberechtigte nach § 1 Abs. 1 Nr. 1, Nr. 1a und Nr. 7 AsylbLG erhalten nach § 1a Abs. 5 AsylbLG eingeschränkte Leistungen, wenn sie ihre ausländerrechtlichen Mitwirkungspflichten, die in § 1a Abs. 5 Nr. 1–7 AsylbLG enumeriert sind, vorwerfbar verletzt haben und diese besonders schweren Pflichtverletzungen dazu geführt haben, dass sich die Verfahren verzögern und so auch der Aufenthalt im Bundesgebiet rechtswidrig verlängert wird und damit der AsylbLG-Leistungsbezug.[321] Dabei handelt es sich hauptsächlich um Mitwirkungspflichten aus den §§ 13, 15 AsylG. Von einer Anspruchseinschränkung abgesehen wird, wenn die Verletzung der Mitwirkungspflichten oder die Nichtwahrnehmung von Terminen nicht zu vertreten sind. Dies ist der Fall, „wenn aus tatsächlichen Gründen (z. B. schwere Krankheit) eine Mitwirkung nicht möglich ist."[322]

---

316 BVerfGE 132, 134–179 – Asylbewerberleistungsgesetz.

317 LSG Schleswig-Holstein, BeckRS 2020, 14412; *Janda*, SGb 65 (2018), 344–350 (348); jurisPK-SGB XII/*Oppermann*, § 1a AsylbLG Rn. 127.

318 OVG Nordrhein-Westfalen Urt. v. 20.7.2021 – 11 A 1674/20.A, Juris; OVG Nordrhein-Westfalen Urt. v. 20.7.2021 – 11 A 1689/20.A, Juris; LSG Niedersachsen-Bremen Beschl. v. 7.2.2018 – L 8 AY 23/17 B ER, BeckRS 2018, 6147.

319 LSG Nordrhein-Westfalen Beschl. v. 27.3.2020 – L 20 AY 20/20 B ER, BeckRS 2020, 9669; LSG Niedersachsen-Bremen Beschl. v. 19.11.2019 – L 8 AY 26/19 B ER, BeckRS 2019, 28566; kritisch dazu *Deibel*, ZFSH / SGB 55 (2020), 75–77 (75); außerdem LSG Schleswig-Holstein, BeckRS 2020, 14412; SG Karlsruhe Beschl. v. 23.10.2020 – S 12 AY 3018/20 ER, BeckRS 2020, 29744.

320 LSG Hessen Beschl. v. 2.6.2020 – L 4 AY 7/20 B ER, Juris (26).

321 BT-Drs. 18/8615, S. 35.

322 BT-Drs. 18/8615, S. 35.

Das Ende der Anspruchseinschränkung tritt mit Nachholung der erforderlichen Mitwirkungshandlungen ein, ansonsten gilt § 14 AsylbLG.[323]

6. *Nichtangabe von Vermögen und Finanzen; § 1a Abs. 6 AsylbLG*

Nach § 1a Abs. 6 AsylbLG erhalten volljährige Leistungsberechtigte nach § 1 Abs. 1 AsylbLG, die vorsätzlich oder grob fahrlässig ihre nach § 9 Abs. 3 i. V. m. § 60 Abs. 1 S. 1 Nr. 1, Nr. 2 SGB I bestehenden Pflichten, Angaben über ihre finanzielle Situation zu machen und Änderungen unverzüglich mitzuteilen, schuldhaft verletzt haben, ebenfalls nur noch abgesenkte Leistungen.[324] Die Anspruchseinschränkung orientiert sich an Art. 20 Abs. 3 RL 2013/33/EU.[325]

7. *Unzulässige Asylanträge; § 1a Abs. 7 AsylbLG*

Leistungsberechtigte nach § 1 Abs. 1 Nr. 1 oder Nr. 5 AsylbLG, deren Asylantrag durch das BAMF wegen Zuständigkeit eines anderen Staats als unzulässig abgelehnt und deren Abschiebung angeordnet worden ist, erhalten aufgrund von § 1a Abs. 7 AsylbLG nur abgesenkte Leistungen, auch wenn die Entscheidung des BAMF noch nicht unanfechtbar geworden ist. Eine Ausnahme besteht, wenn ein Gericht die aufschiebende Wirkung der Klage gegen die Abschiebungsanordnung angeordnet hat. Von dieser Anspruchseinschränkung sollen die regulären Dublin-Fälle erfasst sein.[326] Da diese Norm ausschließlich dem asyl- bzw. ausländerrechtlichen Konzept dienen soll, wirft sie erhebliche Bedenken, auch im Hinblick auf die migrationspolitisch nicht relativierbare Menschenwürde[327] auf.[328]

---

323 BeckOK SozR/AsylbLG/*Korff*, § 1a Rn. 24c.

324 jurisPK-SGB XII/*Oppermann*, § 1a AsylbLG Rn. 144.

325 BeckOK SozR/AsylbLG/*Korff*, § 1a Rn. 25; hierzu im Folgenden ab S. 262.

326 *Thym*, ZAR 39 (2019), 353–362 (361).

327 BVerfGE 132, 134–179 – Asylbewerberleistungsgesetz.

328 Verfassungsrechtliche Bedenken hatten SG Oldenburg Beschl. v. 20.2.2020 – S 25 AY 3/20 ER, BeckRS 2020, 3170; SG Oldenburg Beschl. v. 18.2.2020 – S 25 AY 7/20 ER, asyl.net M28133; teilweise Bedenken hat SG München Beschl. v. 10.2.2020 – S 42 AY 82/19 ER, info also 38, 134–137 (136); unter Hinweis auf SG Landshut Beschl. v. 28.1.2020 – S 11 AY 3/20 ER, BeckRS 2020, 402; keine verfassungsrechtlichen Bedenken SG Osnabrück Beschl. v. 27.1.2020 – S 44 AY 76/19 ER, BeckRS 2020, 669; SG Landshut Beschl. v. 23.1.2020 – S 11 AY 79/19 ER, Juris.

8. *Nicht durch § 1a AsylbLG erfasste Personen*

Die Anspruchseinschränkungen des § 1a AsylbLG erfassen nicht alle Personen des § 1 AsylbLG. Von der Anwendung ausgenommen sind sich im Bundesgebiet aufhaltende Personen im Flughafenverfahren (§ 1 Abs. 1 Nr. 2 AsylbLG), Personen, denen bestimmte humanitäre Aufenthaltstitel wegen des Krieges in ihrem Heimatland ausgestellt wurden (§ 1 Abs. 1 Nr. 3, Nr. 8 AsylbLG) sowie jeweils deren Familienangehörige (§ 1 Abs. 1 Nr. 6 AsylbLG).[329]

III. Anspruchseinschränkungen abweichend von § 1a AsylbLG

1. *Ablehnung einer zumutbaren Arbeitsgelegenheit; § 5 Abs. 4 AsylbLG*

Nach § 5 Abs. 4 AsylbLG sind „Arbeitsfähige, nicht erwerbstätige Leistungsberechtigte, die nicht mehr im schulpflichtigen Alter sind, […] zur Wahrnehmung einer zur Verfügung gestellten Arbeitsgelegenheit verpflichtet.“ Bei unbegründeter Ablehnung einer Arbeitsgelegenheit wird auf die Rechtsfolgen nach § 1a Abs. 1 AsylbLG verwiesen.[330] Nach § 14 Abs. 1 AsylbLG sind die Einschränkungen zunächst für sechs Monate zu erteilen, wobei kein Ermessen eingeräumt ist. Außerdem kann die Anspruchseinschränkung nach § 14 Abs. 2 AsylbLG verlängert werden.[331]

2. *Weigerung der Teilnahme an einem Integrationskurs; § 5b Abs. 2 S. 1 AsylbLG*

§ 5b Abs. 2 S. 1 AsylbLG verweist auf die Anspruchseinschränkung wegen einer verweigerten Teilnahme an einem Integrationskurs nach § 5b Abs. 1 AsylbLG und ebenfalls auf § 1a Abs. 1 AsylbLG.[332] Auch hier wird nach § 14 Abs. 1 AsylbLG zunächst für sechs Monate eingeschränkt, mit einer möglichen Verlängerung nach § 14 Abs. 2 AsylbLG.[333] Ein wichtiger Grund nach § 11 Abs. 4 S. 1 Nr. 3 SGB XII, der eine Anspruchseinschränkung ausschließen würde, kann sein, wenn die Leistungsberechtigten eine Beschäftigung auf dem allgemeinen

329 *Janda*, info also 38 (2020), 103–111 (108); jurisPK-SGB XII/*Oppermann*, § 1a AsylbLG Rn. 31.
330 jurisPK-SGB XII/*Oppermann*, § 1a AsylbLG Rn. 13.
331 Grube/Wahrendorf/Flint, SGB XII, Sozialhilfe/*Leopold*, § 5 AsylbLG Rn. 31.
332 jurisPK-SGB XII/*Oppermann*, § 1a AsylbLG Rn. 15.
333 Grube/Wahrendorf/Flint, SGB XII, Sozialhilfe/*Leopold*, § 5 AsylbLG Rn. 31.

Arbeitsmarkt, eine Berufsausbildung oder ein Studium aufnehmen oder aufgenommen haben.

3. *Verstoß gegen eine räumliche Beschränkung oder Wohnsitzauflage; § 11 Abs. 2 AsylbLG*

Leistungsberechtigte erhalten nach § 11 Abs. 2 AsylbLG beim Verstoß gegen räumliche Beschränkungen oder Wohnsitzauflagen regelmäßig nur eine Reisebeihilfe, die die Deckung des unabweisbaren Bedarfs für die Reise zu ihrem rechtmäßigen Aufenthaltsort garantiert. Das sind meist die benötigten Fahrkarten sowie Verpflegung für die Reise. Nach § 11 Abs. 2 S. 3 AsylbLG werden die Leistungen als Geld- oder Sachleistungen erbracht.[334] Eine Ausnahme von der Rückkehr in das Gebiet der räumlichen Beschränkung kann aus medizinischen Gründen möglich sein, aufgrund von Transportunfähigkeit oder wenn eine konkrete Gefahr einer erheblichen Verschlechterung des gesundheitlichen Zustands am Rückkehrort droht.[335] Diese Unzumutbarkeit betrifft eine Gefahr für Leib oder Leben, z. B. durch vorangegangene Gewalterfahrung und der Schutzsuche im Frauen*- bzw. Männer*haus.[336]

4. *Verschuldete Verzögerung bei Ausstellung eines Ankunftsnachweises; § 11 Abs. 2a AsylbLG*

§ 11 Abs. 2a AsylbLG soll den zügigen Ablauf des Asylverfahrens sicherstellen, wofür ein frühzeitiges Aufsuchen der zuständigen Erstaufnahmeeinrichtung erforderlich ist.[337] Leistungsberechtigte nach § 1 Abs. 1 Nr. 1a AsylbLG erhalten bis zur Ausstellung des Ankunftsnachweises nach § 63a AsylG nur Leistungen entsprechend § 1a Abs. 1 AsylbLG.[338] Ausnahmen sind in § 11 Abs. 2a S. 2 und 3 AsylbLG geregelt. Zu vertreten sind die anspruchseinschränkenden Handlungen, insbesondere wenn Mitwirkungspflichten verletzt wurden; vgl. § 11 Abs. 2a S. 4 und 5 AsylbLG.

---

334 jurisPK-SGB XII/*Groth*, § 11 AsylbLG Rn. 61.

335 LSG Nordrhein-Westfalen Beschl. v. 2.4.2012 – L 20 AY 24/12 B ER, L 20 AY 25/12 B, Juris; VG Aachen Urt. v. 5.9.2006 – 2 K 403/04, Juris; BT-Drs. 18/6185, S. 47; *Oppermann*, jurisPR-SozR 14 (2016), Anm. 1.

336 Vgl. auch LSG Nordrhein-Westfalen Beschl. v. 23.6.2016 – L 20 AY 38/16 B ER, L 20 AY 43/16 B, Juris; *Leiska-Stephan*, NDV 88 (2008), 365–374 (372).

337 BT-Drs. 18/7538, S. 24.

338 jurisPK-SGB XII/*Oppermann*, § 1a AsylbLG Rn. 16.

IV. Bedenken zu den Leistungseinschränkungen im AsylbLG

Wie festgestellt ist das AsylbLG materielles Sozialrecht. Die Verknüpfung von sozial- und aufenthaltsrechtlichen Bestimmungen, wie sie in Deutschland unmittelbar miteinander sind[339], wird gemeinhin allerdings als problematisch angesehen.[340] Diese Verknüpfung von sozialrechtlichen Leistungen mit dem Aufenthaltsrecht soll zur Mitwirkung im asyl- und aufenthaltsrechtlichen Verfahren sowie zur Verhinderung von rechtsmissbräuchlichem Leistungsbezug führen. Dabei werden Verstöße gegen die Mitwirkungspflichten mit Leistungsbeschränkungen im Existenzminimum geahndet, auch die Leistungen der Gesundheitsversorgung können weiter eingeschränkt werden. Dieses Vorgehen wird von vielen Seiten als durchaus problematisch angesehen[341] – entspricht es doch eventuell nur einem Teil des physischen Existenzminimums und enthält das sozio-kulturelle Existenzminimum vollständig vor – vor allem mit Blick auf das Menschenrecht zur Sicherung einer menschenwürdigen Existenz.[342] Dennoch hat das BVerfG eine erhobene Verfassungsbeschwerde gegen ein Bundessozialgericht (BSG)-Urteil[343] überraschend, weil das BVerfG die durch das BSG vorgenommene Trennung zwischen Leistungen zur Sicherung der physischen und der soziokulturellen Existenz für verfassungsrechtlich bedenklich hält, nicht angenommen.[344] Dies begründete das Gericht damit, dass die Verfassungsrechtslage bereits durch andere (Sanktions-)Urteile geklärt sei.[345]

---

339 *Frings* in Falge/Fischer-Lescano/Sieveking (Hrsg.), Der Anspruch nach dem Asylbewerberleistungsgesetz auf eine medizinische Grundversorgung für Menschen ohne Papiere, 143–160 (153).

340 *Ganter*, ZESAR 19 (2020), 113–119 (116); *Mülder*, SGb 67 (2020), 30–34 (34); a. A. *Kreßel*, NZS 28 (2019), 730–738 (737 f.).

341 SG Oldenburg Beschl. v. 18.2.2020 – S 25 AY 7/20 ER, asyl.net M28133 zu § 1a Abs. 7 AsylbLG; *Ganter*, ZESAR 19 (2020), 113–119 (116); *Janda*, info also 38 (2020), 103–111 (111); *Mülder*, SGb 67 (2020), 30–34 (34); *Schifferdecker*, et al., NZS 29 (2020), 1–6 (2); *Kanalan*, NZS 27 (2018), 641–646 (645); *Kanalan*, ZFSH / SGB 53 (2018), 247–256 (253); *Janda*, SGb 65 (2018), 344–350 (350).

342 BVerfGE 132, 134–179 (159) – Asylbewerberleistungsgesetz.

343 BSG Urt. v. 12.5.2017 – B 7 AY 1/16 R, Juris; vgl. auch BSG Urt. v. 27.2.2019 – B 7 AY 1/17 R, Juris; ähnlich LSG Baden-Württemberg Urt. v. 27.4.2017 – L 7 AY 4898/15, Juris (34); *Mülder*, SGb 67 (2020), 30–34.

344 BVerfG Nichtannahmebeschluss v. 12.5.2021 – 1 BvR 2682/17, Juris (24).

345 BVerfG Nichtannahmebeschluss v. 12.5.2021 – 1 BvR 2682/17, Juris (21); mit Verweis auf BVerfG Urt. v. 5.11.2019 – 1 BvL 7/16, Juris – Sanktionen im Sozialrecht; dazu auch *Frings*, AuR 69 (2021), 248–253 (251); *Oppermann*, ZESAR 19 (2020), 305–312 (309).

Zwar sei das menschenwürdige Existenzminimum einheitlich geschützt und auch durch Anspruchseinschränkung des § 1a AsylbLG a. F. – hier war dem Wortlaut nach nur das unabweisbar Gebotene zur Sicherung einer menschenwürdigen Existenz bedarfsorientiert zu leisten – nicht zu relativieren[346], der Beschwerdeführer habe jedoch seine ungedeckten Bedarfe nicht deutlich dargestellt. Demnach könnten in Zukunft unzählige Anspruchseinschränkungen zur gerichtlichen Überprüfung gebracht werden, weil jedes Mal zu klären ist, was im Detail zum Existenzminimum gehört und was nicht, was zu einer weiteren Verkomplizierung führt. Die verfassungsrechtlichen Bedenken gegen Teile der Anspruchseinschränkung des AsylbLG wurden dabei nicht ausgeräumt.[347] Vielmehr bestehen weiterhin Zweifel, nicht nur an der Verfassungsmäßigkeit der Streichung von medizinischen Leistungen im Rahmen des § 6 AsylbLG als Form der Anspruchseinschränkung.[348]

V. Unionsrechtskonformität der Anspruchseinschränkung von Gesundheitsleistungen

Im Sinne der unionsrechtskonformen Ausgestaltung des AsylbLG sind die Art. 17 und 20 RL 2013/33/EU von Bedeutung. Durch Art. 17 Abs. 2 RL 2013/33/EU müssen die Leistungen einen angemessenen Lebensstandard sicherstellen, der den Schutz der physischen und psychischen Gesundheit gewährleistet. Dies betrifft schutzbedürftige Personen i. S. v. Art. 21 RL 2013/33/EU sowie Personen in Haft. Einschränkungen von Leistungen können zur Verhinderung von Missbrauch unter den abschließenden[349] Bedingungen des Art. 20 RL 2013/33/EU vorgenommen werden. Da der Anwendungsbereich nach Art. 2 lit. b) RL 2013/33/EU nur Drittstaatsangehörige oder Staatenlose, die einen Antrag auf internationalen Schutz gestellt haben, über den noch nicht endgültig entschieden wurde, betrifft, sind die meisten Anspruchseinschränkungen des AsylbLG dahingehend weitestgehend unproblematisch. Leistungsberechtigte des § 1 Abs. 1 Nr. 1 oder

346 BVerfG Nichtannahmebeschluss v. 12.5.2021 – 1 BvR 2682/17, Juris (17); BVerfG Urt. v. 5.11.2019 – 1 BvL 7/16, Juris (117) – Sanktionen im Sozialrecht; vgl. zuvor zum SGB II: BVerfGE 137, 34–103 (91).

347 Zu der Entscheidung auch *Kreßel*, NZS 28 (2019), 730–738; *Seidl*, Widersprüchliches aus Karlsruhe zu den Leistungseinschränkungen im AsylbLG und zum Grundrecht auf ein menschenwürdiges Existenzminimum, VerfBlog (2021).

348 *Lindner*, Ansprüche auf Gesundheitsleistungen für Asylsuchende in Deutschland, Rechtslage und Reformbedarfe, 2021, S. 12.

349 Vgl. EuGH Urt. v. 12.11.2019 – C-233/18, Juris – RS. Haqbin.

Nr. 1a AsylbLG könnten aber davon erfasst sein,[350] weshalb vor allem die Vorgaben in § 1a Abs. 4, 5 AsylbLG am Maßstab des Art. 20 Abs. 5 RL 2013/33/EU zu messen sind. Ist aufgrund der Kürzungen ein menschenwürdiger Lebensstandard nicht mehr gewährleistet, was bei einer vollständigen Streichung des soziokulturellen Existenzminimums der Fall ist, sind die Einschränkungen unionsrechtswidrig.[351] Vor allem die Einschränkungen bzw. kompletten Versagungen gewisser Gesundheitsleistungen sind unter diesen Bedingungen rechtswidrig.[352] Es gibt keine schlüssigen Konzepte zur Identifizierung von besonders vulnerablen Personen[353], sodass diese sich unter den Personen des § 1 Abs. 1 Nr. 1 oder Nr. 1a AsylbLG befinden können und von Anspruchseinschränkungen betroffen sein können. Für sie ist eine Einschränkung des Zugangs zu den Leistungen des § 6 AsylbLG unionsrechtswidrig.

VI. Bewertung der Anspruchseinschränkungen im AsylbLG

Seit der Neufassung 2015 wurde Abstand von der „Familienhaftung“ genommen, was dazu führt, dass die Leistungsberechtigten des § 1 Abs. 1 Nr. 6 AsylbLG die Voraussetzungen des anspruchseinschränkenden Verhaltens selbst erfüllen müssen.[354] In dieser Hinsicht ist dies zumindest eine teilweise Verbesserung. Allerdings wird die individuelle Zurechnung von missbilligendem Verhalten bei Kindern oder Jugendlichen nicht ohne Weiteres möglich sein.[355]

Die verfassungsrechtlichen Fragen wurden durch das BVerfG nicht abschließend ausgeräumt. Vielmehr gab es eine zunehmende Verkomplizierung der anspruchseinschränkenden Maßnahmen.[356] Selbst die getroffene Feststellung, dass das physische und soziokulturelle Existenzminimum zwingend einheitlich zu gewährleisten sei und nicht beliebig gekürzt oder gestrichen werden könne[357],

---

350 Grube/Wahrendorf/Flint, SGB XII, Sozialhilfe/*Leopold*, § 1a AsylbLG Rn. 14.

351 So auch *Kanalan*, VerfBlog (2019).

352 Siehe hierzu ausführlich ab S. 262.

353 Siehe zur Feststellung besonderer Schutzbedürftigkeit ab S. 256.

354 BeckOK SozR/AsylbLG/*Korff*, § 1a Rn. 6.

355 So auch Grube/Wahrendorf/Flint, SGB XII, Sozialhilfe/*Leopold*, § 1a AsylbLG Rn. 73, z. B. im Falle der Mitnahme von Kindern in ein Kirchenasyl; *Deibel*, ZFSH / SGB 54 (2019), 541–548 (546).

356 BVerfG Nichtannahmebeschluss v. 12.5.2021 – 1 BvR 2682/17, Juris (24).

357 BVerfG Nichtannahmebeschluss v. 12.5.2021 – 1 BvR 2682/17, Juris (24); mit Verweis auf BVerfG Urt. v. 5.11.2019 – 1 BvL 7/16, Juris (119) – Sanktionen im Sozialrecht.

lindert die Bedenken nicht. Die verfassungsrechtlichen Bedenken wurden nicht ausgeräumt.[358]

Viele der Anspruchseinschränkungen des AsylbLG haben eine klare migrationspolitische Ausrichtung und verknüpfen damit Aufenthaltsrecht und Sozialrecht. Daraus resultiert eine Gefahr für die Wahrung der Grundrechte, die migrationspolitisch instrumentalisiert[359] werden.

Vor allem der Ausschluss von Leistungen nach § 6 AsylbLG ist insofern nicht nachvollziehbar. Auch wenn Mitwirkungspflichten verletzt wurden oder es andere Umstände sind, die zu einer Absenkung der Leistungen des AsylbLG geführt haben, ist nicht klar, weshalb dies auch zu einer Absenkung der Gesundheitsleistungen in besonderen Fällen führen sollte. Speziell unter Stresssituationen wie die der Anspruchseinschränkung können erschwerende Gesundheitsbedingungen eintreten, die eine Leistung nach § 6 AsylbLG erforderlich machen. So ist § 6 AsylbLG eine Auffangnorm vor allem für die Behandlung von chronischen Erkrankungen sowie für die Erbringung von (medizinischen) Sprachmittlungsleistungen.[360] Sprachmittlung wird auch bei Behandlungen. die im Rahmen von § 4 AsylbLG erbracht werden, gewährt, sodass bei einer Anspruchseinschränkung von § 6 AsylbLG die Leistungserbringung im Rahmen von § 4 AsylbLG nicht ausreichend sichergestellt wird.

Aber auch bei der Versorgung mit geeigneten psychiatrisch-psychotherapeutischen Leistungen kommt § 6 AsylbLG eine wichtige Bedeutung zu, die vor allem dann greift, wenn akute Selbst- oder Fremdgefährdung vorliegt. Dies kann bei anstehenden aufenthaltsbeendenden Maßnahmen durchaus auftreten. Eine unzureichende Behandlung könnte in diesem Fall zu einer folgenden Reiseunfähigkeit führen, die der Ausreise erheblich im Wege stehen würde. Die Bundesregierung ist in Bezug auf die Anspruchseinschränkung von § 6 Abs. 1 AsylbLG der Auffassung, dass „unter verfassungskonformer Auslegung des § 1a Abs. 1 S. 2 AsylbLG im Rahmen der Gesundheitspflege auch Gesundheitsleistungen erbracht werden können, die über den in § 4 AsylbLG geregelten Leistungsumfang hinausgehen, soweit diese unerlässlich sind."[361] Die Einschnitte in die bereits durch das AsylbLG an sich reduzierten Gesundheitsleistungen sind unter Berücksichtigung der vorgebrachten Punkte nicht nachvollziehbar.[362]

---

358 Zu den Entscheidungen *Kreßel*, NZS 28 (2019), 730–738; *Seidl*, Widersprüchliches aus Karlsruhe zu den Leistungseinschränkungen im AsylbLG und zum Grundrecht auf ein menschenwürdiges Existenzminimum, VerfBlog (2021).

359 *Frings*, Im Dialog 3 (2021), 33–44 (42).

360 Hierzu ausführlich ab S. 151.

361 BT-Drs. 19/26032, S. 6.

362 So auch bei *Lindner*, Ansprüche auf Gesundheitsleistungen für Asylsuchende in Deutschland, Rechtslage und Reformbedarfe, 2021, S. 23.

Kapitel 3 Psychische Erkrankungen bei geflüchteten Menschen

A. Entstehung psychischer Erkrankungen nach traumatischen Erfahrungen

Bevor auf den Zusammenhang von psychischen Belastungen, psychischen Erkrankungen und einer präventiven Intervention eingegangen werden kann, muss zunächst ein Verständnis für die Entstehung von „Trauma" geschaffen werden. Die umgangssprachliche Verwendung der Diagnose „Trauma(ta)" hat in den letzten Jahren dazu geführt, dass unklar ist, was überhaupt ein psychisch relevantes Trauma ist und wann dieses behandlungsbedürftig wird. Hier muss deshalb insbesondere zwischen einer temporären Belastung und einer dauerhaften Verletzung unterschieden werden, wobei Traumata jeweils die Qualität einer seelischen Verletzung zukommen. Denn „nicht jede Belastung verursacht eine Verletzung und eine Verletzung ist nicht einfach eine Belastung, die von selbst heilen kann."[363] Umgekehrt bedeutet dies aber nicht, dass ein Trauma nicht heilen kann; es bedarf jedoch (psycho-)therapeutischer Unterstützung, da es ansonsten zu Anpassungsstörungen mit chronifizierten Störungen kommen kann.[364]

I. Herleitung

Khan (1963) hat zunächst den Begriff der „kumulativen Belastung" bei traumatisierten Menschen eingeführt. Er beschreibt damit, dass eine Aufeinanderfolge von (traumatischen wie nicht-traumatischen) Belastungen zu einer traumatischen Gesamtbelastung führen kann, die weit über die unmittelbaren Folgen des einzelnen traumatischen Ereignisses hinausgehen. Dabei lag ein besonderes Augenmerk beim kumulativen Trauma auf den Erfahrungen der Unsicherheit, die Kinder von traumatisierten Eltern machen und deshalb selbst eine erhöhte Wahrscheinlichkeit für eine traumatische Lebensentwicklung haben.[365] *Keilson*

---

363 *Fischer, G.* in Brecht (Hrsg.), Einführung in die Theorie und Praxis der Traumatherapie, 37–59 (37).

364 So auch *Nesterova* in Wartenpfuhl (Hrsg.), Resilienz und persönliche Ressourcen von Migrant*innen, 107–115 (114).

365 *Crepaldi*, et al., Forum Psychoanal 37 (2020), 79–85.

(1979) hat in seiner Untersuchung von jüdischen Flüchtlingskindern während und nach dem Zweiten Weltkrieg in den Niederlanden das Konzept der „sequenziellen Traumatisierung" entwickelt. Darunter wird eine Abfolge von traumatisierenden bzw. traumaverschärfenden Erfahrungen verstanden. Besondere Beachtung fanden in seiner Untersuchung die Erfahrungen der Kriegswaisen nach dem Ende der unmittelbaren Bedrohung, die mit manchen Erfahrungen von geflüchteten Menschen vergleichbar sind, wie etwa den unsicheren Situationen, die auf sie warten bzw. in die sie sich begeben (müssen). Die Erklärung und Beschreibung von traumatisierenden Erfahrungen hing also bereits früh mit Erfahrungen zusammen, die heute mit Fluchterfahrungen vergleichbar sind.

Nicht jedes potenziell traumatische Erlebnis führt bei jeder Person zu einem manifesten Trauma. Oftmals wirken verschiedene Faktoren in Kombination negativ aufeinander ein. So werden die fünf Umstände (1.) Trennung als Verlust und Abbruch, (2.) Einsamkeit und mangelndes Zugehörigkeitsgefühl, (3.) Migration als Bedrohung der Identität, (4.) Regression oder Infantilisierung infolge der Migration und (5.) aufgeschobenes Trauern als Auswirkung von Migration[366] als ursächlich für Angst und seelischen Schmerz bei bestimmten Erlebnissen während des Migrationsprozesses gesehen. Das Ergebnis der Verbindung dieser Faktoren kann schmerzhaft und lang anhaltend werden. Zusätzlich werden bei Fluchtmigration, also einem erzwungenen Migrationsprozess, weitere traumatische Erfahrungen gemacht, die durch Fluchtursachen hervorgerufen werden.[367]

Für die Erklärung zur Entstehung psychischer Erkrankungen sind neben traumatischen Belastungen in der Kindheit auch soziale Determinanten relevant. Zudem sind Strategien der Krankheitsbewältigung z. B. individuelle Genesungswege sowie die Ermöglichung von Inklusion und Teilhabe von Bedeutung.[368]

1. *Risikofaktoren*

Persönliche Eigenschaften, deren Ursachen sowohl in den potenziell traumatischen Erfahrungen liegen können als auch außerhalb davon, haben im Sinne der sozialen Determinanten Einfluss auf den jeweiligen Umgang mit den Belastungen. So sind z. B. mangelnde Bewegung oder Übergewicht, schlechte Ernährung, eine Tendenz zu Suchtmitteln wie Tabak oder Alkohol und vor allem

366 *Kogan* in Bründl/Kogan (Hrsg.), Nachwort, 288–300 (291).

367 *Lennertz*, et al. in Braches-Chyrek/Röhner/Sünker, et al. (Hrsg.), Traumatisierung von Kindern in Folge von Flucht und Vertreibung, 497–510 (498).

368 *Weiß, P./Fegert* (Hrsg.), Planen - umsetzen - bewerten: Psychiatriepolitik gestalten, S. 177.

andauernder Stress häufige Risikofaktoren. Kommen mehrere Risikofaktoren zusammen oder fehlen bzw. minimieren sich die Resilienzfaktoren, steigt das Erkrankungsrisiko für psychische Erkrankungen an.[369]

Als Risikofaktoren werden individuelle, soziale und physische Faktoren bezeichnet, die die Wahrscheinlichkeit des Auftretens einer Krankheit erhöhen. Das Auftreten eines oder mehrerer Risikofaktoren führt dabei nicht zwangsläufig zu einer Erkrankung. Eine Häufung von Risikofaktoren kann auf eine potenzielle Gefährdung der Gesundheit hinweisen, diese müssen jedoch nicht zwangsläufig zu einer Erkrankung führen. Vielmehr haben auch Schutzfaktoren Bedeutung für die Wahrscheinlichkeit der Entstehung von (psychischen) Erkrankungen.[370] Dabei werden die Begriffe „Risikofaktoren" und „Schutzfaktoren" als eher irreführend verstanden, da „Faktoren" auf eindeutig gesicherte Fakten hinweisen, die es bei Risikofaktoren jedoch keineswegs gibt. Es sind keine unumstößlichen Zusammenhänge von Risikofaktoren und dem Auftreten von Krankheiten zu beschreiben. Deshalb wird an einigen Stellen auch von „Risikoindikatoren" gesprochen, als spezifisches Zusammenspiel von verschiedenen Bedingungen, die zu Krankheiten führen können.[371] Hier wird der Unterschied zwischen Korrelation und Kausalität deutlich. Anders gesagt, nicht alles, was jemand macht, führt zu allem, was ihm passiert. Es sei deshalb an dieser Stelle darauf verwiesen, dass mit Risikofaktoren keinesfalls die beschriebenen Zusammenhänge impliziert werden.

Die Entwicklung psychologischer Resilienz hat immer mindestens zwei Dimensionen. Zum einen ein oder mehrere negative(s) Ereignis(se), welche(s) von geringfügigem Stress bis zu schwersten, lebenseinschneidenden Geschehnissen reichen kann oder können. Zum anderen muss es für Resilienz auch die positive, angemessene Anpassung des Individuums an diese Umstände geben. Beides wird durch die soziokulturelle Lebenswelt beeinflusst.[372] In Extremsituationen hat oder entwickelt also nicht jeder geflüchtete Mensch signifikante psychische Probleme. Viele sind belastbar, was heißt, dass sie in schwierigen Situationen relativ gut in der Lage sind, mit ihnen umzugehen. Es gibt zahlreiche interagierende soziale, psychologische und biologische Faktoren, die

---

369 *Pfennig*, et al., Die Psychiatrie 11 (2014), 223–226 (223 f.).

370 *Franzkowiak*, Risikofaktoren und Risikofaktorenmodell, 2018.

371 *Atteslander*, Dtsch Arztebl 94 (1997), A-2492 / B-2147 / C-1994.

372 *Sprung*, et al. in Kaiser/Riffer/Streibl, et al. (Hrsg.), Resilienz und posttraumatische Reifung, 205–213 (206).

beeinflussen, ob Menschen psychische Probleme entwickeln oder angesichts von Widrigkeiten Belastbarkeit zeigen.[373]

2. *Traumatypen*

Es ist sinnvoll, zwischen einem sogenannten „man-made-disaster“ Typ-I-Trauma mit meist nur kurz andauernden traumatischen Ereignissen wie Überfällen oder einmaligen Vergewaltigungen und einem „man-made-disaster“ Typ-II-Trauma, was sich eher durch länger andauernde, wiederholende Traumata z. B. durch sexuellen Missbrauch bzw. Misshandlungen im Kindesalter, Krieg, Folter oder Genozid auszeichnet, zu unterscheiden. Vor allem man-made-disaster Traumata können durch Nichtbehandlung schwere chronische Verläufe mit anderen komorbiden Erkrankungen[374] nehmen.[375]

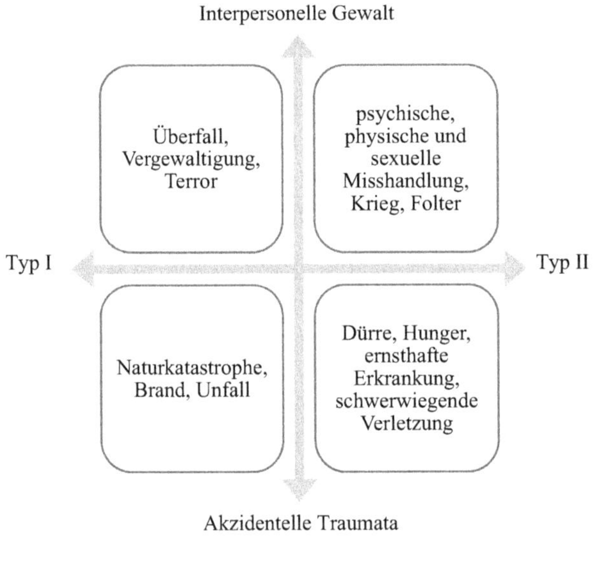

Abbildung 4: Traumatypen[376]

373 *IASC*, Guidelines on Mental Health and Psychosocial Support in Emergency setting, 2007, S. 3.

374 Siehe hierzu bei Prävalenz psychischer Erkrankungen ab S. 109.

375 *Rothkegel, S.* in Fastie/Zypries (Hrsg.), Die Situation von Flüchtlingen und Migrantinnen und die Folgen traumatischer Erlebnisse, 29–42 (31).

376 Eigene Darstellung nach *Sprung* in Kaiser/Riffer/Streibl, et al. (Hrsg.), Traumatische Kindheitserlebnisse, 41–54 (42).

Zudem können Traumata durch Ursachen und Häufigkeit unterschieden werden. Häufigkeit (horizontaler Pfeil; Abbildung 4) spannt sich zwischen einmaligen Erlebnissen und mehrfachen bzw. andauernden traumatischen Situationen. Die Ursachen (vertikaler Pfeil) reichen von interpersoneller Gewalt bis zu unkontrollierbaren Ereignissen höherer Gewalt.

3. *Prävalenz psychischer Erkrankungen*

Die Prävalenz gibt an, welcher Anteil einer bestimmten Population zu einem bestimmten Zeitpunkt an einer bestimmten Krankheit erkrankt ist. Studien zeigen, dass ca. ein Drittel der deutschen Erwachsenenbevölkerung innerhalb eines Jahres an einer psychischen Erkrankung leidet.[377] Dabei haben eine von drei Frauen und einer von vier bis fünf Männern im Alter von 18 bis 79 Jahren innerhalb eines Jahres zumindest zeitweise mindestens eine psychische Störung.[378] Angststörungen stellen dabei mit insgesamt 15,3 % die größte Störungsgruppe dar, sie sind gefolgt von unipolaren Depressionen mit 7,7 % und Störungen durch Alkohol- oder Medikamentenkonsum mit 5,7 %. Auch Diagnosekombinationen (Komorbidität) sind nicht selten. Dabei sind die am häufigsten auftretenden Komorbiditäten „Angst- und affektive Störungen", „mehrere Angststörungen" und „Angst- und affektive und somatoforme Störungen".[379] Geflüchtete Menschen leiden zudem signifikant häufiger an Posttraumatischen Belastungsstörungen, Depressionen und Angststörungen als die deutsche Bevölkerung.[380] Dabei sind die Studienergebnisse oftmals uneinheitlich[381], es zeigt sich jedoch trotzdem, dass die Prävalenz von PTBS bei geflüchteten Menschen bei mindestens 16 % bis 22 % liegt.[382] Zusätzlich ist zu bedenken, dass PTBS sehr häufig mit anderen, genannten, Störungen komorbid ist[383] und demnach eine komplexe Therapie aller Erkrankungen notwendig ist.

In einer Untersuchung von aus Syrien geflüchteten Menschen zeigte sich, dass schwerwiegendere PTBS-Symptome „mit einem höheren Alter, einer kürzeren Gültigkeitsdauer der Aufenthaltserlaubnis, einer größeren Anzahl traumatischer Ereignisse und stärker generalisierten Angstsymptomen verbunden" waren.

---

377 *Jacobi*, et al., Nervenarzt 85 (2014), 77–87 (81).
378 *dies.*, Nervenarzt 85 (2014), 77–87 (83).
379 *Pfennig*, et al., Die Psychiatrie 11 (2014), 223-226 (225).
380 *Georgiadou*, et al., Int J Environ Res Public Health 14 (2017), 612–625 (616).
381 So auch BT-Drs. 19/11666, S. 7–8.
382 *Bozorgmehr*, et al., Bundesgesundheitsbl 59 (2016), 599–620 (609 f.).
383 *Schäfer, I.*, et al., S3 Leitlinie Posttraumatische Belastungsstörung, 2019, S. 43 ff.

Symptome einer Depression hingegen waren „mit einem jüngeren Alter, einer kürzeren Dauer der Flucht, einer größeren Anzahl traumatischer Ereignisse und höheren generalisierten Angstsymptomen verbunden." Hinzu kam, dass die allgemeinen Angstsymptome eher mit weiblichem Geschlecht, PTBS und Depressionssymptomen korrelierten.[384]

II. Posttraumatische Belastungsstörung

Die vermutlich gängigste Erkrankung nach einer traumatischen Erfahrung ist die Posttraumatische Belastungsstörung, auch als PTBS bekannt (englisch: Posttraumatic Stress Disorder = PTSD). Durch traumatische Erlebnisse werden weitaus mehr Erkrankungen ausgelöst als „nur" eine PTBS. Dennoch soll die geläufigste Traumafolgestörung, die mit solchen Erlebnissen allgemein in Verbindung gebracht wird, nicht außen vor bleiben.

1. Definition Posttraumatische Belastungsstörung

Eine PTBS entsteht nach der Definition der ICD-10-GM-2020, F43.1

> als eine verzögerte [...] Reaktion auf ein belastendes Ereignis oder eine Situation kürzerer oder längerer Dauer, mit außergewöhnlicher Bedrohung oder katastrophenartigem Ausmaß, die bei fast jedem eine tiefe Verzweiflung hervorrufen würde. Prädisponierende Faktoren [...] können die Schwelle für die Entwicklung dieses Syndroms senken und seinen Verlauf erschweren [...].[385]

Hinzu kommt die Anpassung an das deutsche System, was mit ICD-10-GM (German Modification)[386] abgekürzt wird; vgl. § 295 Abs. 1 S. 2 SGB V. Die ICD-11 ist seit 01.01.2022 in Kraft. Es gibt eine Übergangsfrist von fünf Jahren.[387] Dort wurde die Definition der PTBS erneuert und verkürzt. Bisher gibt es dazu jedoch lediglich eine englische Version, sodass noch nicht gesagt werden kann, wie die deutsche Übersetzung genau ausgestaltet sein wird. Die englische Fassung der PTBS-Diagnose weist nicht mehr auf die großen Heilungschancen der Erkrankung hin. Dafür werden drei typische Charakterisierungen definiert, die die Krankheit ausmachen. Zum einen ist es das (ständige) Wiedererleben der traumatischen Erfahrung(en), die Vermeidung von Gedanken und

---

384 *Georgiadou*, et al., Front Psychiatry 9 (2018), 1–12 (10).

385 Definition nach ICD-10-GM-2020, F43.1; nach dem ICD-11 ändert sich die Kodifizierung zu 6B40.

386 BT-Drs. 12/3608, S. 120.

387 *BfArM*, ICD-11, 11. Revision der ICD der WHO.

Erinnerungen an das Ereignis sowie die anhaltende Wahrnehmung einer erhöhten aktuellen Bedrohung.[388] Eine ähnliche Definition findet sich in dem ebenso relevanten Klassifikationssystem Diagnostic and Statistical Manual of Mental Disorders (DSM)-V[389], wo auf verschiedene Kriterien verwiesen wird, die für eine PTBS-Diagnose erfüllt sein müssen. Dazu zählen die auslösenden Stressfaktoren, Wiedererleben, Vermeidung, negative Veränderungen in Kognitionen und Stimmung sowie Veränderungen der Erregung und Reaktivität. Die Dauer und die funktionale Bedeutung der Störung sind ebenso mit einzubeziehen.[390] Die PTBS entwickelt sich als Folgestörung des Traumas, wobei sich diese Ausprägung über Tage, Wochen oder sogar Jahre hinziehen kann.[391]

2. Kritik an der Erkrankung „Posttraumatische Belastungsstörung"

Es wird mitunter die Meinung vertreten, dass PTBS als Diagnose häufig nur verwendet wird, um dem Erlebten einen Namen zu geben, da genauere Krankheitsmerkmale fehlen und es so einfacher wird, Folgen von Folter, Krieg und anderer Formen extremer Gewalt zu rechtfertigen. Vielmehr könnten die Symptome, die unter einer PTBS (defizitorientiert) zusammengefasst werden, als normale, normative und nachvollziehbare Reaktionen auf unnormale Situationen verstanden werden. Es wird der Vorwurf laut, dass Krankheiten wie die PTBS gegebenenfalls nur konstruiert werden, um ein Leiden zu diagnostizieren.[392] Hier wird dann auch von Medikalisierung gesprochen, also einer medizinischen Intervention für Probleme, die zuvor nicht medizinisch „behandelt" wurden.[393] Dieser Auffassung kann im Hinblick auf die Vielzahl an Forschung zum Zusammenhang von Fluchtmigration und der Entstehung von psychischen Erkrankungen nicht gefolgt werden[394]. Bereits die Entstehungsgeschichte der Diagnose „PTBS", die auch durch die Erlebnisse der Soldat*innen im Vietnamkrieg geprägt wurde,

---

388 *WHO*, ICD-11 Coding Tool Mortality and Morbidity Statistics (MMS): 6B40.

389 *APA*, Diagnostic and statistical manual of mental disorders (DSM-V), 2013, S. 271–272.

390 Einen Überblick über die verschiedenen Systeme bietet *Widder*, medsach 116 (2020), 102–106.

391 *Fabra*, medsach 116 (2020), 107–112 (109).

392 So auch *Eddaoudi*, Die muslimische Welt in Krankenhaus und Gesundheitswesen, 2018, S. 124.

393 *Forster*, Psychiatriereformen zwischen Medikalisierung und Gemeindeorientierung, 1997, S. 154.

394 *Mels*, et al., J Child Psychol Psychiatry 51 (2010), 1096–1104; *Siriwardhana*, et al., Int Health 5 (2013), 19–23; *Walther*, et al., J Immigr Minor Health 22 (2020), 903–913.

zeigt[395], dass traumatische Erfahrungen definitiv krankheitsauslösend sein können. Eine PTBS entsteht aufgrund einer akuten (Über-)Belastungsreaktion. Daraus können sich aber auch andere psychische Erkrankungen, häufig Anpassungsstörungen auch mit länger anhaltender depressiver Reaktion entwickeln. Zu Beginn steht jedoch immer das entsprechende Trauma, welches mit dem menschlichen Verstand nicht verarbeitet werden kann.[396]

3. *Prävalenz von Posttraumatischer Belastungsstörung*

Die Zahl der PTBS-Behandlungen steigt in Deutschland seit Jahren stark an. So wurden im Jahr 2000 knapp 4.000 Fälle[397] mit PTBS als reine vollstationäre Krankenhausdiagnose gezählt, 2010 waren es bereits über 9.000[398] und 2019[399] mehr als 14.500[400] PTBS-Diagnosen.[401] Die Zahl von weiblichen Patientinnen* mit psychischen Störungen ist deutlich höher, vor allem, weil diese sich durch sexuelle Übergriffe und häusliche Gewalt ihnen gegenüber manifestieren.[402] In vor allem muslimisch geprägten Ländern ist es für Männer* oft besonders schwer, Hilfe bei psychischen Erkrankungen in Anspruch zu nehmen,[403] obwohl sie öfter Opfer von körperlicher (nicht sexualisierter) Gewalt werden und in der Regel Männer* sogar häufiger Traumata erleiden als Frauen*.[404] Eine geschlechterabhängige Erkrankungswahrscheinlichkeit ist somit eher auf die Inanspruchnahme von Behandlungsangeboten als auf die tatsächlich unterschiedliche Erkrankungswahrscheinlichkeit zurückzuführen. Zudem ist eine PTBS oft mit

395 *Margraf*, Verhaltenstherapie 15 (2005), 182–186 (183 f.).

396 *Fabra*, medsach 116 (2020), 107–112 (111).

397 2000: PTBS bei 2.697 weiblichen und 1.192 männlichen Patient*innen.

398 2010: PTBS bei 6.838 weiblichen und 2.248 männlichen Patient*innen.

399 Die Zahlen für 2020 und später lagen zum Zeitpunkt der Abgabe dieser Arbeit noch nicht vor, weshalb der Zehnjahresschritt nicht eingehalten werden konnte.

400 2019: PTBS bei 10.376 weiblichen und 4.192 männlichen Patient*innen.

401 *Deutscher Bundestag*, Posttraumatische Belastungsstörung, Zahlen sowie Aspekte geschlechtsspezifischer Behandlungsangebote, WD 9 - 3000 - 069/16, 2016, S. 6–7; *GBE Bund*, Diagnosedaten der Krankenhäuser ab 2000, Eckdaten der vollstationären Patienten und Patientinnen, 2021.

402 *Büttner* in Büttner (Hrsg.), Einführung in die Thematik, 3–59 (6 ff.) m. w. N.

403 *Eddaoudi*, Die muslimische Welt in Krankenhaus und Gesundheitswesen, 2018, S. 123 ff.

404 *Frommberger*, et al. in Voderholzer/Hohagen (Hrsg.), Posttraumatische Belastungsstörung PTBS ICD10 F431, 293–304 (296).

anderen Erkrankungen komorbid, wie z. B. mit depressiven Störungen, mit Angststörungen und zum Teil auch mit somatoformen Störungen.[405]

Zu beachten ist außerdem besonders, dass nicht alle geflüchteten Menschen ein Trauma erleben oder eine PTBS entwickeln, allerdings steigt die Wahrscheinlichkeit einer PTBS mit einem intensiven traumatischen Erlebnis; bei Risikogruppen ist dies nochmals erhöht. Nicht vorhandene soziale Unterstützung sowie die Tatsache, dass das Trauma durch Menschen verursacht wurde, erhöhen ebenfalls das Risiko.[406]

III. Chronifizierung

Sofern psychische Erkrankungen nicht frühzeitig diagnostiziert werden, können sie sich chronifizieren und somit lang anhaltende Folgen für die Betroffenen haben. Aber nicht alle psychischen Erkrankungen sind chronisch oder nehmen einen chronischen Verlauf. Ursachen für eine zu späte Diagnose können zum einen in der Nichterkennung der psychischen Belastung liegen oder auch darin, dass Betroffene aufgrund von Angst vor Stigmatisierung die Inanspruchnahme von Hilfe(n) scheuen. Dies führt dazu, dass sich im Verlauf der Chronifizierung die betroffenen Menschen verändern sowie die Reaktionsweise ihres Organismus. Das wiederum verändert den Charakter der Störung, weshalb diese sich allmählich „verselbstständigen" kann. Im Ergebnis steht die chronische Erkrankung. Ursachen sind dann oft nicht mehr feststellbar.[407] Wenn psychische Krankheiten chronisch geworden sind, sind die Folgen kaum mehr absehbar. Sowohl die Betroffenen als auch deren soziales Umfeld leiden meist jahrelang unter den damit verbundenen Einschränkungen wie: verminderte Leistungen des Denkens, Wahrnehmens, Handelns, Fühlens, Erinnerns und Kommunizierens. Dies wiederum führt häufig zu einer Diskriminierung und erschwert den Weg zu einer gesellschaftlichen Inklusion erneut. Die Feststellung einer Chronifizierung psychischer Erkrankungen ist nicht einfach.[408] Es ist zwischenzeitlich jedoch auch in der legislativen Politik verstanden worden, dass eine Chronifizierung schwere Langzeitfolgen sowohl für die Betroffenen als auch das Gesundheitssystem und die Gesamtgesellschaft hat, weshalb dies vermieden

---

405 *Jacobi*, et al., Nervenarzt 85 (2014), 77–87 (81); *Schäfer, I.*, et al., S3 Leitlinie Posttraumatische Belastungsstörung, 2019, S. 18.

406 *Riffer*, et al. in Kaiser/Riffer/Streibl, et al. (Hrsg.), Trauma und Schmerzen, 35–40 (36); siehe hierzu auch Abbildung 4: Traumatypen auf S. 108.

407 *Moosmann*, Dtsch Arztebl 97 (2000), A-824 / B-683 / C-639.

408 *Gärtner* in Borgers (Hrsg.), Zur Lage chronisch psychisch Kranker, 37–50 (38).

werden soll.[409] Für Leistungsberechtigte des AsylbLG ist die Chronifizierung von Erkrankungen besonders nachteilhaft, da sie zunächst keinen Anspruch auf die Behandlung chronischer Erkrankungen haben; vgl. § 4 Abs. 1 AsylbLG. Erschwerend hinzu kommt die Problematik der chronischen Schmerzen aufgrund psychischer Probleme. Ein Zusammenhang von Symptomen bspw. der PTBS und chronischen Schmerzen ist wissenschaftlich nachgewiesen,[410] was die Betroffenen in eine bedrohliche Situation bringt. Eine Behandlung ist aufgrund der Chronifizierung der Schmerzen oder der auslösenden Ursachen nicht durchführbar, eine Behandlung aufgrund der psychischen Probleme ist meist jedoch aufgrund der begrenzten Versorgungsmöglichkeiten auch nicht zugänglich.[411] Hinzu kommt, dass diese Spirale zudem noch davon abhängt, ob die Symptome der Erkrankung, die nicht behandelt wird, dennoch behandelt werden, oft durch Schmerzmittelvergabe. Eine Suchtproblematik kann sich daran anschließen.[412] Aus der Nichtbehandlung und einer damit verbundenen Chronifizierung ergeben sich zusätzlich Folgekosten für die Kommunen.[413] Eine Chronifizierung von psychischen Erkrankungen ist also in jedem Fall zu vermeiden, wobei das Eintreten von chronischen psychischen Erkrankungen für Leistungsberechtigte des AsylbLG besonders bedrohlich ist.

B. Flucht als potenziell traumatisches Ereignis

Bestimmte Personengruppen haben ein gesteigertes Risiko, von einer psychischen Problemlage betroffen zu sein; auch geflüchtete Menschen sind darunter zu zählen. Eine Migrationserfahrung ist zwangsläufig, gleich ob freiwillig oder unfreiwillig, mit Verlust- und Trennungsgefühlen sowie Verlassenheitsängsten verbunden.[414] Die Fluchterfahrungen sind geprägt von Gewalt, Krieg und Verfolgung, welche sich nachhaltig auf das psychische Wohlbefinden auswirken können.[415] Dabei kann erzwungene Flucht bei den betroffenen Personen zu

---

409 Vgl. § 31 SGB XIV und BR-Drs. 351/19, S. 211.

410 *Asmundson*, et al., Can J Psychiatry 47 (2002), 930–937; *Liedl*, et al., Torture 18 (2008), 69–76; *Riffer* in Kaiser/Riffer/Streibl, et al. (Hrsg.), Schmerz im Kontext psychiatrischer Versorgung, 129–139 (135); *Sharp*, et al., Clin Psychol Rev. 21 (2001), 857–877.

411 *Greiner*, et al. in Weiß, P./Fegert (Hrsg.), Koordinierte Versorgung von Menschen mit psychischen Erkrankungen, 28–32 (31).

412 *Brucks*, psychoneuro 30 (2004), 228–231 (230).

413 *Peseke*, Flüchtlingsmigration in Deutschland, 2018, S. 98.

414 *Schaich*, Psyche 66 (2012), 522–544 (523).

415 *Li*, et al., Curr Psychiatry Rep 18 (2016), 82,1–82,9 (82,1).

mehrfachen Stressoren führen. Diese können auf die unterschiedlichen Stadien des Fluchtprozesses übertragen werden.[416] Stress kann unterschiedlichste Auswirkungen auf Körper und Geist haben und steht häufig in Verbindung mit der Entstehung von Erkrankungen.[417] Dies ist bei genauerer Betrachtung etwas seltsam, schließlich ist Stress keine eigenständige Ursache, sondern die Reaktion auf bestimmte Belastungen, die dann eintreten, wenn sich das Individuum am Rande der Belastbarkeit befindet.[418] Deshalb ist die Prävention von Stress beim Versuch von Krankheitsverhinderung besonders wichtig.

Migrationsprozesse lassen sich in drei Phasen kategorisieren: Prä-Migrationsphase, Peri-Migrationsphase und Post-Migrationsphase. In allen Migrationsphasen gibt es Faktoren, die Menschen für psychische Störungen prädisponieren.[419] Zudem gibt es Belastungen, die nicht in den Personen selbst liegen, bspw., wenn Familienmitglieder oder Freund*innen sich noch auf der Flucht befinden. Aber auch Statusverlust und neue Rollenbildung sind nur einige der Probleme, die sich über die gesamte Fluchtdauer und darüber hinausziehen.

Risikofaktoren haben Einfluss auf die menschliche und gesundheitliche Entwicklung. Risiken lassen sich dabei in zwei Gruppen unterteilen: heterogene Stressoren und Vulnerabilitätsfaktoren.[420] Vulnerabilität beschreibt eine besondere Anfälligkeit gegenüber bestimmten Erkrankungen, wobei sich das Risiko hier eher auf biologische Faktoren wie (Psycho-)Pathologie, Epidemiologie, Genetik, Biochemie und Psychologie bezieht. Aber auch vorangegangene psycho-soziale Lebensbedingungen haben Einfluss darauf,[421] bspw. in Form von Armut und ökonomischer Unselbstständigkeit, mangelhafter Bildung(-schancen) und oftmals dadurch hervorgebrachtes mangelndes Selbstvertrauen und fehlende Selbstbestimmung.[422] Vulnerabilität kann vereinfacht als Verletzungsoffenheit verstanden werden.

Die im Folgenden dargestellten Stressoren-Stadien können verschiedene variable Indikatoren für Risikofaktoren hervorrufen. Feste Indikatoren wie z. B.

---

416 *Fazel*, et al., The Lancet 365 (2005), 1309–1314.

417 *Regionalkomitee für Europa*, Report on the health of refugees and migrants in the WHO European Region, 2018, S. 37.

418 So auch *Cechura*, Unsere Gesellschaft macht krank, 2018, S. 42.

419 *Bhugra*, et al., WPA 10 (2011), 2–10 (4).

420 *Oetker* in Esser (Hrsg.), Entwicklungspsychologische Grundlagen, 3–30 (7 f.).

421 *Streich* in Richter, M./Hurrelmann (Hrsg.), Vulnerable Gruppen: ‚Verwundbarkeit" als politiksensibilisierende Metapher in der Beschreibung gesundheitlicher Ungleichheit, 301–307 (302).

422 So auch *Moreno*, ZfMER 7 (2016), 5–14 (5).

Geschlecht werden nicht durch die Migrationsprozesse beeinflusst, variable Faktoren wie z. B. der sozioökonomische Status hingegen schon. Diese Faktoren haben einen Einfluss auf die Entwicklung von Risikofaktoren und damit auf die Erfolgsaussichten von Interventionsstrategien.[423]

Im Folgenden werden die Stadien mit Blick auf Fluchtmigration genauer betrachtet. Es werden die Etappen der Flucht nach Deutschland beschrieben. Viele geflüchtete Menschen sind aber bereits in anderen Ländern zunächst sesshaft und haben deshalb andere Bedingungen in den einzelnen Stressoren-Stadien.

I. Prä-Migrationsstressoren

Gründe, die Menschen dazu bringen, ihre Heimat unfreiwillig zu verlassen, sind vor allem Krieg, Unruhen, Verfolgung und Terror. Aber auch psychische, physische und sexuelle Gewalt sind häufige Fluchtursachen. All diese Auslöser sind auch geeignet, potenziell traumatische Erlebnisse zu schaffen, die wiederum einen Einfluss auf den weiteren Verlauf der psychischen Gesundheit haben.[424] Begleitet werden diese Gewalthandlungen meist von

> Bedrohung, Verfolgung, Einschüchterung, Angst vor Verhaftungen, Hausdurchsuchungen, Verschwinden oder Tod von Freunden und Familienmitgliedern, Erleben des Leids nahestehender Menschen, Verlust von Status und Beruf, Unterbrechung der Schule oder Berufsausbildung, Trennung, Isolierung der Familie, sozialer Entwurzelung durch wiederholte Umzüge, schlechter Ernährung und medizinischer Versorgung sowie systematischen Entbehrungen oder Zwangsmaßnahmen.[425]

Die Häufung solcher Vorfälle führt in vielen Fällen zur Flucht. Nicht alle betroffenen Menschen entscheiden sich dabei für eine langwierige Flucht z. B. von Asien nach Europa, viele verlassen ihr Herkunftsland zunächst nur über eine benachbarte Grenze und warten dort in Lagern auf das Ende der Fluchtursache(n), um schneller wieder zurückkehren zu können. Aber auch finanzielle Mittel sind ein Grund für kürzere Fluchtwege, da diese zumeist weniger kosten. Oftmals werden auch nur Teile einer Familie nach Deutschland oder in andere europäische Länder geschickt, da gesundheitliche Gründe der beschwerlichen Flucht vor allem für ältere und körperlich schwächere Menschen entgegenstehen.

---

423 *Junge-Hoffmeister* in Schneider, S./Margraf (Hrsg.), Prävention psychischer Störungen, 901–922 (908).

424 *Sprung* in Kaiser/Riffer/Streibl, et al. (Hrsg.), Krieg, Terrorismus und Flucht, 55–79 (66).

425 *Happe*, et al., Traumatisierte Flüchtlinge – schnelle Hilfe ist jetzt nötig, 2018, S. 9–10.

Allgemein resultieren behandlungsbedürftige Erkrankungen auch aus bereits im Herkunftsland vorhandenen Vorerkrankungen.[426] Dies kann z. B. für Syrien nachvollzogen werden, wenn die Zahlen zur medizinischen Versorgung seit 2011 betrachtet werden. Hier zeigt sich, dass es bereits vor Ausbruch des Kriegs lediglich zwei psychiatrische Krankenhäuser im ganzen Land gab, die für die ca. 21 Millionen Menschen zuständig waren. 2017 wurde angenommen, dass es hauptsächlich in der Nähe von Damaskus noch rund 70 Psychiater*innen gibt und in den Provinzen Ost-Ghouta und Daraa jeweils nur noch eine*n Psychiater*in für die insgesamt 1,4 Millionen Menschen in den beiden Teilen. Viele Menschen können aufgrund der Kämpfe und Blockaden von den professionellen Fachkräften nicht erreicht werden. Und diese haben wiederum dieselben Erfahrungen gemacht wie ihre Klient*innen und sind deshalb oftmals selbst unterstützungsbedürftig oder bereits geflohen.[427]

Zu den bereits erworbenen Vorerkrankungen zählen auch gesundheitliche Schäden, die aus Kriegsverletzungen stammen, wie z. B. Schusswunden und damit verbundene psychische Beschwerden.[428] Fluchtursachenunabhängige und -abhängige Vorerkrankungen werden durch die weiteren Peri- und Post-Migrationsstressoren verstärkt.[429]

II. Peri-Migrationsstressoren

In der Phase, in der sich die eigentliche Flucht ereignet, können für Menschen, die in Deutschland einen Asylantrag stellen, mindestens zwei prägende Ereignisse identifiziert werden. Zum einen sind das die unterschiedlichen Fluchtrouten, auf die sich die Menschen begeben und die sie sich oft nicht freiwillig ausgesucht haben, und zum anderen sind es die Umstände, die die Menschen während des Aufenthalts innerhalb der EU-Aufnahmeeinrichtungen belasten.

1. Fluchtrouten

Auf dem Weg, den die flüchtenden Menschen wählen, sind sie vielen Risiken ausgesetzt. Die Fluchtrouten sind oftmals mit lebensgefährlichen Situationen

---

426 *Pfausler*, et al., Psychiatrie und Neurologie 14 (2017), 18–22 (19; 22).

427 *McDonald*, Invisible Wounds, The impact of six years of war on the mental health of Syria's children, 2017, S. 17.

428 *Glöckner*, et al., Integrationsbedarfe und Einstellungsmuster von Geflüchteten im Land Brandenburg, 2019, S. 43.

429 *Li*, et al., Curr Psychiatry Rep 18 (2016), 82,1–82,9 (82,2).

wie Kälteeinbruch, Hitzewellen, Schiffbruch oder mangelnder medizinischer Versorgung bei Notfällen verbunden. Die Unsicherheit und die Abhängigkeit von „Schlepper*innenbanden" sorgen zudem für erhöhten psychischen Stress.[430] Die Fluchtrouten über Wasser- und Landwege sind deshalb nicht nur mit hohem psychischem Druck, sondern auch der Angst vor Entdeckung und Zurückweisung verbunden. Ferner sind die Menschen oft Gewalt, Willkür und Diskriminierung in verschiedenen Ländern ausgesetzt, internationale Hilfe und Unterstützung werden oft menschenrechtswidrig verweigert.[431] Und auch vor sexuellen Übergriffen, vor allem gegenüber Frauen, gibt es wenig Schutz.[432]

In Ländern wie dem Jemen oder der Türkei sind die Menschen teilweise sogar über mehrere Jahre festgesetzt und müssen sich dort zurechtfinden, obwohl sie eigentlich ein ganz anderes Ziel hatten. Die Europäische Union (EU) hat mit ihrer sogenannten EU-Türkei-Erklärung vom 18.03.2016[433] maßgeblich dazu beigetragen. So sollen durch die türkischen Bemühungen „zu verhindern, dass neue See- oder Landrouten für die illegale Migration von der Türkei in die EU entstehen", weniger Menschen täglich in der Ägäis gefährdet werden. Die Einhaltung der Maßnahmen wird jedoch von vielen Seiten kritisch betrachtet[434] und zuweilen für nicht tragfähig eingeschätzt, unter anderem gestützt durch den Bruch des Abkommens 2020. Das Abkommen sollte ebenfalls dazu beitragen, die Menschen insgesamt davon abzuschrecken, nach Europa flüchten zu wollen. Die Lebensbedingungen sind dabei für die Menschen äußerst prekär und die

---

430 *Sprung* in Kaiser/Riffer/Streibl, et al. (Hrsg.), Krieg, Terrorismus und Flucht, 55–79 (66).

431 EuGH Urt. v. 17.12.2020 – C-808/18; EuGH Urt. v. 14.5.2020 – C-924/19 PPU, C-925/19 PPU; EuGH Urt. v. 13.2.2020 – 8675/15, 8697/15 – N.D. & N.T. gegen Spanien; exemplarisch einige Nachweise dieser Menschenrechtsverletzungen durch verschiedene (nicht-staatliche) Akteur*innen bei: *Karamanidou*, et al., Fundamental Rights, Accountability and Transparency in European Governance of Migration: The Case of the European Border and Coast Guard Agency Frontex, RESPOND D2.4 Paper 2020/59, 2020; *Karamanidou*, et al., Border Management and Migration Control in the European Union, Research report (D2.1), 2018, S. 17.

432 *Obradovic*, Protecting Female Refugees against Sexual and Gender-based Violence in Camps; *Amnesty International*, Frauen auf der Flucht: Opfer von sexueller Gewalt, Belästigung und Ausbeutung.

433 *EU*, Mitteilung der Kommission an das Europäische Parlament, den Europäischen Rat und den Rat, Nächste operative Schritte in der Zusammenarbeit zwischen der EU und der Türkei im Bereich der Migration, COM(2016) 166 final, 2016; *Europäischer Rat*, Erklärung EU-Türkei, 18. März 2016.

434 BT-Drs. 19/8028; *Schmidt, A.*, et al., NVwZ 35 (2016), 743–744.

Abdeckung von wichtigen Bedürfnissen wie sicherer Behausung, Lebensmitteln oder Gesundheitsversorgung sind nicht gewährt.[435] Aber nicht nur im Drittstaat Türkei, sondern auch im z. B. Unionsland Griechenland gibt es Gewalt gegen geflüchtete Menschen, die meist in Form von Schlägen von der Polizei oder der einheimischen Bevölkerung, aber auch von anderen geflüchteten Menschen ausgeübt wird.[436]

Und nicht nur auf den bekannten Mittelmeerrouten sterben immer wieder viele Menschen, auch die Gewaltmärsche durch Wüsten und Schneelandschaften oder die illegalen Mitfahrten auf Zügen und Lastwagen enden oft tödlich. Da viele der Menschen zu diesen Handlungen indirekt genötigt sind, auch weil die „Fluchthelfer*innen" dazu raten bzw. sie zwingen, kann das Vertrauen in die Welt und die Mitmenschen schwer geschädigt werden. Trennungen von Familienverbünden sind ebenfalls keine Seltenheit und führen zu Einsamkeit und Isolation. Zudem erleben die Menschen, dass sie wenig Macht haben und fühlen sich ausgeliefert. Willkürliche und gewaltvolle Behandlung sind alltäglich, sodass sich besonders schwere psychische Störungen entwickeln können.[437]

Also auch in der Phase der Peri-Migration sind die flüchtenden Menschen vielen verschiedenen Stressoren ausgesetzt. Diese verstärken sich mit zunehmendem Aufenthalt in Aufnahmecamps.

2. *Aufnahmecamps*

Auch am Zwischenziel der Flucht in einer Erstaufnahmeeinrichtung, meist an den EU-Außengrenzen, können gefährliche Szenarien auf die Betroffenen warten. So ist die Unterbringung in Camps vor allem in „Hotspots"[438] auf Mittelmeerinseln oder dem Festland problematisch. Die dort meist unzureichende Gesundheitsversorgung, gepaart mit dem hohen psychischen Stress, dem die

---

435 *Baban*, et al., movements 3 (2017), 79–100; *Uygun*, Psychiatry Investig 17 (2020), 55–60; *Weber, B.*, The EU-Turkey Refugee Deal and the not quite closed Balkan Route, 2017.

436 *Human Rights Watch*, World Report 2021.

437 *Happe*, et al., Traumatisierte Flüchtlinge – schnelle Hilfe ist jetzt nötig, 2018, S. 10.

438 Durch das Hotspot-Konzept der EU werden die ankommenden Migrant*innen in Lagern auf den Inseln oder in Küstennähe untergebracht. Die lokalen Behörden der EU-Mittelmeerstaaten sollen durch EASO, Frontex, Europol und Eurojust bei der Identifizierung, Registrierung, den Verfahren und ggf. der Rückführung unterstützt werden; vgl. dazu *EU*, Communication on the European Agenda on Migration, COM(2015) 240 final, 2012, S. 6.

Menschen dort ausgesetzt sind, führen zu vermehrten psychischen Erkrankungen. Zu diesen Stressoren führen Armut, soziale Marginalisierung, Isolation und unzureichende Unterbringung. Auch die Veränderungen in der Familienstruktur und -funktion führen zu hohen psychischen Belastungen.[439] Dies hatte sich z. B. auch schon in Australien gezeigt, wo viele geflüchtete Menschen in Offshore-Aufnahmeeinrichtungen untergebracht sind. Diese Praktik hatte in der europäischen Debatte über Fluchtmigration durchaus auch für Diskussionsstoff gesorgt und eindringliche Warnungen wurden diesbezüglich an die Staaten ausgesprochen.[440] Dennoch hat die EU die europäischen Außengrenzen nahezu geschlossen, sodass eine Einreise in die EU für geflüchtete Menschen fast immer in ein Aufnahmecamp, oft auf einer Insel führt.[441]

Insgesamt ist es eher schwer, verlässliche Daten über die gesundheitliche und vor allem psychische Verfassung von geflüchteten Menschen in Aufnahmecamps zu erhalten, da der Zugang zu diesen Unterbringungseinrichtungen nur sehr schwer möglich ist.[442] Allerdings zeigen durchgeführte Untersuchungen z. B. in einem Hotspot-Camp auf der Insel Lesbos in Griechenland, dass neben Zahn- und Infektionserkrankungen, psychische Erkrankungen und Suizidversuche die größten gesundheitlichen Belastungen für die Menschen dort waren.[443] Vor allem die passive und unsichere Lebenssituation ohne Arbeit, Schule und ein soziales Netzwerk verstärken bereits bestehende psychische Gesundheitsprobleme oder stärken die Risikofaktoren für Erkrankungen.[444]

Eine frühzeitige Intervention gegen psychischen Stress und eine durch Stress bedingte steigende Erkrankungswahrscheinlichkeit bereits im Camp ist eher nicht umsetzbar, da der Aufenthalt dort keine dauerhafte Lösung für die Menschen ist. Sie können sich zu diesem Zeitpunkt noch nicht darauf einlassen, weil die Flucht noch nicht beendet ist und für einige z. B. im Rahmen einer Familienzusammenführung der Transfer in einen anderen Staat bevorsteht. Die bereits erwähnte kulturelle Wahrnehmung psychiatrisch-psychotherapeutischer Dienste und die Verknüpfung von psychosozialer Not mit der herrschenden Unsicherheit und dem Verlust des sozialen Netzwerks sind Gründe gegen eine

---

439 *Ben Farhat*, et al., BMC Med 16 (2018), 40–48 (48).

440 *Stubbe Østergaard*, et al., Models of Child Health Appraised, Migrant Children in Europe: Entitlements to Health Care, 2016, S. 45.

441 Mehr zum Zugang in die EU unter *Weber, B.*, The EU-Turkey Refugee Deal and the not quite closed Balkan Route, 2017.

442 *Bjertrup*, et al., Soc Sci Med 215 (2018), 53–60 (54).

443 *Hermans*, et al., Eur J Epidemiol 32 (2017), 851–854 (853).

444 *Bjertrup*, et al., Soc Sci Med 215 (2018), 53–60 (58).

Inanspruchnahme von Unterstützungsangeboten. Vor allem die andauernden rechtlichen Verfahren könnten diese Problematik aber auflösen, denn die Bereitschaft zur Teilnahme an Interventionsangeboten steigt, wenn dadurch Verfahrensfortschritte zu erwarten sind.[445]

Vor allem die Phase der Peri-Migration birgt diverse Stressoren, die durch die verschiedenen Erlebnisse in diesem Abschnitt der Flucht geprägt sind. Allein schon die Darstellung der verschiedenen sehr heterogenen Fluchtrouten und Unterbringungsbedingungen lassen erahnen, wie schwer die nötige Anpassung an immer neue Umstände fällt. Gelingen die Anpassungsprozesse nicht, können keine Resilienzfaktoren aufgebaut werden und die Wahrscheinlichkeit einer psychischen Erkrankung aufgrund des Erlebten steigt.[446]

III. Post-Migrationsstressoren

Die Frage nach dem „Ende" der Flucht lässt sich meist nicht sofort nach Ankunft in Deutschland beantworten. Zumindest während der Dauer der Asylverfahren muss davon ausgegangen werden, dass der Fluchtprozess potenziell fortgesetzt werden muss, wenn nämlich z. B. eine Überstellung in einen Dublin[447]-Staat erfolgt oder wenn der Antrag komplett abgelehnt wird und darauf eine Ausreise erfolgen muss. Deshalb befinden sich auch Menschen, die in Deutschland angekommen sind in einem andauernden Schwebezustand zwischen (dauerhaftem) Aufenthaltsrecht und Aufenthaltsbeendigung. Dies zeigt auch der nicht auf Dauer angelegte Status der Aufenthaltsgestattung, welche für die Dauer des Asylverfahrens erteilt wird.

1. Allgemeine Post-Migrationsstressoren

Geflüchtete Menschen sind den Postmigrationsstressoren oftmals sehr lange ausgesetzt. Diese haben neben den Prä- und Peri-Migrationsstressoren ebenfalls einen großen Einfluss auf die psychische Gesundheit von geflüchteten Menschen,[448] und in dieser Phase können erneut potenziell traumatische

---

445 *Ben Farhat*, et al., BMC Med 16 (2018), 40–48 (48); *Bjertrup*, et al., Soc Sci Med 215 (2018), 53–60 (58).

446 *Holl*, et al., PPmP 67 (2017), 83–90 (83).

447 Verordnung (EU) Nr. 604/2013 des Europäischen Parlaments und des Rates vom 26. Juni 2013 zur Festlegung der Kriterien und Verfahren zur Bestimmung des Mitgliedstaats, der für die Prüfung eines von einem Drittstaatsangehörigen oder Staatenlosen in einem Mitgliedstaat gestellten Antrags auf internationalen Schutz zuständig ist (Dublin III-VO) v. 29.06.2013, ABl. 180, 31–59.

448 *Walther*, et al., J Immigr Minor Health 22 (2020), 903–913 (903 f.).

Erlebnisse hervorgerufen werden. Zu bedenken ist, dass bereits bei einer freiwilligen Migration erhebliche akkulturative Stressoren auftreten[449], welche sich bei erzwungener Fluchtmigration noch durch die Stressoren der Bedrohungs- und Verfolgungserlebnisse verschlimmern. Die Auswirkungen des Asylverfahrens und der zunehmen verschärften Aufenthaltsgesetze auf die psychische Gesundheit sind nicht zu unterschätzen. Negativ beeinflusst wird dies zudem noch durch längere Bearbeitungszeiten sowie der zunehmenden Einführung von befristeten (und nicht dauerhaften) Aufenthaltstiteln für geflüchtete Menschen.[450] Die Ungewissheit über das weitere Verfahren gepaart mit sozioökonomischen Faktoren wie Finanz- und Wohnungsunsicherheit sorgen für zusätzlichen psychischen Stress.[451] Das Warten auf Bescheide sowie der Antragsprozess selbst als auch die Unsicherheiten in Bezug auf Gerichtsverfahren können das Auftreten von Risikofaktoren verstärken oder sogar PTBS oder Depressionen fördern bzw. deren Intensität negativ beeinflussen.[452]

So sind z. B. Restriktionen bezüglich des Zugangs zum Arbeitsmarkt durch die einzelnen Aufenthaltstitel hinderlich für die wirtschaftliche Unabhängigkeit der Betroffenen. Damit einhergehend ist eine niedrige soziale Stellung verbunden, die wiederum zu Diskriminierungserfahrungen führen kann, was einen negativen Effekt auf das psychische Wohlergehen hat. Ebenso ist der beschränkte Zugang zum Arbeitsmarkt z. B. für sozioökonomische Faktoren wie sicheren, bezahlbaren Wohnraum hinderlich, was zu erhöhter Instabilität und dann zu einer stärkeren sozialen Isolation führen kann.[453]

In allen Stadien des Asylverfahrens können bestimmte Stressoren dauerhaft präsent sein. Dazu zählen unter anderem finanzielle Probleme, die auch durch „angeordnete" Erwerbslosigkeit[454] verstärkt werden und die Möglichkeit, sich

---

449 *Berry* in Sam/Berry (Hrsg.), Stress perspectives on acculturation, 43–57; *Hjellset*, et al., J Immigr Minor Health 21 (2019), 508–514.

450 *Li*, et al., Curr Psychiatry Rep 18 (2016), 82,1–82,9 (82,3); *Nachtigall*, ZAR 40 (2020), 271–279.

451 So auch *Danzinger*, et al. in Kaiser/Riffer/Streibl, et al. (Hrsg.), Positionspapier zur Flüchtlingsversorgung, 105–112 (107 f.).

452 *Danzinger*, et al. in Kaiser/Riffer/Streibl, et al. (Hrsg.), Positionspapier zur Flüchtlingsversorgung, 105–112 (107 f.); *Knipscheer*, et al., BJPsych Bull 39 (2015), 178–182 (179 f.).

453 Vgl. dazu auch *Li*, et al., Curr Psychiatry Rep 18 (2016), 82,1–82,9 (82,4).

454 Insbesondere Asylbewerber*innen und geduldete Menschen (, die in Aufnahmeeinrichtungen untergebracht sind), dürfen meist nicht erwerbstätig sein; vgl. § 61 AsylG; dazu ausführlich ab S. 177.

schnell Sprachkenntnisse anzueignen.[455] Auch die Trennung von Familien, die oftmals über mehrere Bundesländer oder sogar Staaten verteilt sind, besteht oft über viele Jahre hinweg. Aber auch diskriminierende Erfahrungen und ein ständiges Gefühl von Unsicherheit, welches wiederum durch andere Stressoren verstärkt werden kann, haben einen negativen Einfluss auf die Gesundheit der Menschen.[456] Trauer kann für die Betroffenen ein sowohl nützlicher als auch hemmender Prozess sein. Auf der einen Seite ist die Trauer über das Erlebte und die damit meist verbundenen, in vielfacher Weise auftretenden Verluste wichtig, um eben dies zu verarbeiten und lernen zu können, damit umzugehen. Auf der anderen Seite haben viele geflüchtete Menschen nach der Flucht Schuldgefühle den Zurückgebliebenen gegenüber oder auch dem Heimatland an sich. Ebenfalls problematisch ist das Gefühl der Fremdheit im Aufnahmeland sowie der oftmals damit einhergehende Identitäts- bzw. Kulturverlust.[457] Schließlich ist Migration zwangsläufig mit Verlust-, Trennungs- und Verlassenheitsängsten verbunden, dabei ist auch egal, ob sie erzwungen wurde oder freiwillig erfolgte.[458]

a. Erstaufnahmeeinrichtungen

Die Unterbringung in (Erst-)Aufnahmeeinrichtungen stellt erneut eine Herausforderung für die betroffenen Menschen dar. Räumliche Beengtheit paart sich mit der gemeinsamen Unterbringung verschiedenster Religionen und Kulturen, die in den Herkunftsländern oftmals auch Auslöser für die Flucht waren. Mangelnde Privatsphäre, psychischer Stress und soziale Isolation der Menschen machen sie krank.[459] Forderungen nach einer Verkürzung der Unterbringung in solchen Lagern gibt es bereits seit Langem.[460] Die Unterbringung in Erstaufnahmeeinrichtungen ist psychisch sehr belastend. Große Menschenmengen sind auf engem Raum zusammen untergebracht, die Versorgung mit Lebensmitteln erfolgt meist nach deutschem Standard und die Einrichtungen werden von externen Sicherheitsdiensten bewacht und sind somit häufig nicht für die

---

455 *Angelini*, et al., J Popul Econ 28 (2015), 817–844.

456 *Bogic*, et al., BMC Public Health 15 (2015), 29; *Lindert*, et al., Eur J Public Health 26 (2016), 374–375; *Porter*, et al., JAMA 294 (2005), 602–612.

457 *Leuzinger-Bohleber*, et al., Step-by-Step, Abschlussbericht über das Pilotprojekt Step-by-Step zur Betreuung von traumatisierten Flüchtlingen in der Erstaufnahmeeinrichtung „Michaelisdorf“ in Darmstadt, 2017, S. 19.

458 *Schaich*, Psyche 66 (2012), 522–544 (523).

459 So auch *Holinski*, et al., Mal ehrlich! Flucht und Asyl in Sachsen, 2017, S. 21.

460 *IASC*, Guidelines on Mental Health and Psychosocial Support in Emergency setting, 2007, S. 28.

Gesamtbevölkerung zugänglich. Die separate Unterbringung dient nicht der Integration, was auch so gewollt ist. Immer wieder kommt es zu Konfliktsituationen innerhalb der Einrichtungen, was viele nachvollziehbare Ursachen haben kann. Die Unterbringung in Massenunterkünften kann jedoch auch zu einer Retraumatisierung[461] führen, weshalb immer wieder dazu aufgerufen wird, diese Form der Unterbringung zu vermeiden.[462]

Die Erstaufnahme geflüchteter Menschen ist Ländersache und deshalb nicht einheitlich geregelt. Typischerweise werden neu Ankommende in (Landes-) Erstaufnahmeeinrichtungen untergebracht, in denen Registrierungs- und Asylangelegenheiten geklärt werden. Die Unterbringung dort kann bis zu 18 Monate dauern[463]; vgl. § 47 Abs. 1 AsylG.

Da die Unterbringung in Erstaufnahmeeinrichtungen nicht einheitlich geregelt ist, ergeben sich zwar viele regionale Unterschiede, es hat sich aber auch gezeigt, dass vor allem im Hinblick auf die medizinische Versorgung in solchen Einrichtungen länderüberschreitende Problematiken einheitlich sind. So gibt es zwar in den meisten Einrichtungen Sprechstunden und Ambulanzen, teilweise Medipoints genannt[464], gemeinsame Standards zur Gesundheitsversorgung gibt es aber keine.[465] Aufgrund der unterschiedlichen Auffassungen über den Leistungsrahmen der §§ 4, 6 AsylbLG werden diese je nach Einrichtung uneinheitlich erbracht, was zu einer Art „Glückssache" bei der Unterbringung und damit verbundenen medizinischen Versorgung führt. Vor allem präventive Maßnahmen für die psychische Gesundheit werden eher nicht angeboten.[466] So führen die zahlreichen bestehenden Stressoren sowie die unerkannten und unbehandelten bereits entstandenen Erkrankungen zu einer sich gegenseitig negativ verstärkenden Spirale.

---

461 Der Begriff Retraumatisierung kann zwei unterschiedliche Ausganspunkte haben. Es kann durch das ständige Wiedergeben der traumatisierenden Umstände zu einer Verstärkung der Stresssymptome kommen, wie z. B. im Asylverfahren und -prozess. Zum anderen kann damit auch das lange andauern der traumatisierenden Erfahrungen gemeint sein, z. B. bei sexualisierten Missbrauchserfahrungen; *Stahl,* Traumasensible Seelsorge, 2019, S. 130–131.

462 ÄBl BY 85 (2015), 583–591 (585).

463 BeckOK Ausländerrecht/AsylG/*Heusch*, § 47 Rn. 9.

464 *Lindner*, Ansprüche auf Gesundheitsleistungen für Asylsuchende in Deutschland, Rechtslage und Reformbedarfe, 2021, S. 7.

465 So auch *Biddle*, et al., Wissenschaftliche Erkenntnisse zu Strukturen der medizinischen Versorgung in den Erstaufnahmeeinrichtungen für Geflüchtete, 2019.

466 *Wahedi*, et al., Bundesgesundheitsbl 63 (2020), 1460–1469 (1465–1467).

In den Aufnahmeeinrichtungen gibt es je nach Bundesland zudem relativ beengte Wohnmöglichkeiten, eine bestimmte Wohnfläche pro Person ist im Gegensatz zu den Anschlussunterbringungen nicht einheitlich vorgeschrieben. Teilweise werden die Menschen anschließend auch in kommunale Gemeinschaftsunterkünfte (GU) weiterverteilt, in denen sie auf die Entscheidung des BAMF warten. Dabei sollten die Verfahren eigentlich bereits während des Aufenthalts in den Erstaufnahmeeinrichtungen abgeschlossen werden. So auch eine der Ideen der sogenannten AnkER-Zentren: Zentrum für Ankunft, Entscheidung, Rückführung. Diese Zentren sind flächendeckend nur in Bayern umgesetzt. Im Saarland und in Sachsen gibt es jeweils eine weitere Einrichtung dieser Art. Die Kritik an der Unterbringung in diesen AnkER-Zentren wiegt schwer: sie sollen abschrecken und konzentrieren sich auf Abschiebungen. Außerdem macht der Aufenthalt in diesen Zentren die Menschen anfällig für Krankheiten. Zudem werden die Standards der RL 2013/33/EU zur besonderen Versorgung von vulnerablen Personen laut in den Einrichtungen tätigen Nichtregierungsorganisationen (NGO) nicht eingehalten und das Menschenrecht auf Gesundheit nicht gewahrt.[467] Die Erfüllung der rechtsstaatlichen Aufgaben könne und konnte auch ohne AnkER-Zentren problemlos geschehen.[468] Je nach Ausgang des Verfahrens ergeben sich für die Betroffenen zudem neue Stressmomente.[469]

b. Gemeinschaftsunterkünfte

Wie beschrieben, haben Menschen, die einen Asylantrag gestellt haben und nicht (mehr) verpflichtet sind, in einer Aufnahmeeinrichtung zu wohnen, das Recht nach § 53 Abs. 1 AsylG zunächst in einer Gemeinschaftsunterkunft untergebracht zu werden. Typischerweise endet die Pflicht zu Wohnsitznahme in einer GU mit einer Anerkennung; siehe hierzu § 53 Abs. 2 AsylG.

In einer GU in Deutschland werden zwischen 6 qm (z. B. in Mecklenburg-Vorpommern: § 3 Abs. 1 S. 2 GUVO-MV[470]) und 7 qm (z. B. in

---

467 *Zenker*, et al., Dtsch Arztebl 117 (2020), A-70 / B-64 / C-62.

468 *Rohmann*, Im Dialog 1 (2019), 117–160 (154); zu Vulnerabilität in der Erstaufnahmeeinrichtung und Vulnerabilität in der Anhörung ab S. 259.

469 Zu Post-Migrationsstressoren insgesamt ab S. 121 und Stressoren durch schlechte Bleibeperspektive ab S. 127.

470 Verordnung über Mindestanforderungen an Art, Größe und Ausstattung von Gemeinschaftsunterkünften (GUVO-MV), GVOBl. M-V, 296.

Baden-Württemberg: § 8 Abs. 1 FlüAG-BW[471]) pro Person als angemessener Wohnraum berechnet.

Dabei kommt es auch innerhalb der Gemeinschaftsunterkünfte vor allem aufgrund der weiterhin bestehenden beengten Unterbringungssituation zu internen Problemen. So ist auch hier die Nutzung von Gemeinschaftsräumen wie Küche, Toilette und Badezimmer problematisch. Zudem kann die gemeinsame Unterbringung ethnisch, kulturell oder religiös heterogener Gruppen zu Spannungen führen.[472] Auch die bereits lange Dauer der Verfahren und damit verbundene Unsicherheit über die Bleibeperspektive kann zu Aggressionen und Unmut führen, denen allein durch die (ehrenamtlichen) Beschäftigten innerhalb der Einrichtungen nicht immer entsprechend begegnet werden kann.

Diese prekären Unterbringungsbedingungen stellen Postmigrationsstressoren dar, die zu einer Beeinträchtigung der psychischen Gesundheit der untergebrachten Menschen führen können.[473]

c. *Eigenständige Unterbringung*

Nach Anerkennung können sich die geflüchteten Menschen eine eigene Wohnung im ihnen zugeteilten Stadt- oder Landkreis suchen und häuslich niederlassen; vgl. § 60 AsylG. Doch mit der Anerkennung und damit der vorläufigen Sicherung des Aufenthaltstitels endet der Migrationsprozess nicht.

Akkulturation und Umsiedlung sind anschließend große Hürden.[474] Die sozialen und zwischenmenschlichen Einflussfaktoren auf die psychische Gesundheit von geflüchteten Menschen nach der Migration sind geprägt von anhaltender familiärer Trennung, sozialer Isolation und Diskriminierung aus dem Aufnahmeland. Hinzu kommt der Verlust der sozialen Identität, die mit früheren Gemeinschafts- und Kulturgruppen verbunden ist.[475] In sprachfremder

---

471 Gesetz über die Aufnahme von Flüchtlingen (Flüchtlingsaufnahmegesetz - FlüAG) v. 19.12.2013, GBl. BW 2013, 493.

472 *Haverkamp*, Geflüchtete Menschen in Deutschland, Zuwanderung, Lebenslagen, Integration, Kriminalität und Prävention – Ein Überblick, Heute für ein besseres Morgen, 2016, S. 120.

473 *Schouler-Ocak*, DNP 16 (2015), 3–4.

474 *Haverkamp*, Geflüchtete Menschen in Deutschland, Zuwanderung, Lebenslagen, Integration, Kriminalität und Prävention – Ein Überblick, Heute für ein besseres Morgen, 2016, S. 88; *Sprung* in Kaiser/Riffer/Streibl, et al. (Hrsg.), Krieg, Terrorismus und Flucht, 55–79 (66).

475 *Li*, et al., Curr Psychiatry Rep 18 (2016), 82,1–82,9 (82,2).

Umgebung, die das Auftreten von Risikofaktoren unterstützt[476], entwickeln einige Betroffene psychische Erkrankungen und sind anfällig für substanzgebundene Störungen wie Alkoholismus. Diese treten in der migrantischen Bevölkerung nach der Ankunft im Aufnahmeland vermehrt auf.[477] Auch die teilweise langen Zeiten, bis eine Vermittlung in den Arbeitsmarkt stattfindet und die verbundene Arbeits- und Perspektivlosigkeit können Abhängigkeiten negativ beeinflussen. Hinzu kommt eine teilweise ablehnende Haltung von Teilen der Aufnahmegesellschaft und damit einhergehende Stigmatisierungen und rassistische bzw. diskriminierende Erfahrungen.

2. Stressoren durch schlechte Bleibeperspektive

Bei Menschen mit einer sogenannten „schlechten“ Bleibeperspektive wird davon ausgegangen, dass ihre Chancen auf einen dauerhaften, rechtmäßigen Aufenthalt in Deutschland nicht gut sind und sie deshalb zeitnah in ihr Herkunftsland zurückgeschickt werden (können). Vor allem Menschen, die aus sogenannten „sicheren Herkunftsländern“ kommen, haben keine gute Bleibeperspektive.[478] So begründet sich der Ausschluss dieser Menschen von bestimmten, vor allem sozialen Rechten. So können sie regelmäßig nicht an Integrationskursen (§ 44 Abs. 4 S. 3 AufenthG) oder berufsbezogenen Deutschsprachförderungen (§ 45a Abs. 2 S. 4 AufenthG) teilnehmen, obwohl sie gegebenenfalls nicht unter die negative Gesamtschutzquote des Herkunftsstaates fallen und ihre individuellen Gründe in diesen Fällen zunächst unberücksichtigt bleiben. Diese Exklusion kann dann zu weiteren negativen Gesundheitsfolgen führen.

Die Bundesregierung weiß um die gesundheitlichen Belastungen, die eine schlechte Bleibeperspektive oder gar eine Aufenthaltsbeendigung mit sich bringen. Nach eigenen Angaben gibt es auch Möglichkeiten für einige besonders schutzbedürftige geflüchtete Menschen, durch niedrigschwellige Angebote Bewältigungsstrategien für belastende Situationen zu erlernen.[479] Hier wird also auf eine psychisch potenziell traumatisierende Situation durch frühe Intervention reagiert und zudem auf den Aufbau von Bewältigungsmechanismen im

---

476 *Aoe*, et al., J Immigr Minor Health 18 (2016), 828–835 (831); *Hagaman*, et al., J Immigr Minor Health 18 (2016), 819–827 (823).

477 *Koch*, et al., Sucht und Migration, 2013, S. 28 ff.

478 Kritisch dazu *Nenkova* in Popescu-Willigmann/Remmele/Deutsches Institut für Erwachsenenbildung (Hrsg.), Aufenthaltsstatus als Inklusions- und Exklusionsaspekt, 40–50 (47 f.); *Voigt*, Asylmagazin 19 (2016), 245–251.

479 BT-Drs. 19/11666, S. 11.

Sinne der Prävention verwiesen. Doch die Unsicherheit, die mit der „schlechten Bleibeperspektive" verbunden ist, verhindert die Inanspruchnahme präventiver Angebote. Ohne grundlegende Sicherheiten über die zukünftige Lebensplanung kann keine Verbesserung des Gesundheitsverhaltens begonnen werden.[480]

a. Ablehnung

Eine ablehnende Entscheidung wird zu einer (erneuten) Belastung. Hierbei können akute Belastungsreaktionen auftreten, die jedoch regelmäßig keinen Einfluss auf den ablehnenden Bescheid haben. Es kann lediglich durch einen Folgeantrag nach § 71 AsylG versucht werden, die Krankheitsreaktionen anhand von Attesten und Bescheinigungen o. Ä. als eine Änderung der Sachlage glaubhaft zu machen.[481] Die Menschen befinden sich nach der Ablehnung des Asylantrags in ständiger Angst vor der Abschiebung.[482] Bei zuvor traumatisierten Personen kann dieses Verfahren zu einem hohen Maß an Stress und psychiatrischen Symptomen beitragen.[483]

b. Ausreisepflicht und Abschiebung

Wenn der Asylantrag abgelehnt oder zurückgenommen wurde und kein sonstiger Aufenthaltstitel besteht, werden die Personen ausreisepflichtig und müssen das Bundesgebiet innerhalb einer gesetzten Frist verlassen; § 50 Abs. 1, 2 AufenthG. Erfolgt dies nicht, wird eine Abschiebung nach § 59 Abs. 1 S. 1 AufenthG angedroht und ggf. vollzogen; § 58 Abs. 1 S. 1 AufenthG.

Hier können verschiedene Abschiebungshindernisse eintreten, die eine Abschiebung (für eine bestimmte Zeit) nicht durchführbar machen; vgl. § 60 AufenthG. Besondere gesundheitliche Schwierigkeiten, die gegen eine Abschiebung sprechen, müssen durch eine qualifizierte ärztliche Bescheinigung glaubhaft gemacht werden.

Die Bundesregierung geht davon aus, dass die für die Abschiebung nach § 71 AufenthG zuständigen ABH bei der Abschiebung von vulnerablen Personen mit der erforderlichen Sensibilität herangehen.[484]

---

480 *Moreno*, ZfMER 7 (2016), 5–14 (10).

481 Bergmann/Dienelt, Ausländerrecht/*Bergmann*, § 71 AsylG Rn. 24; BeckOK Ausländerrecht/AsylG/ *Dickten*, § 71 Rn. 13a, 18.

482 *Wirtgen*, Dtsch Arztebl 106 (2009), A-2463 / B-2115 / C-2055.

483 *Conrad* in Becker, M./Kronenberg/Pompe (Hrsg.), Flucht und Trauma – Psychische Implikationen der Heimatlosigkeit, 171–189 (180); *Silove*, et al., Br J Psychiatry 170 (1997), 351–357 (357).

484 BT-Drs. 19/9419, S. 9.

Abschiebungen sorgen bei den meisten geflüchteten Menschen für eine erhebliche Existenzbedrohung und führen zu enormem psychischem Stress.[485] Unangekündigt stattfindende Abschiebungen, die durch das Geordnete-Rückkehr-Gesetz eine Rechtsgrundlage bekommen haben, sind nicht nur aus juristischer Sicht problematisch.[486] Ohne richterliche Anordnung z. B. zur Durchsuchung der Wohnräume werden die Menschen ohne Vorabinformationen abgeholt und meist innerhalb weniger Stunden abgeschoben. Es bleibt nur wenig Zeit zum Packen und Vorbereitungen können nicht getroffen werden. Die bereits bestehenden Stressoren aufgrund des aufenthaltsrechtlichen Status und der damit verbundenen prekären Lebensbedingungen werden dadurch nochmals deutlich verstärkt. Sie werden zudem durch das Eintreten der größten Befürchtungen, nämlich der Abschiebung in ein anderes Land, begleitet. Hoffnungslosigkeit und Angst vor der Ungewissheit können bis hin zum Suizid führen.[487]

aa) „Verwaltungsabkommen“

In einigen Fällen kommt es an den Außengrenzen zu einer direkten Zurückschiebung ohne ordentliches Asylverfahren. Diese Praxis basiert auf den sogenannten „Seehofer-Abkommen“ von 2018[488], wo mit Spanien und Griechenland gemeinsame Absichtserklärungen geschlossen wurden, bei denen es sich rechtlich aber nicht um ein Verwaltungsabkommen oder einen sonstigen völkerrechtlich verbindlichen Vertrag handelt.[489] Inhalt ist die sofortige Zurückweisung bzw. Zurückschiebung[490] von geflüchteten Menschen aus Deutschland, wenn diese die deutsche Grenze übertreten (wollen) und bereits in einem der beiden

---

485 *Schedlich* in Bering/Eichenberg (Hrsg.), Flüchtlinge und die COVID-19-Pandemie, 322–333 (328).

486 *Lincoln* in Armbruster/Bartolucci/Gössner, et al. (Hrsg.), Abschiebungen als Türöffner. Kein Wohnungsschutz für Geflüchtete, 119–124.

487 *IPPNW*, Die gesundheitlichen Folgen von Abschiebungen. Eine Einordnung und Kritik aus ärztlicher und psychotherapeutischer Sicht, 2020, S. 21.

488 BT-Drs. 19/13857; *BMI*, Administrative Arrangement between the Hellenic Republic and the Republic of Germany, On cooperation when refusing entry to persons seeking protection in the context of temporary checks at the internal German-Austrian border, 2018, S. 147.

489 BT-Drs. 19/13857, S. 6.

490 Zurückschiebung: wenn die Einreise bereits vollendet ist. Zurückweisung: als aufenthaltsverhindernde Maßnahme beim Versuch der unerlaubten Einreise; vgl. *Weber, K.* in Creifelds/Weber, K./ Aichberger, et al. (Hrsg.), Zurückschiebung.

anderen Länder registriert sind. Diese Praxis wurde von deutschen Gerichten bereits als rechtswidrig eingestuft.[491] Ausschlaggebend ist dabei zum einen der unionsrechtliche Anwendungsvorrang der Dublin III-VO und zum anderen die in den gemeinsamen Absprachen vorgesehenen Rechtswidrigkeiten wie Verkürzungen und Vereinfachungen der anzuwendenden Prüfverfahren oder der Ausschluss von der Gewährung effektiven (vorläufigen) Rechtsschutzes. Auch in der Fachwelt herrscht Einigkeit darüber, dass diese Praktik sowohl rechtswidrig als auch menschenunwürdig ist. Dabei wird auch hier auf die fehlende Anwendung der Standards der Dublin III-VO in den „Abkommen" verwiesen und so eine (europa-)rechtswidrige Praxis bereits seit „Inkrafttreten" der „Abkommen" angemahnt.[492] Über diese Auffassungen sind die Bundesregierung und das zuständige Ministerium des Innern in Kenntnis gesetzt.[493]

bb) Abschiebungshaft; § 62 AufenthG

Durch Gesetzesänderungen[494] werden die eigentlich strengen Bedingungen für Inhaftierungen zur Sicherung der Abschiebung immer weiter gelockert, was zu teilweise rechtwidrigen Situationen führt. Mit dem Geordnete-Rückkehr-Gesetz wurde den Ländern eine Abweichung des Trennungsgebotes erlaubt, welches eigentlich besagt, dass Straf- und Abschiebungsgefangene getrennt voneinander unterzubringen sind. In einem Übergangszeitraum bis zum 01.07.2022 wird dies jedoch ermöglicht. Begründet wird dies mit fehlenden Plätzen in Hafteinrichtungen.[495] So können auch Familien mit minderjährigen Kindern sowie unbegleitete Minderjährige in Haft genommen werden. Besonders zu berücksichtigen hierbei ist, dass es keine rechtskräftige Verurteilung aufgrund einer Straftat oder Ähnlichem gibt, die zur Inhaftierung führt, sondern ein rechtskräftig gewordener Asylbescheid Haftgrundlage ist. Dabei sind Ziele der Abschiebehaft und des Ausreisegewahrsams eine stärkere Durchsetzung des

---

491 VG München Beschl. v. 4.5.2021 – M 22 E 21.30294; VG München Beschl. v. 8.8.2019 – M 18 E 19.32238, Juris; VG München Beschl. v. 9.5.2019 – M 5 E 19.50027, Juris.

492 *Hruschka*, Asylmagazin 22 (2019), 147–153 (147); *Lübbe*, Administrative Court of Munich on Seehofer Push Backs: No Protection of Interim Legal Protection?, 2019; *Lübbe*, Vereinbarkeit der Zurückweisungspraxis unter dem deutsch-griechischen „Seehofer-Abkommen" mit unionsrechtlichen Vorgaben zum effektiven Rechtsschutz, 2018; *Nestler*, et al., NVwZ 39 (2020), 129–133; *Thym*, NJW 71 (2018), 2353–2357 (2353).

493 BT-Drs. 19/13362, S. 3–4.

494 § 62a Abs. 1 AufenthG: Geordnete-Rückkehr-Gesetz v. 15.08.2019, BGBl. 2019 Teil I Nr. 31, 1294–1306.

495 Vgl. BT-Drs. 19/10047, S. 26; *DCV*, Migration im Fokus, 2019, S. 13.

Rechts sowie die Zuführungsquote zu Rückführungsmaßnahmen deutlich zu steigern. „Einer Pflicht zur Ausreise muss die tatsächliche Ausreise so schnell wie möglich folgen."[496] Auch die sogenannte Mitwirkungshaft, die Menschen für 14 Tage in Haft bringen kann, wenn der Anordnung für einen Termin an der Botschaft des vermutlichen Herkunftsstaates oder einer ärztlichen Untersuchung der Reisefähigkeit nicht nachgekommen wurde, wurde in § 62 Abs. 6 AufenthG eingeführt. Zudem gibt es die Möglichkeit, Menschen zur Sicherstellung der Ausreise für bis zu zehn Tage in „Ausreisegewahrsam" zu nehmen; vgl. § 62b AufenthG.[497] Alternative, bedarfsgerechte und notwendige medizinische Versorgung, die auch psychiatrische Beratung und Leistungen im Bereich psychische Gesundheit beinhalten, sollten geflüchteten Menschen in Haftsituationen zugänglich gemacht werden, um den Negativtrend ihres Gesundheitszustands aufzuhalten.[498]

Einige der Menschen, die abgeschoben werden, sind bereits seit vielen Jahren in Deutschland geduldet gewesen, teilweise sogar hier geboren worden. Für sie ist es kaum nachvollziehbar, weshalb sie das Land verlassen müssen. Andere haben eine beschwerliche Flucht auf sich genommen, um dann wieder in ihren Herkunftsstaat oder einen anderen Staat zurückgeführt zu werden, in dem sie nicht sein wollen. Dabei kommt es auch zu Familientrennungen. Eine komplette soziale und wirtschaftliche Entwurzelung wird dadurch ausgelöst.[499]

c. *Leben im Herkunfts- bzw. Heimatland*

Das Leben im Ursprungsland ist für die meisten Menschen vermeintlich einfacher als im Aufnahmeland, da sie wichtige Bindungen dort haben, die Sprache(n) sprechen und Kenntnisse über die Umgebung und die Abläufe haben.[500] Allerdings sind die individuellen Fluchtursachen nach (erzwungener) Rückkehr in das Herkunfts- bzw. Heimatland oft nicht beseitigt und bestehen weiter. Es bleibt die Perspektive, dass die zurückgekehrten Menschen einen neuen Einfluss auf die wirtschaftliche und gesellschaftliche Entwicklung haben. Dazu können

---

496 BT-Drs. 19/10047, S. 25.

497 Siehe dazu vertiefend: *Beichel-Benedetti*, NJW 68 (2015), 2541–2545.

498 *Regionalkomitee für Europa*, Report on the health of refugees and migrants in the WHO European Region, 2018, S. 55.

499 *Schaich*, Psyche 66 (2012), 522–544 (523).

500 So auch *Cremer, M.*, Angekommen und integriert?, 2017, S. 54.

auch finanzielle Hilfen oder die Vorbereitung auf eine Selbstständigkeit im Herkunfts- bzw. Heimatland beitragen.[501]

Dennoch müssen Menschen aus Deutschland in Länder zurückkehren, die nach der Einschätzung von Menschenrechtsorganisationen nicht sicher sind. Oft fehlt es an politischer und wirtschaftlicher Stabilität und auch der Zugang zu Nahrungsmitteln und Gesundheitsversorgung ist nicht uneingeschränkt möglich.[502]

3. Gute Bleibeperspektive

Im Umkehrschluss sind Menschen, die aus Ländern mit einer Schutzquote von über 50 % stammen, eher der Gruppe der Personen mit „guter Bleibeperspektive" zuzuordnen.[503] Für sie stehen Integrations- und Sprachkursangebote offen, um so eine zügige Eingliederung in die deutsche Gesellschaft zu erlangen; vgl. § 44 Abs. 4 S. 2 Nr. 1 lit. a) AufenthG. Die geflüchteten Menschen, die voraussichtlich in Deutschland bleiben dürfen, oftmals durch einen zeitlich begrenzten Aufenthaltstitel, benötigen jedoch in vielerlei Hinsicht ebenfalls Unterstützung. Denn auch für sie gelten die gleichen Einschränkungen des AsylbLG, wie für Menschen mit keiner „guten Bleibeperspektive". So kann die unzureichende Deckung des Existenzminimums zu psychischen Belastungen, ausgelöst durch das Aufnahmeland, führen.[504]

Die Wartezeit auf eine erste Entscheidung der Behörde betrug 2019 durchschnittlich 6,1 Monate. Bis 31.08.2020 waren es aufgrund der Pandemie bereits 8,4 Monate. Bis zu einer rechtskräftigen Entscheidung vergingen 2019 im Durchschnitt sogar 21,3 Monate.[505] Nachdem also monatelang auf einen Bescheid gewartet wurde, sind zwar die ersten Integrationsmaßnahmen durch verpflichtende Deutsch- und Integrationskurse angelaufen, die Sprachbarrieren sind aber in den meisten Fällen noch nicht beseitigt. Zudem führt die finanzielle Abhängigkeit von Sozialleistungen zu einer erneuten Stigmatisierung. Auch das politische und gesellschaftliche Klima ist nicht unproblematisch für die neu

---

501 So z. B. die Angebote von „Returning from Germany" vom BAMF; siehe hierzu unter www.returningfromgermany.de/de/programmes/.

502 Hier z. B. die Situation in Afghanistan *Behnam Shad,* Die emotionale Erfahrung des Asyls, 2021, S. 49 ff.

503 *BAMF*, Was heißt gute Bleibeperspektive?

504 *Nenkova* in Popescu-Willigmann/Remmele/Deutsches Institut für Erwachsenenbildung (Hrsg.), Aufenthaltsstatus als Inklusions- und Exklusionsaspekt, 40–50 (46 f.).

505 BT-Drs. 19/23630, S. 4–5.

angekommenen Bewohner*innen, die sich mit vielen Vorurteilen und Fehlinformationen im alltäglichen Leben konfrontiert sehen. Die geringe Anerkennung für das Geleistete und die fehlende Wertschätzung tragen zu einer Verschärfung der Situation bei. Je niedriger die gesellschaftliche Schicht ist, desto mehr steigen Morbidität und Mortalität an.[506] Zu den aufgeführten Belastungen nach der Migration kommen gegebenenfalls noch Kulturschock und Konflikte hinzu, die beide zu einer kulturellen Verwirrung führen können und Entfremdungs- und Isolationsgefühle sowie Depressionen hervorrufen können.[507]

C. Kinder und Jugendliche mit Fluchterfahrungen

Kinder und Jugendliche, die im Familienverbund oder bei einer sorgeberechtigten Person leben, sind im AsylbLG leistungsberechtigt und deshalb von den Leistungseinschränkungen der §§ 4, 6 AsylbLG betroffen. Sie haben also dieselben Ansprüche wie die erwachsenen Leistungsberechtigten, erhalten aber zusätzlich noch die Leistungen der U-Untersuchungen (U1–U9) ohne vorherige Kostenzusage.

I. Prävalenz psychischer Erkrankungen bei Kindern und Jugendlichen mit Fluchterfahrungen

22 % der Kinder und Jugendlichen der gesamten deutschen Bevölkerung zeigen innerhalb eines Jahres psychische Auffälligkeiten[508], dabei haben vor allem Kinder mit Migrationshintergrund und von geflüchteten Menschen ein erhöhtes Erkrankungsrisiko und sind anfällig für Symptome einer PTBS.[509] Vor allem PTBS, Angststörungen und Depressionen werden zudem vermehrt bei Kindern festgestellt, die geflüchtete Eltern im Aufnahmeland geboren haben, als vergleichsweise bei Kindern, deren Eltern aus dem Aufnahmeland stammen.[510] 55 % der Kinder und Jugendlichen aus Regionen mit Unruhen und Krieg haben potenziell traumatische Erlebnisse gemacht.[511] Untersuchungen haben zudem

---

506 *Hradil* in Richter, M./Hurrelmann (Hrsg.), Was prägt das Krankheitsrisiko, 35–54 (39).
507 *Bhugra*, et al., WPA 10 (2011), 2–10 (7).
508 *Ravens-Sieberer*, et al., Bundesgesundheitsbl 50 (2007), 871–878.
509 *Nagel*, et al., Auswirkungen des Zustroms von Asylbewerbern auf die gesundheitliche Versorgung in Bayern, 2018, S. 148.
510 *Regionalkomitee für Europa*, Report on the health of refugees and migrants in the WHO European Region, 2018, S. 40.
511 *Sprung* in Kaiser/Riffer/Streibl, et al. (Hrsg.), Traumatische Kindheitserlebnisse, 41–54 (45).

gezeigt, dass geflüchtete Kinder und Jugendliche in den ersten Jahren nach der Neuansiedlung im Ankunftsland in hohem Maß an stressbedingten psychischen Problemen leiden. Unbegleitete Minderjährige weisen dabei die höchsten Symptome auf.[512] Der Zugang zu medizinischer Versorgung ist wichtig für geflüchtete Kinder und Jugendliche, da oftmals ein akkumuliertes Bedürfnis nach vorbeugenden und grundlegenden Gesundheitsleistungen besteht.[513]

Bereits bei Kindern und Jugendlichen in der Nachkriegszeit konnten sogenannte Kumulative Traumata beobachtet werden. Diese werden typischerweise durch wiederholte und gravierende Unverlässlichkeiten und Instabilitäten in der elterlichen Fürsorgefunktion hervorgerufen. Die Ansammlung von unzuverlässigen Erfahrungen in der Entwicklung kann bei Kindern traumatische Entwicklungsstörungen hervorrufen. Dabei sind die Eltern meist selbst durch eigene traumatische Erfahrungen nicht in der Lage, die Bedürfnisse nach Stabilität und Sicherheit zu gewährleisten. Dies zeigt sich vor allem bei Menschen aus Kriegs- und Krisengebieten.[514]

Die verschiedenen Stressoren haben jedoch nicht nur eine individuelle Bedeutung, sondern wirken vor allem zusammen. So zeigten geflüchtete Jugendliche in einem Clearingverfahren zur Identifikation psychischer Belastungen nicht nur enorme peritraumatische Belastungen durch lebensgefährliche Situationen, geringe soziale Unterstützung und Kontrollverlust, sondern wiesen auch eine prä-traumatische psychische Morbidität auf, was zu einer Begünstigung für die Entwicklung psychischer Erkrankungen beiträgt.[515]

II. Inanspruchnahme von Leistungen

Bei begleiteten minderjährigen Kindern und Jugendlichen kann in den ersten 18 Monaten häufig keine Traumabehandlung durchgeführt werden, weil sie für diesen Zeitraum ebenfalls nur Anspruch auf die rudimentäre Krankenbehandlung bei vitalen Notfällen aus dem AsylbLG haben und weitere Leistungen in das Ermessen des Trägers gestellt sind.[516] Dabei sind Kinder und Jugendliche mit Fluchterfahrungen besonders vulnerabel. Trotzdem haben sie gleichzeitig auch

512 *Fazel*, et al., The Lancet 365 (2005), 1309–1314.

513 *Stubbe Østergaard*, et al., Models of Child Health Appraised, Migrant Children in Europe: Entitlements to Health Care, 2016, S. 3.

514 *Crepaldi*, et al., Forum Psychoanal 37 (2020), 79–85.

515 *Dixius*, et al., Psychotherapie Forum 22 (2017), 76–85 (78).

516 Vgl. dazu *Bühring*, Dtsch Arztebl PP 16 (2017), 169.

das Potenzial, sich auf eine neue Situation einzulassen,[517] was ihnen einen Vorteil gegenüber den Erwachsenen in Fragen der Bewältigung verschafft.

Scham und Machtverhältnisse können z. B. zur Nicht-Inanspruchnahme von geeigneten Leistungen führen. Vor allem junge Männer haben mit den unter Umständen bestehenden unterschiedlichen Anforderungen aus dem Elternhaus und der Mehrheitsgesellschaft Probleme. Andererseits haben Alleinreisende (Kinder) dieses familiäre Umfeld nicht und erfahren deshalb weniger Unterstützung und Zusammenhalt. Deshalb sind sie aber auch eher bereit, professionelle Unterstützungsangebote anzunehmen.[518]

III. Kinder im Verhältnis zu ihren (erkrankten) Eltern

Kinder psychisch erkrankter Eltern gehören allein deshalb bereits einer Risikogruppe an. Die genetische Belastung, aber auch die sozialen und familiären Lebensumstände haben Einfluss auf das Erkrankungsrisiko der Kinder. Vor allem bei bipolaren Störungen und Schizophrenien sind familiäre Vorerkrankungen ein bedeutender Risikofaktor.[519] Aber auch pränataler Stress, der durch Fluchterfahrungen auf die ungeborenen Kinder übertragen wird, kann für sie in der Entwicklung sehr gefährlich werden.[520]

Kinder sind mitbetroffen, wenn ihre Eltern oder ein Elternteil unter den Bedingungen des Asyl- und Aufenthaltssystems psychisch und physisch leiden. Es kann davon ausgegangen werden, dass lange andauernde Asylverfahren zu einer Objektivierung geflüchteter Kinder führen,[521] was wiederum die Vulnerabilität geflüchteter Kinder verdeutlicht und fördert[522] – die fehlende Würdigung der Kinder als eigenständige Menschen im Verfahren, ihre Stellung als bloßes Teil der Familie und somit als „Anhängsel" der Eltern führt zu Fremdbestimmung. Die Bedürfnisse der Kinder und Jugendlichen werden unter die Bedürfnisse

---

517 *Leuzinger-Bohleber*, et al., Step-by-Step, Abschlussbericht über das Pilotprojekt Step-by-Step zur Betreuung von traumatisierten Flüchtlingen in der Erstaufnahmeeinrichtung „Michaelisdorf" in Darmstadt, 2017, S. 27.

518 *Cindik*, Migration, psychische Gesundheit und transkulturelle Psychiatrie.

519 *Pfennig*, et al., Die Psychiatrie 11 (2014), 223–226 (224).

520 *Happe*, et al., Traumatisierte Flüchtlinge – schnelle Hilfe ist jetzt nötig, 2018, S. 15; *Riffer* in Kaiser/Riffer/Streibl, et al. (Hrsg.), Schmerz im Kontext psychiatrischer Versorgung, 129–139 (131 f.).

521 *Wihstutz* in Wihstutz (Hrsg.), Zentrale Erkenntnisse und Empfehlungen, 223–238 (230).

522 *Kaukko*, et al., ZEP 40 (2017), 16–21 (17).

der erwachsenen Eltern subsumiert, was gravierende Folgen haben kann. So werden unbegleitete Kinder und Jugendliche als Teil des staatlichen Unterstützungssystems anerkannt und den Hilfen des SGB VIII zugeführt. Kinder, die begleitet eingereist sind und in der Obhut ihrer Eltern stehen, sind der Asyl- und Migrationspolitik ausgesetzt, die keinesfalls als reines Unterstützungssystem angesehen werden kann. So kann es zu einer erneuten, gegebenenfalls mehrfachen Viktimisierung kommen, indem die Kinder und Jugendlichen nicht nur durch die Strukturen weitestgehend unbeachtet bleiben, sondern auch durch die Erfahrungen, die mit dem Fluchterlebnis einhergehen. Hinzu kommen auch die dauerhafte Konfrontation der Eltern und Bezugspersonen mit Stressoren, die die Wahrscheinlichkeit steigern, dass sie dies an ihre Kinder weitergeben und diese dann auch in erhöhter Gefahr sind, körperlicher und emotionaler Gewalt sowie Vernachlässigung ausgesetzt zu sein.[523]

Eltern befürchten teilweise, dass sie sich aufgrund von psychischen Belastungen und Sorgen, die auch aus traumatischen Erlebnissen resultieren, nicht imstande sehen, auf Bedürfnisse und Wünsche ihrer Kinder so einzugehen, wie sie es sich eigentlich vorstellen.[524]

Durch das Leben im Familienverband gibt es also stärkende und hemmende Faktoren. So ist der familiäre Zusammenhalt förderlich für viele soziale Faktoren, spendet Geborgenheit und Unterstützung und stärkt die Bindung. Andererseits kann dies in Bezug auf psychische Belastungen auch hemmend sein.

IV. Unbegleitete Kinder und Jugendliche sowie junge Erwachsene

Belastungen sind sowohl für die begleiteten als auch unbegleiteten Kinder und Jugendlichen ähnlich, wobei die Betreuung und vor allem gesundheitliche Versorgung der untergebrachten unbegleitet eingereisten Kinder und Jugendlichen[525] deutlich besser ist.

D. Zwischenfazit

Für die Erklärung des Zusammenhangs von psychischen Belastungen durch Fluchtmigration und der Entstehung von psychischen Erkrankungen wurden in diesem Kapitel psychische Erkrankungen und deren Entstehungsmechanismen

---

523 *Happe*, et al., Traumatisierte Flüchtlinge – schnelle Hilfe ist jetzt nötig, 2018, S. 9.

524 *Schulz-Algie* in Wihstutz (Hrsg.), „MANNO STOPP!“, 163–195 (171).

525 Hierzu ausführlich bereits ab S. 67.

dargestellt. Dabei sind eine Kombination von bestimmten Belastungen, Risikofaktoren, individuellen Bewältigungsstrategien und die Zugehörigkeit zu einer Risikogruppe von besonderer Bedeutung. Psychische Erkrankungen sind dabei in bestimmten Gruppen eher vertreten als in anderen, wobei Migrant*innen eine in besonderer Weise gefährdete Gruppe darstellen. Dabei ist die Wahrscheinlichkeit von krankheitsauslösenden Erlebnissen bei Personen, die von erzwungener Migration betroffen sind, nochmals erhöht. Sie sind also aufgrund der Fluchtmigration automatisch Teil einer Risikogruppe und zudem den zahlreichen aufgeführten potenziellen individuellen Belastungen ausgesetzt.

Es hat sich gezeigt, dass bei der Kumulation von mehreren Risikofaktoren oder der Minimierung von Resilienzfaktoren das Erkrankungsrisiko für psychische Erkrankungen ansteigt[526], was mit Blick auf die verschiedenen Migrationsstadien nochmals gesteigert wird, da sich die einzelnen Stressoren innerhalb der Stadien gegebenenfalls anhäufen. Eine separate Betrachtung der verschiedenen Stressoren war aber insofern hilfreich, als dass die verschiedenen Schwierigkeiten der unterschiedlichen Phasen genauer betrachtet werden konnten. Schlussendlich muss jedoch eine Gesamtwürdigung der Faktoren vorgenommen werden, da diese in einem größeren Zusammenhang zueinanderstehen.

Geflüchtete Menschen sind zu jeder Zeit des Migrationsprozesses enormen Stressoren ausgesetzt, die oft einzeln schon das Potenzial für schwere Störungen beinhalten. Kommen mehrere dieser Risikofaktoren zusammen und sind die Resilienzfaktoren durch die schlechten Migrationsbedingungen ebenfalls reduziert, steigt die Wahrscheinlichkeit für die Entstehung psychischer Erkrankungen an. Hinzu kommt die teilweise über Jahre andauernde Flucht, weshalb sich die Faktoren potenzieren und so noch gefährlicher für die psychische Gesundheit der Betroffenen sein können.

Daran schließt sich bereits das nächste Problem an, die Gefahr einer Chronifizierung der Erkrankung(en). Werden diese nicht (frühzeitig) behandelt oder erkannt, können sie sich verstetigen und sind kaum mehr heilbar. Leistungsberechtigte im AsylbLG haben zudem keinen Anspruch auf die Behandlung von chronischen Erkrankungen. Diese Gesundheitsversorgung selbst trägt also zusätzlich zu chronifizierten psychischen und psychosomatischen Erkrankungen bei.

Bisher gibt es, wenn überhaupt, meist nur für besonders schutzbedürftige geflüchtete Menschen die Möglichkeit, durch niedrigschwellige Angebote Bewältigungsstrategien für belastende Situationen zu erlernen.

---

526 *Pfennig*, et al., Die Psychiatrie 11 (2014), 223–226 (223 f.).

Unter Berücksichtigung der im vorherigen Kapitel erörterten Migrationsstressoren, insbesondere der Post-Migrationsstressoren ist festzustellen, dass eine (frühzeitige) Intervention bei der Stabilisierung im Alltag hilft. Deshalb muss ab der Einreise eine Überprüfung der psychischen Gesundheit stattfinden. Wie festgestellt wurde, sind geflüchtete Menschen enormen Stressoren ausgesetzt, die oft einzeln schon das Potenzial für schwere Störungen beinhalten. Wenn mehrere dieser Risikofaktoren zusammenkommen und sind die Resilienzfaktoren durch die schlechten Migrationsbedingungen ebenfalls reduziert, steigt die Wahrscheinlichkeit für die Entstehung psychischer Erkrankungen an. Hierbei dürfen vor allem die langwierigen Prozesse bis zu einer Behandlung nicht zum zusätzlichen Risikofaktor und Hinderungsgrund werden. Eine Chronifizierung ist zu verhindern, da diese langfristige Therapie und medikamentöse Behandlungen nach sich zieht, was zu einem auf mehreren Ebenen liegenden wirtschaftlichen Faktor wird. Die Strategien zur Identifizierung von Menschen mit psychischen Beeinträchtigungen müssen frühzeitig und langfristig angelegt werden.

Kapitel 4 Behandlungsformen psychischer Erkrankungen

A. Regelleistungen

Typischerweise werden traumatische Erfahrungen, die durch Flucht und die damit verbundenen Umstände ausgelöst wurden, im deutschen Gesundheitssystem mit Psychotherapie nach Maßgabe der gesetzlichen Versicherungen behandelt.[527] Dies ist jedoch zunächst nur für die Leistungsberechtigten der GKV zutreffend. Auch bei einer PTBS ist die favorisierte Behandlung nach Maßgabe der S3 Leitlinie: Posttraumatische Belastungsstörung[528], die traumafokussierte Psychotherapie, bei der die Verarbeitung der Erinnerung an die traumatischen Ereignisse und deren Bedeutung den Schwerpunkt bilden. Die Vorgaben zur Erbringung von Psychotherapie regelt wiederum die Richtlinie über die Durchführung der Psychotherapie (Psychotherapie-RL).[529]

I. Psychotherapie

Psychotherapie ist eine Interaktion zwischen Behandler*in[530] und Patient*in, bei der psychische Leidenszustände vorwiegend durch Kommunikation behandelt werden.[531] Dabei steht im Verlauf der Therapie-Sitzungen das Gespräch zwischen den Behandler*innen und den Patient*innen im Vordergrund, welches durch verschiedene Methoden und psychotherapeutische Interventionen gestaltet und gefördert wird.[532] Dazu heißt es in der Legaldefinition von Psychotherapie in § 1 Abs. 2 Psychotherapeutengesetz (PsychThG)[533], die

---

527 *DGPPN,* Die Behandlung psychischer Erkrankungen in Deutschland, 2013.

528 *Schäfer, I.*, et al., S3 Leitlinie Posttraumatische Belastungsstörung, 2019.

529 *G-BA,* Richtlinie des Gemeinsamen Bundesausschusses über die Durchführung der Psychotherapie.

530 Auf Grundlage einer standardisierten akademischen Ausbildung; siehe hierzu auch ab S. 150.

531 *Strotzka,* Psychotherapie und Tiefenpsychologie, 1984, S. 1.

532 *Sulz* in Sulz (Hrsg.), Psychotherapie-Definition, Berufsbilds und Kompetenzprofil – Der Teufel liegt im Detail, 233–247 (238).

533 Gesetz zur Reform der Psychotherapeutenausbildung v. 15.11.2019, BGBl. 2019 Teil I Nr. 40, 1604–1621.

S. 1 Ausübung der Psychotherapie [...] ist jede mittels wissenschaftlich geprüfter und anerkannter psychotherapeutischer Verfahren oder Methoden berufs- oder geschäftsmäßig vorgenommene Tätigkeit zur Feststellung, Heilung oder Linderung von Störungen mit Krankheitswert, bei denen Psychotherapie indiziert ist. S. 2 Im Rahmen einer psychotherapeutischen Behandlung ist eine somatische Abklärung herbeizuführen. S. 3 Tätigkeiten, die nur die Aufarbeitung oder Überwindung sozialer Konflikte oder sonstige Zwecke außerhalb der Heilkunde zum Gegenstand haben, gehören nicht zur Ausübung der Psychotherapie.

1. Kurzzeit- und Langzeit-Richtlinientherapie

Für eine Kurzzeit- oder Langzeit-Richtlinienpsychotherapie für Leistungsberechtigte der GKV erfolgen zunächst mindestens zwei und höchstens vier Abklärungstermine (probatorische Sitzungen). Dabei geht es um eine ausführlichere diagnostische Abklärung, als dies gegebenenfalls zuvor bei den sonstigen Kontakten über Beratungsstellen und Hausärzt*innen stattfinden konnte. Es wird zudem abgeklärt, welches Therapieverfahren am geeignetsten erscheint und ob die Patient*innen und Therapeut*innen miteinander arbeiten wollen oder doch ein Wechsel erfolgen wird, da keine tragfähige Beziehung möglich ist. Nach der ersten Sitzung kann ein Antrag nach § 34 Psychotherapie-RL auf Kurzzeit- oder Langzeittherapie gestellt werden.

Eine Kurzzeittherapie umfasst zunächst zwölf Stunden und kann dann um weitere zwölf Stunden verlängert werden. Dabei sind nach der Psychotherapie-RL psychoanalytisch begründete Verfahren wie tiefenpsychologisch fundierte Psychotherapie nach § 16a Psychotherapie-RL und analytische Psychotherapie nach § 16b Psychotherapie-RL sowie nach § 17 Psychotherapie-RL Verhaltenstherapie und nach § 18 Psychotherapie-RL Systemische Therapie zugelassen. Für eine Langzeittherapie müssen die Stunden im Therapieantrag festgelegt werden. Für die verschiedenen Behandlungsverfahren gibt es zudem unterschiedliche Höchstgrenzen; vgl. § 30 Psychotherapie-RL. Es gibt oft begleitend eine medikamentöse Einstellung und Behandlung, wobei eine Psychopharmakotherapie nicht als alleinige oder primäre Therapie eingesetzt werden soll.[534]

2. Stationäre Maßnahmen

Bei akuten psychischen Problemen kann entweder ebenfalls durch bereits behandelnde Psychotherapeut*innen nach § 13 Psychotherapie-RL psychotherapeutische Akutbehandlung geleistet werden, die mit dem Kontingent der laufenden

534 *Schäfer, I.*, et al., S3 Leitlinie Posttraumatische Belastungsstörung, 2019, S. 6.

Therapie verrechnet wird. Dabei geht es nach § 13 Abs. 1 Psychotherapie-RL um ambulante Entlastung und „Vermeidung von Fixierung und Chronifizierung psychischer Symptomatik." In weiteren Fällen, wenn ambulante Maßnahmen nicht (mehr) ausreichen, müssen Menschen mit psychischen Erkrankungen in einer stationären Einrichtung behandelt werden. Dies kann auch trotz ambulanter Therapiemaßnahmen geschehen, die unter bestimmten Bedingungen, wie z. B. akuter Suizidalität nicht mehr vertretbar sind und zunächst nicht weitergeführt werden können. Dann erfolgen eine Unterbrechung der ambulanten Therapie und die stationäre Aufnahme. In stationären Einrichtungen sind meist auch Psychiater*innen mit einbezogen. Nach der Entlassung erfolgt typischerweise eine Weiterbehandlung in der ambulanten Therapie, denn es braucht erweiterte Versorgungsstrukturen für die mittel- und langfristige Versorgung der Bedarfe.[535]

II. Behandlungen bei Fluchterfahrungen

Vor allem bei geflüchteten Menschen mit unsicherem Aufenthaltsstatus sind stabilisierende und psychoedukative Verfahren hilfreich. Dabei geht es auch um Kontroll- und Ressourcenfokussierung. Es geht um die frühzeitige Stabilisierung im Alltag sowie den Aufbau und Erhalt von Beziehungsfähigkeit und Bewältigungsstrategien. Eine Psychotherapie ist oft das Mittel der Wahl. Da sich bei schweren Traumatisierungen in der Psychotherapie aber oft nur schlecht traumazentriert arbeiten lässt, z. B. durch Exposition oder Durcharbeiten ist es hier häufig sinnvoll, zunächst eine Stabilisierung zu erlangen.[536] Teil der Psychotherapie kann auch ein resilienzförderndes Therapieangebot wie eine kognitive Verhaltenstherapie oder auch eine psychoanalytische Therapie sowie eine Traumatherapie sein.[537] Zudem können Psycho- und Pharmakotherapie kombiniert werden, um so durch die Medikamente eine schnelle Stabilisierung zu erreichen, auf der dann die Psychotherapie aufgebaut werden kann.[538]

---

535 *Bozorgmehr*, et al., Bundesgesundheitsbl 59 (2016), 599–620 (610).

536 *Brandmaier* in Feldmann/Seidler (Hrsg.), "Ich hatte hier nie festen Boden unter den Füßen", 15–33 (24 f.); *Sachsse* in Sachsse (Hrsg.), Traumazentrierte Psychotherapie, 115–116.

537 Siehe auch *Kaiser/Riffer/Streibl* (Hrsg.), Das Fremde: Flucht - Trauma - Resilienz.

538 *Schäfer, I.*, et al., S3 Leitlinie Posttraumatische Belastungsstörung, 2019, S. 6.

B. Behandlungsformen psychischer Erkrankungen für Leistungsberechtigte des AsylbLG

Die gesundheitsbezogenen Leistungen des AsylbLG entsprechen nicht den Leistungen des SGB V, denn Leistungsberechtigte des AsylbLG sind nicht der Regelungssystematik des SGB V, sondern der des AsylbLG unterworfen.[539]

I. Psychotherapie für Leistungsberechtigte des § 1 AsylbLG

Die Inanspruchnahme von psychiatrisch-psychotherapeutischen Leistungen für Leistungsberechtigte des AsylbLG ist auf Grundlage verschiedener Normen möglich.

Gemäß § 4 Abs. 1 S. 1 AsylbLG können psychiatrisch-psychotherapeutische Leistungen bei Vorliegen einer akuten Erkrankung – auch bei akuter Verschlechterung der psychischen Erkrankung – oder einem Schmerzzustand, jeweils ausgelöst durch die psychische Erkrankung, gewährt werden. Dabei können sowohl Psychotherapie als auch stationäre Behandlung als Krankenhausbehandlung, solange der gesamte Krankenhausaufenthalt zur Behandlung einer akuten Erkrankung bzw. akuter Schmerzzustände erforderlich ist, genehmigt werden. Nach § 6 Abs. 1 Alt. 2 AsylbLG ist eine psychiatrisch-psychotherapeutische Behandlung als Sonstige Leistung zur Sicherung der Gesundheit möglich. Für die Genehmigung einer Psychotherapie nach § 6 Abs. 1 S. 1 Alt. 2 AsylbLG gelten die aufgeführten[540] Auslegungskriterien, wobei vor allem die Schwere der Erkrankung und die voraussichtliche Aufenthaltsdauer im Verhältnis zur Therapiedauer von grundlegender Bedeutung sind.[541] Aber auch die drohenden Gesundheitsschäden bei Leistungsablehnung sind zu berücksichtigen.[542]

Für Personen mit besonderen Bedürfnissen nach der RL 2013/33/EU können § 4 Abs. 1 S. 1, § 6 Abs. 1 S. 1, § 6 Abs. 2 AsylbLG oder die direkte Anwendung von Art. 19 Abs. 2 RL 2013/33/EU einschlägig sein.[543] Festzustellen ist, dass nur für diese Personen die Psychotherapie als Pflichtleistung erbracht werden muss.

539 LSG Hamburg Beschl. v. 18.6.2014 – L 1 KR 52/14 B ER, Juris (8).

540 Siehe hierzu bereits ab S. 87.

541 Vgl. etwa VG Düsseldorf Beschl. v. 2.10.2002 – 11 L 3762/02, Justiz-Online NRWE (3); jurisPK-SGB XII/*Frerichs*, § 6 AsylbLG Rn. 77.

542 Vgl. VG Berlin 4.7.1997 – 8 A 366/97, IBIS, C1347; jurisPK-SGB XII/*Frerichs*, § 6 AsylbLG Rn. 74; *Classen*, Sozialleistungen für MigrantInnen und Flüchtlinge, 2008, S. 117.

543 Vgl. für eine richtlinienkonforme Auslegung des § 4 AsylbLG jurisPK-SGB XII/*Frerichs*, § 4 AsylbLG Rn. 17, 40; GK-AsylbLG/*Langer*, 60, § 4 Rn. 18; für eine

Für Personen, die unter § 2 Abs. 1 AsylbLG fallen, wird Psychotherapie über die eGK abgerechnet und nach den Vorgaben für gesetzlich Versicherte erbracht.

Die Inanspruchnahme psychiatrisch-psychotherapeutischer Leistungen nach den §§ 4, 6 AsylbLG gestaltet sich für die Leistungsberechtigten durchaus schwierig. Wie sich bereits gezeigt hat, sind die Voraussetzungen für medizinische Leistungen sehr minimiert und restriktiv. Für die Behandlung von psychischen Erkrankungen ergeben sich zudem weitere Probleme, denn in der Praxis ist eine Beurteilung von Ausmaß und Intensität der Erkrankung, insbesondere bei psychischen Erkrankungen sowie die zu erwartenden Folgen ohne die Behandlung äußerst schwierig.[544]

Für Personen, die Leistungsberechtigte nach § 1 AsylbLG sind, gleich ob sie eine eGK erhalten haben oder nicht, werden psychiatrische und psychotherapeutische Leistungen zunächst im Rahmen von Genehmigungsverfahren über das Gesundheitsamt in Verbindung mit dem Sozialamt durch Gutachten möglich.[545] Dabei wird meist erst mal nur auf Kurzzeittherapie abgestellt. Aufgrund der unklaren Rechtslage und den Einschränkungen der §§ 4, 6 AsylbLG kann eine sogenannte Dringlichkeitsbescheinigung eingeholt werden, was jedoch für die Behandler*innen und die Patient*innen aufwendig ist. Der medizinische Sachverhalt ist im Zweifel durch Stellungnahmen, amtsärztliche Untersuchungen oder fachärztliche Begutachtungen von Amts wegen zu ermitteln.[546] Inhalt der fachärztlichen Begutachtung sollte die begründete Diagnose sein sowie Angaben zu den ggf. benötigten Fahrtkosten, vor allem im ländlichen Raum, wo keine wohnortnähere Therapie verfügbar ist. Zusätzlich sollten benötigte Sprachmittlungsleistungen begründet werden und die Dringlichkeit der

---

richtlinienkonforme Auslegung des § 6 Abs. 1 S. 1 AsylbLG jurisPK-SGB XII/*Frerichs*, § 6 AsylbLG Rn. 25, 31; eher für eine richtlinienkonforme Auslegung der § 4 und § 6 AsylbLG Grube/Wahrendorf/Flint, SGB XII, Sozialhilfe/*Leopold*, § 6 AsylbLG Rn. 14; außerdem dazu Calliess/Ruffert, EUV/AEUV/*Ruffert*, Art. 288 AEUV Rn. 47 ff; *Lemmer*, Rechtliche Aspekte der psychiatrischen und psychotherapeutischen Versorgung von Geflüchteten in Deutschland, 2017, S. 17; *Schreiber*, ZESAR 9 (2010), 107–112 (110 f.).

544 Adolph SGB II/SGB XII/*Adolph*, 71, § 6 AsylbLG Rn. 20; jurisPK-SGB XII/*Frerichs*, § 6 AsylbLG Rn. 74.

545 *Lemmer*, Rechtliche Aspekte der psychiatrischen und psychotherapeutischen Versorgung von Geflüchteten in Deutschland, 2017, S. 5; *Schülle* in Westphal/Wansing (Hrsg.), Medizinische Versorgung für Menschen mit Behinderungen, die Leistungen nach dem Asylbewerberleistungsgesetz erhalten, 145–165 (157).

546 jurisPK-SGB XII/*Frerichs*, § 6 AsylbLG Rn. 74.

Behandlung bzw. warum diese nicht aufgeschoben werden kann. Erforderlich ist zudem die fachärztliche Begründung, dass gleichwertige, kostengünstigere Behandlungsmaßnahmen, wie z. B. eine medikamentöse Behandlung nicht zur Verfügung stehen.[547] Dazu soll ein Therapiekonzept vorgelegt werden, welches auch die Aufenthaltsperspektive berücksichtigen soll;[548] diese aufenthaltsrechtliche Anforderung können Mediziner*innen wohl kaum vornehmen. Es sind für die Antragstellung oft erweiterte Sprachkenntnisse notwendig, die gegebenenfalls nicht vorliegen, sodass der Antrag alleine nicht gestellt werden kann. Außerdem dauern die Kostenübernahmezusagen und Bewilligungen der Leistungen oft lange und sind mit viel Bürokratie verbunden.[549] Die Beantragung von ambulanter Psychotherapie ist durch die langen Antragszeiten, die bei ungesichertem Aufenthalt gegebenenfalls dazu führen können, dass die Anträge nicht mehr rechtzeitig entschieden werden, erschwert. Zudem ist die Rechtsgrundlage oft nicht eindeutig, weshalb Psychotherapie teilweise unter die Leistungen der § 4 Abs. 1, § 6 Abs. 1 oder Abs. 2 oder unter § 4 Abs. 1 i. V. m. § 6 Abs. 1 oder Abs. 2 AsylbLG fallen.[550] Dies führt wiederum dazu, dass Anträge aus formalen Gründen abgelehnt werden. Über 40 % der Anträge, die 2018 in PSZ gestellt wurden, wurden abgelehnt.[551] Aufgrund von Kapazitätsengpässen müssen die Patient*innen durchschnittlich drei Monate auf das Erstgespräch mit den Psychotherapeut*innen warten,[552] was vor allem an der geringen Verfügbarkeit von Psychotherapie-Plätzen, vor allem aber nicht nur im ländlichen Raum liegt.[553]

---

547 OVG Niedersachsen Beschl. v. 6.7.2004 – 12 ME 209/04, Juris (9); Oestreicher/Decker, SGB II/ SGB XII/*Decker*, § 6 AsylbLG Rn. 13.

548 *Classen*, Die Finanzierung ambulanter Psychotherapien für Flüchtlinge, 2010, S. 2.

549 *Mewes*, et al., PPmP 66 (2016), 361–368.

550 OVG Niedersachsen, BeckRS, 23074; LSG Hamburg Beschl. v. 18.6.2014 – L 1 KR 52/14 B ER, Juris (6 f.) haben eine Therapie unter §§ 4 und 6 AsylbLG subsumiert; OVG Niedersachsen Beschl. v. 6.7.2004 – 12 ME 209/04, Juris (9) verneint den Anspruch nach § 4 AsylbLG und zieht hilfsweise § 6 AsylbLG heran; SG Landshut Urt. v. 24.11.2015 – S 11 AY 11/14, BeckRS 2016, 65330 sieht regelmäßig keinen Anspruch auf Übernahme der Kosten einer Psychotherapie nach Maßgabe des AsylbLG und VG Aachen Beschl. v. 8.1.2004 – 1 L 2469/03, Juris sieht die Anspruchsgrundlage in § 4 Abs. 1 AsylbLG. Ebenso haben einige Länder Anweisungen zu Psychotherapie nach § 4 AsylbLG erlassen, mehr dazu in *Müller-Krah*, GuP 3 (2012), 132–143 (134); *Böttche*, et al., Nervenarzt 87 (2016), 1136–1143 (1138) sehen den Anspruch wiederum in § 6 Abs. 1 AsylbLG.

551 *Baron*, et al., Versorgungsbericht, 2019, S. 132.

552 *Böhmig*, NDV 97 (2017), 9–13.

553 *Frank*, et al., JoHM 2 (2017), 24–47 (39).

In Fällen, in denen die Behandlungen durch Ausgabe einer eGK geregelt sind, können psychiatrisch-psychotherapeutische Leistungen via eGK flächendeckend in Berlin[554], Brandenburg[555], Schleswig-Holstein[556] und Thüringen[557] sowie in Nordrhein-Westfalen[558] und Rheinland-Pfalz[559], hier aber nur bei lückenhafter Teilnahme von Kommunen im Rahmen eines Genehmigungsverfahrens durch die Krankenkassen erbracht werden. Die beauftragten Krankenkassen in Brandenburg, Nordrhein-Westfalen, Rheinland-Pfalz und Schleswig-Holstein treffen die Leistungsentscheidung auf Grundlage des SGB V. In Niedersachsen[560] ist die eGK zwar vereinzelt eingeführt, Psychotherapie ist von den Leistungen aber ausgenommen.

Der Anspruch auf Fahrtkostenübernahme nach § 6 AsylbLG, um die Therapieangebote in Anspruch zu nehmen, wird häufig abgelehnt[561], wobei vor allem im ländlichen Raum die Wege zu den Versorgungsstrukturen teilweise sehr weit sein können. Leistungsberechtigte des AsylbLG haben außerdem nach § 6 Abs. 1 AsylbLG einen Anspruch auf die Erstattung von Sprachmittlungskosten, „wenn die Hinzuziehung im Einzelfall zur Sicherung der Gesundheit unerlässlich oder

554 *Senatsverwaltung Berlin*, Rundschreiben Soz Nr. 03/2016, Zur Umsetzung der Vereinbarung zur Übernahme der Krankenbehandlung für nicht Versicherungspflichtige gegen Kostenerstattung nach § 264 Abs. 1 SGB V, 2016.

555 *BB*, et al., Rahmenvereinbarung zur Übernahme der Krankenbehandlung für Leistungsberechtigte nach §§ 1, 1a des AsylbLG, die Empfänger von Gesundheitsleistungen nach den §§ 4 und 6 des AsylbLG sind, gegen Kostenerstattung nach § 264 Abs. 1 S. 1 SGB V, 2016.

556 *SH*, et al., Rahmenvereinbarung zur Übernahme der Krankenbehandlung für nicht Versicherungspflichtige gegen Kostenerstattung nach § 264 Abs. 1 SGB V in Verbindung mit §§ 1, 1a AsylbLG in Schleswig-Holstein.

557 *TH*, et al., Rahmenvereinbarung zur Übernahme der Krankenbehandlung für nicht Versicherungspflichtige gegen Kostenerstattung nach § 264 Abs. 1 SGB V in Verbindung mit §§ 1, 1a AsylbLG im Freistaat Thüringen, 2016.

558 *NRW*, et al., Anlage 1 zur Vereinbarung zwischen den Krankenkassen und dem Land NRW zur Übernahme der Gesundheitsversorgung für nicht Versicherungspflichtige gegen Kostenerstattung nach § 264 Abs. 1 SGB V in Verbindung mit § 1, 1a AsylbLG.

559 *RLP*, et al., Anlage 1 zur Vereinbarung zwischen den Krankenkassen und dem Land Rheinland-Pfalz zur Übernahme der Gesundheitsversorgung für nicht Versicherungspflichtige gegen Kostenerstattung nach § 264 Abs. 1 SGB V in Verbindung mit § 1, 1a AsylbLG.

560 *NI*, et al., Rahmenvereinbarung nach § 264 Abs. 1 SGB V für Niedersachsen.

561 *Baron*, et al., Versorgungsbericht, 2019, S. 114.

zur Deckung besonderer Bedürfnisse von Kindern […] geboten ist".[562] Dies ist häufig bei der Inanspruchnahme von psychiatrisch-psychotherapeutischen Leistungen notwendig, wird aber nicht immer genehmigt.[563]

1. Einzelfälle aus der Rechtsprechung

Zudem werden die Ablehnungen von Gerichten[564] oft damit begründet, dass bei einem ungesicherten Aufenthalt nicht sichergestellt sei, dass die Behandlung in Deutschland abgeschlossen werden[565] oder sie nicht in der Muttersprache durchgeführt werden könne[566] und damit nicht der gewünschte Erfolg garantiert sei. Außerdem wird häufig auf die Behandlung mit Medikamenten verwiesen, denn nur, wenn es auf längere Zeit nicht zumutbar ist, Krankheitsfolge oder Schmerzzustand durch die Einnahme von Medikamenten zu lindern, sind andere medizinisch-indizierte Maßnahmen zu ergreifen.[567]

Ein Behandlungsanspruch wegen psychischen Erkrankungen bei geflüchteten Menschen wird teilweise abgewiesen, weil diese Beeinträchtigung für Menschen aus Krisengebieten üblich sei[568] und sie diese schlichtweg zu tragen hätten.[569]

Immer wieder werden Zweifel an den vorgebrachten Gutachten geäußert[570] oder der neben den Gutachten erbrachte Nachweis bzw. die Wahrscheinlichmachung der erkrankungsauslösenden traumatisierenden Ereignisse vor den Tatrichter*innen[571] werden als unglaubwürdig eingestuft. Auch die schlechte

---

562 BeckOK SozR/AsylbLG/*Korff*, § 6 Rn. 10; BT-Drs. 19/3583, S. 6–7; *Greiser*, et al., SGb 65 (2018), 213–221.

563 *BAfF e.V.*, Finanzierung von Sprachmittlungskosten für Geflüchtete, 2020, S. 6.

564 Dazu in *Müller-Krah*, GuP 3 (2012), 132–143 (138); einen Überblick bietet auch *Eichenhofer, E.*, ZAR 33 (2013), 169–175.

565 BT-Drs. 12/4451, S. 9; *Heinhold* in Liedl/Böttche/Abdallah-Steinkopff, et al. (Hrsg.), Juristische Aspekte, 18–34 (24).

566 OVG Nordrhein-Westfalen Beschl. v. 20.8.2003 – 16 B 2140/02, Justiz-Online NRWE (4 f.); VG Düsseldorf Beschl. v. 2.10.2002 – 11 L 3762/02, Justiz-Online NRWE (4): Der Anspruch nach § 4 AsylbLG wurde verneint, § 6 AsylbLG wurde nicht geprüft.

567 VGH Baden-Württemberg Urt. v. 4.5.1998 – 7 S 920/98, Juris (27); darauf verweist auch VG Gera Urt. v. 7.8.2003 – 6 K 1849/01.GE, Juris.

568 VG Potsdam Urt. v. 21.6.2004 – 12 K 2435/02.A, Juris (4).

569 LSG Thüringen Beschl. v. 22.8.2005 – L 8 AY 383/05 ER, Juris (28).

570 LSG Thüringen Beschl. v. 22.8.2005 – L 8 AY 383/05 ER, Juris (23).

571 VGH Bayern Beschl. v. 23.5.2017 – 9 ZB 13.30236, Juris (8–10); OVG Nordrhein-Westfalen Beschl. v. 20.8.2003 – 16 B 2140/02, Justiz-Online NRWE (16).

Verfügbarkeit von Psychotherapieplätzen wurde als Ablehnungsgrund[572] im Widerspruch zum BSG[573] vorgehalten.

Eine Zuordnung der Behandlung von psychischen Erkrankungen zu § 4 Abs. 1 AsylbLG ist dann problematisch, wenn diese als chronische Erkrankungen eingestuft werden, weil § 4 Abs. 1 S. 1 AsylbLG Ansprüche bei chronischen Erkrankungen ohne Schmerzzustände ausschließt[574], ohne dass auf die Möglichkeit der Behandlung der chronischen Erkrankungen nach § 6 Abs. 1 AsylbLG verwiesen wird.

Andererseits werden psychische Erkrankungen auch als akute Erkrankungen i. S. d. § 4 Abs. 1 S. 1 AsylbLG eingestuft, z. B. bei PTBS und einer depressiven Störung nach einem Suizidversuch[575], bei akuter Suizidalität[576], bei einer psychoreaktiven Störung[577], bei PTBS[578] und bei einer schweren depressiven Episode[579] und begründen den Anspruch auf Behandlung nach § 4 Abs. 1 S. 1 AsylbLG.

Zudem haben einige Entscheidungen auch einen Anspruch nach § 6 Abs. 1 AsylbLG auf Leistungen bei psychischen Erkrankungen anerkannt, wenn zumindest auch „fachärztlich attestiert wird, dass gleichwertige, kostengünstigere Behandlungsmaßnahmen nicht zur Verfügung stehen.“[580] Die Leistungen nach § 6 AsylbLG werden in der Praxis oftmals jedoch nur dann erbracht, wenn der geflüchtete Mensch sich selbst oder andere Personen gefährdet, was z. B. bei suizidalen Störungen der Fall sein kann.[581]

---

572 VG Düsseldorf Beschl. v. 2.10.2002 – 11 L 3762/02, Justiz-Online NRWE (4).

573 BSG Urt. v. 6.2.2008 – B 6 KA 40/06 R, Juris.

574 OVG Niedersachsen Beschl. v. 6.7.2004 – 12 ME 209/04, Juris (10); OVG Nordrhein-Westfalen Beschl. v. 20.8.2003 – 16 B 2140/02, Justiz-Online NRWE (16); LSG Thüringen Beschl. v. 22.8.2005 – L 8 AY 383/05 ER, Juris; SG Landshut, BeckRS 2016, 65330; kritisch zu SG Landshut: *Plagemann*, FD-SozVR 5 (2016), 376643.

575 LSG Hamburg Beschl. v. 18.6.2014 – L 1 KR 52/14 B ER, Juris (10).

576 VG Aachen Beschl. v. 8.1.2004 – 1 L 2469/03, Juris (7–9).

577 VG Saarland Urt. v. 29.12.2000 – 4 K 66/99.

578 SG Hamburg Beschl. v. 12.12.2014 – S 21 KR 1399/14 ER, Juris (5).

579 SG Aachen Beschl. v. 2.6.2008 – S 20 AY 110/08 ER, Juris (16).

580 OVG Niedersachsen Beschl. v. 6.7.2004 – 12 ME 209/04, Juris (9); OVG Niedersachsen, BeckRS, 23074.

581 *Nagel*, et al., Auswirkungen des Zustroms von Asylbewerbern auf die gesundheitliche Versorgung in Bayern, 2018, S. 236.

2. *Psychosoziale Zentren*

In einigen (Erst-)Aufnahmeeinrichtungen gibt es eine Zusammenarbeit zwischen den Betreibenden, Kommune und Frauen*häusern sowie lokalen Beratungsstellen, die bei häuslicher Gewalt und Gewalt gegen Frauen aktiv werden. Solche Netzwerke sind äußerst hilfreich für alle Beteiligten und haben zudem eine generalpräventive Wirkung.[582]

Wenn es jedoch ansonsten keine regulären Behandlungsangebote in ausreichender Anzahl gibt, bleibt den Betroffenen oft nur die Option einer Hilfeinanspruchnahme in einem PSZ. Dort werden vor allem traumatisierte geflüchtete Menschen behandelt, die Folter, Vergewaltigung und andere Formen (sexualisierter) Gewalt erlitten haben. PSZ sind vergleichbar mit Traumaambulanzen, wobei bestehende Traumaambulanzen meist auf Opfer sexualisierter Gewalt ausgerichtet und wenig auf Langzeit- bzw. Komplextraumatisierte sowie auf PTBS anderer Genese spezialisiert sind. Außerdem sind die bestehenden Traumaambulanzen bisher nicht ausreichend auf Kinder und Jugendliche ausgerichtet. PSZ sind auf psychosoziale Ansätze spezialisiert und bieten Erstgespräche und Clearingverfahren, psychosoziale Beratung, Krisenintervention und Stabilisierung, verschiedene Therapieangebote und deren Begleitung und unter anderem auch Informationen zu verschiedenen Themen an.[583] Überdies arbeiten sie transkulturell. Hierbei werden nicht, wie bei der Interkulturalität die Interaktionen nebeneinander dargestellt, sondern die Überschneidungen und Gemeinsamkeiten herausgearbeitet.[584] Deshalb wollen transkulturelle Gesundheitsförderung und Prävention auch kein spezifisches Modell nur für Personen mit Migrationshintergrund konstruieren,[585] sondern die kulturell unter Umständen mitbedingten Einstellungen und Verhaltensweisen in bestehende Einrichtungen und Verfahren integrieren.[586]

---

582 *Tryta* in Meyer/Ritgen/Schäfer, R. (Hrsg.), Der Betrieb von Flüchtlingsunterkünften, 333–351 (341 f.).

583 *Rehklau* in Ghaderi/Eppenstein (Hrsg.), Flüchtlinge als Adressat_innen Sozialer Arbeit? , 305–322 (310).

584 *Belz*, et al., Psychotherapeutische Arbeit mit Migranten und Geflüchteten, 2017, S. 36.

585 *Kooperationsverband Gesundheitliche Chancengleichheit*, Glossar zur Gesundheitsförderung mit Geflüchteten, Abgrenzung und Empfehlungen zur Verwendung von Begriffen und Konzepten, 2019, S. 7.

586 So auch *AT*, Transkulturelle Prävention und Gesundheitsförderung in der Schweiz, Grundlagen und Empfehlungen, 2009, S. 11.

Diese Zentren haben sich hauptsächlich deshalb so stark etabliert, weil es vor allem für geflüchtete Menschen mit unsicherem Aufenthaltsstatus, wie dargestellt aufgrund des problematischen Versicherungsstatus oder der unklaren Rechtslage schwer ist, in die Regelversorgung aufgenommen zu werden.

Auch die fehlende Sprachmittlung ist in der Regelversorgung sowohl für die Kommunikation als auch für die Behandler*innen selbst, die sich nicht ausreichend geschult für diese Art von Therapie sehen, ein Zugangshindernis.[587] Deshalb werden in den PSZ Informationen und Maßnahmen an die sprachlichen Bedürfnisse der Zielgruppen angepasst.

a. *Zuständigkeiten*

Die Zentren sind keinem staatlichen Organ untergeordnet, sondern Teil der freien Wohlfahrtspflege und somit durch Spenden und Fördermittel finanziert. Dabei werden auch immer wieder Projektförderungen durch Bundes- und Landesprojekte[588] eingeworben, die jedoch durch den Projektcharakter keine langfristige Arbeit garantieren und die Zielgruppen deshalb möglichst „innovativ" gewählt werden müssen. Dabei ändern sich die Problemlagen der anderen Gruppen, die nicht durch Projektanträge abgedeckt sind, nicht. Die andauernde Projektfinanzierung sorgt auch dafür, dass erzielte Ergebnisse aus vorangegangenen Projekten gegebenenfalls nicht umgesetzt und erhalten werden können sowie Lernprozesse nicht konsequent angewandt werden.[589] Die Zuständigkeit zwischen Bund und Ländern war lange nicht abschließend geklärt bzw. die Stellen nehmen sich gegenseitig in die Verantwortung. Einige Länder haben in der Zwischenzeit zwar sogenannte „(Gewalt-)Schutzkonzepte" für besonders vulnerable Gruppen installiert[590], die meisten Menschen werden jedoch weiterhin in oder durch PSZ versorgt. An manchen Stellen gibt es auch Kooperationen zwischen den Aufnahmeeinrichtungen und den PSZ.[591]

---

587 *Beermann*, et al., ZAR 39 (2019), 228–236 (228).

588 *Gladow* in Gladow (Hrsg.), Förderung des Aufbaus Psychosozialer Zentren für Geflüchtete, 2.5.8.

589 *Beermann*, et al., ZAR 39 (2019), 228–236 (235).

590 *UNICEF Deutschland*, Gewaltschutz in Unterkünften für geflüchtete Menschen, 2020, S. 30–31.

591 *Gladow* in Gladow (Hrsg.), Förderung des Aufbaus Psychosozialer Zentren für Geflüchtete, 2.5.8.

b. Finanzierung

In PSZ werden die erbrachten Psychotherapien nicht immer durch einen Antrag auf Kostenerstattung beim zuständigen Träger finanziert, sondern oftmals durch Spenden und Förderprogramme.[592] Die in einem PSZ tätigen Behandler*innen müssen keine kassenärztliche Zulassung haben. Für die Opfertraumaambulanzen nach dem SGB XIV[593] gibt es durch die Etablierung jetzt eine gesicherte Finanzierung.[594] Für PSZ gibt es weiterhin keine ausreichende finanzielle Abdeckung. Zudem kann in PSZ auch eine Behandlung nach Ende der 18-monatigen Wartefrist und dem Wechsel in die Leistungsberechtigung des § 2 AsylbLG erfolgen. Hierzu kann eine Ermächtigung für die psychotherapeutische Versorgung von geflüchteten Menschen beantragt werden.

3. Ermächtigung für die psychotherapeutische Versorgung von geflüchteten Menschen

Für psychotherapeutische Leistungen nach der GKV sind Psychiater*innen, (Psychologische) Psychotherapeut*innen sowie Kinder- und Jugendlichenpsychotherapeut*innen durch eine Zusatzausbildung nach dem PsychThG und Psychotherapeut*innen durch den Studiengang Psychotherapie seit 2019 als Behandler*innen einsetzbar, wenn sie eine Approbation erhalten haben. Für Behandlungen von Menschen, die leistungsberechtigt im AsylbLG sind, können zudem (Diplom-)Psycholog*innen auch ohne Zusatzausbildung als Leistungserbringer*innen zugelassen sein, da ein „Leistungsanspruch bei akutem Behandlungsbedarf nach dem Regime der §§ 4, 6 AsylbLG [...] nicht dem speziellen Sachleistungsprinzip der gesetzlichen Krankenversicherung [unterliegt]“ und demnach „Leistungen zur Behandlung akuter Erkrankungen und Schmerzzustände nach dem AsylbLG [...] auch von nicht nach dem Sachleistungsprinzip in der GKV zugelassenen Therapeuten erbracht werden [können].“[595]

Wenn Leistungsberechtigte nach 18 Monaten Anspruch auf Analogleistungen nach § 2 AsylbLG haben, kann es zum Abbruch der Versorgung durch die bisherigen Behandler*innen kommen, da sich die Versorgung nach § 2 AsylbLG an den Regelleistungen des SGB V orientiert und somit Behandler*innen, ohne

---

592 *Baron*, et al., Versorgungsbericht, 2019, S. 127.

593 Gesetz zur Regelung des Sozialen Entschädigungsrechts (SozERG) v. 12.12.2019, BGBl. 2019 Teil I Nr. 50, 2652–2725.

594 Siehe zu Traumaambulanzen ab S. 194.

595 LSG Hamburg Beschl. v. 18.6.2014 - L 1 KR 52/14 B ER, Juris (8, 11).

kassenärztliche Zulassung nicht mehr abrechnen können und so die Therapiemaßnahmen wirtschaftlich nicht mehr durchführbar sind. Hierfür wurde eigens die sogenannte Ermächtigung zur vertragspsychotherapeutischen Versorgung von Flüchtlingen[596] in § 31 Abs. 1 S. 2 Ärzte-ZV[597] eingeführt. Dabei muss die Behandlung nicht bereits in den ersten 18 Monaten des Aufenthalts bei den nicht kassenärztlich zugelassenen Behandler*innen begonnen worden sein – eine Ermächtigung kann auch nur für die Behandlung von Leistungsberechtigten nach § 2 AsylbLG erteilt werden.[598] Das könnte den Zugang zu psychotherapeutischen Behandlungen für geflüchtete Menschen erleichtern. Die Ermächtigung wurde nicht besonders häufig in Anspruch genommen, weshalb sie ihre Zwecke zum einen Behandlungsabbrüche zu reduzieren und zum anderen die psychiatrisch-psychotherapeutischen Behandlungsplätze für geflüchtete Menschen auszuweiten, nicht erfüllen kann.[599]

4. *Sprach- und Kulturmittlung*

Für die psychiatrisch-psychotherapeutische Versorgung, vor allem in den ersten Monaten des Aufenthalts, ist oft Sprachmittlung notwendig. Die Sprachbarriere wird als eines der größten Hindernisse in der adäquaten Versorgung geflüchteter Menschen gesehen, denn auf Sprache basiert in diesem Fall nicht nur die Aufklärung und Diagnostik, sondern auch das Erreichen des Behandlungsziels.[600] Sprache vermittelt Sicherheit, indem das Gefühl entsteht zu verstehen, was gesprochen wird und daran teilhaben zu können.[601] Dabei wird typischerweise von einem schlichten Übersetzen abgesehen und vermehrt Wert auf eine Kultur- und Sprachmittlung gelegt. Denn neben den sprachlichen Barrieren sind auch kulturelle Unterschiede in der Gesundheitsversorgung ein Problem. Bei der Erfassung der Symptomatik sollte auf muttersprachliche Instrumente zurückgegriffen werden, um die Validität der Diagnostik zu erhöhen.[602] Es kann sonst zu Missverständnissen und so zu Fehldiagnosen[603] kommen. Dies verursacht

596 BT-Drs. 19/3583.

597 Zulassungsordnung für Kassenärzte (ZO-Ärzte) v. 31.05.1957, BGBl. 1957 Teil I Nr. 23, 572–581.

598 BSG Urt. v. 4.11.2021 – B 6 KA 1620 R, Juris.

599 So auch *Töller*, et al., Z'Flucht 4 (2020), 37–67 (53 ff.).

600 Vgl. auch § 630c Abs. 1 BGB; *Lambert*, et al., J Couns Psychol 62 (2015), 28–37 (34).

601 So auch *Cremer, M.*, Angekommen und integriert?, 2017, S. 57.

602 *Schäfer, I.*, et al., S3 Leitlinie Posttraumatische Belastungsstörung, 2019, S. 55.

603 *Zaumseil* in Wohlfart/Zaumseil (Hrsg.), Beiträge der Psychologie zum Verständnis des Zusammenhangs von Kultur und psychischer Gesundheit bzw. Krankheit, 3–50 (26).

unnötige Zusatzkosten.[604] Sprachmittlung kann dazu beitragen, dass Behandlungskosten reduziert werden[605], da die Patient*innen ohne entsprechendes Sprachverständnis weniger empfohlene Angebote wie z. B. Präventionsleistungen in Anspruch nehmen und die Besuche bei den Behandler*innen weniger regelmäßig wahrnehmen, dafür aber öfter Notfallbehandlungen in Anspruch nehmen.[606]

Die Erstattung von Sprachmittlungskosten im Rahmen einer psychotherapeutischen Behandlung ist weder im SGB V noch in § 17 Abs. 2 SGB I vorgesehen, denn die Tätigkeit ist keine ärztliche Behandlung oder erfasst nur hörbehinderte Menschen.[607] Für Sprachmittlung bei der Behandlung von Leistungsberechtigten des AsylbLG gibt es zum einen die Möglichkeit, diese im Rahmen des § 6 Abs. 1 AsylbLG zu beantragen und zum anderen durch Projekte und Ehrenamtliche. Hierbei werden aber gegebenenfalls keine in gesundheits- und kulturrelevanten Fragen ausgebildeten Personen eingesetzt, sondern oftmals wird auf Familienangehörige zurückgegriffen, die in keiner Weise dafür geeignet sind.[608]

a. Finanzierung

Zusätzlich muss Sprachmittlung gesondert beantragt werden, wobei auch hier die Kostenübernahmezusage oft lange dauert[609] oder teils rechtswidrig abgelehnt wird.[610]

Teilweise wird für die Finanzierung von Sprachmittlung im AsylbLG bei Psychotherapie angeführt, dass wenn der Anspruch auf die psychotherapeutische Leistung nach § 4 Abs. 1 S. 1 AsylbLG besteht, sich daraus auch der Anspruch auf die Übernahme der zur Durchführung der Behandlung erforderlichen Sprachmittlungskosten ergibt.[611] Leistungsberechtigte können auch nach § 6 Abs. 1 AsylbLG einen Anspruch auf die Übernahme von Sprachmittler*innenkosten

---

604 *Brucks*, et al. in Borde/David (Hrsg.), Über-, Unter-, Fehlversorgung? Bedarfslücken und Strukturprobleme in der ambulanten Gesundheitsversorgung für Migrantinnen und Migranten. (30 ff.); *Flores*, et al., Pediatrics 111 (2003), 6–14 (13).

605 *Jacobs*, et al., Am J Public Health 94 (2004), 866–869 (867).

606 *Jacobs*, et al., J Gen Intern Med 22 (2007), 306–311 (310).

607 LSG Nordrhein-Westfalen Urt. v. 31.8.2006 – L 7 VG 9/05, Juris (LS. 2, LS. 3).

608 Mehr zu der Bedeutung von professionellen Sprachmittler*innen in *Mucker*, et al. in Schriefers/Hadzic (Hrsg.), Rahmenbedingungen für Psychotherapie und Beratung unter Einsatz von Sprachmittlern und Sprachmittlerinnen, 25–38 (27).

609 *Böttche*, et al., Nervenarzt 87 (2016), 1136–1143 (1140).

610 *BAfF e.V.*, Finanzierung von Sprachmittlungskosten für Geflüchtete, 2020, S. 6.

611 VG Saarland Urt. v. 29.12.2000 – 4 K 66/99.

haben, „wenn die Hinzuziehung im Einzelfall zur Sicherung der Gesundheit unerlässlich oder zur Deckung besonderer Bedürfnisse von Kindern oder zur Erfüllung einer verwaltungsrechtlichen Mitwirkungspflicht geboten ist“.[612] Abgestellt wird immer auf den Einzelfall, der es sowohl nach § 4 Abs. 1 als auch § 6 bzw. bei § 4 Abs. 1 i. V. m. § 6 AsylbLG nötig macht, dass ohne die Sprachmittlung die erforderliche sprachliche Verständigung und somit die Behandlung nicht möglich sind. Die Einschätzung liegt bei den Behörden.

Die Vorgaben aus Art. 17, 20 RL 2003/9/EG[613] i. V. m. § 6 AsylbLG führen für besonders schutzbedürftige Personen nach der RL 2013/33/EU dazu, dass das Ermessen im Hinblick auf die Erbringung von Dolmetscher*innenleistungen auf null reduziert ist – die Kosten für professionelle Sprachmittlung müssen in diesen Fällen also übernommen werden.

Es kommt dazu, dass vermehrt von Schwierigkeiten, wie z. B. einer rechtswidrigen Ablehnung bei der Finanzierung dieser Leistungen berichtet wird.[614] Eine eigene Erwähnung findet die Sprachmittlung im AsylbLG nicht, dafür wird auch keine Notwendigkeit gesehen.[615]

Für Leistungsberechtigte, die nach § 2 AsylbLG Analogleistungen erhalten und für alle anderen Personen, die nach dem SGB XII leistungsberechtigt sind, also ggf. auch anerkannte geflüchtete Menschen, kommt die Übernahme von Sprachmittlungskosten auf Grundlage des § 73 SGB XII in Betracht; demnach können Leistungen auch in sonstigen Lebenslagen erbracht werden, wenn sie den Einsatz öffentlicher Mittel rechtfertigen. Die Voraussetzungen dafür sind jedoch sehr streng, so müssen zunächst bspw. alle Möglichkeiten einer unentgeltlichen Sprachvermittlung ausgeschöpft werden, etwa durch Verwandte und Freunde,[616] da die Norm nur einen Sonderbedarf decken soll, der durch das Sozialleistungssystem nicht erfasst wird.[617] Die Anspruchsgewährung steht

---

612 BT-Drs. 19/3583, S. 6–7.

613 Richtline 2003/9/EG des Rates vom 27. Januar 2003 zur Festlegung von Mindestnormen für die Aufnahme von Asylbewerbern in den Mitgliedstaaten v. 06.02.2003, ABl. L 31, 18–25.

614 *MASGF*, Bericht über die Tätigkeit der Besuchskommissionen nach dem Brandenburgischen Psychisch-Kranken-Gesetz, 2019, S. 44.

615 „[...] vor diesem Hintergrund im Bereich des AsylbLG keine Erforderlichkeit für eine Änderung der rechtlichen Grundlage für die Abrechnung von Dolmetscherkosten oder für die Schaffung anderer praxistauglicher Finanzierungsmöglichkeiten.“ *BMAS*, Dolmetscher - Ermessen.

616 BVerwG Urt. v. 25.1.1996 – 5 C 20/95, NJW 49 (1996), 3092–3094.

617 SG Hildesheim Urt. v. 1.12.2011 – S 34 SO 217/10, Juris (19).

allerdings im Ermessen der Behörde. Ggf. könnte Sprachmittlung auch unter die Vorgaben der §§ 67 ff. SGB XII als Hilfe zur Überwindung besonderer sozialer Schwierigkeiten fallen. Dies wäre möglich, wenn besondere Lebensverhältnisse mit sozialen Schwierigkeiten verbunden sind und die Leistungen zur Überwindung dieser Schwierigkeiten beitragen, wenn die Personen dies aus eigener Kraft nicht schaffen. Typischer Anwendungsfall ist bspw. die Entlassung aus einer geschlossenen Einrichtung.[618] Dann müsste die Sprachmittlung eine soziale Schwierigkeit in dieser besonderen Lebenslage ausgleichen.

In der Zwischenzeit fordern zudem viele Vereinigungen die Einführung eines Anspruchs auf Sprachmittlung in den Leistungskatalog des SGB V.[619] Denn für die Leistungsberechtigten des SGB V besteht derzeit kein Anspruch auf Sprachmittlung bei der Behandlung[620], was vor allem für Personen, die durch § 2 AsylbLG den GKV-Leistungsberechtigten gleichgestellt sind, nachteilhaft ist – sie müssten dies über die aufgezeigten strengen Vorschriften des SGB XII ausgleichen. Für die Leistungsberechtigten des § 1 AsylbLG würde diese Änderung aber bei sonst gleichbleibender Rechtslage keine Verbesserung bringen, da sie keine Leistungsberechtigten des SGB V sind. Bisher sind sie diesen in Bezug auf Sprach- und Kulturmittlung gegenüber, rein formell gesehen, sozusagen privilegiert.

*b. Sprachmittler*innen in der Behandlung mit geflüchteten Menschen*

Es bedarf selbstverständlich immer nur dann einer Sprach- und Kulturmittlung, wenn die Sprachkenntnisse von Behandler*in und Patient*in sich nicht ausreichend überschneiden, eine gute Kommunikation in einer gemeinsamen Sprache also nicht möglich ist. Die Anwesenheit von Sprachmittler*innen kann für die Behandlungsbeziehung zwischen Behandler*in und Patient*in, vor allem bei psychischen Problemen problematisch sein. Allerdings wird im Allgemeinen die Ansicht vertreten, dass es besser ist, die Behandlung mit drei Anwesenden durchzuführen als überhaupt nicht.[621] Zudem verschafft die Sprachmittlung

618 § 1 Verordnung zur Durchführung der Hilfe zur Überwindung besonderer sozialer Schwierigkeiten v. 24.01.2001, BGBl. 2001 Teil I Nr. 6, 179–180.

619 *BPtK*, et al., Sprachmittlung als Leistung ins SGB V aufnehmen. Für fremdsprachige Patient*innen den Zugang zur Gesundheitsversorgung verbessern, Positionspapier, 2021.

620 BSG Beschl. v. 19.7.2006 – B 6 KA 33/05 B, Juris.

621 *Mucker*, et al. in Schriefers/Hadzic (Hrsg.), Rahmenbedingungen für Psychotherapie und Beratung unter Einsatz von Sprachmittlern und Sprachmittlerinnen, 25–38 (27).

zwischen den Aussagen den Behandelnden etwas mehr Zeit als üblich über das Gesagte nachzudenken. Andererseits ist hier eben die Bedeutung von Sprach- und Kulturmittlung relevant, da die Angaben der Patient*innen gegebenenfalls anders zu bewerten sind, als sie im deutschen Kulturkreis verstanden werden würden.[622] Vor allem in der Arbeit mit Menschen, die sehr wahrscheinlich potenziell traumatische Erfahrungen gemacht haben, sind (traumafokussierte) Therapieansätze mit Sprach- und Kulturmittler*innen wirksam. So können die Teilnehmenden das Behandlungsziel, also die Verbesserung der Symptomatik, erreichen.[623] Prinzipiell wird dazu geraten, für Menschen mit psychischen Erkrankungen, die die Behandlungssprache nicht ausreichend sprechen, eine Sprachmittlung herbeizuziehen.[624] Besonders wichtig ist die Sprachmittlung durch geschulte Personen, da so Fehler wie Übersetzungsfehler, Auslassungen, falsche Sprachverständlichkeit, Ersetzungen, persönliche Bearbeitungen und Ergänzungen vermieden werden können.[625] Qualifizierte Sprach- und Kulturmittler*innen stehen jedoch keineswegs flächendeckend zur Verfügung.[626] Vor allem die Abdeckung im ländlichen Raum ist mangelhaft, wobei es ohnehin nur wenige Anbieter*innen gibt.[627]

II. Weitere nicht-staatliche Versorgungsstrukturen

Die weitere medizinische Versorgung von Menschen mit schlechtem oder keinem Krankenversicherungsstatus wird meist durch die auf Ehrenamt(lichen) basierende Arbeit von NGOs ergänzt. Da die begrenzten Leistungen der §§ 4, 6 AsylbLG oftmals nicht alle Bedarfe abdecken, sind auch die Leistungsberechtigten des § 1 AsylbLG auf die Hilfsangebote dieser nicht-staatlichen Versorgungsstrukturen angewiesen. Allgemein wird eher davon abgesehen, diese Strukturen als Parallelleistungen zu bezeichnen, da sie zwar nebeneinander, nicht aber zusammen laufen, sondern deshalb angeboten werden müssen, weil

---

622 *Hadzic* in Schriefers/Hadzic (Hrsg.), Kommunikationsprozesse und Übersetzungsebenen in der Therapie und Beratung von Geflüchteten, 39–58.

623 *d'Ardenne*, et al., Behav. Cogn. Psychother. 35 (2007), 293–301 (298); *Lambert*, et al., J Couns Psychol 62 (2015), 28–37 (33).

624 *d'Ardenne*, et al., Behav. Cogn. Psychother. 35 (2007), 293–301 (299).

625 *Flores*, et al., Pediatrics 111 (2003), 6–14 (8).

626 *Lindner*, Ansprüche auf Gesundheitsleistungen für Asylsuchende in Deutschland, Rechtslage und Reformbedarfe, 2021, S. 19; *Mösko*, et al., EJPH 28 (2018), 58 (58).

627 *Flory*, Traumasensibler und empowernder Umgang mit Geflüchteten, Ein Praxisleitfaden, 2017, S. 82.

die staatlichen Leistungen zur Gesundheitsversorgung in der Praxis nicht ausreichen. Dabei war es nötig, diese Auffangstruktur in den letzten Jahren in Deutschland immer weiter auszubauen.[628]

Als Sammelbegriff für die vielen unterschiedlichen Angebote und Strukturen der ehrenamtlichen Hilfe wird häufig auch der Begriff „medizinische Flüchtlingshilfe(n)“ verwendet.[629] Medi-Büros, medizinische Flüchtlingshilfe e. V. und Medi-Beratungen sind häufig in Medinetzen organisiert und kooperieren in dieser Form teilweise mit ambulanten und stationären staatlichen medizinischen Einrichtungen.[630] Die finanzielle Situation der ehrenamtlichen nichtstaatlichen Versorgungsstrukturen ist prekär. Eine gesicherte Finanzierung gibt es nicht, oftmals sind die Einrichtungen und Initiativen als e. V. eingetragen, um Spenden erhalten und dafür Quittungen ausstellen zu können oder auf die Förderung durch Forschungsprojekte angewiesen[631] Viele Professionelle betätigen sich ehrenamtlich und setzen ihre beruflichen Qualifikationen unentgeltlich ein, sodass oft „nur“ Material- und Medikamentenkosten anfallen.[632] Ein Problem kann auch hier die Abdeckung von Aufgaben durch ehrenamtlich Engagierte darstellen. Wenn sich psychische Probleme bei Erwachsenen im Umgang mit anderen Erwachsenen wie z. B. den Ehrenamtlichen zeigen, müssen die Ehrenamtlichen diese auffangen. Bei Kindern und Jugendlichen werden Auffälligkeiten in Schule und Ausbildung wahrgenommen und durch ausgebildete Personen gehandhabt.[633] Ehrenamtliche Helfer*innen haben oft wenig Erfahrung mit diesem Bereich und sind stark gefährdet selbst traumatisiert zu werden bzw. aufgrund von Übertragungen selbst Folgen zu erleiden.[634] Auch ist der professionelle Umgang mit solchen Erkenntnissen für die Betroffenen wichtig, da sie durch falsches Vorgehen weitere Ängste bei den Betroffenen aufbauen können.

---

628 *Linke,* Möglichkeiten und Grenzen der ehrenamtlichen medizinischen Versorgung von nicht versicherten, chronisch kranken Migrant*innen in Berlin, 2019, S. 19.

629 Beispielsweise bei *Emken*, et al. in Zajak/Gottschalk (Hrsg.), Flicken für das Sozialnetz, 125–155 (134).

630 Vgl. *Emken*, et al. in Zajak/Gottschalk (Hrsg.), Flicken für das Sozialnetz, 125–155 (134).

631 *Pfennig*, et al., Die Psychiatrie 11 (2014), 223–226 (226).

632 *Emken*, et al. in Zajak/Gottschalk (Hrsg.), Flicken für das Sozialnetz, 125–155 (137 f.).

633 *Schäfer, R.*, et al. in Meyer/Ritgen/Schäfer, R. (Hrsg.), Chancen und Grenzen des Einsatzes ehrenamtlicher Helfer bei der Aufnahme und Unterbringung von Flüchtlingen, 383–392 (389).

634 *Rahmani*, et al. in Zajak/Gottschalk (Hrsg.), Psychologische Betreuung Geflüchteter, 157–182 (180).

C. Zwischenfazit

Die verschiedenen Bedingungen für die Inanspruchnahme von Psychotherapie in der GKV und dem AsylbLG wurden in diesem Kapitel erläutert. Gesundheitsleistungen im AsylbLG sind nicht im Ansatz so detailliert und fein ausgestaltet wie die garantierten Leistungsregelungen der Sozialgesetzbücher.[635] Die Regelungen für die Erbringung von psychiatrisch-psychotherapeutischen Leistungen nach den §§ 4, 6 AsylbLG unterschreiten die Standards aus dem SGB V deutlich. Es wurde deutlich, dass der Zugang zu Psychotherapie als klassische Behandlungsform bei psychischen Problemen für viele Patient*innen nur sehr schwer möglich ist. Besonders deutlich ist dies für Personen, die nur Anspruch auf die Leistungen nach §§ 4, 6 AsylbLG haben. Der Verweis auf eine rein medikamentöse Behandlung ist dabei keinesfalls ausreichend, sondern widerspricht sogar den Expert*innenstandards für die Behandlung von PTBS.[636] Eine Psychopharmakotherapie ist in der Praxis oft nicht ausreichend und kann prinzipiell die Beschwerden nicht beheben, sondern lediglich die Symptome lindern. Die Voraussetzung der Erforderlichkeit der Behandlung führt dann bei psychischen Erkrankungen dazu, dass die beantragte Psychotherapie mit dem Verweis auf eine Psychopharmakotherapie entgegen den Behandlungsleitlinien[637] und der fachlichen Meinung[638] abgelehnt wird.[639]

Einer Ablehnung der Behandlung von psychischen Erkrankungen bei geflüchteten Menschen, einfach weil dies für Menschen aus Krisengebieten üblich sei[640] und sie diese schlichtweg zu tragen hätten,[641] kann aus medizinischen und psychiatrisch-psychotherapeutischen Perspektiven nicht gefolgt werden. Selbst wenn ein erhöhtes Erkrankungsrisiko bei Menschen mit Fluchterfahrungen besteht, kann dies kein Ausschlussgrund für die Behandlung von psychischen

---

635 *Hillmann* in Brecht-Heitzmann (Hrsg.), Rechtliche Gestaltungsvorgaben für die Gesundheitsversorgung Geflüchteter, 83–104 (86).

636 *Schäfer, I.*, et al., S3 Leitlinie Posttraumatische Belastungsstörung, 2019, S. 6.

637 *dies.*, S3 Leitlinie Posttraumatische Belastungsstörung, 2019, S. 6.

638 Für viele *Bartholomäus*, Dtsch Arztebl PP 15 (2016), 340; *Klotz, S.* in Bergemann/Frewer (Hrsg.), Weibliche Geflüchtete und das Recht auf Gesundheit, 225–279 (257).

639 OVG Niedersachsen Beschl. v. 6.7.2004 – 12 ME 209/04, Juris (8); OVG Nordrhein-Westfalen Beschl. v. 20.8.2003 – 16 B 2140/02, Justiz-Online NRWE (13); LSG Thüringen Beschl. v. 22.8.2005 – L 8 AY 383/05 ER, Juris (21); VG Düsseldorf Beschl. v. 2.10.2002 – 11 L 3762/02, Justiz-Online NRWE (4); SG Landshut, BeckRS 2016, 65330.

640 VG Potsdam Urt. v. 21.6.2004 – 12 K 2435/02.A, Juris (4).

641 LSG Thüringen Beschl. v. 22.8.2005 – L 8 AY 383/05 ER, Juris (28).

Erkrankungen sein, sofern die Erkrankungen die Behandlungsvoraussetzungen des AsylbLG erfüllen.

Auch der Verweis auf kurze Aufenthaltszeiten ist nicht angemessen, wenn bereits die Bearbeitung der Anträge mehrere Monate dauert.[642] Eine Therapie umfasst meist nur einige Sitzungen, die zunächst im Zeitraum der Antragsdauer liegen würden. Es wird davon ausgegangen, dass die Behandlung in Deutschland nicht abgeschlossen werden kann, wobei die Antragsbearbeitungszeit für Asylanträge wie bereits dargestellt sechs bis acht Monate bzw. bis zu einer rechtskräftigen Entscheidung 21 Monate dauert. Bei der Beantragung von Psychotherapie ist schon die entsprechende Norm teilweise strittig, die Leistung wird uneinheitlich nach § 4 oder § 6 AsylbLG oder nach § 4 und 6 AsylbLG erbracht.

Der Antrag hat zudem eine sehr lange Bearbeitungszeit, da gegebenenfalls sowohl von den Behandler*innen als in bestimmten Fällen auch von Fachärzt*innen eine Stellungnahme bzw. ein Gutachten eingeholt werden muss sowie eine verwaltungsinterne Abklärung zwischen den Gesundheitsbehörden und den Sozialbehörden erfolgen muss. Hinzu kommt die nur bedingt durch die Behörden regelbare Verfügbarkeit von Behandlungsplätzen, sodass zuvor bereits Monate vergehen, bis Termine für die probatorischen Sitzungen vereinbart werden können. Wird allerdings in dieser langen Zeit der Asylantrag bewilligt, entfallen alle getätigten Bemühungen, weil sich die Zuständigkeiten ändern. Es gibt also unzählige Verzögerungen innerhalb des Prozesses bis zum möglichen Erhalt einer Psychotherapie, die von den Betroffenen nicht beeinflusst werden können. Außerdem kann es dazu kommen, dass einer der Anträge für Psychotherapie, Fahrtkostenübernahme oder Sprach- und Kulturmittlung nicht bewilligt wird, sodass eine Therapie dann meist doch nicht stattfinden kann.[643]

Dass Aufenthaltszeiten dann als nicht mehr ausreichend angesehen werden, kann den Betroffenen eigentlich nicht zur Last gelegt werden, vor allem im Hinblick auf die in § 13 Abs. 3a SGB V vorgesehenen Genehmigungsfristen über Leistungsanträge von drei bzw. fünf Wochen. Die Anträge sollten insgesamt einheitlich und weitestgehend standardisiert sein, sodass sowohl für Patient*innen, als auch Behandler*innen und die weiteren involvierten Personen, z. B. in PSZ, die Antragstellung möglichst niedrigschwellig stattfinden kann.

Es gibt für gesetzlich und privat leistungsberechtigte Krankenversicherte keine ausreichenden Therapieplätze, weshalb mit der Ermächtigung zur

642 BT-Drs. 19/23630, S. 4–5.

643 So die "Warnung" in der von und für Expert*innen entwickelten Leitlinie, *Schäfer, I.*, et al., S3 Leitlinie Posttraumatische Belastungsstörung, 2019, S. 76.

vertragspsychotherapeutischen Versorgung von Flüchtlingen in § 31 Abs. 1 S. 2 Ärzte-ZV versucht wurde, mehr Behandlungskapazität für geflüchtete Menschen zu schaffen. Diese Option war jedoch kaum wirksam. An einigen Stellen wird sogar versucht, die Behandlungsoptionen noch weiter einzuschränken.[644] Obwohl es Bemühungen gibt, das Therapieangebot auszuweiten, scheint es immer noch nicht Konsens zu sein, dass dies nicht nur projekt- und damit lückenhaft geschehen darf, sondern andauernd und flächendeckend erfolgen muss. Die Bedeutung einer gesunden Psyche wird immer mehr hervorgehoben, sodass sich diese Entwicklung auch in der Versorgung von geflüchteten Menschen abbilden sollte, die ohnehin schon einem erhöhten Erkrankungsrisiko ausgesetzt sind.

Da Psychotherapie stark auf Kommunikation durch Sprache basiert, ist der Zugang zu verlässlicher Sprachmittlung elementar. Auch dabei stellen sich vor allem für geflüchtete Menschen große Herausforderungen, obwohl gerade für sie frühzeitige Stabilisierung für die Alltagsbewältigung sowie die Ressourcenfokussierung wichtig wäre. Sprachmittlung sollte für alle Menschen, die der Behandlungssprache nicht ausreichend mächtig sind, erbracht werden. Vor allem für Menschen, die Psychotherapie nach dem AsylbLG bekommen, sollte durch die sehr ausführliche Prüfung des Antrags bereits klar sein, dass diese Behandlung dringend benötigt wird und keine weitere Prüfung für etwaige Sprachmittlung stattfinden, sondern Sprachmittlung sollte mit beantragt werden können. Sprachmittlungsleistungen sind zudem nicht nur zur Verbesserung der Gesundheitsversorgung von Patient*innen mit eingeschränkten Sprachkenntnissen geeignet, sondern auch wirtschaftlich.[645] Außerdem sollten Fahrtkosten nicht noch zusätzlich beantragt werden müssen, wenn sich bereits aus dem Therapieantrag ergibt, dass Behandlungsplatz und Wohnort so weit auseinanderfallen, dass die Durchführung der Behandlung ohne Fahrtkostenübernahme nicht bewältigbar ist.

Schlussendlich muss es sich oft nicht zwangsläufig um eine vollwertige Psychotherapie handeln, da eben bei vielen Menschen mit traumatischen Erlebnissen, die krankheitsauslösend sein können, bereits stabilisierende und psychoedukative Verfahren hilfreich sein können. Dies würde auch den Bedenken bezüglich der zu kurzen Aufenthaltsperspektiven entgegenkommen, da es sich hier typischerweise um Menschen mit ungesichertem Aufenthalt handelt. Diese Perspektive wird im weiteren Verlauf nochmals aufgegriffen. Ein niedrigschwelliger Zugang zu psychotherapeutischen Maßnahmen würde auch berücksichtigen, dass die Behandlung mit Psychotherapie im AsylbLG ohnehin von den psychotherapeutischen Leistungen des SGB V abzugrenzen ist.

644 BT-Drs. 19/26822.

645 *Jacobs*, et al., Am J Public Health 94 (2004), 866–869 (867).

Kapitel 5 Prävention von psychischen Erkrankungen

A. Prävention

I. Prävention aus unterschiedlichen Perspektiven

Es wird unterschieden zwischen freiwilliger und gezwungener Prävention. Freiwillig sind demnach Vorsorge- und Früherkennungsuntersuchungen. Dazu gehören vor allem Gesundheitserziehung, Gesundheitsförderung per Gesetz, z. B. durch Kuren und Reha-Maßnahmen, Impfungen oder Schwangerschaftsuntersuchungen. Bei erzwungener Prävention wird von Gesundheitsvorsorge durch Zwang ausgegangen, vor allem bei selbst- und fremdgefährdendem Verhalten, aber auch durch Alkohol- und Drogenverbot am Steuer.[646]

Verschiedene Disziplinen haben unterschiedliche Definitionen von Prävention, so auch Medizin- und Sozialwissenschaft.

1. Medizinwissenschaftliche Perspektive

Das französische Wort „prévention" oder auch das spätlateinische „praeventio" sowie das lateinische Wort „praeveniō" haben alle mit dem Ursprung des Wortes „Prävention" zu tun – sie bedeuten alle „zuvorkommen."[647] Die Krankheitsprävention dient der Verhütung von Krankheiten. Das Auftreten von Erkrankungen soll vermieden werden. Sie zielt auf den Abbau und das Zurückdrängen sowie die frühzeitige Erkennung von Gesundheitsrisiken und Auslösefaktoren ab. Diese Idee hat ihren Ursprung wohl in der sozialmedizinischen Debatte um Hygiene und Volksgesundheit des 19. Jahrhunderts.[648] Frühe Interventionen sollen mindestens eine Chronifizierung oder die Entstehung einer Störung mit Krankheitswert verhindern.[649]

---

646 So bereits *Jung, E.*, Das Recht auf Gesundheit, 1982, S. 201–204.

647 Vgl. *Zabel* in Puschke/Singelnstein (Hrsg.), Das Paradox der Prävention, 55–75 (63).

648 *Klotz, T.*, et al., Dtsch Arztebl 103 (2016), A-606 / B-519 / C-499.

649 *Heidenreich*, et al. in Otto/Thiersch (Hrsg.), Therapie und Soziale Arbeit, 1661–1669 (1665).

2. *Sozialwissenschaftliche Perspektive*

Abgesehen von dieser medizinischen Definition wird Prävention in der Sozialwissenschaft als „vorbeugender Eingriff“ verstanden, der auf die Verhinderung möglicher Gefahren und Schädigungen abzielt. Dabei wird auch die mit Prävention verbundene Schwierigkeit des Voraussetzungsreichtums deutlich. So wird in diesem Fall angenommen, dass psychische Erkrankungen nicht förderlich sind für die gesunde Entwicklung des Menschen. Zudem kann nur durch fundiertes Wissen über die problematischen Umstände eine vorausschauende Prognose abgegeben werden, die nur durch erprobte Instrumente erreicht werden kann.[650] Die sozialwissenschaftliche Perspektive auf Prävention erweitert das medizinische Verständnis um einige Leitlinien, die förderlich sind. So kann ein ganzheitliches Konzept entstehen, welches die Wahrscheinlichkeit mindert, an (psychischen) Erkrankungen zu leiden.

II. Abgrenzung von Prävention und Gesundheitsförderung

Häufig wird im Zusammenhang mit medizinischer Prävention auch von Gesundheitsförderung gesprochen. Gesundheitsförderung bezieht sich jedoch stärker auf die Lebensmöglichkeiten der Menschen und deren Fähigkeiten sowie die Lebens-(welt-[651])gestaltung. Deshalb sind für Gesundheitsförderung auch Politik oder Arbeitsbedingungen relevant. Prävention hingegen ist eine rationale Strategie zur Erreichung der Ziele der Gesunderhaltung und Gefährdungsabwehr, die in Konkurrenz zu politischen, lebensweltlichen und (sozio-) ökonomischen Prioritäten steht. Sie verläuft prozesshaft und gegebenenfalls nicht immer in einer Vorwärtsbewegung.[652] Die Gesundheitsförderung kann aber keinesfalls umfassend ausgeschlossen werden, schließt sich jedoch eher an spätere Fragestellungen an. Nämlich, wie die Bedingungen der Prävention von psychischen Erkrankungen bei geflüchteten Menschen umgesetzt werden können und in welchen Bereichen, abgesehen von den hier angesprochenen migrations- und verwaltungsrechtlichen, es dafür zusätzliche Änderungen geben muss. Die Förderung der Gesundheit ist nicht nur in der präventiven Arbeit wichtig, sondern sollte auch immer Ziel der kurativen, pflegerischen und rehabilitativen

---

650 *Galuske*, Methoden der Sozialen Arbeit, 2013, S. 317–318.

651 „Lebenswelten“ sind Orte „wo Probleme entstehen, wo Leben gelebt wird, wo die Adressat[*inn]en selbst (…) Lebensbewältigung praktizieren.“ *ders.*, Methoden der Sozialen Arbeit, 2013, S. 146.

652 *Slesina*, ZEFQ 103 (2009), 356.

Handlungen sein.[653] Darüber hinaus sind gesundheitsförderliche Maßnahmen nicht allein im Gesundheitssektor relevant, sondern z. B. auch im politischen oder sozialen Bereich.[654] Es bedarf einer koordinierten Zusammenarbeit der Legislative mit den Beteiligten aus den Bereichen Gesundheit, Soziales, Wirtschaft sowie lokalen Institutionen.[655] Außerdem ist Partizipation ein zentrales Qualitätsmerkmal der Gesundheitsförderung sowie auch der Prävention. Die Beteiligung und Teilhabe unterschiedlichster Akteur*innen und Zielgruppen ist gleichzeitig eine große Herausforderung für alle. Dennoch kann Prävention nur durch Partizipation der geflüchteten Menschen gelingen und so eine auf das Individuum zugeschnittene Lösung bieten.[656] Eine klare Abgrenzung zwischen Prävention und Gesundheitsförderung ist demzufolge nicht möglich.[657]

III. Stand der Forschung

Für valide Daten in Bezug auf die Wirksamkeit präventiver Strategien sind langfristig angelegte vorausschauende Untersuchungen mit einer möglichst großen Stichprobe nötig.[658] Deshalb gestaltet sich die Forschung in diesem Bereich mitunter schwierig. Es gibt zahlreiche Studien über den Gesundheitszustand der Bevölkerung, sowohl zur Gesamtbevölkerung[659] zu Migrant*innen

---

653 *Rosenbrock*, et al. in Richter, M./Hurrelmann (Hrsg.), Primärprävention als Beitrag zur Verminderung sozial bedingter Ungleichheit von Gesundheitschancen, 385–403 (388).

654 *WHO*, Ottawa-Charta zur Gesundheitsförderung, Erste Internationale Konferenz über Gesundheitsförderung, Ottawa, Kanada, 17.–21. November 1986, S. 1–3; *Niehoff*, Gesundheitssicherung, Gesundheitsversorgung, Gesundheitsmanagement, 2008.

655 *Kundt*, Die Gesundheitsversorgung in Deutschland aus staatlicher Sicht, 2017, S. 24; *Schmidt, B.*, et al. in Gerlinger/Kümpers/Lenhardt, et al. (Hrsg.), Die Gesundheitsförderung frisst ihre Klienten, 223–233 (229).

656 Vgl. auch dazu *Abholz* in Gerlinger/Kümpers/Lenhardt, et al. (Hrsg.), Public Health, evidenzbasierte Medizin und Prävention als Bedrohung des Individuums in der Medizin, 340–351 (350).

657 Dies zeigt sich auch bereits in § 20 Abs. 1 S. 1 SGB V „Primäre Prävention und Gesundheitsförderung", wo beide Begriffe zwar unterschiedlich legaldefiniert sind, diese Definitionen sich aber auf den jeweils anderen Halbsatz beziehen: S. 1: „Die Krankenkasse sieht in der Satzung Leistungen zur Verhinderung und Verminderung von Krankheitsrisiken (primäre Prävention) sowie zur Förderung des selbstbestimmten gesundheitsorientierten Handelns der Versicherten (Gesundheitsförderung) vor."

658 *Pfennig*, et al., Die Psychiatrie 11 (2014), 223–226 (226).

659 *Jacobi*, et al., Nervenarzt 85 (2014), 77–87.

allgemein[660] oder z. B. zu den Auswirkungen von ungesicherten Aufenthaltsstatus auf die Gesundheit.[661] Doch diese allgemeine Ebene reicht nicht aus, um sich der hier vorliegenden Fragestellung anzunähern. Auf einer weiteren Ebene gibt es wiederum Studien spezieller zum Bereich der psychischen Erkrankungen, die in der Gesamtbevölkerung über die vergangenen Jahrzehnte merklich angestiegen sind.[662] Hier gibt es vertiefende Studien über z. B. die psychische Gesundheit von Kindern und Jugendlichen[663] oder Migrant*innen.[664] Ergebnis ist immer, dass Migrant*innen ein höheres Risiko haben, an psychischen Erkrankungen zu leiden und ihre individuellen Bewältigungsressourcen oft nicht ausreichen. Die WHO bemängelt in einem Bericht,[665] dass es zwar zahlreiche Studien zur allgemeinen Gesundheit von Migrant*innen und geflüchteten Menschen gibt, wenige nur zu ihrer psychischen Gesundheit.

Vielfach gibt es auch Überlegungen hinsichtlich präventiver Maßnahmen zur Krankheitsentstehung. Hier werden verschiedenste Bereiche beleuchtet. So gibt es Arbeiten zur Prävention psychischer Erkrankungen[666], hauptsächlich bei der Allgemeinbevölkerung sowie zur Prävention von somatischen Erkrankungen bei geflüchteten Menschen durch z. B. Schutzimpfungen.[667] Forderungen nach Präventions- und Bewältigungsstrategien für psychische Herausforderungen im Bereich Migration gibt es meistens nur für professionelle Mitarbeiter*innen und freiwillig Engagierte.[668] Hier ist bereits erkannt worden, dass dies sehr früh und niedrigschwellig geschehen muss, um Spätfolgen entgegenzuwirken.[669] Aber

---

660 *Knipper*, et al., Migration und Gesundheit, 2009; *Razum*, et al., Migration und Gesundheit, Schwerpunktbericht der Gesundheitsberichterstattung des Bundes, 2008.

661 *Wenner*, et al., Bundesgesundheitsbl 59 (2016), 627–635.

662 Vgl. *Jacobi*, Report Psychologie 34 (2009), 16–28 (17).

663 *Ravens-Sieberer*, et al., Bundesgesundheitsbl 50 (2007), 871–878.

664 *Werthern*, et al., BMC Psychiatry 18 (2018), 382.

665 *Regionalkomitee für Europa*, Report on the health of refugees and migrants in the WHO European Region, 2018, S. 37.

666 *Klosterkötter* in Kirch/Badura/Pfaff (Hrsg.), Prävention psychischer Erkrankungen, 755–771; *Richter, R.*, PHF 22 (2014), 9–10.

667 *Agbih* in Frewer/Bergemann/Hack, et al. (Hrsg.), Gesundheitsversorgung für Flüchtlinge aus ethischer Perspektive: Wo fangen die Fragen an?, 41–74.

668 Vgl. *IASC*, Guidelines on Mental Health and Psychosocial Support in Emergency setting, 2007, S. 25.

669 *dass.*, Guidelines on Mental Health and Psychosocial Support in Emergency setting, 2007, S. 87.

auch diese Untersuchungen können die zugrunde liegende Fragestellung nicht beantworten.

Wenn die Grundgedanken eines präventiven Ansatzes zur Verhinderung der Entstehung von (psychischen) Erkrankungen zusammengedacht wurden, dann bisher lediglich in Bezug auf Migrant*innen allgemein[670], jedoch nicht spezieller für geflüchtete Migrant*innen. Die Teilnahme von Menschen mit Migrationshintergrund an Präventionsleistungen (des SGB V) hängt von kultursensiblen[671] Präventionsstrategien und der Angebotscharakteristika ab.[672] Der Zugang zu diesen Präventionsleistungen, auch der zu traumapädagogischen und migrationssensiblen Präventionsstrategien ist für Leistungsberechtigte des AsylbLG bisher nicht gegeben. Dann gibt es Untersuchungen zum Einfluss der Flucht auf die Gesundheit der geflüchteten Menschen sowie auf deren Psyche.[673] Eine wissenschaftliche Begleitung der geflüchteten Menschen hinsichtlich der Verhinderung der Entstehung von psychischen Erkrankungen ist bislang unterblieben. Dabei könnten diese Untersuchungen einen wichtigen Beitrag zum besseren Diversity-Verständnis leisten und außerdem die Gesundheitsversorgung für geflüchtete Migrant*innen verbessern.[674] Die WHO schlussfolgert zudem, dass die Ermöglichung eines frühzeitigen Zugangs zu kulturell angemessener Gesundheitsversorgung wichtig ist, um das Risiko schlechter Gesundheitsergebnisse im Zusammenhang mit übertragbaren und nicht übertragbaren Krankheiten einschließlich psychischer Erkrankungen zu verhindern und zu verringern.[675]

---

670 *Brand*, et al., Bundesgesundheitsbl 58 (2015), 584–592.

671 Kultursensibilität wird mitunter kritisch betrachtet, weil der Begriff ein starres und verallgemeinerndes Bild der Kultur von Bevölkerungsgruppen nahelegt. Der Begriff migrationssensibel wird bevorzugt, da Migrationssensibilität Faktoren wie Sprachkompetenzen, Herkunftsregion, Migrationsmotive und -umstände oder Aufenthaltsdauer und -status berücksichtigt, so auch *GKV-Spitzenverband*, Literatur- und Datenbankrecherche zu Gesundheitsförderungs- und Präventionsansätzen bei Menschen mit Migrationshintergrund und Auswertung der vorliegenden Evidenz, Ergebnisbericht, 2017, S. 12.

672 *Brand*, et al., Bundesgesundheitsbl 58 (2015), 584–592.

673 *Georgiadou*, et al., Front Psychiatry 9 (2018), 1–12.

674 So auch *Spallek*, et al. in Bauer, U./Bittlingmayer/Richter, M. (Hrsg.), Erklärungsmodelle für die gesundheitliche Situation von Migrantinnen und Migranten, 271–288 (287).

675 *Regionalkomitee für Europa*, et al., Health of refugees and migrants, Regional situation analysis, practices, experiences, lessons learned and ways forward, 2018, S. 21.

Im Zuge der Reform des Opferentschädigungsrechts wurden verschiedene Studien durchgeführt.[676] Dabei ging es um die Wirksamkeit von Frühinterventionen nach potenziell traumatischen Ereignissen. Dazu wurden Menschen nach einer potenziell traumatischen Erfahrung in der Untersuchungsgruppe den Leistungen der Traumaambulanzen zugeführt und dort mit frühzeitiger Intervention unterstützt. Die Kontrollgruppe begab sich ebenfalls in Behandlung, allerdings im Regelsystem, welches mit langen Wartezeiten und nicht traumaspezifisch geschultem Personal eine im Vergleich schlechtere Ausgangssituation bietet. In der Untersuchungsgruppe ergab sich nach erfolgter Intervention in den Traumaambulanzen eine hochsignifikante und klinisch bedeutsame Besserung der Traumabelastung sowie eine signifikant bessere depressive Symptomatik, die es in der Kontrollgruppe nicht gab. Eine statistisch signifikante, klinisch relevante Reduktion der Belastungen gab es nach der Inanspruchnahme der Leistungen der Traumaambulanz im Bereich der posttraumatischen Stresssymptomatik.[677] Hinzu kommt, dass die in den Traumaambulanzen behandelten Personen nach der Intervention meist keine weitere Behandlung in Anspruch genommen haben, was für eine Besserung des subjektiven Befindens spricht. In der Kontrollgruppe blieb das Befinden hingegen gleich. Ergebnis ist, dass eine schnelle und niedrigschwellige Intervention der Behandlung in der Regelversorgung überlegen ist.[678]

IV. Personale und strukturelle Prävention

Unter Prävention wird also bei Betrachtung der verschiedenen Blickwinkel nicht nur der Abbau von Risikofaktoren, sondern auch die Entwicklung von Strategien zur individuellen Partizipation am Gesundheitszustand verstanden. Wenn die Betroffenen aber selbst in die Verantwortung genommen werden, wird ihnen einerseits die Möglichkeit (zurück-)gegeben, ihre Lebenssituation selbst zu beeinflussen und andererseits mehr Partizipation[679] ermöglicht. Frühere Präventionstraditionen waren darauf fokussiert, durch individuelle Maßnahmen Risikofaktoren abzubauen und dazu verhaltensbezogene Interventionen

---

676 *Keller*, et al., Psychotherapeut 61 (2016), 197–207.

677 Statistisch signifikant ist nicht gleich klinisch relevant. Klinische Relevanz besteht erst dann, wenn Patient*innen durch eine Maßnahme eine deutliche Verbesserung verspüren, *Wink*, MMW - Fortschritte der Medizin 160 (2018), 1–5.

678 BT-Drs. 19/13824, S. 185.

679 Dazu *Fischer, A.*, et al. in Gerlinger/Kümpers/Lenhardt, et al. (Hrsg.), Prävention und ihre Grenzen, 211–222 (219).

durchzuführen. Ein moderneres Verständnis von Prävention verlangt nach sozialen Programmen und Strategien zur Beteiligung der Betroffenen an der eigenen Gesundheit.[680] Dies entspricht auch den Forderungen der Ottawa-Charta der Weltgesundheitsorganisation[681].

1. Personale Prävention: Verhaltensprävention

Die Verhaltensprävention (personale Prävention) soll Einfluss auf das individuelle Gesundheitsverhalten und den Gesundheitszustand haben, um die einzelnen Personen dazu zu motivieren, Risiken zu vermeiden. Dies kann durch Informations- und Aufklärungsarbeit sowie die Stärkung der Persönlichkeit geschehen. Dabei steht die Veränderung ungünstiger Verhaltensmuster und emotionaler Äußerungsmechanismen im Vordergrund.[682]

2. Strukturelle Prävention: Verhältnisprävention

Bei der Verhältnisprävention (strukturelle Prävention) geht es um Einflussnahme auf die Gesundheit bzw. Krankheit. Veränderungen in der Lebensführung, vor allem in den Bereichen Arbeit, Familie, Freizeit oder auch Umweltbedingungen sollen Risiken abbauen und sie so risikoärmer gestalten. Es geht um die Veränderung der biopsychosozialen Lebensverhältnisse.[683]

Beide Bereiche können in allen Phasen der Prävention, die sogleich weiter ausgeführt werden, angebracht werden. So können gesundheitsbezogene verhaltenspräventive Ansätze in der Primärprävention z. B. die Entwöhnung vom Rauchen oder ein gutes Stressmanagement sein. Im Bereich der Verhältnisprävention der Primärprävention wären die Maßnahmen z. B. die Einführung von hohen Tabaksteuern oder der gezielte Schutz vor Schadstoffen bei der Arbeit.[684]

---

680 *Elkeles* in Gerlinger/Kümpers/Lenhardt, et al. (Hrsg.), Evidenzbasierung in der Gesundheitsförderung?, 93–103 (94 f.).

681 WHO, Ottawa-Charta zur Gesundheitsförderung, Erste Internationale Konferenz über Gesundheitsförderung, Ottawa, Kanada, 17.–21. November 1986.

682 *Klosterkötter* in Kirch/Badura/Pfaff (Hrsg.), Prävention psychischer Erkrankungen, 755–771 (761).

683 *ders.* in Kirch/Badura/Pfaff (Hrsg.), Prävention psychischer Erkrankungen, 755–771 (760).

684 So auch *Bauer, U.*, Das Präventionsdilemma, 2005, S. 20–21.

B. Präventionsphasen

Prävention erfolgt also durch Risikoabbau und Ressourcenstärkung und zielt damit auf Verhältnis-, Verhaltens- sowie Umweltveränderungen und auf den Organismus ab.[685] Um noch genauer nachvollziehen zu können, was genau Prävention ist, an welcher Stelle welche Risikofaktoren auftreten können und wo angesetzt werden kann, um diesen und dem dadurch gegebenenfalls erhöhten Erkrankungsrisiko zuvorzukommen, werden verschiedene Phasen der Prävention unterschieden. Prävention kann in mehreren Stadien gedacht werden, wobei sie von der generellen Verhütung von Risikofaktoren bei gesunder Population über die Gesunderhaltung oder die Behebung von Risikofaktoren sowie der Früherkennung von Erkrankungen bis zur bloßen Verhütung von Behinderungen führen kann. Es geht also um Gesunderhaltung sowie Gefährdungsabwehr.[686] Prävention muss zudem auf mehreren Ebenen gedacht und durchgeführt werden. *Caplan* unterschied 1964 verschiedene Präventionszeitpunkte; dabei entstanden zunächst die primäre, sekundäre und tertiäre Prävention. Über die Jahre hat dieses Konzept immer weitere Ergänzungen gefunden.

Die Auffassung, Prävention könne zeitlich nur vor Eintritt eines Risikos ansetzen, danach wirke nur noch Therapie[687], wird hier nicht vertreten. Vielmehr wird Prävention in zahlreiche zeitliche Wirkungspunkte unterteilt, die auch noch nach Eintreten einer potenziellen Schädigung greifen. Folgend werden deshalb die Stadien der gesundheitlichen Prävention dargestellt und in einen Zusammenhang mit dem Ereignis Fluchtmigration gebracht.

I. Primordiale Prävention

Die primordiale Prävention ist die Verhütung von Risikofaktoren bei noch gesunden Populationen. Hier müsste auf politischer Ebene angesetzt werden, um Risikofaktoren am Entstehen zu hindern[688]; etwa durch die Verhinderung von bewaffneten Auseinandersetzungen oder anderer Fluchtursachen, die auf militärischer und (sozial-)politischer Ebene entstehen.

---

685 *Slesina*, ZEFQ 103 (2009), 356.

686 *ders.*, ZEFQ 103 (2009), 356.

687 *Rosenbrock*, et al. in Richter, M./Hurrelmann (Hrsg.), Primärprävention als Beitrag zur Verminderung sozial bedingter Ungleichheit von Gesundheitschancen, 385–403 (387).

688 *Kirch*, et al. in Schrappe/Lauterbach/Lüngen (Hrsg.), Prävention und Gesundheitsförderung, 180–203 (181).

II. Primäre Prävention

Primäre Prävention wird als Gesunderhaltung bzw. Krankheitsverhütung im weitesten Sinne bei (noch) gesunden Personen verstanden. Ziel ist die Verminderung von Inzidenzraten oder Eintrittswahrscheinlichkeiten.[689] Erkenntnisse aus der präventivmedizinischen Forschung zeigen, „dass eine krankheitsorientierte ärztliche Gesundheitsuntersuchung, die vorrangig auf die Früherkennung einer bereits eingetretenen Erkrankung ausgerichtet ist, zu kurz greift."[690] Bereits vorher können gesundheitliche Risikofaktoren und Belastungen vorliegen. Diese könnten durch primärpräventive Maßnahmen beseitigt oder zumindest gemindert werden.[691] Dabei ist es irrelevant, ob es sich um somatische oder psychische Formen handelt: Oft treten sowohl psychische als auch physische Reaktionen gemeinsam auf, sodass eine gesamtheitliche Betrachtung notwendig ist, um nichts von der Behandlung auszuschließen. Objektive Maßnahmen dienen z. B. der Beseitigung und Verhinderung eines möglichen traumatischen Ereignisses. Auch hier wären mögliche Fluchtursachen zu verhindern wie z. B. Genitalverstümmelung und Zwangsehe sowie die Verfolgung von bestimmten Personen(gruppen). Subjektive Maßnahmen sollen bestimmte Gruppen oder Individuen auf potenziell traumatische Ereignisse vorbereiten, die für sie persönlich von größerer Bedeutung sein könnten, z. B. bei Mitarbeiter*innen von Banken, die auf Überfälle vorbereitet werden sollten. An dieser Stelle müsste bereits vor der Flucht angesetzt werden, um die Menschen für die anstehenden Herausforderungen vorzubereiten. Dies gestaltet sich in der Realität jedoch aus diversen Gründen schwer.

III. Sekundäre Prävention

Die sekundäre Prävention wird auch als reaktive Prävention bezeichnet. Es geht dabei um (symptomlose) Krankheitsfrüherkennung und anschließende Behandlung bzw. Frühtherapie. Also Maßnahmen, die nach einem Ereignis ergriffen werden, gewissermaßen Krisenintervention. Oft wird im Zusammenhang von Prävention auch von Frühintervention gesprochen. Dabei ist das Stadium der sekundären Prävention gemeint. Dazu gehört zudem die Verhinderung des

689 *SVR Gesundheit,* Optimierung des Systems durch Gesundheitsförderung und Prävention, 13–48 (13).

690 BT-Drs. 18/4282, S. 40.

691 BT-Drs. 18/4282, S. 24.

Wiedereintritts einer bereits überwundenen Erkrankung.[692] *Gordon* (1987) entwickelte drei „Unterarten" der sekundären Prävention, die universell-präventive, die selektiv-präventive und die indiziert-präventive Intervention.[693]

1. Universelle Prävention

Diese Interventionsmaßnahmen werden auf eine gesamte Populationsgruppe angewendet, ungeachtet spezieller Risikofaktoren oder dem Vorliegen eines besonderen Erkrankungsrisikos. Darunter wird unter anderem Öffentlichkeitsarbeit in Form von Aufklärungskampagnen verstanden. Bei diesem universalen Ansatz besteht das Problem, dass es schwer ist, die Effektivität nachzuweisen. Für Leistungsberechtigte des AsylbLG stehen in diesem Bereich der Prävention vor allem Schutzimpfungen nach § 4 Abs. 1 AsylbLG zur Verfügung. Auch Aufklärungsprogramme in Schulen und der Öffentlichkeit sind nur begrenzt zugänglich.[694] Wirksame Maßnahmen der universellen Prävention wären aber auch z. B. sicherer Aufenthalt sowie die Erhaltung von körperlicher und seelischer Gesundheit nach der Ankunft.[695]

2. Selektive Prävention

Selektive Prävention betrifft Individuen und Subpersonengruppen, die ein erhöhtes Erkrankungsrisiko haben, aber keine Symptomatik aufweisen.[696] Hier wird z. B. durch Suchtprävention selektiv präventive Intervention vorgenommen. Dabei wird vor allem auf die sozialen, biologischen und psychologischen Risikofaktoren abgezielt, die für die erhöhte Erkrankungswahrscheinlichkeit sorgen. Hier könnten Interventionsprogramme bei geflüchteten Menschen ansetzen, die häufig sowohl Verlust- als auch Entwurzelungserfahrungen gemacht haben und bei denen von einer psychischen Stressbelastung ausgegangen werden kann.[697]

---

692 *SVR Gesundheit,* Optimierung des Systems durch Gesundheitsförderung und Prävention, 13–48 (13).

693 *Gerngroß,* Notfallpsychologie und psychologisches Krisenmanagement, 2015, S. 46.

694 *Klosterkötter* in Kirch/Badura/Pfaff (Hrsg.), Prävention psychischer Erkrankungen, 755–771 (756).

695 *Machleidt* in Marks (Hrsg.), Integration als Kulturelle Adoleszenz!, 57–64 (57).

696 *Pfennig,* et al., Die Psychiatrie 11 (2014), 223–226 (224).

697 *Klosterkötter* in Kirch/Badura/Pfaff (Hrsg.), Prävention psychischer Erkrankungen, 755–771 (759).

3. *Indizierte Prävention*

Bei der indizierten Prävention liegen bereits Symptome für eine Erkrankung vor, eine Manifestierung dieser ist jedoch noch nicht eingetreten.[698] Eine Diagnoseerstellung ist also (noch) nicht möglich, aber das Erkrankungsrisiko ist bereits erkennbar. Mögliche Intervention kann die Überstellung an eine geeignete Beratungsstelle sein. Da hier am ehesten die Risikoanreicherung gestoppt und verhindert werden kann, wird dies auch als die Option verstanden, präventive „Psychiatrie" zu gestalten, also erst gar keine Behandlungsbedürftigkeit beim Vorliegen von Symptomen aufkommen zu lassen.[699]

IV. Tertiäre Prävention

Unter Tertiärprävention wird die Verhütung und Verzögerung von Behinderung und der Funktionsverlust bei chronisch Erkrankten verstanden (weites Konzept), eine Verschlechterung soll vermieden werden (enges Konzept[700]). Hier kommen vor allem psychotherapeutische Behandlungen oder Rehabilitation zum Einsatz.[701]

V. Quartäre Prävention

Die quartäre Prävention ist im Zusammenhang mit Krankheitsverhinderung weniger von Bedeutung. Es geht in erster Linie um die Vermeidung von Übermedikalisierung sowie unnötiger medizinischer Maßnahmen. Hier könnten auch „unnötige" präventive Maßnahmen in Betracht kommen, die ebenfalls zulasten des Gesundheitssystems und der Betroffenen erbracht werden könnten.[702]

C. Prävention nach potenziell traumatischen Erlebnissen

Es muss erneut festgehalten werden, dass Menschen nach dem Erleben potenziell traumatischer Ereignisse wie Fluchtmigration oder Opfer von Gewalttaten keinesfalls in der Folgezeit immer eine PTBS oder eine andere psychische

---

698 *Richter, R.*, PHF 22 (2014), 9–10 (10).

699 *Klosterkötter* in Kirch/Badura/Pfaff (Hrsg.), Prävention psychischer Erkrankungen, 755–771 (758).

700 *SVR Gesundheit*, Optimierung des Systems durch Gesundheitsförderung und Prävention, 13–48 (13).

701 *Gerngroß*, Notfallpsychologie und psychologisches Krisenmanagement, 2015, S. 43.

702 *Hein-Rusinek* in Pfannstiel/Mehlich (Hrsg.), Was macht eigentlich der Betriebsarzt?, 455–468 (465 f.).

Erkrankung entwickeln. Und auch nicht jedes aufgetretene Symptom lässt auf das Bestehen einer Störung mit Krankheitswert schließen, allerdings sollten die Symptome und Risikofaktoren nicht unterschätzt werden. Diese psychischen Beeinträchtigungen reichen dabei wie bereits dargestellt von Depressionen, Angst- und Zwangserkrankungen, Suchterkrankungen, schweren somatoformen (Schmerz-)Störungen sowie psychisch bedingten Essstörungen bis hin zu schwerwiegenden, tief in die Persönlichkeit eingreifenden psychischen Veränderungen.[703] Es gibt nahezu keine Angebote für geflüchtete Menschen, die sich der Prävention psychischer Erkrankungen widmen,[704] weshalb schwere Folgen durch die entwickelten Erkrankungen entstehen können, die vielschichtig und nur schwer wieder unter Kontrolle zu bringen sind. Mit ihnen ist auch ein Verlust für die sozialen Sicherungssysteme verbunden, da Krankheitsfolgen auch wirtschaftliche Auswirkungen haben.

Eine frühe Intervention kann dazu führen, dass aufgetretene Krankheitsanzeichen wieder abklingen und es so nicht zu einer krankhaften Störung kommt, unbeachtet, ob es sich dabei um eine sich entwickelnde PTBS oder andere psychische Erkrankungen handelt. Da klar ist, dass potenziell traumatische Erlebnisse die Qualität haben, belastende Symptome hervorzurufen, ist davon auszugehen, dass dies durch Intervention möglichst schnell nach einem solchen Ereignis verhindert werden kann. Es geht also vorliegend nicht nur um die Behebung von Symptomen, sondern auch um die Verhinderung der Entstehung von Symptomen. Bisher wurde der Ansatz einer frühzeitigen Prävention bei potenziell traumatischen Erlebnissen[705] nicht in Verbindung mit den Leistungsberechtigten des AsylbLG, die durch die geschilderten Phasen der Fluchtmigration potenziell traumatischen Erfahrungen ausgesetzt waren, gebracht.

Dabei ist es vor allem für diese Personen schnell nach Ankunft in Deutschland wichtig, diese Situationen in den Blick zu nehmen, da hier das Risiko, an einer psychischen Störung zu erkranken, erhöht sein kann. Besonders, wenn eine Kumulation von Risikofaktoren auftritt, was bei Leistungsberechtigten des AsylbLG der Fall ist. Sie sind nicht nur zugehörig zur Gruppe der geflüchteten Migrant*innen, sondern leben in prekären Verhältnissen und sind meist in

703 *ado*, et al., Gemeinsame Stellungnahme zum Arbeitsentwurf eines Gesetzes zur Regelung des Sozialen Entschädigungsrechts (SGB XIII) vom 10.01.2017, 2017, S. 47.

704 *Herpertz*, ASUMed 51 (2016), 832–835.

705 Vgl. z.B. *Klosterkötter* in Kirch/Badura/Pfaff (Hrsg.), Prävention psychischer Erkrankungen, 755–771; *Richter, R.*, PHF 22 (2014), 9–10.

weiteren Bereichen wie Ernährung, Bildung und gesellschaftlicher sowie kultureller Teilhabe besonders gefährdet.[706]

I. Nutzen durchgeführter Prävention

Aus zahlreichen Untersuchungen sind viele für die hier diskutierten Fragen relevante Erkenntnisse hervorgegangen. Es ist wichtig, wirksame Interventionen zu gestalten, die individuelles Leiden reduzieren und zukünftige Konflikte verhindern.[707] Eine gute psychische Gesundheit ist essenziell für eine gelingende Integration und gleichzeitig können Integrationsprozesse nur stattfinden, wenn Menschen dazu in der Lage sind und in die Lage versetzt werden.[708] Ein vorausschauendes Gesundheitsverhalten wird nur durch einen langfristigen Lebensplan ermöglicht.[709] Neben den bereits erläuterten Effekten von präventiven Interventionen, auch bei psychischen Erkrankungen ergeben sich abgesehen von den gesundheitlichen Ausprägungen noch weitere positive Effekte, die durch Prävention eintreten können.

1. Die (volks-)wirtschaftliche Bedeutung von Gesundheitsprävention

Die Verhinderung einer psychischen Erkrankung hat erhebliche wirtschaftliche Folgen. Die durchschnittliche Arbeitsunfähigkeitsdauer von Erwerbstätigen und -losen aufgrund psychischer Leiden 2020 betrug 38,8 Tage.[710] Im Verlauf der Jahre haben sich die Zahlen immer weiter erhöht.[711] Dabei hat sich auch gezeigt, dass die Dauer der Krankschreibungen aufgrund psychischer Erkrankungen mit großem Abstand am längsten ist.[712]

Die Ausgaben der Gesetzlichen Krankenversicherung für die Behandlung aller im ICD-10 F00-F99 aufgeführten psychischen Erkrankungen und Verhaltensstörungen[713] betrug 2015 insgesamt 44,4 Mrd. €, was 13,1 % der

706 *Pfennig*, et al., Die Psychiatrie 11 (2014), 223–226 (223).

707 *Acarturk*, et al., EJPT 6 (2015), 27414–27422 (27421).

708 *Bakker*, et al., Int. Migration & Integration 15 (2014), 431–448; *Schick*, et al., EJPT 7 (2016), 28057.

709 *Moreno*, ZfMER 7 (2016), 5–14 (10).

710 *Statista*, Durchschnittliche Arbeitsunfähigkeitsdauer aufgrund von psychischen Erkrankungen im Zeitraum von 2006 bis 2020.

711 *Badura/Ducki/Schröder* (Hrsg.), Fehlzeiten-Report 2018.

712 *LPK BW*, Die längsten Fehlzeiten weiterhin durch psychische Erkrankungen.

713 Verhaltensstörungen sind z. B. Alkohol- und Drogenabhängigkeit bzw. die Einnahme von psychotropen Substanzen wie Medikamente; vgl. dazu *Cechura*, Unsere Gesellschaft macht krank, 2018, S. 143.

Gesamtausgaben waren. Davon entfielen 3,1 Mrd. € auf Schizophrenien, schizotype und wahnhafte Störungen (ICD-10 F20-F29) und 8,7 Mrd. € auf Depressionen, die in ICD-10 F32–F34, als Teil der ICD-10-Kategorie F30-F39 Affektive Störungen angegeben sind.[714] 2019 betrugen die Ausgaben der Gesetzlichen Krankenversicherung alleine für die Behandlung psychischer Erkrankungen 9,1 Mrd. €, dabei entfielen 2,1 Mrd. € auf psychotherapeutische Leistungen und 7 Mrd. € auf stationäre psychiatrische Behandlungen.[715]

Im AsylbLG wurden 2020 für alle Leistungen des § 4 AsylbLG 417,1 Mio. € aufgewendet, wobei 242,9 Mio. € innerhalb von Einrichtungen und 174,2 Mio. € außerhalb davon geleistet wurden. Für die Leistungen des § 6 AsylbLG sind von den insgesamt 45,5 Mio. € 18,8 Mio. € innerhalb und 26,7 Mio. € außerhalb von Einrichtungen angefallen.[716] Insgesamt fielen demnach für die §§ 4 und 6 AsylbLG im Jahr 2020 Ausgaben in Höhe von 462,5 Mio. € an. Es ist nicht ersichtlich, wie viel dabei für Bedarfe der Gesundheit erbracht wurden. Es lässt sich zudem keine Differenzierung zu den Ausgaben bei psychischen Erkrankungen bei den vorliegenden Zahlen vornehmen. Die Statistik des AsylbLG der Länder nach § 12 Abs. 1 Nr. 1 lit. c) AsylbLG unterteilt die Leistungen der §§ 4 und 6 AsylbLG nicht näher. Eine Untersuchung zeigt, dass über 22 % der Gesamtausgaben für Gesundheitsleistungen im deutschen Gesundheitssystem zwischen 1994 und 2013 hätten eingespart werden können, wenn es keine Einschränkungen beim Zugang zum Gesundheitssystem für geflüchtete Menschen durch das AsylbLG gegeben hätte; also mehr als 1 % jedes Jahr. Auch der Pro-Kopf-Vergleich zeigt, dass Personen, die nur einen begrenzten Zugang zum Gesundheitssystem haben, ca. 40 % mehr Gesundheitsausgaben verursachen als Leistungsberechtigte des AsylbLG, die einen regulären Zugang zum Gesundheitssystem haben.[717]

Eine Senkung der Ausgaben durch weniger Erkrankte hätte also nicht nur direkte Folgen auf die ökonomischen Versorgungsausgaben, sondern auch auf die volkswirtschaftliche Produktivität,[718] denn eine höhere Inanspruchnahme von Präventionsangeboten senkt die Kosten für das gesamte System

714 *Destatis*, Gesundheit. Krankheitskosten, 2015, Fachserie 12, Reihe 7.2.1, 2017.

715 *Deutscher Bundestag*, Kurzinformation Ausgaben für die Behandlung psychischer Erkrankungen, WD 9 - 3000 - 041/17.

716 *Destatis*, 4,7 % weniger Ausgaben für Asylbewerberleistungen im Jahr 2020, 2021.

717 *Bozorgmehr*, et al., PLOS ONE 10 (2015), 1–22 (12, 17).

718 *Klosterkötter*, et al. in Klosterkötter/Maier (Hrsg.), Prävention schizophrener und anderer psychotischer Störungen, 227–284 (237).

erheblich. Gesundheit darf einer wirtschaftlichen Dimension nicht grundsätzlich unterliegen.[719]

Durch ressortübergreifende Präventionsansätze und niedrigschwellige Maßnahmen können zudem Versorgungssysteme entlastet und die Wartezeit auf Behandlung deutlich verkürzt werden.[720]

Wenn geflüchtete Menschen nach einer bestimmten Zeit mit einer stabilen (psychischen) Gesundheit in ihre Heimat- bzw. Herkunftsländer zurückkehren, können sie dort positive Effekte bewirken. Dies auch vor dem Hintergrund, dass eine Rückkehr für viele Menschen sehr relevant ist und keinesfalls ausgeschlossen.

Zudem darf der sicherheitspolitische Aspekt von Prävention nicht außer Acht gelassen werden. Schließlich dreht sich westliche Migrationspolitik im Kern um Sicherheitspolitik.[721] Dies zeigt sich auch im Anschluss, da die Folgen von unterlassener Prävention Delinquenz hervorrufen können. Wenn psychische Gesundheit also als Gefahrenabwehr verstanden wird, ist eine Investition in die Verbesserung der psychischen Gesundheit von geflüchteten Menschen unerlässlich.

2. *Die Bedeutung von Peers*

Menschen, die häufig von großen Abnabelungen betroffen sind, binden sich eher an Peergruppen an, in denen ihre eigenen Erfahrungen und sozialisatorischen Kenntnisse vorkommen. Eine Peer-Gruppe ist eine Gruppe von ungefähr gleichaltrigen Personen, die ähnliche Interessen, einen ähnlichen Hintergrund oder sozialen Status haben. Die Mitglieder dieser Gruppe beeinflussen wahrscheinlich die Überzeugungen und Verhaltensweisen der anderen Personen.[722] Die Stärkung der eigenen Ressourcen kann für die geflüchteten Menschen sowie für deren soziales Umfeld hilfreich sein. Zum einen werden sie zu Expert*innen für sich selbst und können so besser mit auch in Zukunft anfallenden, belastenden Situationen umgehen sowie zum anderen diese Ressourcen auch im Umfeld stärken und so Mitgliedern der sozialen Gemeinschaft behilflich sein.[723]

---

719 Ähnlich *Gerlinger*, et al. in Bittlingmayer/Sahrai/Schnabel (Hrsg.), Ökonomisch-rationales Handeln als normatives Leitbild der Gesundheitspolitik, 135–161 (153 f.).

720 *Richards*, Can J Psychiatry 57 (2012), 210–215 (213 f.).

721 *Demele* in Bonacker/Geiger (Hrsg.), Armenbekämpfung statt Armutsbekämpfung?, 41–56 (42 ff.).

722 *Spadafora*, et al. in Shackelford/Weekes-Shackelford (Hrsg.), Peer Groups, 1–9 (1).

723 Vgl. auch *Danzinger*, et al. in Kaiser/Riffer/Streibl, et al. (Hrsg.), Positionspapier zur Flüchtlingsversorgung, 105–112 (109).

Erkenntnisse aus der Resilienzforschung zeigen, dass eine bedarfsgerechte Versorgung von psychisch erkrankten Menschen Selbstheilungskompetenzen, die Einbeziehung des sozialen Umfelds und Peer-Aspekte umfasst.[724] Peer-Unterstützung kann eine große Masse erfassen, ohne Interaktion von außen im geschützten Raum zu veranlassen. Peer-Unterstützung kann auch in Form von Peer-Counselling nutzbar gemacht werden. Peer-Counselling und ehrenamtliche Unterstützung durch andere Migrant*innen (mit Fluchterfahrung) haben einen positiven Einfluss auf die geflüchteten Menschen. Eine einfachere Verständigung kann Folge derselben Herkunftsregion sein, aber vor allem haben die ähnlichen Erfahrungen einen hohen Stellenwert. Sie schaffen Vertrauen und ermöglichen einen niedrigschwelligen Zugang zu den betroffenen Menschen.[725]

In einem Pilotprojekt hat sich gezeigt, wie wichtig es ist, den Ankommenden in einer Erstaufnahmeeinrichtung die Bedeutung ihrer psychosozialen Gesundheit für eine spätere Integration aufzuzeigen. Eine aktive Haltung und kein passiver Rückzug sind relevant, um der andauernden Wiederholung der Erlebnisse entgegenzuwirken. Zudem konnten sich die geflüchteten Menschen auch selbst an der Bearbeitung beteiligen und anderen Betroffenen sowie den Mitarbeiter*innen mit ihren Fähigkeiten zur Seite stehen. So wurde ein aktives Miteinander gestaltet, welches sowohl heilend als auch fordernd wirkt.[726]

II. Folgen unterlassener Prävention

Die größte Folge unterlassener Prävention ist das Eintreten der Erkrankung. Es kann nie mit Sicherheit gesagt werden, dass diese Erkrankung mit erfolgter Prävention nicht entstanden wäre.[727] Es kann aber davon ausgegangen werden, dass bestimmte, vor allem psychische Erkrankungen, durch frühzeitige Intervention nicht eingetreten wären.[728]

---

724 So auch BT-Drs. 18/9009, S. 18.

725 *Kahraman*, et al. in Zajak/Gottschalk (Hrsg.), Wir wollen teilhaben, bloß wie?, 247–260 (252 f.).

726 *Leuzinger-Bohleber*, et al., Step-by-Step, Abschlussbericht über das Pilotprojekt Step-by-Step zur Betreuung von traumatisierten Flüchtlingen in der Erstaufnahmeeinrichtung „Michaelisdorf" in Darmstadt, 2017, S. 39–40.

727 Siehe Risiko-Nutzen-Abwägung ab S. 187.

728 Siehe hierzu auch folgende Studien, die durch erfolgte Prävention auf eine Krankheitsvermeidung oder Verringerung hinweisen: *Fegert*, Ergebnisse des Modellprojekts, 2015; *Keller*, et al., Psychotherapeut 61 (2016), 197–207.

Folgend werden einige ausgewählte bedeutende Störungen als Folge manifester psychischer Erkrankungen dargestellt. Diese haben besonderen Einfluss auf die gelingende Lebensgestaltung der betroffenen Menschen. Für die Leistungsberechtigten des AsylbLG sind diese meist schwerer zu überwinden, weil ihnen nicht alle möglichen Ressourcen zur Verfügung stehen.

1. *Beschäftigung und Arbeit*

Für die Möglichkeiten zur eigenständigen Existenzsicherung sind die schnelle Klärung des Aufenthaltsstatus und Beschäftigungsoptionen notwendig.[729]

a. *Rechtliche Bedingungen für Erwerbstätigkeit*

Die geflüchteten Menschen, die Leistungsberechtigte im AsylbLG sind dürfen unter verschiedenen Bedingungen arbeiten. Dabei wird auf die jeweiligen Aufenthaltstitel bzw. -status abgestellt; § 4a AufenthG, § 32 Beschäftigungsverordnung (BeschV)[730].

Sofern Personen mit einer „guten Bleibeperspektive“ oder aus anderen Herkunftsstaaten als „sicheren Herkunftsstaaten“, die eine Aufenthaltsgestattung haben, verpflichtet sind, in einer Aufnahmeeinrichtung zu wohnen, haben sie zunächst nach § 61 Abs. 1 S. 1 AsylG für neun Monate keinen Zugang zum Arbeitsmarkt können auch kein Ausbildungsverhältnis aufnehmen; gleiches gilt für Gestattungsinhaber*innen aufgrund einer Bescheinigung über die Meldung als Asylsuchende (§ 1 Abs. 1 Nr. 1a AsylbLG). Nach diesen neun Monaten haben sie aber einen Anspruch auf die Erteilung einer Beschäftigungserlaubnis, wenn die Vorgaben aus § 61 Abs. 1 S. 2 AsylG erfüllt sind. Bestimmte Tätigkeiten dürfen Personen mit einer Aufenthaltsgestattung nach Ablauf der für sie geltenden Wartefrist ohne Zustimmung der Bundesagentur für Arbeit (BA) ausüben. Dazu zählen u. a. mindestlohnfreie Praktika (§ 32 Abs. 3 i. V. m. § 32 Abs. 2 Nr. 1 BeschV) oder eine Berufsausbildung in einem anerkannten Ausbildungsberuf (§ 32 Abs. 3 i. V. m. § 32 Abs. 2 Nr. 2 BeschV). Es besteht im Rahmen des AsylbLG zudem die Möglichkeit zur Wahrnehmung von sogenannten Arbeitsgelegenheiten nach § 5 AsylbLG in Aufnahmeeinrichtungen und vergleichbaren Einrichtungen zur Aufrechterhaltung und Betreibung der Einrichtungen. Personen aus „sicheren Herkunftsstaaten“, die eine Aufenthaltsgestattung haben und

---

729 *Brucks*, psychoneuro 30 (2004), 228–231 (231).

730 Verordnung über die Beschäftigung von Ausländerinnen und Ausländern – Beschäftigungsverordnung v. 06.06.2013, BGBl. 2013 Teil I Nr. 28, 1499–1508.

verpflichtet sind, in einer Aufnahmeeinrichtung zu wohnen, haben in diesem Fall keine Option auf eine Beschäftigungserlaubnis; vgl. § 61 Abs. 2 S. 4 AsylG.

Personen, die eine Aufenthaltsgestattung haben und nicht verpflichtet sind, in einer LEA zu leben und außerdem entweder eine „gute Bleibeperspektive" haben oder aus einem Land kommen, welches nicht als „sicherer Herkunftsstaat" angesehen wird, kann nach drei Monaten Aufenthalt eine Arbeitserlaubnis im Ermessen erteilt werden; § 61 Abs. 2 S. 1 AsylG. Nach neun Monaten Asylverfahren besteht ein Anspruch darauf, sofern die Voraussetzungen des § 61 Abs. 1 S. 2 AsylG erfüllt sind; denn nach § 61 Abs. 2 S. 5 AsylG bleibt § 61 Abs. 1 S. 2 AsylG unberührt – also anwendbar.[731] Für Personen, die eine Aufenthaltsgestattung haben und nicht verpflichtet sind, in einer LEA zu leben aus "sicheren Herkunftsländern", die einen Asylantrag vor dem 01.09.2015 gestellt haben, kann (Ermessen) die Beschäftigung erlaubt werden. Für gestattete Personen aus "sicheren Herkunftsländern", deren Asylantrag nach dem 31.08.2015 gestellt wurde, ist die Beschäftigung nicht erlaubt und kann auch nicht erlaubt werden; § 61 Abs. 2 S. 4 AsylG.

Sind Personen mit Duldung verpflichtet, in einer LEA zu wohnen und haben eine „gute Bleibeperspektive" oder sind aus einem anderen Herkunftsstaat als einem „sicheren Herkunftsstaat" kann (Ermessen) eine Arbeitserlaubnis nach sechs Monaten geduldetem Aufenthalt erteilt werden, wenn kein Arbeitsverbot nach § 60a Abs. 6 AufenthG erfüllt ist; vgl. § 61 Abs. 1 S. 2 letzter HS. AsylG. Für Personen aus „sicheren Herkunftsstaaten" mit Duldung, die verpflichtet sind, in einer LEA zu wohnen, ist eine Arbeitserlaubnis regulär nicht möglich – eine Ausnahme kann nach sechs Monaten geduldetem Aufenthalt möglich sein, wenn der Asylantrag aufgrund einer Beratung nach § 24 Abs. 1 AsylG durch das BAMF zurückgenommen wurde; § 60a Abs. 6 S. 1 Nr. 3 AufenthG.

Ein Beschäftigungsverbot i. S. d. § 60a Abs. 6 AufenthG liegt vor, wenn die geduldete Person sich in das Inland begeben hat, um Leistungen nach dem AsylbLG zu erlangen (§ 60a Abs. 6 S. 1 Nr. 1 AufenthG), aufenthaltsbeendende Maßnahmen aus Gründen, die die Person selbst zu vertreten hat, nicht vollzogen werden können (§ 60a Abs. 6 S. 1 Nr. 2 AufenthG) oder die Person Staatsangehöriger eines sicheren Herkunftsstaates nach § 29a AsylG ist und sein nach dem 31.08.2015 gestellter Asylantrag abgelehnt oder zurückgenommen wurde, es sei denn, die Rücknahme erfolgte aufgrund einer Beratung nach § 24 Abs. 1 AsylG

---

731 *Der Paritätische Gesamtverband*, Soziale Rechte für Flüchtlinge, Arbeitshilfe zum Thema Flucht und Migration, 2020, S. 9.

beim BAMF, oder ein Asylantrag wurde nicht gestellt (§ 60a Abs. 6 S. 1 Nr. 3 AufenthG).

Nach drei Monaten Aufenthalt kann (Ermessen) für Personen mit einer Duldung außerhalb einer LEA, die eine „gute Bleibeperspektive" haben oder aus keinem „sicheren Herkunftsstaat" stammen, eine Beschäftigung erlaubt werden, wenn keines der Erwerbstätigkeitsverbote erfüllt ist; § 32 Abs. 1 BeschV. Für geduldete Personen aus "sicheren Herkunftsländern", die einen Asylantrag vor dem 01.09.2015 gestellt haben und nicht in einer LEA leben, kann (Ermessen) nach drei Monaten Aufenthalt die Erwerbstätigkeit erlaubt werden, wenn kein Arbeitsverbot vorliegt; § 60a Abs. 6 S. 1 Nr. 3 AufenthG. Für Personen aus "sicheren Herkunftsländern", deren Asylantrag ab dem 01.09.2015 gestellt wurde, die eine Duldung haben und außerhalb einer LEA leben, kann die Erwerbstätigkeit grundsätzlich nicht erlaubt werden, wenn der Asylantrag abgelehnt wurde; Arbeitsverbote nach §§ 60a Abs. 6, 60b Abs. 5 S. 2 AufenthG. Eine Ausnahme davon besteht, wenn bei diesen Personen der Asylantrag vor Ablehnung aufgrund einer Beratung durch das BAMF oder aus Gründen des Kindeswohls zurückgenommen wurde bzw. deshalb kein Asylantrag gestellt wurde: Dann kann eine Beschäftigung nach drei Monaten Aufenthalt erlaubt werden (Ermessen), wenn keines der Arbeitsverbote nach § 60a Abs. 6 Nr. 1, 2 oder § 60b Abs. 5 AufenthG erfüllt ist.[732] Für zustimmungsfreie Beschäftigungen wie duale (betriebliche) Ausbildungen, Praktika ohne Mindestlohnbindung (§ 22 MiLoG) oder bspw. Freiwilligendienste gilt die Wartezeit bei Duldungsinhaber*innen außerhalb einer LEA nicht; vgl. § 32 Abs. 2 BeschV.

b. Folgen von Arbeits- und Beschäftigungslosigkeit

Der für viele Leistungsberechtigte des AsylbLG größtenteils stark eingeschränkte Zugang zum Arbeitsmarkt verursacht eine zwangsweise Beschäftigungslosigkeit und soll vor allem Menschen mit einer sogenannten geringen Bleibeperspektive von einer langfristigen Integration und Verwurzelung abhalten. Dabei hat die schnelle Integration in den Arbeitsmarkt auch gesamtgesellschaftliche Vorteile. So werden nicht nur die Perspektiven für die beschäftigten Menschen verbessert, sondern auch deren (sozio-)ökonomische Situation. Mit einer Beschäftigung kann auch eine Krankenversicherungspflicht nach dem SGB V einhergehen, die

732 Anwendungshinweise des BMI zum Gesetz über Duldung bei Ausbildung und Beschäftigung, 2019, 60c.2.1.2.

die gesundheitliche Versorgung deutlich verbessert. Insgesamt kommt der Integration in Arbeit und Beschäftigung eine zentrale Bedeutung zu.[733]

Das Verbot einer Beschäftigungsaufnahme kann dazu führen, dass die Betroffenen (weitere) psychische Belastungen entwickeln.[734] Zudem sind sie gezwungen, zu Hause zu bleiben und können sich nicht einbringen, haben weniger soziale Kontakte, einen erschwerten Spracherwerb und damit insgesamt weniger Teilhabe.[735] Langfristige Beschäftigungs- und Arbeitslosigkeit sind bedeutende gesundheitliche Risikofaktoren. Je länger die Dauer der Beschäftigungslosigkeit, desto höher das Risiko einer Erkrankung.[736] Dazu kommen noch erkrankungsgefahrensteigernde Faktoren wie Alter und sozioökonomischer Status. Dementsprechend gestaltet sich auch der Einstieg in die Erwerbstätigkeit dann schwieriger. Beschäftigungslosigkeit sorgt dafür, dass die betroffenen Menschen sozial benachteiligt sind.[737] Dies wiederum kann zu Abhängigkeiten, Depressionen oder gar Suizid[738] führen.[739]

Hier stellt sich also eine mehrfache Problematisierung für die geflüchteten Menschen dar. Zum einen sind sie häufig von Beschäftigungen ausgeschlossen, was zu psychischen Erkrankungen führen kann, und zum anderen können sie beim Vorliegen einer bereits manifesten psychischen Erkrankung keine Beschäftigung aufnehmen und sind so erneut von den beschriebenen Schwierigkeiten betroffen.

Eine frühzeitige Intervention bei sich anbahnenden psychischen Beschwerden kann zudem einer Arbeitsunfähigkeit entgegenwirken. Beschäftigungslosigkeit ist sowohl Folge als auch Ursache in einem. Um beidem vorzubeugen, haben die betroffenen Menschen einen besonderen Gesundheitsförderungs- und Präventionsbedarf.

---

733 *Berlit*, Flüchtlingsrecht in Zeiten der Krise, 2017, S. 111 m. w. N; *Mayer*, et al., NDV 96 (2016), 397–401.

734 Beispielhaft in *Hollederer*, Prakt. Arb.med. 4 (2008), 29–32; *Weber, A.*, et al., Dtsch Arztebl 104 (2007), 2957–2962.

735 *Kahraman*, et al. in Zajak/Gottschalk (Hrsg.), Wir wollen teilhaben, bloß wie?, 247–260 (256).

736 *Herbig*, et al., Dtsch Arztebl Int 110 (2013), 413–419; *Schmid*, Wege in eine neue Vollbeschäftigung, 2002, S. 58.

737 *NPK*, Bundesrahmenempfehlung nach § 20d Abs. 3 SGB V, 2018, S. 29.

738 Siehe unter Suizid ab S. 183.

739 Stellvertretend für viele *Rogge*, Wie uns Arbeitslosigkeit unter die Haut geht, 2018, m. w. N.

2. Sucht

Die bereits angeführten Belastungen durch Migration selbst sowie der im Vergleich zum Heimat- bzw. Herkunftsland veränderte sozioökonomische Status und die hohen Zugangsbarrieren zum Gesundheitssystem bestimmen die Gesundheit von Migrant*innen mit, dabei ist Sucht ein wichtiges Gesundheitsproblem.[740]

Sucht wird häufig in stoffgebundenen und stoffungebundenen Konsum unterteilt. Stoffgebundene Süchte sind weitläufig gefasst, der missbräuchliche Konsum von legalen und illegalen Drogen. Als stoffungebunden kann z. B. Glücksspiel- oder Computerspielsucht bezeichnet werden. Überdurchschnittlich häufig von glücksspielbezogenen Problemen betroffen sind Männer*, Personen aus bildungsfernen Schichten, Migrant*innen sowie arbeitslose Menschen. Migrant*innen haben also gegebenenfalls ein mehrfach erhöhtes Risiko der Suchterkrankung bei stoffungebundenen Süchten.[741] Aber auch bei Substanzmissbrauch haben geflüchtete Menschen ein erhöhtes Suchtrisiko, unter anderem aufgrund von psychischen Problemen und Stress verbunden mit den langen bürokratischen Prozessen. Aber auch der Umgang und die Verarbeitungsschwierigkeiten von belastenden Erlebnissen und Erinnerungen können zu Substanzmissbrauch führen,[742] denn es besteht ein Zusammenhang von traumatischen Erlebnissen und einer in der Folge entwickelten Sucht.[743] Erschwerend kommt hinzu, dass in Ermangelung von Therapieplätzen bei psychischen Erkrankungen bzw. dem erschwerten Genehmigungsprozess für Leistungsberechtigte des AsylbLG oftmals auf eine medikamentöse Therapie verwiesen wird, die wiederum eine Abhängigkeit bewirken kann. Auch unter diesem Aspekt ist eine frühzeitige Intervention sinnvoller.[744]

Seit Längerem wird eine Etablierung von Sucht-Präventionsmaßnahmen für bekannte Risikogruppen gefordert, zu denen eben auch Migrant*innen allgemein und geflüchtete Menschen speziell zählen.[745] Es müssen insbesondere

---

740 *Walter*, et al., Nervenarzt 78 (2007), 1058–1061.

741 *Altgeld*, et al., Luft nach oben, Zugänge erleichtern durch Prävention, Frühintervention und zielgruppengerechte Hilfen?, 2019, S. 29.

742 *Regionalkomitee für Europa*, Report on the health of refugees and migrants in the WHO European Region, 2018, S. 37.

743 *Schay*, et al., Sucht und Trauma, 2009, S. 39–50.

744 *Haubl*, et al., Forschung Frankfurt 25 (2007), 52–55.

745 *Altgeld*, et al., Luft nach oben, Zugänge erleichtern durch Prävention, Frühintervention und zielgruppengerechte Hilfen?, 2019, S. 32.

Suchtbelastungen anvisiert und diese als Folge von psychosozialen Problemlagen gezielt entstigmatisiert werden.

3. *Stigmatisierung*

Sofern ein Bewusstsein darüber besteht, dass eventuell Behandlungsbedürftigkeit bestehen könnte, muss auch mit Stigmatisierung von außen gerechnet werden. Nicht nur in einigen der Herkunftsländer, sondern auch in Deutschland sind das Verständnis und der Respekt für Menschen mit psychischen Belastungen gering, vielmehr besteht starke Stigmatisierung.[746] Die Inanspruchnahme von entsprechenden Angeboten kann deshalb gehemmt sein, sodass wirksame Angebote gegebenenfalls ins Leere laufen würden. Da sich diese Stigmatisierung jedoch auch auf die gesamte Familie auswirkt, kann dies für mehrere Personen des sozialen Umfeldes problematisch werden.[747] Auch die teilweise unzureichende Versorgung der erkrankten Menschen führt zu zunehmender Stigmatisierung, wenn z. B. von Gewalttaten berichtet wird, die durch psychisch kranke Täter*innen begangen wurden.

Psychische Erkrankungen werden strukturell tabuisiert und dadurch mit Vorurteilen belastet. Die negative Meinung und das Bestehen von Stereotypen sowohl vonseiten der Öffentlichkeit, des Umfelds als auch aus eigener Perspektive (public stigma und self-stigma), führen zu Vorurteilen, die wiederum zu Diskriminierung und Schuldzuweisungen beitragen. Selbststigmatisierung[748] ist äußerst nachteilig für die Betroffenen, da daraus oft ein vermindertes Selbstwertgefühl sowie negative emotionale Reaktionen resultieren. Durch das „Paradoxon von Selbststigma und psychischer Erkrankung“[749] kann die Diskriminierung

---

746 *Rüsch*, et al. in Berger/Angenendt (Hrsg.), Das Stigma psychischer Erkrankungen, 823–827.

747 *Ciftci*, et al., JMMH 7 (2013), 17–32; *Hassan*, et al., Epidemiol Psychiatr Sci 25 (2016), 129–141; *de Jong*, et al., The Lancet 361 (2003), 2128–2130.

748 „Selbststigmatisierung liegt vor, wenn ein Mitglied einer stigmatisierten Gruppe die Vorurteile gegen die eigene Gruppe teilt und damit gegen sich selbst wendet.“ *Rüsch*, et al. in Berger/Angenendt (Hrsg.), Das Stigma psychischer Erkrankungen, 823–827 (825).

749 „Wenn Betroffene sich als Teil der diskriminierten Minderheit sehen und die gegen sich gerichteten Vorurteile für legitim halten, kommt es zu Selbststigmatisierung und Minderung von Selbstwert und Selbstwirksamkeit. Kennen Menschen mit psychischen Erkrankungen zwar die Vorurteile, halten sie aber für unfair, reagieren sie meist mit berechtigter Empörung und wehren sich. Diese unterschiedlichen Reaktionsweisen

psychischer Erkrankungen auch zu einer psychologischen Reaktanz führen, sodass sich die Betroffenen den negativen Bewertungen entgegensetzen und daraus eine positive Selbstwahrnehmung erlangen. Langfristig ist wichtig, gesundheitsdienliche Ressourcen wie Bildung, Einkommen, gesellschaftliche und politische Teilhabe, soziale Netz(werk)e, Informationen und Selbstbewusstsein für die geflüchteten Menschen auszubauen.[750]

Da aufgrund der Tabuisierung in der Gesellschaft und im eigenen Wahrnehmen ein geringes Bewusstsein für die Häufigkeit von psychischen Erkrankungen besteht, werden die Betroffenen automatisch einer Minderheit zugeordnet. Dabei sind psychische Erkrankungen eine der häufigsten Erkrankungsformen in Deutschland.[751] Stigmatisierung kann also die Inanspruchnahme von präventiven Leistungen hemmen und ist zugleich Folge unterlassener Prävention als auch Risiko durchgeführter Prävention.

4. *Suizid*

Psychische Erkrankungen können als Folge Suizid hervorrufen. Wesentliche Risikofaktoren für Suizid(-gedanken) bei geflüchteten Menschen können zudem sein, dass sie sich, vor allem Männer*, nicht als wirtschaftliche*r Versorger*in für die Familie zeigen können, dass geringe soziale Unterstützung wahrgenommen wird, es Symptome von Angstzuständen, Depressionen und Not gibt sowie innerfamiliäre Konflikte nach der Umsiedlung.[752] Suizid bei geflüchteten Menschen ist zudem möglicherweise mit Integrationsschwierigkeiten und dem Gefühl des Mangels an bestehender Fürsorge verbunden.[753] Deshalb ist es wichtig, die speziellen Angebote für geflüchtete Menschen im Hinblick auf psychische Problemlagen kulturell und sprachlich laufend anzupassen.

5. *Chronifizierung*

Chronische psychische Erkrankungen sind schwer zu definieren. Insgesamt zeichnen sie sich durch ihre krankheitstypischen Symptome und die Dauer bzw. Häufigkeit und die damit einhergehenden Einschneidungen aus. Hier wird

---

bilden das „Paradox von Selbststigma und psychischer Erkrankung"." *Rüsch*, et al. in Berger/Angenendt (Hrsg.), Das Stigma psychischer Erkrankungen, 823–827 (827).

750 *SVR Gesundheit*, Optimierung des Systems durch Gesundheitsförderung und Prävention, 13–48 (14).

751 *Destatis*, Gesundheit. Krankheitskosten, 2015, Fachserie 12, Reihe 7.2.1, 2017, S. 15.

752 *Aoe*, et al., J Immigr Minor Health 18 (2016), 828–835 (835).

753 *Hagaman*, et al., J Immigr Minor Health 18 (2016), 819–827 (827).

vor allem auf berufliche und soziale Merkmale abgestellt sowie auf die Häufigkeit von Akutbehandlungen in Krankenhäusern o. ä.[754] Chronische psychische Erkrankungen gehen in vielen Fällen in seelische Behinderungen über die das Individuum ggf. dauerhaft vom gesellschaftlichen Leben ausschließt.[755] Ausweg bietet oftmals nur eine ambulante oder (teil-)stationäre Dauerbetreuung der Betroffenen durch die Aufnahme in eine (Tages-)Klinik oder die Betreuung durch soziale Dienste oder häusliche Krankenpflege.[756] Im Stadium der Chronifizierung „ist eine aufwändige psychosomatische Behandlung erforderlich, während zu Beginn vermutlich verständnisvolle und klärende Gespräche gereicht hätten."[757] Am Stärksten betroffen sind Langzeithospitalisierte und junge und jugendliche, chronisch psychisch Erkrankte.[758]

Chronisch psychisch erkrankte Menschen sind damit einer Vielzahl von Gefahren ausgesetzt. Ihre sozialen Netzwerke sind oftmals kleiner und weniger stabil, sodass Unterstützungsmöglichkeiten weniger häufig vorhanden sind. Nach langen Erkrankungszeiten sind oftmals nur noch professionelle Unterstützer*innen oder andere Betroffene Teil des sozialen Umfelds.

Zudem stehen chronische psychische Erkrankungen in einer gefährlichen Wechselwirkung mit weiteren Folgen wie Arbeitslosigkeit, die wiederum das Risiko von Armut oder Obdachlosigkeit verstärken.[759] Auch andere physische Erkrankungen wie z. B. Schmerzzustände können komorbid sein,[760] die Trennung zwischen seelischer oder körperlicher Bedingtheit kann bei chronischen Erkrankungen nicht gemacht werden.[761]

Durch Frühintervention wird die Belastung nach potenziell traumatischen Erfahrungen reduziert, zudem kann hierdurch die Chronifizierung z. B. der posttraumatischen Stresssymptomatik verhindert werden.[762]

---

754 *Jakubaschk*, et al., Schweiz Arch Neurol Psychiatr 138 (1987), 45–61.

755 *Maurer*, et al., Gesundheitswesen 56 (1996), 79–85.

756 *Ding-Greiner*, et al., Betreuung und Pflege geistig behinderter und chronisch psychisch kranker Menschen im Alter, 2010.

757 *Brucks*, psychoneuro 30 (2004), 228–231 (230).

758 *Bolm*, et al., Psychiat Prax 16 (1989), 199–206; *Braun*, et al., Am J Psychiatry 138 (1981), 736–749; *Priebe*, et al., Psychiat Prax 23 (1996), 15–20.

759 *Gärtner* in Borgers (Hrsg.), Zur Lage chronisch psychisch Kranker, 37–50.

760 *Liedl*, et al., Torture 18 (2008), 69–76; *Sharp*, et al., Clin Psychol Rev. 21 (2001), 857–877.

761 *Moosmann*, Dtsch Arztebl 97 (2000), A-824 / B-683 / C-639.

762 BT-Drs. 19/13824, S. 185.

6. *Delinquenz*

Die bereits dargestellten, mit den Migrationsprozessen verbundenen Migrationsstressoren können auch für die Entstehung von delinquentem Verhalten von Bedeutung sein. Im Zuge der Lösung vom Herkunftsland und der Hinwendung zum Aufnahmestaat kann Akkulturationsstress entstehen. Dieser wird durch Exklusionserfahrungen begünstigt.[763] Aber auch strukturelle Bedingungen, z. B. in den Aufnahmeeinrichtungen, bei der Klärung der rechtlichen Fragen und die Gesamtsituation haben einen Einfluss auf die Entstehung von Delinquenz. Hinzu kommen weiterer Einflüsse aus den Lebenswirklichkeiten der geflüchteten Menschen, wo teilweise männliche Dominanz und heterosexuelle Orientierung prägend sind. Männliche Jugendliche sind stärker betroffen, sie sind zudem auch häufig von einer größeren Abnabelung der Eltern betroffen und binden sich so eher an Peergruppen an, in denen delinquente Verhaltensweisen auftreten können. Es kann zu Kriminalität kommen[764], eine immanente Wechselwirkung ist jedoch nicht belegbar.[765]

Häufig sind Täter*innen von z. B. Terrorhandlungen an Persönlichkeitsstörungen, affektiven, psychotischen oder posttraumatischen Störungen erkrankt,[766] die die Taten mit verursachen[767], aber nicht alleine dafür verantwortlich gemacht werden können.[768] Extremismus, links, rechts sowie religiös als Folge von psychischen Erkrankungen zu bezeichnen, reicht zudem nicht aus, vielmehr müssen biologische, psychische und soziale Risiken kumulativ betrachtet werden. Dennoch ist die Bedeutung einer Erkrankung für die Entwicklung extremistischer Positionen unumstritten.[769] Festzuhalten ist aber auch, dass fast alle Menschen mit psychischen Störungen keine kriminellen Handlungen begehen, denn 95 %

---

763 *Haverkamp*, Geflüchtete Menschen in Deutschland, Zuwanderung, Lebenslagen, Integration, Kriminalität und Prävention – Ein Überblick, Heute für ein besseres Morgen, 2016, S. 88.

764 *Foroutan*, et al., APuZ 15 (2009), 11–18 (13); *Heitmeyer*, et al., Verlockender Fundamentalismus, 1998, S. 152 ff., 176 ff.

765 *Walburg*, Migration und Jugenddelinquenz - Mythen und Zusammenhänge, 2014, S. 15.

766 *Taylor, M.*, et al., Terrorism 11 (1988), 91–111.

767 *Bhui*, et al., PLOS ONE 9 (2014), e105918.

768 *Gill*, et al., Am Psychol 72 (2017), 231–241; *Marazziti*, et al., CNS Spectr 23 (2018), 117–118.

769 Vgl. *Logvinov*, Zur Psychopathologie des Extremismus und Terrorismus, 2019, S. 96.

von ihnen leben dahingehend straffrei, wobei es bei Menschen ohne psychische Störungen im Vergleich 98 % sind.[770]

Mit Blick auf potenziell delinquentes Verhalten müssen demnach auch sicherheitspolitische Aspekte berücksichtigt werden, auch weil ein großer Teil der Migrationspolitik im Kern Sicherheitspolitik ist.[771] Hier ist Prävention und daraus folgende psychische Gesundheit als Gefahrenabwehr zu verstehen, weshalb eine Investition in die Verbesserung der psychischen Gesundheit von geflüchteten Menschen unerlässlich für die (innere) Sicherheit ist.[772]

III. Grenzen von Prävention

Die gesundheitliche Versorgung von geflüchteten Menschen, vor allem im Bereich der psychischen Erkrankungen, unterliegt zahlreichen, bereits ausführlich dargestellten strukturellen Hemmnissen. Auch präventive Unterstützung sowie sich daraus ergebende Erkenntnisse sind für die meisten geflüchteten Menschen nur sehr schwer zugänglich.

Weitere Grenzen der Prävention ergeben sich regelmäßig durch die Knappheit von Ressourcen sowie durch lebensweltliche und sozialisatorische Einflüsse. Die Verbesserung von Präventionsangeboten wird durch ökonomische und politische Interessen gehemmt. Aber auch unzureichendes Wissen über Kausalzusammenhänge bei der Krankheitsentstehung aufgrund der Lebensweise kann problematisch sein.[773] Daraus ergeben sich soziale Ungleichheiten – und soziale Ungleichmachung führt zu schlechteren Versorgungschancen, denn Präventionsangebote werden von Menschen aus höheren sozialen Schichten eher angenommen, die Wirksamkeit von präventiven Maßnahmen wird aber nicht von der sozialen Stellung beeinträchtigt.[774] Prävention in einem frühen Stadium

---

770 *Maier*, et al., Nervenarzt 87 (2016), 53–68.

771 *Demele* in Bonacker/Geiger (Hrsg.), Armenbekämpfung statt Armutsbekämpfung?, 41–56 (42 ff.); *Schulze Wessel* in Werz (Hrsg.), Sicherheitspolitik und Migration: über die sicherheitspolitische Erzeugung von Unsicherheiten und das Dilemma der Menschenrechte, 113–124; *Wendekamm*, Die Wahrnehmung von Migration als Bedrohung, 2014.

772 So auch *Bühring*, Dtsch Arztebl 115 (2018), A-1114 / B-937 / C-933.

773 *Slesina*, ZEFQ 103 (2009), 356.

774 *Janßen*, et al. in Richter, M./Hurrelmann (Hrsg.), Der Einfluss von sozialer Ungleichheit auf die medizinische und gesundheitsbezogene Versorgung in Deutschland, 149–165 (160).

(primordial, primär und sekundär), die zielgruppenorientiert ist, kann sozialen Ungleichheiten entgegenwirken.[775]

Für die Bereitschaft zur Teilnahme an Früherkennungsuntersuchungen gibt es einige bedeutende Bedingungen. In den Herkunftsländern gibt es teilweise nur wenige Früherkennungsuntersuchungen und Präventionsmaßnahmen.[776] So sind vor allem Kenntnisse über kulturelle Hintergründe und die Sozialisation bedeutsam. Auch die bestehenden Vorstellungen über die entsprechende Erkrankung sowie gewisse Bildungskompetenzen und die Auffassungsfähigkeit komplexerer Strukturen sind relevante Voraussetzungen. Zu beachten ist, dass kulturelle und sprachliche Verständigungsschwierigkeiten zu einer erschwerten Durchführung beitragen können.[777] Im Anschluss an schnelle, niedrigschwellige Angebote braucht es erweiterte Versorgungsstrukturen[778] für die mittel- und langfristige Versorgung der entstandenen Bedarfe.[779]

IV. Risiko-Nutzen-Abwägung

Bei der Durchführung von Prävention ist eine Risiko-Nutzen-Abwägung, vor allem aufgrund (betriebs-)wirtschaftlicher Überlegungen möglich. Dabei wird das Risiko einer Person, eine Störung mit Krankheitswert zu entwickeln, den erwarteten Krankheitskosten, dem Aufwand und dem Risiko der präventiven Interventionen sowie den Kosten für die Identifizierung von Risikogruppen und anderen Faktoren entgegengestellt. So soll eine Basis für effiziente präventive Ansätze gebildet werden.[780]

Früherkennung ist die beste Möglichkeit, potenziell psychotraumatische Verletzungen zu vermeiden und so Langzeitschäden zu verhindern, die zu

---

775 *Rosenbrock*, et al. in Richter, M./Hurrelmann (Hrsg.), Primärprävention als Beitrag zur Verminderung sozial bedingter Ungleichheit von Gesundheitschancen, 385–403 (390).

776 *Philippi*, et al., Prävention und Gesundheitsförderung 13 (2018), 203–210 (207).

777 *Fölsch*, et al., Der Internist 57 (2016), 822–830.

778 *Butollo*, et al., Gutachterstelle zur Erkennung psychischer Störungen bei Asylbewerbern, Abschlussbericht, 2012; *Niklewski*, et al., Abschlussbericht im Verfahren Az.: Z2/0272.01-1/14 für „Gutachterstelle zur Erkennung von psychischen Störungen bei Asylbewerberinnen und Asylbewerbern – Zirndorf", 2012; *Jung F.*, et al., Das Bremer Modell Gesundheitsversorgung Asylsuchender, 2011; *Mohammadzadeh*, Gesundheitswesen 57 (1995), 457–461.

779 *Bozorgmehr*, et al., Bundesgesundheitsbl 59 (2016), 599–620 (610).

780 *Junge-Hoffmeister* in Schneider, S./Margraf (Hrsg.), Prävention psychischer Störungen, 901–922 (919); *Taylor, C. B.*, et al., J Behav Health Serv Res 29 (2002), 81–90.

Schwierigkeiten nicht nur bei den Betroffenen und deren Umfeld führen können, sondern auch das Gesundheitssystem herausfordern.[781] Durch Prävention kann eine klassisch kurative Behandlung abgewendet werden, wobei diese sich durch schnelle Erfolge auszeichnet, da Behandlungen rasch die Symptome beheben. Prävention hingegen kann sich nur auf die Wahrscheinlichkeiten berufen (keine Behandlungsbedürftigkeit entstehen zu lassen). Ergebnisse davon werden jedoch erst auf lange Sicht deutlich, beziehungsweise werden überhaupt nicht deutlich, da sich durch gelungene Prävention keine Erkrankung ausbildet.[782] Dieses Phänomen nennt sich „Präventionsparadox". Die Abstraktion der präventiven Maßnahmen ist wenig greifbar für Anwender*innen und Profiteur*innen. Fraglich ist oft, was bleibt bei den Vielen, die Prävention erfahren, im Vergleich zu den, in Relation gesetzt, Wenigen, die von der Wirkung profitieren. Prävention sorgt für ein vermindertes Krankheitsrisiko, nicht zwangsläufig für eine vermiedene Krankheit.[783] Das Präventionsparadoxon ist dabei aber keinesfalls ausweglos. Vielmehr empfiehlt sich ein Abwägen zwischen einer Bevölkerungs- und Teilpopulationsstrategie und einer Hoch-Risiko-Strategie.[784] Dabei steht bei der Bevölkerungs- und Teilpopulationsstrategie das Krankheitsrisiko einer einzelnen Person nicht im Mittelpunkt, sondern die Intervention bei möglichst vielen Menschen gegen Risikofaktoren und gesicherte Ursachen. Die Hoch-Risiko-Strategie betrifft hingegen nur einen geringen Prozentsatz, der vor allem aus Risikoträger*innen besteht, die gezielt angesprochen werden sollen. Diese Personen profitieren aufgrund des gesteigerten Risikos sehr stark von den indizierten präventiven Interventionen; AsylbLG-Leistungsberechtigte sind hier zu nennen. Deshalb kann das Konzept der Frühintervention nicht vernachlässigt werden, denn mit Blick auf die „Wenigen", die davon profitieren, ist jede vermiedene Krankheit für das persönliche Leiden ein wichtiges Ziel.[785] Vor allem Migrationserfahrungen, sowohl freiwillige als auch unfreiwillige, sind in diesem

781 *Fischer, G.* in Brecht (Hrsg.), Einführung in die Theorie und Praxis der Traumatherapie, 37–59 (39).

782 *Gerngroß,* Notfallpsychologie und psychologisches Krisenmanagement, 2015, S. 47.

783 *Abholz* in Gerlinger/Kümpers/Lenhardt, et al. (Hrsg.), Public Health, evidenzbasierte Medizin und Prävention als Bedrohung des Individuums in der Medizin, 340–351 (347).

784 *Raza*, et al., J Family Med Prim Care 7 (2018), 1163–1165.

785 *Junge-Hoffmeister* in Schneider, S./Margraf (Hrsg.), Prävention psychischer Störungen, 901–922 (919).

Kontext besonders ernst zu nehmen. Das beinhaltet auch, dass Prävention diese Erfahrungen berücksichtigt[786], ansonsten laufen die Angebote ins Leere.[787]

V. Geeignete Maßnahmen für die Prävention psychischer Erkrankungen bei potenziell traumatischen Erfahrungen

Risikofaktoren haben Einfluss auf die Entwicklung von psychischen Erkrankungen. Die Fokussierung von Interventionsstrategien auf verschiedene Risikofaktoren hat Einfluss auf die Erfolgsaussichten von eben diesen.[788]

Solche Maßnahmen müssen dabei nicht besonders aufwendig sein, sondern können auch durch kleine Interventionen zielführend sein. Oft wird z. B. eine wöchentliche psychotherapeutische bzw. psychosomatische Sprechstunde als ein entscheidender erster Schritt in Erstaufnahmeeinrichtungen angesehen, der eine anschließende längerfristige psychotherapeutische Behandlung erleichtert[789] und unter Umständen überflüssig macht. Dabei ist auch ein flächendeckendes Netzwerk relevant, welches unterversorgte Gruppen mit einbezieht.[790] In diesen Sprechstunden sind vor allem Psychoedukation und damit verbunden auch Gesundheitskompetenz und Health Literacy relevant.

Der Zugang zu gesundheitsrelevanten Informationen ist aufgrund der Zugehörigkeit zu sozialen Schichten und Bevölkerungsgruppen teilweise erschwert. Für gelingende Gesundheitskommunikation und Präventionskampagnen sind also die Bestimmung und Berücksichtigung von einzelnen Zielgruppen wie Menschen mit Migrationshintergrund und weiterer, die Lebenslage prägenden Faktoren oder Gender-Aspekten wichtig.[791]

1. Psychoedukation

Psychoedukation zielt darauf ab, Patient*innen und deren Angehörige über die psychische(n) Krankheit(en) und mögliche Behandlungen zu informieren. Es

786 So auch *maiz - Autonomes Zentrum von und für Migrantinnen*, "Das Leben hat Gewicht!".

787 *Gangarova*, Migration und Gesundheit: Das Zauberwort heißt "Strukturelle Prävention".

788 *Junge-Hoffmeister* in Schneider, S./Margraf (Hrsg.), Prävention psychischer Störungen, 901–922 (908).

789 *Varvin*, Psyche 70 (2016), 825–855; *Wolff*, Soziale Psychiatrie 40 (2016), 30–31 (30 f.).

790 *Weiß, P./Fegert* (Hrsg.), Planen – umsetzen – bewerten: Psychiatriepolitik gestalten, S. 177.

791 *SVR Gesundheit*, 4. Strategien der Primärprävention, 25–79 (48).

geht um Unterstützung bei der Krankheitsbewältigung sowie darum, das Krankheitsverständnis und den verantwortlichen Umgang mit der Erkrankung zu stärken.[792] Es handelt sich dabei nicht um ein Therapieverfahren, sondern um eine Behandlungskomponente eines Interventionskonzepts.

Dabei kann Psychoedukation aber nicht nur bei bestehenden Krankheitsbildern Aufklärung schaffen, sondern bereits als generelle Gesundheitserziehung verstanden werden und spezifische Prävention ermöglichen.[793] Es besteht großer Bedarf an Psychoedukation aufgrund von Unkenntnis über westliche Konzepte zur Psyche und zur Psychotherapie bei geflüchteten Menschen. Vor allem Psychotherapie wird oft als mangelnde Fürsorge verstanden[794] und so weniger in Anspruch genommen.

Psychoedukation kann durch nicht medizinische Fachkräfte erbracht werden, muss also nicht durch Therapeut*innen geleistet werden, was die Erbringung vereinfacht. So können diese sich auf die Therapie konzentrieren und bereits mit den geflüchteten Menschen in Kontakt stehende Fachkräfte können die Psychoedukation übernehmen. Dabei kann dies im Rahmen einer niedrigschwelligen Sprechstunde stattfinden. Diese Sprechstunde kann einen wichtigen Beitrag auch zur Prävention leisten, die betroffenen Menschen aufklären – mündige Patient*innen – und psychotherapeutische Behandlungen und Beratungsangebote koordinieren.[795] So kann eine erfolgreiche Symbiose zwischen den Beteiligten entstehen. Dabei sollte vor allem bei einem frühen Interventionszeitpunkt Psychoedukation in mehreren Sprachen angeboten werden. Auch postmigrantische Medien sind Plattformen für Migrant*innen, um sich zu informieren. Darin werden auch Artikel zum Thema Gesundheit veröffentlicht.[796] Solche Informationen können bei der Psychoedukation zusätzlich genutzt werden.

2. *Gesundheitskompetenz und Health Literacy*

Unter Gesundheitskompetenz wird im Allgemeinen die Fähigkeit von Individuen verstanden, Gesundheitsinformationen zu finden, diese zu verstehen,

792 *Gühne*, et al., Psychosoziale Therapien sind wichtiges Element in der Behandlung von schweren psychischen Erkrankungen, 2014.

793 *Mühlig*, et al. in Wittchen/Hoyer (Hrsg.), Psychoedukation, 477–490 (478).

794 *Philippi*, et al., Prävention und Gesundheitsförderung 13 (2018), 203–210 (207 f.).

795 *Mong*, et al., Dtsch Arztebl 15 (2017), 529–531 (531).

796 So z. B. *Gangarova*, Migration und Gesundheit: Das Zauberwort heißt "Strukturelle Prävention"; *maiz - Autonomes Zentrum von und für Migrantinnen*, "Das Leben hat Gewicht!"; *MiGAZIN*, Gesundheitswesen muss sich auf Migranten einstellen.

deren Bedeutung zu beurteilen und entsprechend aufgeklärt zu handeln, also diese Informationen anzuwenden.[797] Dadurch können die Menschen präventive und therapeutische Empfehlungen umsetzen. Über verständliche Informationen und verbesserte Zugänge zu Informationen (Psychoedukation) soll die Gesundheitskompetenz gestärkt werden. Das kann die Belastungen der Menschen verringern und die Gesundheitsressourcen durch Anwendung erlernter Kompetenzen steigern.[798]

Health Literacy beschreibt zudem praktisches Wissen über den eigenen Körper, dessen Gesundheitszustand und die diese Bereiche beeinflussenden Lebensbedingungen sowie die entsprechenden Fähigkeiten. Dieser Teil der Kompetenzen wird nicht über das medizinische Fachpersonal vermittelt, sondern über alltägliche Wege wie Kultur, Bildung und Erziehung.[799] Dass Lebensbedingungen Einfluss auf den Gesundheitszustand haben, ist einigen Migrant*innen nicht bewusst;[800] so gibt es z. B. vermehrt Raucher*innen oder Übergewichtige unter den Migrant*innen.[801]

Zielgruppenspezifische Informationen zum Einfluss des Lebensstils auf die Gesundheit können aber ins Alltagsgeschehen – Kindergarten, Schule, berufliches sowie häusliches Umfeld – mit einfließen und so noch effektiver wirken als individuelle Interventionen, da sie generalistischer sind und aus einem komplexen Maßnahmenbündel bestehen.[802] Teil der gesundheitsbezogenen Informationen können aber auch Medien und Journalist*innen sein bzw. werden, die dazu ermutigt werden sollten, nicht nur Bilder und Berichte zu verwenden, die zu Belastungen bei den selbst betroffenen Leser*innen führen können, sondern auch Berichte über die Widerstandsfähigkeit und das Engagement anderer geflüchteter Menschen zu veröffentlichen.[803] Allgemeine Gesundheitsinformationen können zu einer verringerten Inanspruchnahme von Gesundheitsleistungen führen,

---

797 *Quenzel*, et al., Health Literacy, Gesundheitskompetenz vulnerabler Bevölkerungsgruppen, 2016, S. 7.

798 *Rosenbrock*, et al. in Richter, M./Hurrelmann (Hrsg.), Primärprävention als Beitrag zur Verminderung sozial bedingter Ungleichheit von Gesundheitschancen, 385–403 (395).

799 *Abel*, et al., Health Literacy / Gesundheitskompetenz, 2018.

800 *Philippi*, et al., Prävention und Gesundheitsförderung 13 (2018), 203–210 (207).

801 *Stenzel* in Stauder/Rapp/Eckhard (Hrsg.), Migration und Gesundheit, 283–303.

802 *Brand*, et al., Bundesgesundheitsbl 58 (2015), 584–592 (584, 591).

803 *IASC*, Guidelines on Mental Health and Psychosocial Support in Emergency setting, 2007, S. 161.

da so Wissensdefizite über die Strukturen des Gesundheitssystems bereinigt werden können.[804]

Eine klare Trennung zwischen Gesundheitskompetenz und Healthy Literacy lässt sich immer schwerer vornehmen. Sowohl Gesundheitskompetenz als auch Health Literacy hängen stark vom sozialen Hintergrund der Menschen ab. Aber auch individuelle und kollektive Gesundheitsrisiken oder Maßnahmen zur Verbesserung der gesundheitlichen Lebensbedingungen sind für diese beiden Kompetenzen als spezialisiertes Wissen von Bedeutung.

Es gibt Informationen zur Stärkung dieser Kompetenzen über das Internet sowie durch die Teilnahme an Veranstaltungen, Seminaren oder Workshops[805], die Leistungsberechtigten des AsylbLG sind jedoch häufig aus bereits genannten Gründen noch nicht in der Lage, solche Maßnahmen ausreichend zu ergreifen. Für sie ist es besonders schwierig, Informationen über Unterstützungsmöglichkeiten bei psychischen Problemen zu finden. Diese Herausforderung steigt mit höherem Alter an.[806]

3. Zielgruppenorientierte Intervention

Zugrunde liegt die Erkenntnis, dass nach einem potenziell traumatischen Ereignis zunächst viele Betroffene psychische Auffälligkeiten entwickeln können. Hierbei werden drei Gruppen unterschieden: Selbstheiler*innen, Wechselgruppe und Risikogruppe, auf deren Basis bereits in den 1990er-Jahren die sogenannte zielgruppenorientierte Intervention (ZGI)[807] entwickelt wurde. Die Betroffenen der Gruppe Selbstheiler*innen haben ausreichend Ressourcen und Fähigkeiten, um ohne psychiatrisch-psychotherapeutische Behandlung einer Folgestörung zu entgehen; Psychoedukation durch z. B. Selbsthilfeleitfäden sollte jedoch trotzdem stattfinden. Zur Verhinderung von Langzeitfolgen muss der Wechselgruppe mehr soziale Unterstützung zuteilwerden. Dies kann durch psychoedukative Informationen sowie Frühintervention und Aufklärung ähnlich wie bei der Selbstheiler*innengruppe, geschehen, sodass Betroffene dieser Gruppe zu Selbsterholer*innen werden können. Die Risikogruppe hingegen benötigt neben den genannten Angeboten auch psychiatrisch-psychotherapeutische Fachberatung

---

804 *Philippi*, et al., Prävention und Gesundheitsförderung 13 (2018), 203–210 (207 f.).

805 *Pfennig*, et al., Die Psychiatrie 11 (2014), 223–226 (226).

806 *Quenzel*, et al., Health Literacy, Gesundheitskompetenz vulnerabler Bevölkerungsgruppen, 2016, S. 20.

807 *Fischer, G.* in Brecht (Hrsg.), Einführung in die Theorie und Praxis der Traumatherapie, 37–59.

und aktive Betreuung. Diese erste Intervention sollte mindestens zehn traumatherapeutische Sitzungen umfassen. Anschließend können bei zurückliegenden Traumatisierungen sowie bei chronifizierten Traumata weitere ergänzende Sitzungen angebracht sein.[808] Diese zielgruppenspezifischen Interventionen haben vor allem bei den Selbstheiler*innen- und Wechselgruppen nachweislich einen erheblichen Präventionseffekt.[809] Es geht also darum, die Selbsthilfepotenziale der Menschen zu nutzen, denn nicht jede*r braucht intensive und aufwendige Behandlung.[810] Wichtig bei solchen Interventionen ist zudem, nicht ausschließlich Kognitionen und negative Emotionen in den Blick zu nehmen, sondern auch emotionale, soziale und psychosomatische Fähigkeiten zu stärken.[811] Es ist deshalb sinnvoll, dass diese Arbeitsweise in den meisten Traumaambulanzen bereits so angewendet wird.

VI. Bestehende Nutzbarmachung dieser Erkenntnisse

Durch die Erneuerung der Sozialen Opferentschädigung gibt es erstmals einen Rechtsanspruch auf die Behandlung in sogenannten (Opfer-)Traumaambulanzen. Die gesetzliche Unfallversicherung (DGUV) hat ein ähnliches System, welches Opfern von z. B. Terroranschlägen oder Ersthelfer*innen bei Unfällen und anderen potenziell traumatisierenden Ereignissen in kürzester Zeit geeignete psychiatrisch-psychotherapeutische Unterstützung zukommen lässt. Hier haben die bisher dargestellten Erkenntnisse dazu geführt, dass schnelle und vor allem niedrigschwellige Angebote entstanden sind. Solche Strukturen zur niedrigschwelligen Unterstützung und psychosozialen Begleitung gibt es in Deutschland demnach bereits seit den 1990er-Jahren.[812]

---

808 *Bering*, et al. in Seidler/Freyberger/Glaesmer, et al. (Hrsg.), Großschadenslagen als potentiell traumatisierendes Ereignis, 602–617 (608–610); *Fischer, G.* in Brecht (Hrsg.), Einführung in die Theorie und Praxis der Traumatherapie, 37–59 (55); *Klöpfer* in Barth (Hrsg.), Einführung in die Traumaberatung, 176–215.

809 *Fischer, G.* in Brecht (Hrsg.), Einführung in die Theorie und Praxis der Traumatherapie, 37–59 (54).

810 *Richter, R.*, PHF 22 (2014), 9–10 (9).

811 *Metzner*, et al., Bundesgesundheitsbl 59 (2016), 642–651 (649).

812 *Fischer, G.* in Brecht (Hrsg.), Einführung in die Theorie und Praxis der Traumatherapie, 37–59; *Koll-Krüsmann* in Strametz (Hrsg.), Was ist psychosoziale Unterstützung?, 56–63 (58).

1. Traumaambulanzen

Traumaambulanzen unterstützen Menschen, die Opfer von Gewalt(-straf-)taten geworden sind, schnell und unkompliziert psychiatrisch-psychotherapeutische Beratung zu erhalten. Ziel ist es, durch lange Wartezeiten bzw. die Suche nach geeigneten Anlaufstellen das Entstehen oder Manifestieren von psychischen Erkrankungen zu vermeiden. Die häufigsten Tätigkeiten sind Interventionsmaßnahmen und Therapieangebote sowie Unterstützung durch Informationsmaterialien und Präventionsprogramme. Grundsätzlich gilt es für Traumaambulanzen, relevante seelische Traumatisierungen zu erfassen und den Betroffenen schnellstmöglichen Zugang zu kompetenter, neurologisch-psychiatrischer bzw. psychotherapeutischer Hilfe zu ermöglichen.

Durch die Reform des Sozialen Entschädigungsrechts wird das SGB XIV bis 2024 schrittweise in Kraft treten.[813] Dabei wird ein Rechtsanspruch für Opfer von Gewaltstraftaten auf die Betreuung in einer Traumaambulanz begründet. Hintergrund ist auch hier die Erkenntnis, dass eine frühzeitige Inanspruchnahme der Traumaambulanz-Leistungen den Eintritt einer psychischen Gesundheitsstörung oder deren Chronifizierung verhindern kann.[814] Die Traumabelastung reduziert sich nach einer Intervention in einer Traumaambulanz hochsignifikant und mit klinischer Bedeutung. Zudem kann dadurch die Chronifizierung der posttraumatischen Stresssymptomatik verhindert werden, was wiederum für die Betroffenen und deren langfristige Gesundheit wichtig ist.[815]

Die Leistungen der Traumaambulanzen unterscheiden sich zudem von den Leistungen der Krankenversicherung im SGB V. Die Abgrenzung zwischen einem „bloßen" psychischen Problem und einer Störung mit Krankheitswert ist in der Praxis problembehaftet. Entscheidend ist jeweils nur der Einzelfall und diese Einschätzung muss in der Regel medizinischen Sachverständigen überlassen werden.[816] Zum Zwecke der Frühintervention und für die Vermeidung von Chronifizierungen wird die Beurteilung, ob die psychischen Auffälligkeiten schädigungsbedingt sind, in den Traumaambulanzen zunächst zurückgestellt. Dies ist im Hinblick auf die Ziele der schnellen und niedrigschwelligen Leistungen

---

813 SozERG v. 12.12.2019, BGBl. 2019 Teil I Nr. 50, 2652–2725.

814 *Fegert*, Ergebnisse des Modellprojekts, 2015, S. 18 ff.

815 *Keller*, et al., Psychotherapeut 61 (2016), 197–207.

816 OLG Celle Urt. v. 27.3.1987 – 8 U 150/86, Juris; OLG München Urt. v. 18.9.1986 – 1 U 5424/85, Juris; OLG Stuttgart Urt. v. 27.11.1985 – 3 U 296/84, Juris; LG Stade Urt. v. 24.6.1986 – 3 O 108/86, Juris; Rechtsprechung zur Abgrenzung: LG Köln Urt. v. 6.5.1983 – 12 S 474/82, Juris.

ansonsten nicht umsetzbar, weshalb die Behandlung in der Traumaambulanz nicht an eine Diagnose gebunden ist. Für die Opfertraumaambulanzen nach dem SGB XIV gibt es durch die Etablierung jetzt eine gesicherte Finanzierung.

2. *Psychotherapeutenverfahren*

Die unfallmedizinischen Heilverfahren der DGUV werden durch das sog. Psychotherapeutenverfahren ergänzt, welches die psychotherapeutische Versorgung der DGUV-Leistungsberechtigten nach Arbeitsunfällen oder bei Berufskrankheiten regelt. Es wurde wie auch die sehr ähnlichen Leistungen der Traumaambulanzen des SGB XIV[817], lange erprobt und intensiv erforscht und schließlich 2012 eingeführt.[818] Das Psychotherapeutenverfahren ist in § 1 Abs. 2 Vertrag Ärzte/Unfallversicherungsträger[819] verankert. Auch hier erhalten die Leistungsberechtigten zugeschnittene Hilfen durch vertraglich gebundene Psychotherapeut*innen, die beim (Mit-)Erleben von psychischen Belastungen schnelle und spezifische Unterstützung innerhalb der ersten 48 Stunden anbieten können.[820] Dafür genügen auch unspezifische psychische Auffälligkeiten.[821]

3. *Psychosoziale Notfallversorgung*

Die Psychosoziale Notfallversorgung (PSNV) ist die Psychosoziale Unterstützung für Behörden und Organisationen mit Sicherheitsaufgaben. Notfallhelfer*innen und Einsatzkräfte bei Katastrophen oder Großeinsätzen stehen unter einer besonderen Belastung durch die ständige Nähe zu traumatischen Erlebnissen. Dabei ist es bei der PSNV wichtig, dass die Betroffenen in einer frühen Phase die auslösenden Ereignisse durch Stressmanagement-Methoden bewältigen können. Darüber hinaus müssen aber auch die Erinnerungen daran sowie die körperlichen und seelischen Reaktionen schnellstmöglich bearbeitet werden. Um schnellstmögliche Behandlung des Erlebten zu generieren, müssen die ersten Interventionen beim Auftreten einer Stressreaktion nicht nur auf die psychischen und physischen Bewältigungsstrategien abzielen, sondern explizit traumatherapeutische Ansätze enthalten.[822]

---

817 *DGUV*, et al., Psychotherapeutenverfahren, Handlungsanleitung, 2017.

818 *Drechsel-Schlund*, et al., ASUMed 17 (2018), 20–24 (20).

819 *DGUV*, Vertrag Ärzte/Unfallversicherungsträger, 2018.

820 *Kranig*, NZS 29 (2020), 729–740 (738).

821 *Drechsel-Schlund*, et al., ASUMed 17 (2018), 20–24 (24).

822 *Lueger-Schuster* in Lueger-Schuster (Hrsg.), Der Rahmen psychosozialer Notfallversorgung, 1–44 (22).

4. *Beispielprojekt*

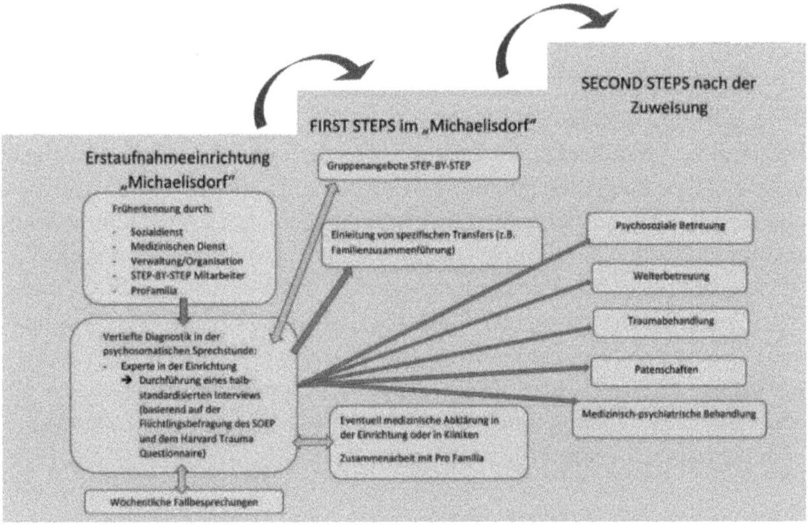

Abbildung 5: Steps des Pilotprojekts „Step-by-Step"[823]

In einem Projekt vom Hessischen Ministerium für Soziales und Integration wurden besonders vulnerable geflüchtete Menschen während der Unterbringung in einer Erstaufnahmeeinrichtung professionell unterstützt. Dabei stand vor allem das psychische Wohlbefinden im Mittelpunkt, welches durch verschiedene Angebote gefördert werden sollte. In multiprofessionellen Teams wurden psychologisch-therapeutische, psychiatrisch-medizinische, sozialarbeiterische und pädagogische Perspektiven zusammengefügt. Darüber hinaus wurden die Aufnahmeeinrichtungsleitung sowie die Verwaltung daran beteiligt.[824] Ergebnis war, dass viele der besonders schwer traumatisierten geflüchteten Menschen die angebotene Krisenintervention im „Ersten Schritt" für sich nutzen konnten und deshalb auch erfolgreich im „Zweiten Schritt" weiter fachlich betreut werden

---

823 *Leuzinger-Bohleber*, et al., Psychotherapeut 62 (2017), 341–347.

824 *dies.* Step-by-Step, Abschlussbericht über das Pilotprojekt Step-by-Step zur Betreuung von traumatisierten Flüchtlingen in der Erstaufnahmeeinrichtung „Michaelisdorf" in Darmstadt, 2017, S. 35.

konnten.[825] Die Chancen auf eine gelingende Integration sowie ein psychisch gesundes Leben sind gestiegen. Es konnte festgestellt werden, dass die entstandenen Strukturen in der LEA fördernd waren und weiter auch nach dem Transfer in eine kommunale Unterbringung beibehalten werden sollten. Eine Einbindung der psychosozialen Zentren gilt als zielführend.[826] Eine professionelle, interdisziplinäre Betreuung von Geflüchteten in den Erstaufnahmeeinrichtungen ist sinnvoll.

D. Prävention psychischer Erkrankungen im AsylbLG

Das AsylbLG enthält nur wenige präventive Maßnahmen für die allgemeine Gesundheitsversorgung der Leistungsberechtigten. Es ist zudem festzuhalten, dass es keine bundesweiten Maßnahmen gibt, die eine frühe Intervention bei psychischen Erkrankungen für AsylbLG-Leistungsberechtigte ermöglichen. Teilweise werden besonders schutzbedürftige Personen – klassifiziert durch die RL 2013/33/EU – solchen Angeboten zugeführt. Fraglich ist allerdings, ob nicht alle Leistungsberechtigten des AsylbLG erste Interventionsmaßnahmen erhalten sollten, da alle durch diverse bereits dargestellte Migrationsstressoren einem gesteigerten Risiko unterliegen.

I. § 4 AsylbLG

Beim Kriterium der erforderlichen Behandlung ist die ärztliche Behandlung Teil des Leistungsumfangs des § 4 Abs. 1 S. 1 AsylbLG. Diese umfasst „alle auf medizinisch-wissenschaftlichen Erkenntnissen beruhenden Tätigkeiten eines Arztes, die auf die Verhütung, Früherkennung und Behandlung von Krankheiten und deren Folgen gerichtet sind."[827] Wie sich jedoch in den vorangegangenen Kapiteln bereits gezeigt hat, sind die Vorgaben in § 4 AsylbLG ansonsten nicht für die Erbringung von präventiven Leistungen geeignet, da hier nur akute Erkrankungen und Schmerzzustände behandelt werden können. Es besteht demnach eine Wechselbeziehung[828] zwischen der akuten Erkrankung oder

---

825 *Leuzinger- Bohleber*, et al., (kursiv) Step-by-Step, Abschlussbericht über das Pilotprojekt Step-by-Step zur Betreuung von traumatisierten Flüchtlingen in der Erstaufnahmeeinrichtung „Michaelisdorf" in Darmstadt, 2017, S. 13.

826 *dies.* Step-by-Step, Abschlussbericht über das Pilotprojekt Step-by-Step zur Betreuung von traumatisierten Flüchtlingen in der Erstaufnahmeeinrichtung „Michaelisdorf" in Darmstadt, 2017, S. 44.

827 Vgl. GK-AsylbLG/*Langer*, 60, § 4 Rn. 36.

828 Vgl. Grube/Wahrendorf/Flint, SGB XII, Sozialhilfe/*Leopold*, § 4 AsylbLG Rn. 15.

dem Schmerzzustand und dem Umfang der Maßnahme,[829] wodurch eine Verhütung oder Früherkennung ohne akute Erkrankung oder Schmerzzustand ausgeschlossen ist.

Die Verhütung und Vorsorge von Erkrankungen ist in § 4 Abs. 1 S. 2 AsylbLG lediglich auf somatische Erkrankungen beschränkt, die durch Impfungen und Vorsorgeuntersuchungen identifiziert werden können.[830] Prävention findet also lediglich in Form von Schutzimpfungen und den medizinisch gebotenen Vorsorgeuntersuchungen statt.

Die Impfungen sollen nach den Empfehlungen der STIKO bspw. altersgerecht stattfinden. So sollen durch Impfungen vermeidbare Erkrankungen frühzeitig verhindert werden, weshalb auch fehlende Immunisierungen nachgeholt werden sollen. Es geht um die Aufrechterhaltung der individuellen Gesundheit und den Gesundheitsschutz in Gemeinschaftsunterkünften. Der Umfang der Impfungen ergibt sich aus dem SGB V.

Die Vorsorgeuntersuchungen knüpfen an die §§ 47, 52 SGB XII an[831] die sich wiederum für die Begriffsbestimmung an §§ 25, 26 SGB V ausrichten.[832] Der Leistungsanspruch umfasst Kinderfrüherkennungsuntersuchungen, Krebsvorsorge-Untersuchungen und Gesundheits-Check-Ups. Teil der Kinderfrüherkennungsuntersuchungen sind die gängigen sog. „U"-Untersuchungen bis hin zur Jugendgesundheitsuntersuchung. Bei den Krebsvorsorge-Untersuchungen stehen vor allem die Früherkennung von Haut-, Brust- oder Darmkrebs im Vordergrund. Gesundheits-Check-Ups können Personen bis zum 34. Lebensjahr einmalig vornehmen lassen, ab dem 35. Lebensjahr kann dies alle drei Jahre erfolgen. Dabei sollen im Rahmen der Anamnese besondere Risiken bspw. Rauchen, Übergewicht oder bestehende familiäre (Krebs-)Risiken abgeklärt werden. Ergänzend können körperliche und Laboruntersuchungen durchgeführt werden. Abschließend findet eine Beratung über die Untersuchungsergebnisse statt. Wenn es medizinisch notwendig ist, wird zu den erhobenen Befunden eine Präventionsempfehlung bspw. in Form von Kursen zur Bewegung oder Ernährung gegeben.

---

829 Vgl. GK-AsylbLG/*Langer*, 60, § 4 Rn. 51.

830 *Vorholz* in Meyer/Ritgen/Schäfer, R. (Hrsg.), Leistungen nach dem Asylbewerberleistungsgesetz, 214–220 (218).

831 Oestreicher/Decker, SGB II/SGB XII/*Decker*, 93, § 4 AsylbLG Rn. 16.

832 Grube/Wahrendorf/Flint, SGB XII, Sozialhilfe/*Leopold*, § 4 AsylbLG Rn. 36; Krauskopf/*Wagner, R.*, 111, § 16 SGB V Rn. 29; Siefert AsylbLG/*Krauß*, § 4 Rn. 29.

Das heißt auch, dass erkrankungsvermeidende Leistungen bezüglich psychischer Erkrankungen nicht Teil der Leistungen nach § 4 AsylbLG sind.

II. § 6 AsylbLG

§ 6 Abs. 1 S. 1 Alt. 2 AsylbLG bietet hingegen eine Anspruchsgrundlage für Bedarfe, die zur Sicherung der Gesundheit der Leistungsberechtigten unerlässlich sind und nicht bereits über § 4 Abs. 1 AsylbLG abgedeckt sind[833] und „eröffnet damit, um Einzelfällen gerecht zu werden, auch den Zugang zu einer über den Leistungsumfang nach § 4 Abs. 1 AsylbLG hinausgehenden Gesundheitsversorgung".[834] Eine Leistung ist dann unerlässlich zur Sicherung der Gesundheit, wenn ein nachweisbarer Bezug zum Schutz der Gesundheit der Leistungsberechtigten besteht und die Leistungen „objektiv geeignet [sind], das Auftreten einer Krankheit zu verhindern bzw. die Verschlechterung einer bestehenden Krankheit zu vermeiden"[835]. Auch wenn Gesundheit hier bereits weiter ausgelegt ist, umfasst sie „nur" die menschliche Gesundheit im biologisch-physiologischen Sinne sowie „das psychische Wohlbefinden, sofern es den physischen Gesundheitsstörungen in ihrer Wirkung gleichzusetzen ist.[836] „Eine engere Auslegung wäre „mit dem Verständnis des Menschen als einer Einheit von Leib, Seele und Geist und mit der Wechselwirkung zwischen psychischen und physischen Gesundheitsstörungen[837]" unvereinbar.[838]

Die Anforderungen aus § 6 Abs. 1 AsylbLG lassen sich zudem in zwei Bereiche teilen. Zum einen müssen sie einen inhaltlichen Bezug zum Schutz der Gesundheit der Leistungsberechtigten haben. Hier ist unbestritten, dass die Prävention von Erkrankungen deren Auftreten verhindern kann. Ein objektiver, nachweisbarer Bezug zum Schutz der individuellen Gesundheit ist damit zumindest durch personale Prävention im Stadium der sekundären Prävention bzw. Frühintervention vor allem durch selektive und indizierte Prävention eindeutig gegeben.

---

833 jurisPK-SGB XII/*Frerichs*, § 6 AsylbLG Rn. 59 m. w. N; BeckOK SozR/AsylbLG/*Korff*, § 6 Rn. 7; Grube/Wahrendorf/Flint SGB XII/*Leopold*, § 6 AsylbLG Rn. 11; zu den weiteren Anspruchsvoraussetzungen siehe bereits ab S. 78.

834 BT-Drs. 18/9009, S. 3.

835 SG Frankfurt Beschl. v. 16.1.2006 – S 20 AY 1/06 ER, Juris (21).

836 jurisPK-SGB XII/*Frerichs*, § 6 AsylbLG Rn. 60.

837 BVerfGE 56, 54–87 – Fluglärm, Lohausen.

838 SG Frankfurt Beschl. v. 16.1.2006 – S 20 AY 1/06 ER, Juris (21).

Zum anderen müssen die Leistungen „objektiv geeignet sein, das Auftreten einer Krankheit zu verhindern bzw. die Verschlechterung einer bestehenden Krankheit zu vermeiden“,[839] was eindeutig auf die Frühintervention bzw. Prävention, auch psychischer Erkrankungen abzielt.

Fraglich ist demnach, ob präventive Leistungen für das psychische Wohlbefinden einer physischen Gesundheitsstörung gleichzusetzen sind bzw. ob sie Teil der Leistungen des § 6 Abs. 1 S. 1 AsylbLG sind.

Dagegensprechen könnte, dass präventive Leistungen für die psychische Gesundheit „nur“, den Charakter einer Erkrankungsverhinderung, nicht aber einer Krankheitsbehandlung haben. Dem entgegenstehen außerdem der allgemeine Verweis auf eine medikamentöse Behandlung bei psychischen Erkrankungen, die meist deutlich kostengünstiger ist, sowie der Rückgriff auf die nichtstaatlichen Angebote in z. B. PSZ, die als geeignete Leistungen je nach Region zur Verfügung stehen. Aus dem Grund, dass nur Leistungen nach § 6 Abs. 1 S. 1 AsylbLG erbracht werden könnten, die zur Sicherung der Gesundheit und des Lebens der Leistungsberechtigten unumgänglich, also unverzichtbar sind, bestehe nach dem LSG Baden-Württemberg kein Anspruch auf „optimierte und bestmögliche Versorgung“[840] nach § 6 Abs. 1 S. 1 AsylbLG. Hier könnte unterstellt werden, dass Prävention Teil einer optimierten und bestmöglichen Versorgung ist und nicht dem normalen Versorgungsumfang entspräche. Davon kann nicht ausgegangen werden, wenn bereits unumstritten klar ist, dass ärztliche Tätigkeiten, die einer Regelversorgung entsprechen, auf die Verhütung, Früherkennung und Behandlung von Krankheiten[841] gerichtet sind.

Für einen Umfang, der präventive Leistungen in § 6 Abs. 1 S. 1 AsylbLG sieht, sprechen folgende Argumente:

Besondere Leistungen zur Sicherung der Gesundheit werden nur dann erbracht, wenn sie aus medizinischer Sicht unbedingt erforderlich sind und keine gleich geeignete, möglicherweise kostengünstigere Möglichkeit zur Verfügung steht.[842] Da sich aus § 4 Abs. 1 AsylbLG jedoch keine präventiven Leistungen ableiten lassen, stehen dort keine sonstigen geeigneten Maßnahmen zur Verfügung. Die Erbringung von präventiven Vorsorgeleistungen für die psychische Gesundheit könnte aber als kostengünstigere Leistung zur Sicherung der Gesundheit verstanden werden. Wenn aber durch die Vorgaben des § 4 AsylbLG

839 SG Frankfurt Beschl. v. 16.1.2006 – S 20 AY 1/06 ER, Juris (21).

840 LSG Baden-Württemberg Beschl. v. 11.1.2007 – L 7 AY 6025/06 PKH-B, Juris (6).

841 § 28 Abs. 1 S. 1 SGB V.

842 Grube/Wahrendorf/Flint SGB XII/*Leopold*, § 6 AsylbLG Rn. 11.

Leistungen zur Prävention von psychischen Erkrankungen nicht erbracht werden können, die Leistungen nach § 6 Abs. 1 S. 1 Alt. 2 AsylbLG allerdings nur erbracht werden dürfen, wenn keine anderen geeigneten Maßnahmen zur Verfügung stehen, würden die Leistungen zur Prävention von psychischen Erkrankungen in eine Regelungslücke fallen. Sie wären nämlich besser geeignet als eine anschließende kostenintensive Psychotherapie oder andere Behandlungen, finden aber keine gesetzliche Anspruchsgrundlage. Da § 6 Abs. 1 S. 1 AsylbLG eine Auffang- und Öffnungsklausel ist, kann diese Lücke gerade nicht beabsichtigt sein, weshalb hier davon auszugehen ist, dass ein Anspruch auf die Erbringung von präventiven Leistungen für die Verhinderung von psychischen Erkrankungen besteht.

III. Ermessensreduzierung in § 6 AsylbLG durch die RL 2013/33/EU

Besondere Bedarfe zur Sicherung der Gesundheit sind auch dadurch gedeckt, dass sich das Ermessen in § 6 Abs. 1 AsylbLG gegebenenfalls auf null reduziert und zu einem gebundenen Anspruch führt.[843] Daraus ergibt sich, dass für Personen, bei denen ein besonderes Schutzbedürfnis nach der RL 2013/33/EU festgestellt wurde, die erforderliche medizinische oder sonstige Hilfe einschließlich erforderlichenfalls einer geeigneten *psychologischen* Betreuung als Pflichtleistung erbracht wird[844] und das behördliche Ermessen seit Ablauf der Umsetzungsfrist aufgrund europarechtskonformer Auslegung auf null reduziert ist.[845] Wie bereits festgestellt ist die Prävention einer psychischen Erkrankung Teil der erforderlichen geeigneten psychiatrisch-psychotherapeutischen Betreuung und muss somit vulnerablen Personen i. S. d. RL 2013/33/EU zugänglich gemacht werden. Mit Blick auf die psychischen Belastungen geflüchteter Menschen ist es zunächst wichtig, deren Grundbedürfnisse zu sichern, um dazu beizutragen, dass sie „trotz eines schweren persönlichen Schicksals möglichst keine Behandlungsbedürftigkeit entwickeln“[846].

843 BT-Drs. 19/1620, S. 16.
844 BeckOK SozR/AsylbLG/*Korff*, § 6 Rn. 2.
845 BT-Drs. 18/9009, S. 3.
846 BT-Drs. 18/9009, S. 4.

IV. Asylverfahrensberatung

2019 wurde die Asylverfahrensberatung in § 12a AsylG eingeführt[847], bei der durch das BAMF oder Wohlfahrtsverbände „eine für die Asylsuchenden freiwillige, unabhängige staatliche Asylverfahrensberatung“ durchgeführt wird, die in zwei Stufen erfolgt.

> S. 3 Auf der ersten Stufe werden allen Asylsuchenden vor Antragstellung in Gruppengesprächen Informationen zum Ablauf des Asylverfahrens sowie zu Rückkehrmöglichkeiten zur Verfügung gestellt. S. 4 Auf der zweiten Stufe erhalten alle Asylsuchenden in Einzelgesprächen eine individuelle Asylverfahrensberatung, die durch das Bundesamt oder durch Wohlfahrtsverbände durchgeführt wird.

Durch die Regelung sollen allerdings „nur“ die Anforderungen aus den Art. 5 und Art. 18 Abs. 2 lit. c) RL 2013/33/EU umgesetzt werden, sodass damit nicht die Identifikation von besonderen Schutzbedürfnissen vorgenommen wird.[848] Es wird nicht gezielt auf besondere Schutzbedarfe reagiert.[849]

E. Präventive Elemente im Recht der Krankenversicherung

Aus staatlicher Perspektive haben die verschiedenen Träger der gesetzlichen Versicherungs- und Sicherungssysteme unterschiedliche Aufgaben bezüglich der gesundheitlichen Prävention. Die GKV erbringt für Versicherte nach den §§ 20–24b SGB V Leistungen zur Verhütung von Krankheiten und deren Verschlimmerung. Die DGUV trägt nach § 14 SGB VII zur Verhütung von Arbeitsunfällen und Berufskrankheiten bei. Die Rentenversicherung erbringt Leistungen wie z. B. Rehabilitationsmaßnahmen, wenn die Erwerbsfähigkeit bedroht ist und die GKV und die BA bereits aktiv waren. Die BA wiederum leistet Prävention durch Maßnahmen für Menschen mit Behinderung zur Förderung der Teilhabe am Arbeitsleben und zur Erhaltung der Erwerbsfähigkeit.[850]

I. Präventionsgesetz

Das Gesetz zur Stärkung der Gesundheitsförderung und der Prävention, auch Präventionsgesetz bzw. abgekürzt PrävG[851] trat 2015 nach mehreren

---

847 Geordnete-Rückkehr-Gesetz v. 15.08.2019, BGBl. 2019 Teil I Nr. 31, 1294–1306.

848 BeckOK Ausländerrecht/AsylG/*Houben*, 30, § 12a Rn. 11.

849 *Beermann*, et al., ZAR 39 (2019), 228–236 (228).

850 Vgl. dazu *Welti*, VSSAR 37 (2019), 313–327 (322 f.).

851 Gesetz zur Stärkung der Gesundheitsförderung und der Prävention – Präventionsgesetz (PrävG) v. 17.7.2015, BGBl. 2015 Teil I Nr. 31, 1368–1379.

Versuchen[852] in Kraft und sollte eine strukturelle Grundlage schaffen, Gesundheitsförderung und Prävention in jedem Lebensalter und in allen Lebensbereichen als gemeinsame Aufgabe von Sozialversicherungskörperschaft, Ländern und Kommunen zu etablieren.[853] Die Idee dahinter war, je früher im Lebensverlauf mit Gesundheitsförderung und Prävention begonnen wird, desto eher können Risikofaktoren beeinflusst werden. Dies wiederum führt zu einer gesenkten Wahrscheinlichkeit des Auftretens von chronischen und psychischen Krankheiten.

> Durch diesen erweiterten Ansatz wird der präventivmedizinischen Erkenntnis Rechnung getragen, dass eine krankheitsorientierte ärztliche Gesundheitsuntersuchung, die vorrangig auf die Früherkennung einer bereits eingetretenen Erkrankung ausgerichtet ist, zu kurz greift. Denn bereits lange vor dem Auftreten einer Erkrankung können gesundheitliche Risikofaktoren und Belastungen vorliegen, (...) die durch entsprechende primärpräventive Maßnahmen beseitigt oder zumindest vermindert werden können.[854]

Damit sollen auch die Vorgaben der WHO bzw. der Ottawa-Charta aufgegriffen werden. Die Leistungsberechtigten des AsylbLG sind nicht von der Wirkung des PrävG miteingeschlossen, da sie innerhalb der ersten 18 Monate nur die begrenzten Leistungen der §§ 4, 6 AsylbLG erhalten. Lediglich Krankenversicherte und ihnen gleichgestellte Leistungsberechtigte sollen durch die Leistungen zur primären Prävention und Gesundheitsförderung erreicht werden.[855]

II. Gesundheitsförderung; § 20 ff. SGB V

In § 20 SGB V ist neben Prävention auch Gesundheitsförderung „zur Förderung des selbstbestimmten gesundheitsorientierten Handelns der Versicherten" vorgesehen. Die Leistungen werden für den Personenkreis nach den §§ 5–10 SGB V erbracht. Die Vorgaben aus Art. 20 ff. SGB V entsprechen auch völker- und unionsrechtlichen Vorgaben. So ist Deutschland den Grundsätzen der Ottawa-Charta verpflichtet, wobei Prävention und Gesundheitsförderung als Leitbegriffe für das Ziel „Gesundheit für alle" dienen.[856] Aus Art. 11 RESC entsteht die Pflicht, Ursachen und Entstehung von Krankheiten entgegenzuwirken,

852 BT-Drs. 15/5214; BT-Drs. 15/4833; BR-Drs. 97/05.
853 BT-Drs. 18/4282, S. 1.
854 BT-Drs. 18/4282, S. 24.
855 BT-Drs. 18/4282, S. 32–33.
856 *Tremmel*, Gesundheit und Gesundheitsförderung aus sozialpastoraler Perspektive, 2010, S. 284.

Gesundheitsförderung und Gesundheitserziehung auf- und auszubauen und Krankheitsprävention zu betreiben. Das soll durch die Schaffung von Beratungs- und Schulungsmöglichkeiten zur Verbesserung der Gesundheit und zur Entwicklung des persönlichen Verantwortungsbewusstseins in Fragen der Gesundheit erreicht werden.[857] Art. 12 IPwskR verpflichtet die Vertragsstaaten darüber hinaus zur Prävention, Behandlung und Bekämpfung epidemischer, endemischer, Berufs- und sonstiger Krankheiten. Zudem sind die unionsrechtlichen Vorgaben aus Art. 35 GRCh sowie Art. 168 AEUV[858] zu beachten.[859]

Eines der Handlungsfelder, in denen spezielle präventive Maßnahmen ergriffen werden sollen, ist die Verhinderung, Früherkennung und nachhaltige Behandlung von depressiven Erkrankungen; vgl. § 20 Abs. 3 Nr. 6 SGB V. Die Leistungen sollen vor allem in den Bereichen Lebenswelt (§ 20a SGB V) und betriebliche Gesundheitsförderung (§ 20b SGB V) stattfinden. Die §§ 20–24i SGB V beinhalten zudem Leistungen zur Verhütung von Krankheiten, arbeitsbedingter Gesundheitsgefahren, Förderung der Selbsthilfe sowie Leistungen bei Schwangerschaft und Mutterschaft. In den §§ 25–26 SGB V sind zudem Leistungen zur Erfassung von gesundheitlichen Risiken und zur Früherkennung von Krankheiten enthalten. Maßnahmen zur Gesundheitsförderung und nichtmedizinischen Prävention als Teil des SGB V sind für die Leistungsberechtigten des AsylbLG, als nicht GKV-leistungsberechtigte Personen allerdings nicht vorgesehen.[860]

III. Nichtärztliche sozialpädiatrische Leistungen

Für die Verhinderung der Entstehung von Krankheiten sind für GKV-Leistungsberechtigte die nicht-ärztlichen sozialpädiatrischen Leistungen nach § 43a SGB V vorgesehen. Sie werden nicht in § 27 SGB V aufgezählt, da sie nach h. M. nicht zur Krankenbehandlung zählen, sondern als Frühdiagnostik den §§ 20 ff. SGB V zuzuordnen sind.[861] Die Norm des § 43a Abs. 1 SGB V regelt, dass leistungsberechtigte Kinder (§§ 5 ff. SGB V) Anspruch auf nichtärztliche sozialpädiatrische Leistungen haben. Es geht dabei um psychiatrische, heilpädagogische und psychosoziale Leistungen, sofern diese erforderlich sind und unter ärztlicher Verantwortung erbracht werden. Die Problematik des

857 Vgl. *Mikkola*, Social human rights of Europe, 2010, S. 401 ff.
858 *Becker, U.*, ZSR 49 (2003), 355–375.
859 So auch Becker/Kingreen, SGB V/*Welti*, § 20 Rn. 4–5a.
860 *Blättner*, et al., Prävention und Gesundheitsförderung 16 (2021), 144–149 (145).
861 KassKomm/*Nolte*, 111, § 27 SGB V Rn. 65.

Auseinanderfallens der Krankheitsentstehung und der Behandlungsbedürftigkeit wurde hier beachtet. Zweck ist es, eine Krankheit zum frühestmöglichen Zeitpunkt zu erkennen und gegebenenfalls einen Behandlungsplan aufzustellen. Durch frühestmögliche Intervention durch Therapie sollen körperliche, geistig-seelische bzw. soziale Schädigungen verhindert, geheilt oder gemildert werden.[862] § 43a Abs. 2 SGB V regelt den Inhalt der Behandlung der leistungsberechtigten Kinder.[863] Die leistungsberechtigten Kinder des AsylbLG haben keinen Anspruch auf die frühdiagnostischen Leistungen des § 43a SGB V.

IV. Parallelen zwischen dem SGB V und dem AsylbLG

In § 16 Abs. 3a S. 2 SGB V, der das Ruhen des Anspruchs für Mitglieder nach dem SGB V bei Beitragsrückständen von zwei Monaten vorsieht, wird auf die dann nur noch bestehenden Ansprüche auf Leistungen zur erforderlichen Behandlung akuter Erkrankungen und Schmerzzustände sowie bei Schwangerschaft und Mutterschaft hingewiesen, die (in etwa[864]) den Vorgaben des § 4 AsylbLG entsprechen. Die Vorgaben des § 4 Abs. 1 AsylbLG gelten auch für Notlagen bei privaten Krankenversicherungsverträgen.[865] Außerdem werden Untersuchungen zur Früherkennung von Krankheiten nach den §§ 25, 26 SGB V weiterhin gestattet. Das Ruhen des Anspruchs tritt nicht ein oder endet, wenn Versicherte hilfebedürftig i. S. d. Zweiten oder Zwölften Buches sind oder werden; vgl. § 16 Abs. 3a S. 4 SGB V. Dies ist der Fall, wenn eine wirtschaftliche Not eintritt und die versicherte Person die erforderlichen Beiträge nicht (mehr) bezahlen kann. In diesem Fall wird dann eine Hilfebedürftigkeit festgestellt, die über die „Notversorgung" des § 4 AsylbLG und § 16 Abs. 3a SGB V hinausgeht und durch die Zuordnung zum SGB II oder SGB XII als existenzsichernd angesehen wird. Hier werden also die Leistungen der Minimalversorgung des § 4 AsylbLG und des § 16 Abs. 3a S. 2 SGB V als unter denen der Existenzsicherung angelegt.[866] Dies bringt grundlegende verfassungsrechtliche Fragen hinsichtlich

---

862 BeckOK Sozialrecht/SGB V/*Schnitzler*, § 43a Rn. 5, 11.

863 BeckOK Sozialrecht/SGB V/*Schnitzler*, § 43a Rn. 19.

864 BT-Drs. 16/4247, S. 31, 68.

865 Wilmes/*Reif*, et al., Teil F. Notlagentarif Rn. 15.

866 So ähnlich auch bereits *Felix*, SGb 66 (2019), 709–717 (714); *Wilksch*, Recht auf Krankenbehandlung und Recht auf ein menschenwürdiges Existenzminimum, 2017, S. 223.

des menschenwürdigen Existenzminimums bezogen auf die gesundheitliche Versorgung mit sich[867], die aber an anderer Stelle zu klären sind.

F. Zwischenfazit

Krankheitsprävention ist ein vorbeugender Eingriff, dessen modernes Verständnis das Miteinbeziehen der Betroffenen beinhaltet. Dabei sind sowohl individuelle als auch zielgruppenspezifische Maßnahmen zu ergreifen.

Diese Maßnahmen umfassen auch eine politische Dimension, vor allem mit Blick auf sekundäre Präventionsmaßnahmen, bei der für die hier zugrunde liegenden Fragen vor allem ein sicherer Aufenthalt und ein geregelter Zugang zur gesetzlichen Krankenversicherung wichtig sind. Präventionspolitik muss demnach auch selbsttragende Interventionen statuieren, die die Gesundheitsbelastungen der Menschen verringern und die Gesundheitsressourcen durch Anwendung erlernter Kompetenzen steigern. Es braucht deshalb ausgeglichene Partizipation zwischen den Betroffenen, Politik, Institutionen und Akteur*innen.

Aber auch individuelle Maßnahmen, die vor allem beim Abbau bestehender Risikofaktoren helfen, sind wichtig. So können weitere krankheitsbezogene Maßnahmen vermieden werden, denn Prävention erfolgt durch Risikoabbau und Ressourcenstärkung; sie zielt auf Verhältnis-, Verhaltens- sowie Umweltveränderungen und auf den Organismus ab. Wenn die Betroffenen dabei selbst in die Verantwortung genommen werden, wird ihnen einerseits die Möglichkeit (zurück-)gegeben, ihre Lebenssituation selbst zu beeinflussen und andererseits mehr Partizipation ermöglicht.

Vor allem bei Menschen, die potenziell traumatische Erfahrungen gemacht haben, aber auch durch die verschiedenen Migrationsstadien Beeinträchtigungen erfahren haben, geht es um die Verhinderung der Entstehung von Symptomen, die durch die aufgezeigte mangelhafte Gesundheitsversorgung im AsylbLG nicht aufgefangen werden können. Die erlebten Herausforderungen für die psychische und soziale Entwicklung haben Auswirkungen auf die Asyl- und Integrationsprozesse und können diese gleichzeitig weiter verschärfen.

Für ein möglichst gelingendes Präventionskonzept ist die interdisziplinäre Aufstellung der Screening-Teams notwendig, um eine möglichst gute Abdeckung der psychosozialen Bedarfe zu generieren. Dabei müssen auch Peer-Gruppen

867 Dazu auch u. a. *Eichenhofer, E.*, ZAR 33 (2013), 169–175 (172); *Kaltenborn*, NZS 24 (2015), 161–165 (162); *Kluth*, SozSich 67 (2018), 32–38 (32); *Rixen*, NVwZ 34 (2015), 1640–1644 (1642).

miteinbezogen werden. Zudem ist eine enge Kooperation mit regionalen Beratungsstellen und Behörden wichtig, um so Risikofaktoren, frühe Symptome und bereits bestehende Beeinträchtigungen und deren jeweilige potenzielle Auswirkungen zu erkennen oder mildern. Denn schlussendlich kann dadurch eine (langwierige) Erkrankung und eine teure Behandlung vermieden oder verkürzt werden.

Kapitel 6 Vereinbarkeit der Regelungen mit höherrangigem Recht

Migrations-(sozial-)recht hat seine Rechtsquellen im Völkerrecht (A.), im Europarecht im weiteren Sinne (B.), dem Unionsrecht (C.) und im Verfassungsrecht (D), wobei alles miteinander verbunden ist. Im Verhältnis zum nationalen Recht hat das Völkerrecht nur dann Anwendungsvorrang, wenn die entsprechenden völkerrechtlichen Vorgaben im nationalen Recht umgesetzt sind. Dann gilt es, die nationalen Normen völkerrechtsfreundlich auszulegen.[868] Etwas anders gestaltet es sich bei unionsrechtlichen Vorgaben. Aufgrund der Umsetzung von Richtlinien ins nationale Recht ist prinzipiell zunächst kein Rückgriff auf die unionsrechtlichen Vorgaben für viele der geflüchteten Menschen notwendig. Dennoch ist es aufgrund der diversen Aufenthaltsstatus immer wichtig, das Unionsrecht heranzuziehen.[869] Dabei muss das nationale Recht im Lichte des Unionsrechts umgesetzt werden.[870] Sollten nationale Rechte dem Unionsrecht widersprechen, besteht Anwendungsvorrang des Unionsrechts.[871]

A. Völkerrechtliche Vorgaben zur Gesundheitsversorgung geflüchteter Menschen

Die allgemeinen Regeln des Völkerrechts sind nach Art. 25 GG Bestandteil des Bundesrechtes. Sie erzeugen unmittelbar Rechte und Pflichten für die Bewohner*innen des Bundesgebietes. Hierbei sind alle Personen gemeint, die der Regelungsgewalt der Bundesrepublik Deutschland unterworfen sind, also auch geflüchtete Menschen, die sich in der Bundesrepublik aufhalten.[872]

Einzelne Völkerrechtsakte bedürfen jedoch der Ratifizierung (Transformation) in Deutschland durch die Verabschiedung eines mit dem jeweiligen Völkerrechtsakt wortgleichen Zustimmungsgesetzes; Art. 59 Abs. 2 GG.[873] Es wird so zu einfachem Recht, welches im Rang neben anderen Gesetzen, also etwa auch dem AsylbLG steht und im Kollisionsfall völkerrechtsfreundlich auszulegen

868 BVerfGE 111, 307–332 – Görgülü-Beschl.
869 *Tiedemann*, Flüchtlingsrecht, 2019, S. 36.
870 EuGH Urt. v. 10.4.1984 – C-14/83, Juris (26) – von Colson.
871 EuGH Urt. v. 15.7.1964 – 6/64, Juris – Costa/Enel.
872 Dürig/Herzog/Scholz/GG/*Herdegen*, 95, Art. 25 Rn. 93.
873 Dreier/GG/*Wollenschläger*, Art. 25 Rn. 1 f.

sind. Aufgrund dieses Grundsatzes der völkerrechtsfreundlichen Auslegung von Gesetzen[874] müssen die völkerrechtlichen Verpflichtungen zu größtmöglicher Wirksamkeit kommen, also die „dauerhafte Übernahme von Verantwortung für das im Vertrag und im Zustimmungsgesetz festgelegte politische Programm“[875] beinhalten.[876]

Die Basis des Völkerrechts ist in erster Linie die Charta der Vereinten Nationen (UN-Charta[877]). Die Vereinten Nationen (UN) wurden am 26.06.1945 von damals 51 Nationen ins Leben gerufen.[878] Bis heute sind weitere Staaten beigetreten, sodass es inzwischen 193 Mitgliedstaaten sind. Deutschland ist seit 1973 Mitglied der UN.

Zweck der Vereinten Nationen ist es laut § 1 UN-Charta den Weltfrieden zu wahren und für internationale Sicherheit zu sorgen. Dies soll durch wirksame kollektive Maßnahmen zur Verhütung und Beseitigung von Friedensbedrohungen und zur Unterdrückung von Aggressionen oder anderen Friedensbrüchen geschehen. Dabei stehen friedliche Mittel und Gerechtigkeit im Vordergrund des Völkerrechts. Die einzelnen Völker bzw. Staaten sind gleichberechtigt. Es soll Zusammenarbeit bei der Lösung internationaler Probleme – wirtschaftlicher, sozialer, kultureller oder humanitärer Art – geben. Dies vor allem in Hinblick auf die Achtung der Menschenrechte für alle ohne Unterschied in Bezug auf Rasse, Geschlecht, Sprache oder Religion.[879] Menschenrechte sind zumindest dem Grundgedanken nach der Maßstab für die europäischen Politiken in den Bereichen Migration und Asyl.[880]

I. UN-Menschenrechtsabkommen

In mehr als zehn Menschenrechtsabkommen haben die Vereinten Nationen bindende völkerrechtliche Instrumente geschaffen. Dazu gehören z. B. die UN-Behindertenrechts-, Antifolter-, Frauen- und Kinderrechts-, Rassendiskriminierungs- und Völkermordkonventionen, denen Deutschland beigetreten ist und diese ratifiziert hat. Die Allgemeine Erklärung der Menschenrechte (AEMR)[881],

---

874 BVerfGE 74, 358–380 – Unschuldsvermutung.
875 BVerfGE 118, 244–276 (258) – Tornado-Einsatz Afghanistan, ISAF-Mandat.
876 BeckOK/GG/*Pieper*, 49, Art. 59 Rn. 27.
877 *UN*, Charter of the United Nations, 24 October 1945, 1 UNTS XVI.
878 *dies.*, Charter of the United Nations, S. 31 ff.
879 *dies.*, Charter of the United Nations, S. 3.
880 So auch *Markard*, ZAR 39 (2019), 236–241 (237).
881 Allgemeine Erklärung der Menschenrechte (AEMR) v. 10.12.1948, UN-Doc. A RES/ 217 A (III).

der UN-Zivilpakt sowie der UN-Sozialpakt bilden zudem den internationalen Menschenrechtskodex. Die AEMR ist kein verbindlicher völkerrechtlicher Vertrag, sondern eine Resolution der UN-Vollversammlung, die keine verbindliche Wirkung hat, da die Generalversammlung der Vereinten Nationen kein Völkerrecht schaffen kann. Demnach ist die AEMR keine verbindliche Rechtsquelle des Völkerrechts, was dazu führt, dass sie nicht einklagbar und auch nicht verbindlich ist[882]; vgl. dazu auch Art. 38 Abs. 1 IGH-Statut[883]. Allerdings haben der UN-Zivilpakt und der UN-Sozialpakt als bindendes internationales Abkommen diese Funktion. Darin sind einige Artikel der AEMR übernommen. Inhalt dieser Abkommen ist dabei häufig die (soziale) Lage der Bevölkerung bezogen auch auf den Bereich Gesundheit.

1. *Allgemeine Erklärung der Menschenrechte*

Die Allgemeine Erklärung der Menschenrechte hat nicht die rechtsverbindliche Kraft eines Vertrages, einzelne Artikel gelten bereits als Völkergewohnheitsrecht (Sklaverei in Art. 4 oder Folterverbot in Art. 5 AEMR). Einige relevante Artikel aus der Erklärung finden sich zudem in nationalen Gesetzen, Konventionen und Verträgen wieder, so auch teilweise im UN-Sozialpakt.

Art. 25 Abs. 1 AEMR statuiert:

> Jeder hat das Recht auf einen Lebensstandard, der seine und seiner Familie Gesundheit und Wohl gewährleistet, einschließlich Nahrung, Kleidung, Wohnung, ärztliche Versorgung und notwendige soziale Leistungen, sowie das Recht auf Sicherheit im Falle von Arbeitslosigkeit, Krankheit, Invalidität oder Verwitwung, im Alter sowie bei anderweitigem Verlust seiner Unterhaltsmittel durch unverschuldete Umstände.

Gesundheit wird in Art. 25 Abs. 1 AEMR als Menschenrecht angesehen und als Teil des Rechts auf Sozialhilfe begriffen[884], eine eigenständige Bedeutung bekommt Gesundheit hier jedoch noch nicht. Sowohl das Recht auf Lebensstandard i. S. v. Existenzminimum als auch das Recht auf Sicherheit im Sinne sozialer Sicherungssysteme sind enthalten.[885] Dazu gehört eine ärztliche Versorgung sowohl des Individuums als auch der Familie. Dabei wird weder auf eine ausreichende noch auf eine medizinische Versorgung abgestellt. Dafür wird hier aber auf eine

---

882 *Steiner, H.*, et al., International human rights in context, 2008, S. 151.

883 Statut des Internationalen Gerichtshofs (IGH-Status), BGBl. 1945 Teil II Nr. 505, 430.

884 So auch *Agbih* in Frewer/Bergemann/Hack, et al. (Hrsg.), Gesundheitsversorgung für Flüchtlinge aus ethischer Perspektive: Wo fangen die Fragen an?, 41–74 (59 f.); *Eichenhofer, E.*, ZAR 33 (2013), 169–175 (171).

885 *Preusche*, Eine ethische Perspektive auf die sozialen Menschenrechte, S. 26.

angemessene Lebensqualität verwiesen[886] und Sicherheit im Krankheitsfall garantiert. Soziale Sicherheit i. S. v. Zugang zu den nationalen Systemen wird in Art. 22 AEMR garantiert, sodass in Art. 25 AEMR von einer vertiefenden Auffassung ausgegangen werden kann, die dem Anspruch auf Behandlung durch die GKV bzw. DGUV oder der Einbeziehung in die Sozialversicherungen entspricht.[887]

2. *UN-Zivilpakt*

Der Internationale Pakt über bürgerliche und politische Rechte (UN-Zivilpakt – IPbpR)[888] kennt Gesundheit explizit nicht, regelt jedoch in Art. 6 IPbpR das Recht auf Leben, welchem das Recht auf Gesundheit anhängt, da dieses ohne Gesundheit nicht verwirklicht werden könnte. Ausführlicher werden die sozialen Rechte, zu denen auch eine umfassende gesundheitliche Versorgung zählt, im UN-Sozialpakt formuliert.

3. *Art. 12 UN-Sozialpakt*

Einen vertiefenden Blick auf die wirtschaftlichen, sozialen und kulturellen Menschenrechte bietet der Internationale Pakt über wirtschaftliche, soziale und kulturelle Rechte (IPwskR)[889], auch UN-Sozialpakt genannt.

Das Recht eines jeden auf körperliche und geistige Gesundheit in einem für ihn erreichbaren individuellen Höchstmaß ergibt sich aus Art. 12 Abs. 1 IPwskR, ratifiziert von Deutschland am 23.12.1973.[890] Art. 12 Abs. 1 IPwskR impliziert durch das individuelle Höchstmaß an Gesundheit bereits das Verbot, den Zugang zum Gesundheitssystem für bestimmte Gruppen einzuschränken.[891]

Dabei umfassen die von den Vertragsstaaten zu unternehmenden Schritte zur vollen Verwirklichung dieses Rechts die erforderlichen Maßnahmen aus Art. 12 Abs. 2 IPwskR:

> [lit. a)] zur Senkung der Zahl der Totgeburten und der Kindersterblichkeit sowie zur gesunden Entwicklung des Kindes;

---

886 *Welsh* in Bielefeldt/Frewer (Hrsg.), Gibt es ein Recht auf Krankheit?, 215–239 (228).
887 *Preusche,* Eine ethische Perspektive auf die sozialen Menschenrechte, S. 31, 68.
888 Gesetz zu dem Internationalen Pakt vom 19. Dezember 1966 über bürgerliche und politische Rechte v. 20.11.1973, BGBl. 1973 Teil II Nr. 60, 1533–1556.
889 Internationaler Pakt über wirtschaftliche, soziale und kulturelle Rechte (UN-Sozialpakt (ICESCR)) v. 1976.
890 Gesetz zu dem Internationalen Pakt vom 19. Dezember 1966 über wirtschaftliche, soziale und kulturelle Rechte v. 28.11.1973, BGBl. 1973 Teil II Nr. 62, 1569.
891 So auch *Dinter*, NZS 30 (2021), 285–290 (286).

> lit. b) zur Verbesserung aller Aspekte der Umwelt- und der Arbeitshygiene;
> lit. c) zur Vorbeugung, Behandlung und Bekämpfung epidemischer, endemischer, Berufs- und sonstiger Krankheiten;
> lit. d) zur Schaffung der Voraussetzungen, die für jedermann im Krankheitsfall den Genuß medizinischer Einrichtungen und ärztlicher Betreuung sicherstellen.

Es sind also neben der gesundheitlichen Versorgung von Kindern (Art. 12 Abs. 2 lit. a) IPwskR) und Arbeitnehmer*innen (Art. 12 Abs. 2 lit. b) IPwskR), eine nicht abschließende Aufzählung[892], auch allgemeine Handlungsanweisungen an die Vertragsstaaten enthalten.

a. UN-Fachausschuss zum Sozialpakt

Der „UN-Ausschuss für wirtschaftliche, soziale und kulturelle Rechte" – englisch: „Committee on Economic, Social and Cultural Rights" – CESCR ist ein Kontrollorgan der UN zur Überwachung der Einhaltung des IPwskR durch die Vertragsstaaten. CESCR ist beratend tätig und kann den Staaten Empfehlungen erteilen, wie sie die Umsetzung verbessern können. Dafür werden Staatenberichte an den Ausschuss übermittelt.

Das Zusatz- bzw. Fakultativprotokoll zum UN-Sozialpakt[893] wurde am 10.12.2008 durch die UN-Generalversammlung zur Ratifikation freigegeben. In diesem Zusatzprotokoll ist vorgesehen, dass die Zuständigkeit des Ausschusses über das bereits bestehende Berichtsprüfungsverfahren hinaus um ein Beschwerdeverfahren sowie um ein Untersuchungsverfahren erweitert wird. Das bedeutet, dass sowohl Einzelpersonen als auch Personengruppen, die die nationalen Rechtsrahmen ausgeschöpft haben und sich weiterhin in ihren Rechten nach dem IPwskR verletzt sehen, den „eigenen" Staat vor einem internationalen Gremium zur Rechenschaft ziehen können. Dies legte einen rund 60 Jahre andauernden Streit um die Einklagbarkeit wirtschaftlicher, sozialer und kultureller Menschenrechte bei. Zusatzprotokolle müssen jedoch ebenfalls von den Staaten separat ratifiziert werden und sind erst dann verbindlich. Das Zusatzprotokoll wurde bisher nicht durch Deutschland ratifiziert,[894] weshalb die Bundesregierung sich darauf beruft, dass die Empfehlungen aufgrund des Zusatzprotokolls keine völkerrechtlich verbindliche Wirkung haben.[895] Einzelpersonen können

---

892 *CESCR*, General Comment No. 14: The Right to the Highest Attainable Standard of Health (Art. 12 IPwskR), 2000, Rn. 7.

893 Fakultativprotokoll zum Internationalen Pakt über wirtschaftliche, soziale und kulturelle Rechte v. 10.12.2008.

894 *Mahler*, DIMR aktuell 22 (2015), 1–4.

895 BT-Drs. 19/12190, S. 4.

keine Beschwerden gegen die Bundesrepublik vor dem Ausschuss einlegen und somit keine verbindliche Entscheidung erhalten.[896] Einzige Möglichkeit, die Einhaltung der deutschen Verpflichtungen zu kontrollieren, ist deshalb das Staatenberichtsverfahren, welches zu unverbindlichen sog. „Abschließenden Empfehlungen" führt.

Außerdem liefert der CESCR durch sog. „General Comments" Interpretationshilfen zum IPwskR für die Bestimmung des Inhalts der Rechte; die General Comments haben damit Orientierungswirkung. Sie sind das maßgebliche Bezugsdokument für die politische und juristische Auseinandersetzung mit Fragen des Menschenrechtsschutzes.[897] Sie sind aber rechtlich nicht bindend, weshalb sich keine unmittelbaren Ansprüche daraus ableiten lassen.

b. Personenkreis

Aufgrund der Ratifizierung des UN-Sozialpakts in deutsches Recht wirken die Vorgaben direkt als einfaches Bundesrecht; vgl. Art. 59 Abs. 2 GG. Da darin, anders als im UN-Zivilpakt, nicht zwischen Staatsbürger*innen und Nichtstaatsbürger*innen unterschieden wird, gelten die Rechte des Übereinkommens für jeden Menschen, auch für „Nicht-Staatsangehörige wie Flüchtlinge, Asylsuchende, Staatenlose, Wanderarbeitskräfte und Opfer von Menschenhandel, unabhängig von rechtlichem Status und Papieren".[898] Eine Anspruchseinschränkung für Asylsuchende ist damit nicht vereinbar, sie müssen wie alle anderen Bevölkerungsteile behandelt werden.[899] Des Weiteren gelten die allgemeinen Auslegungsregeln. Art. 2 Abs. 1 IPwskR bindet nur die Vertragsstaaten unmittelbar an den Pakt, für Deutschland ist dies der Bund. Nach Art. 28 IPwskR sollen die Bestimmungen in föderalistischen Staaten, aber auch für die einzelnen in diesem Fall Länder Geltung haben.

---

896 Kritisch hierzu etwa *Shirvani* in Merten/Papier (Hrsg.), § 242 Soziale Grundrechte, 1–72 (14); *Krennerich*, ZfMR 8 (2014), 158–167; *Mahler*, DIMR aktuell 18 (2011), 1–5.

897 Zu rechtlichen Einordnung der General Comments *Odello*, et al., The UN Committee on Economic, Social and Cultural Rights, 2020, S. 194 ff.

898 *CESCR*, General Comment No. 20: Non-discrimination in economic, social and cultural rights (Art. 2 Abs. 2 IPwskR), 2009, Rn. 30.

899 *Janda* in Nowak, A. C./Krämer/Schmidt, K. (Hrsg.), Existenzminimum, Gleichbehandlung, Menschenwürde: Rechtliche Anforderungen an die Gesundheitsversorgung von Asylsuchenden, 31–49 (45); *Kaltenborn*, NZS 24 (2015), 161–165 (164); *Rixen*, NVwZ 34 (2015), 1640–1644 (1643).

c. Rechtslage in Deutschland

Aus dem IPwskR können nur dann individuelle Rechte abgeleitet werden, wenn die Normen unmittelbar anwendbar sind und nicht nur an den Staat adressierte rechtspolitische Zielsetzungen enthalten, sondern der einzelnen Person subjektive Rechte verleihen.[900] Der IPwskR gilt in Deutschland nach der Ratifizierung als einfaches Bundesgesetz. Es ist anerkannt, dass einzelne im IPwskR enthaltene Rechte unmittelbar anwendbar sind, für das Recht auf Gesundheit aus Art. 12 IPwskR trifft dies jedoch nicht zu.[901] Außerdem sind die Bestimmungen in Art. 12 IPwskR nicht nach Wortlaut, Zweck und Inhalt geeignet und hinreichend bestimmt. Vielmehr sind die Vorgaben eines individuell erreichbaren Höchstmaßes an körperlicher und geistiger Gesundheit zu unbestimmt.[902] Es ergibt sich daraus kein einklagbares Recht, aber ein programmatisches Ziel, gerichtet an die nationale Gesetzgebung. Menschenrechtliche Schutzpflichten wie die des Art. 12 IPwskR sind demnach auf Gesetzgebung und vollziehende Verwaltungspraxis gerichtet („unternehmen die Vertragsstaaten") und nicht an einzelne Personen. Den Staaten obliegt es deshalb, eine Praxis zu etablieren, die die lebensnotwendigen Mindeststandards sicherstellt.[903] Dabei obliegt den Mitgliedstaaten bei den Maßnahmen zur Erreichung der Ziele in den Buchstaben a) bis d) aber ein erheblicher Einschätzungs- und Gestaltungsspielraum. Es bedarf daher einer Konkretisierung durch die nationale Gesetzgebung, denn Ansprüche auf konkrete Schutzmaßnahmen lassen sich so nicht begründen.

d. Normativer Inhalt von Art. 12 IPwskR

Der Anspruch beinhaltet das Recht auf ein Gesundheitsschutzsystem, das Chancengleichheit für die Menschen auf dem erreichbaren Höchstmaß an Gesundheit bietet. Dabei bezieht sich das Höchstmaß erreichbarer Gesundheitsstandards sowohl auf die biologischen und sozioökonomischen Voraussetzungen der Einzelnen als auch die verfügbaren Ressourcen des Staates. Da der Staat nicht alleine für die Gesundheit verantwortlich ist, bezieht sich das Recht

---

900 BVerwGE 91, 327–334; *Deutscher Bundestag*, Zugang zur Gesundheitsversorgung für Menschen mit irregulärem Aufenthalt, WD 3 - 3000 - 058/12, WD 6 - 3000 - 035/12, 2012, S. 15.

901 *Nußberger* in Maydell/Ruland/Becker, U. (Hrsg.), § 34 Das Sozialrecht der internationalen Organisationen, 1–89 (27–32).

902 Grundsätzlich BVerwG Urt. v. 29.4.2009 - 6 C 16/08, Juris.

903 Vgl. auch Breuer/Gärditz/*Breuer*/*Gärditz*, et al., 1. Kapitel: Einleitung und Überblick Rn. 223.

auf Gesundheit auch auf den Genuss einer Vielzahl von Einrichtungen, Gütern, Dienstleistungen und Bedingungen, die zur Verwirklichung des erreichbaren Höchstmaßes an Gesundheit erforderlich sind.[904] Dabei wird das Recht auf Gesundheit als umfassendes Recht verstanden, das sich nicht nur auf eine rechtzeitige und angemessene Gesundheitsversorgung erstreckt, also der Zugang und die Gewährung von medizinischer Behandlung, sondern auch auf den Zugang zu gesundheitsbezogenen Präventions- und Bildungsprogrammen, die verhaltensbedingten Gesundheitsschädigungen vorbeugen können.[905] Zu den Verpflichtungen aus Art. 12 IPwskR gehören auch die Bereitstellung von Bildung und Zugang zu Informationen über die wichtigsten Gesundheitsprobleme in der Bevölkerung einschließlich Methoden zu deren Vorbeugung und Kontrolle.[906] Staaten sind verpflichtet, das Recht auf Gesundheit zu achten, indem sie allen Personen, auch Minderheiten, Asylbewerber*innen und illegalen Einwanderer*innen, den gleichen Zugang zu präventiven, kurativen und palliativen Gesundheitsdiensten gewähren und dabei auf die Durchsetzung diskriminierender Praktiken als staatliche Politik verzichten.[907] Der Hinweis auf „Prävention“ ist hier besonders wichtig, denn er unterstreicht, dass das Recht auf Gesundheit ein ganzheitlicher Begriff ist, der über die bloße medizinische Behandlung hinausgeht. Das Konzept des Rechts auf Gesundheit betont auch die sozialen und ethischen Aspekte der Gesundheitsversorgung und des Gesundheitszustands. Ein rechtlicher Ansatz in Gesundheitsfragen muss auf grundlegenden Menschenrechtsprinzipien basieren, insbesondere auf der Würde des Menschen und diskriminierungsfrei sein.[908] Ein weiterer wichtiger Aspekt ist zudem die Beteiligung der Bevölkerung an allen gesundheitsrelevanten Entscheidungen auf kommunaler, nationaler und internationaler Ebene.[909] Das Recht auf Gesundheit aus Art. 12 IPwskR in all seinen Formen und auf allen Ebenen enthält die folgenden

---

904 *CESCR*, General Comment No. 14: The Right to the Highest Attainable Standard of Health (Art. 12 IPwskR), 2000, Rn. 9.

905 Hruschka/GFK/*Janda*, Art. 23 Rn. 4; *Cholewinski*, Study on obstacles to effective access of irregular migrants to minimum social rights, 2005, S. 47.

906 *CESCR*, General Comment No. 14: The Right to the Highest Attainable Standard of Health (Art. 12 IPwskR), 2000, Rn. 44(d).

907 *dass.*, General Comment No. 14: The Right to the Highest Attainable Standard of Health (Art. 12 IPwskR), 2000, Rn. 34.

908 *Leary*, ICJ Review 27 (1995), 105–122 (109); *Leary*, Health Hum Rights 1 (1994), 24–56; *Toebes*, The Right to Health as a Human Right in International Law, 1999.

909 *CESCR*, General Comment No. 14: The Right to the Highest Attainable Standard of Health (Art. 12 IPwskR), 2000, Rn. 11.

zusammenhängenden und wesentlichen Elemente, deren genaue Anwendung von den herrschenden Bedingungen im Vertragsstaat abhängt.[910] Für psychische Erkrankungen und deren Behandlung gelten zudem spezifische, einschränkende Bedingungen, die den Grundsätzen für den Schutz von Menschen mit psychischen Erkrankungen und der Verbesserung der psychiatrischen Versorgung[911] unterliegen.

e. Availability, Accessibility, Acceptability und Quality

Das Recht auf Gesundheit unterliegt den vier Dimensionen: Verfügbarkeit (Availability), Zugänglichkeit (Accessibility), Akzeptanz (Acceptability) und Qualität (Quality).[912]

In Bezug auf das Recht auf Gesundheit bedeutet dies ausgestaltet Folgendes.

aa) Availability – Verfügbarkeit

Verfügbarkeit eines funktionsfähigen Gesundheitswesens und einer Einrichtungsinfrastruktur mit entsprechenden Waren und (Dienst-)Leistungen und diese in ausreichender Anzahl. Das ist Aufgabe der öffentlichen Hand und umfasst Bereiche wie Behandlung, Prävention und Gesundheitserziehung.[913] Außerdem sollen die Vertragsstaaten die erforderlichen Maßnahmen zur Schaffung der Voraussetzungen, die für alle im Krankheitsfall den Genuss medizinischer Einrichtungen und ärztlicher Betreuung sicherstellen (Art. 12 Abs. 2 lit. d) IPwskR), ergreifen. Hierbei werden sowohl psychische als auch physische Erkrankungen mit einbezogen, die durch präventive, kurative und rehabilitative Leistungen bekämpft werden sollen. Hierzu gehören neben den klassischen Behandlungen von gängigen Krankheiten, Verletzungen und Behinderungen u. a. auch die Aufklärung und Bildung über wesentliche gesundheitliche Aspekte sowie Vorsorgeuntersuchungen. Als relevant werden hier aber auch die angemessene Behandlung einer psychischen Krankheit sowie die psychische Gesundheitsfürsorge eingestuft.

---

910 *CESCR*, General Comment No. 14: The Right to the Highest Attainable Standard of Health (Art. 12 IPwskR), 2000, Rn. 12.

911 Principles for the protection of persons with mental illness and the improvement of mental health care v. 17.12.1991.

912 *CESCR*, General Comment No. 14: The Right to the Highest Attainable Standard of Health (Art. 12 IPwskR), 2000, Rn. 12(a)–(d).

913 *Hervey* in Búrca/Witte (Hrsg.), We Don't See a Connection, 305–336 (311).

bb) Accessibility – Zugänglichkeit

Umfasst werden: Der diskriminierungsfreie Zugang zu Einrichtungen, Waren und (Dienst-) Leistungen des Gesundheitswesens für alle Menschen im Geltungsbereich des nationalen Rechts der Mitgliedstaaten. Die Accessibility umfasst dabei außerdem das Verhältnis der Möglichkeit des physischen Zugangs, der wirtschaftlichen Möglichkeiten und des Zugangs zu Informationen darüber. Individuelle Zugangswege zum Gesundheitswesen und den darin enthaltenen sozialen Leistungen dürfen nicht aufgrund von Benachteiligung oder Zurücksetzung beschnitten werden.[914] Gesundheitsschutz muss daher politisches Ziel sein.[915] Das Recht auf Gesundheit verlangt den diskriminierungsfreien Zugang zum Gesundheitssystem. Nationale oder soziale Herkunft, bürgerlicher, politischer, sozialer oder sonstiger Status dürfen dabei nicht die Absicht oder Wirkung haben, den Zugang zum Recht auf Gesundheit zunichtezumachen oder zu beeinträchtigen. So geben es auch Art. 2 Abs. 2 und Art. 3 IPwskR vor. Es wird zudem darauf verwiesen, dass die meisten Strategien und Programme zur Beseitigung gesundheitsbezogener Diskriminierung mit minimalen Ressourcenauswirkungen durch die Verabschiedung, Änderung oder Aufhebung von Rechtsvorschriften oder die Verbreitung von Informationen durchgeführt werden können.[916] Dies ergänzt auch die Vorgaben aus Art. 2 Abs. 1 IPwskR, nach denen selbst in Zeiten schwerer Ressourcenknappheit die gefährdeten Mitglieder der Gesellschaft durch die Verabschiedung relativ kostengünstiger, gezielter Programme geschützt werden müssen.[917] Dabei besteht eine besondere Verpflichtung der Mitgliedstaaten, bedürftige Menschen mit der notwendigen Krankenversicherung und Zugang zu Gesundheitseinrichtungen zu versorgen und Diskriminierung bei der Erbringung von Gesundheitsversorgung und Gesundheitsdiensten zu verhindern. Hier sollen vor allem primäre und präventive Gesundheitsversorgung, die einem weitaus größeren Teil der Bevölkerung zugutekommen, Anwendung finden.[918]

---

914 *Eichenhofer, E.*, ZAR 33 (2013), 169–175 (173).

915 *Toebes* in Eide/Rosas/Krause (Hrsg.), The right to health, 169–190 (181).

916 *CESCR*, General Comment No. 14: The Right to the Highest Attainable Standard of Health (Art. 12 IPwskR), 2000, Rn. 18.

917 *dass.*, General Comment No. 3: The nature of States parties' obligations (Art. 2 IPwskR), 1990, Rn. 12.

918 *dass.*, General Comment No. 14: The Right to the Highest Attainable Standard of Health (Art. 12 IPwskR), 2000, Rn. 19.

cc) Acceptability - Akzeptanz

Alle Gesundheitseinrichtungen, -dienstleistungen und -güter müssen der Medizinethik entsprechen, kulturell angemessen sein sowie den Anforderungen des Geschlechts, Alters und der Lebenslage Rechnung tragen. Vertraulichkeit und die Verbesserung des Gesundheitszustands der Betroffenen müssen gewährleistet sein, weshalb ihre Bedürfnisse und Wünsche berücksichtigt werden müssen.

dd) Quality - Qualität

Gesundheitsdienstleistungen, -einrichtungen und -güter müssen wissenschaftlich und medizinisch angemessene Standards haben und von guter Qualität sein.[919]

f. Eingriff und Rechtfertigung

Beim staatlichen Eingriff in das Recht auf Gesundheit muss zwischen Unfähigkeit eines Vertragsstaats und der Unwilligkeit eines Vertragsstaats, seinen Verpflichtungen aus Art. 12 IPwskR nachzukommen, unterschieden werden. Ist er nicht bereit, das Maximum seiner verfügbaren Mittel für die Verwirklichung des Rechts auf Gesundheit einzusetzen, verstößt er gegen die Verpflichtungen des Art. 12 IPwskR.[920] Solche Verstöße können vorsätzlich durch förmliche Aufhebung oder Aussetzung von Rechtsvorschriften, die für die Ausübung des Rechts auf Gesundheit erforderlich sind, oder die Annahme von Rechtsvorschriften oder Richtlinien, die offensichtlich mit bereits bestehenden nationalen oder internationalen rechtlichen Verpflichtungen in Bezug auf das Recht auf Gesundheit unvereinbar sind, erfolgen.[921]

Verletzungen des Rechts auf Gesundheit können auch dadurch erfolgen, dass Staaten die notwendigen Maßnahmen unterlassen. Dies ist der Fall, wenn geeignete Schritte zur vollständigen Verwirklichung des Rechts aller auf das erreichbare Höchstmaß an körperlicher und geistiger Gesundheit nicht unternommen werden oder einschlägige Gesetze nicht durchgesetzt werden.[922]

---

919 *CESCR*, General Comment No. 14: The Right to the Highest Attainable Standard of Health (Art. 12 IPwskR), 2000, Rn. 12(d).

920 *dass.*, General Comment No. 14: The Right to the Highest Attainable Standard of Health (Art. 12 IPwskR), 2000, Rn. 47.

921 *dass.*, General Comment No. 14: The Right to the Highest Attainable Standard of Health (Art. 12 IPwskR), 2000, Rn. 48.

922 *dass.*, General Comment No. 14: The Right to the Highest Attainable Standard of Health (Art. 12 IPwskR), 2000, Rn. 49.

g. Schlussfolgerung

Das Recht auf Gesundheit beinhaltet, als Menschenrecht formuliert, drei Obliegenheiten aller staatlichen Gewalt es zu achten, zu schützen und zu verwirklichen.[923] Die Achtung dieses speziellen Menschenrechts beinhaltet vor allem den Zugang zu physisch und psychisch präventiven, kurativen, palliativen und rehabilitativen Leistungen für alle Personen. Davon dürfen geflüchtete Menschen, egal mit welchem aufenthaltsrechtlichen Status, nicht ausgeschlossen werden.

Die Mitgliedstaaten sind zudem dazu verpflichtet, das Recht auf Gesundheit für vulnerable und marginalisierte Gruppen, zu denen geflüchtete Menschen unumstritten zugerechnet werden müssen, zu schützen. Menschen dabei zu unterstützen, ihr Recht auf Gesundheit zu verwirklichen ist ebenfalls Aufgabe der Vertragsstaaten. Teil davon ist es, die Gesundheit der Bevölkerung langfristig herzustellen, zu erhalten oder wiederherzustellen. Darin ist auch die Verbreitung von gesundheitsförderlichem Wissen inbegriffen. Es ist nicht nur der Zugang und die Gewährung von medizinischer Behandlung umfasst, sondern auch der Zugang zu präventiven Angeboten.[924] Ein begrenzter Zugang von Asylsuchenden zur Gesundheitsversorgung steht im Widerspruch zur Vorstellung von Gesundheitsprävention und ist zudem nicht kosteneffektiv[925] und kann auch bereits deshalb nicht zulässig sein, da Art. 12 IPwskR nicht an die Bedürftigkeit der Empfänger*innen anknüpft.[926]

Der IPwskR gilt in Deutschland nach der Ratifizierung als einfaches Bundesgesetz. Die sozialen Rechte in den Sozialgesetzbüchern „gehen den in die deutsche Rechtsordnung übernommenen Regelungen des Sozialpakts […] als spezielle […] Regelungen“ also vor.[927] Wenn das AsylbLG als „Sondersozial(-hilfe-)recht“ betrachtet wird, geht auch dies den Vorgaben des IPwskR vor. Dann begründet Art. 12 IPwskR alleine keine über §§ 4, 6 AsylbLG hinausgehenden Rechte. Eine Auslegung ist dann nur bei unbestimmten Rechtsbegriffen, also eher nicht in § 4 AsylbLG möglich. Wohl aber doch in § 6 Abs. 1 AsylbLG bei

923 *CESCR*, General Comment No. 14: The Right to the Highest Attainable Standard of Health (Art. 12 IPwskR), 2000, Rn. 33–37.

924 Hruschka/GFK/*Janda*, Art. 23 Rn. 4; *Cholewinski*, Study on obstacles to effective access of irregular migrants to minimum social rights, 2005, S. 47.

925 *Cholewinski*, Study on obstacles to effective access of irregular migrants to minimum social rights, 2005, S. 47; *Leary*, Health Hum Rights 1 (1994), 24–56 (44).

926 *Eichenhofer, E.*, ZAR 33 (2013), 169–175 (171).

927 *Schneider, J.*, Die Justiziabilität wirtschaftlicher, sozialer und kultureller Menschenrechte, 2004, S. 38.

„unerlässlichen" Leistungen. Eine Leistung ist dann unerlässlich zur Sicherung der Gesundheit, „wenn sie aus medizinischer Sicht unbedingt erforderlich ist und eine gleich geeignete, möglicherweise auch kostengünstigere Möglichkeit der Versorgung nicht zur Verfügung steht."[928] Werden also unerlässliche ärztliche Hilfe oder Heil- oder Hilfsmittel verweigert, könnte dies ein Verstoß gegen die Vorgaben aus Art. 12 IPwskR sein. In einer „Abschließenden Empfehlungen" äußerte der CESCR-Ausschuss wiederholt große Bedenken gegenüber der Gesundheits-, Arbeits- und Wohnsituation von Asylsuchenden in Deutschland, auch bezüglich des mangelhaften Zugangs zu Sozialleistungen. Hier wurde unter Verweis auf das Diskriminierungsverbot aus Art. 2 Abs. 2 IPwskR kritisiert, dass der Zugang zur medizinischen Notfallversorgung nicht ausreiche und die Leistungsberechtigten Zugang zu „nicht-beitragsfinanzierten Sozialleistungen und zur (vollen) medizinischen Versorgung" haben sollen.[929] Es dürfe nicht zu einer Schlechterstellung von benachteiligten (Rand-)Gruppen kommen.[930] Es deutet also einiges darauf hin, dass zumindest die limitierten Vorgaben der §§ 4 und 6 AsylbLG den Schutzvorgaben des Art. 12 IPwskR, vor allem im Hinblick auf den Gehalt von präventiven Maßnahmen und Krankheitsvorbeugung, nicht genügen.

II. Genfer Flüchtlingskonvention

Die Genfer Flüchtlingskonvention (GFK)[931] ist als "Abkommen über die Rechtsstellung der Flüchtlinge" eines der ersten Menschenrechtsabkommen der Vereinten Nationen gewesen und hat bis heute große Bedeutung. Nach Ende der beiden Weltkriege, Mitte des 20. Jahrhunderts wurde das Abkommen 1951 in Genf auf einer Sonderkonferenz der UN verabschiedet. In Deutschland trat das Abkommen 1954 nach Ratifizierung in Kraft. In der GFK werden grundlegende

---

928 BeckOK SozR/AsylbLG/*Korff*, § 6 Rn. 10; Grube/Wahrendorf/Flint, SGB XII, Sozialhilfe/*Leopold*, § 6 AsylbLG Rn. 19.

929 *CESCR*, Consideration of reports submitted by States parties under articles 16 and 17 of the Covenant, 2011, Rn. 13; so auch *Deutscher Bundestag*, Zur Reichweite des menschenrechtlichen Schutzes im Bereich der Gesundheitsversorgung unter besonderer Berücksichtigung von Artikel 9 und 12 ICESCR, WD 2 - 3000 - 066/15, 2015, S. 25.

930 *dass.*, General Comment No. 14: The Right to the Highest Attainable Standard of Health (Art. 12 IPwskR), 2000, Rn. 21 mit Verweis auf; *dass.*, General Comment No. 19: The right to social security (Art. 9 IPwskR), 2008.

931 Abkommen über die Rechtsstellung der Flüchtlinge (Genfer Flüchtlingskonvention (GFK)) v. 28.7.1951, BGBl. 1953 Teil II, Nr. 19, 559–594.

Rechte und Pflichten festgelegt, die genau regeln, welchen rechtlichen Schutz Flüchtlinge von den beteiligten Staaten erhalten müssen. Zudem sind soziale Rechte und Hilfeleistungen enthalten; Art. 23 und 24 GFK. Die GFK gewährt den von ihr erfassten Personen unmittelbare Rechte.[932]

1. *Öffentliche Fürsorge; Art. 23 GFK*

Art. 23 GFK verpflichtet die Vertragsstaaten, den sich rechtmäßig in ihrem Staatsgebiet aufhaltenden Flüchtlingen Inländer*innenbehandlung beim Zugang zu öffentlicher Fürsorge und sonstigen Hilfeleistungen einzuräumen.[933] Art. 23 GFK enthält kein konkretes Leistungsniveau, da der Zugang zu diesen Leistungen Teil des nationalen Rechts ist. Umfasst ist aber keinesfalls eine umfassende, bestmögliche Versorgung, sondern eine Mindestversorgung der Bedarfe.

a. *Persönlicher Schutzbereich = Rechtmäßiger Aufenthalt*

Art. 23 GFK knüpft an den rechtmäßigen Aufenthalt im Inland an, was aufgrund fehlender Definition in der GFK für Deutschland teilweise so verstanden wird, dass dies nur für anerkannte Flüchtlinge gilt,[934] teilweise wird der rechtmäßige Aufenthalt jedoch auch mit Beginn der Prüfung des materiellen Asylverfahrens angenommen[935] und umfasst zumindest gestattete Asylsuchende.[936] Bei der Auslegung des rechtmäßigen Aufenthalts nach der GFK sind auch die unterschiedlichen Sprachversionen zu beachten. Dabei ergeben sich Unterschiede zwischen „lawful stay“ und „lawful presence“, die aber nach der Absicht der Delegierten nicht auf die Verfestigung des Aufenthalts abzielten, sondern vielmehr auf die Bindung zum Vertragsstaat.[937] Danach kann der rechtmäßige Aufenthalt nicht nur durch die Erteilung von Aufenthaltsrechten, sondern auch schon durch die

---

932 BVerwG Urt. v. 4.6.1991 – 1 C 42/88, Juris; BVerwG Urt. v. 30.9.1958 – I C 172/57, NJW 1959, 450–451; BeckOK MigR/*Diehl*, Art. 23 GFK Rn. 8.

933 *Wendel*, Zur Verbundstruktur administrativer Entscheidungsspielräume am Beispiel des Migrations- und Regulierungsrechts, 2019, S. 117.

934 EGMR Entscheidung v. 20.11.2007 – 44294/04, Juris – Omwenyeke v. Deutschland; Hruschka/GFK/*Janda*, Art. 23 Rn. 20.

935 Hruschka/GFK/*Hruschka*, Art. 6 Rn. 6–15; Hruschka/GFK/*Klammer*, Art. 26 Rn. 15–19.

936 *Janda* in Nowak, A. C./Krämer/Schmidt, K. (Hrsg.), Existenzminimum, Gleichbehandlung, Menschenwürde: Rechtliche Anforderungen an die Gesundheitsversorgung von Asylsuchenden, 31–49 (45); *Pelzer*, et al., ZAR 36 (2016), 96–101 (100).

937 *Hathaway*, The rights of refugees under international law, 2005, S. 187.

administrativ akzeptierte dauerhafte Anwesenheit begründet sein.[938] Ein rechtmäßiger Aufenthalt wird hier für die Leistungsberechtigten des § 1 Abs. 1 Nr. 1, 1a, Nr. 3 lit. a)–lit. c), 7, 8 sowie ggf. Nr. 6 AsylbLG angenommen. Art. 23 GFK begründet eine verbindliche Pflicht der Vertragsstaaten.[939]

b. Sachlicher Anwendungsbereich

aa) Öffentliche Fürsorge und sonstige Hilfeleistungen

Was Teil der öffentlichen Fürsorge und sonstigen Hilfeleistungen ist, bleibt in der GFK offen und ist weit auszulegen.[940] Ziel der Norm waren insbesondere Leistungen „im Falle von Gebrechlichkeit, Krankheit, Alter, Arbeitslosigkeit, physischen oder psychischen Krankheiten [...].“[941] Deshalb wird unter öffentlicher Fürsorge vor allem Krankenhaus- und Notfallbehandlung sowie Fürsorge für Blinde und Arbeitslose verstanden.[942] Sozialversicherungsleistungen hingegen fallen unter Art. 24 Abs. 1 lit. b) GFK. Das Europäische Fürsorgeabkommen (EFA)[943] bezeichnet in Art. 1 EFA Leistungen der sozialen und Gesundheitsfürsorge als “Fürsorge”, die im nationalen Recht der Vertragsstaaten gewährt werden. Das sind die bestehenden existenzsichernden Systeme im nationalen Recht. Personen ohne ausreichende Mittel erhalten hier die Mittel für ihren Lebensbedarf sowie die Betreuung, die ihre Lage erfordert; vgl. Art. 2 a i EFA. Es bezieht sich auf einen Hilfebedarf. Öffentliche Fürsorge umfasst damit Leistungen der Existenzsicherung und medizinischen Versorgung und schließt in Deutschland Sozialhilfe mit ein.[944]

bb) Gleichbehandlung mit eigenen Staatsangehörigen

Auch wenn keine individuellen Leistungen in Art. 23 GFK beinhaltet sind, müssen die Berechtigten mit den eigenen Staatsangehörigen des jeweiligen Vertragsstaats gleichgestellt werden, bzw. muss ihnen eine gleichberechtigte Teilhabe

---

938 Hruschka/GFK/*Hruschka*, Art. 6 Rn. 8 f.

939 BeckOK MigR/*Diehl*, Art. 23 GFK Rn. 20; *Grahl-Madsen* in Commentary on the Refugee Convention 1951, S. 51; Zimmermann 1951 Convention/*Lester*, Art. 23 Rn. 26.

940 *Grahl-Madsen* in Commentary on the Refugee Convention 1951, S. 51; *Weis*, The Refugee Convention 1951, 1990, S. 125.

941 BeckOK MigR/*Diehl*, Art. 23 GFK Rn. 16.

942 *Grahl-Madsen* in Commentary on the Refugee Convention 1951, S. 51.

943 Europäisches Fürsorgeabkommen (EFA) v. 11.12.1953, SEV Nr. 014.

944 Hruschka/GFK/*Janda*, Art. 23 Rn. 16–19; *Weis*, The Refugee Convention 1951, 1990, S. 174.

(Mindestversorgung) ermöglicht werden. Ziel der Gleichbehandlung mit Inländer*innen war es dabei, neben humanitären Gründen teure medizinische Krankenhausbehandlungen zu umgehen, wenn die Personen an den Leistungen der öffentlichen Fürsorge teilhaben können.[945] Gefordert ist dabei eine effektive Gleichbehandlung, d. h. Leistungen im gleichen Umfang und in gleicher Frist.[946] Die Verweigerung oder Entziehung von bestehenden Leistungen kann nicht mit dem Gleichbehandlungsgebot vereinbar sein, wenn die Personen deshalb in die Lage gebracht werden, das Land verlassen zu müssen.[947]

c. Umsetzung und Vereinbarkeit mit dem AsylbLG

Für Personen, denen internationaler Schutz zuerkannt worden ist, tragen die zuständigen Mitgliedstaaten Sorge, dass sie die notwendige Sozialhilfe wie Staatsangehörige dieses Mitgliedstaats erhalten; vgl. Art. 29 Abs. 1 RL 2011/95/EU.[948] Ihnen werden die gleichen Rechte eingeräumt wie anderen Inländer*innen, also der Zugang zur Grundsicherung für Arbeitsuchende, Sozialhilfe, sie haben Anspruch auf die Gewährung von Elterngeld, Kindergeld und Ausbildungsförderung.[949] Ein rechtmäßiger Aufenthalt wird hier für die Leistungsberechtigten des § 1 Abs. 1 Nr. 1, 1a, Nr. 3 lit. a)–lit. c), 7, 8 sowie ggf. Nr. 6 AsylbLG angenommen. Sie sind also von den Vorgaben der Art. 23 umfasst. Für sie werden aber nur die existenzsichernden Leistungen des AsylbLG, für die Gesundheitsversorgung des § 4 AsylbLG erbracht. Dabei werden nur erforderliche ärztliche und zahnärztliche Behandlungen von akuten Erkrankungen und Schmerzzuständen vorgenommen. Zur Sicherung der Gesundheit können im Einzelfall Ermessensleistungen nach § 6 AsylbLG erbracht werden. Hier werden auch chronische Erkrankungen erfasst, die durch § 4 AsylbLG ausgeschlossen sind. Dies entspricht den Vorgaben aus Art. 19 Abs. 1 RL 2013/33/EU, wo lediglich eine Notversorgung und die unbedingt erforderliche Behandlung von

---

945 Zimmermann 1951 Convention/*Lester*, Art. 23 Rn. 38 m. w. N.

946 BeckOK MigR/*Diehl*, Art. 23 GFK Rn. 22.

947 Hruschka/GFK/*Janda*, Art. 23 Rn. 24.

948 Richtlinie 2011/95/EU des Europäischen Parlaments und des Rates vom 13. Dezember 2011 über Normen für die Anerkennung von Drittstaatsangehörigen oder Staatenlosen als Personen mit Anspruch auf internationalen Schutz, für einen einheitlichen Status für Flüchtlinge oder für Personen mit Anrecht auf subsidiären Schutz und für den Inhalt des zu gewährenden Schutzes v. 20.12.2011, ABl. L 337, 9–26.

949 Zur Auslegung im Lichte des Art. 23 GFK EuGH Urt. v. 21.11.2018 – C-713/17, CURIA, 1–42 (24) – Ayubi; EuGH Urt. v. 1.3.2016 – C-443/14, C-444/14 – Alo & Osso; *Hörich*, et al., ZAR 35 (2015), 253–257 (254) m. w. N.

Krankheiten und schweren psychischen Störungen gefordert werden. Durch den Zugang zu den §§ 4 und 6 AsylbLG ist ein Mindestniveau an gesundheitlicher Versorgung abgedeckt, was den Vorgaben des Art. 23 GFK entspricht. Wird der rechtmäßige Aufenthalt aber bereits für einige der Leistungsberechtigte des AsylbLG früher angenommen, unterfallen sie den Leistungen für andere Inländer*innen, hier also dem SGB II und SGB XII und müssten durch die Leistungen der GKV gesundheitlich versorgt werden.[950] Präventive Elemente zur frühen Identifizierung psychischer Erkrankungen ergeben sich aus Art. 23 GFK jedoch nicht.

Art. 23 GFK ergänzt Art. 24 GFK vor allem im Hinblick auf Soziale Sicherheit.

2. *Arbeitsgesetzgebung und soziale Sicherheit; Art. 24 GFK*

Art. 24 Abs. 1 GFK etabliert den persönlichen Anwendungsbereich und die Inländer*innengleichbehandlung und verpflichtet die vertragschließenden Staaten, den Flüchtlingen, die sich rechtmäßig in ihrem Gebiet aufhalten, dieselbe Behandlung zu gewähren wie ihren Staatsangehörigen, wenn es sich um die Angelegenheiten aus Art. 24 Abs. 1 lit. a) und b) GFK handelt. Art. 24 GFK gibt die Gleichbehandlung von geflüchteten Menschen und den Angehörigen des Aufenthaltsstaats im Recht der sozialen Sicherheit vor. Damit soll vor sozialen Risiken geschützt werden.[951]

Art. 24 GFK erstreckt sich auf die Bereiche Arbeitsrecht in lit. a) und sozialen Sicherheit in lit. b). Demnach sind Teil der Sozialen Sicherheit: gesetzliche Bestimmungen bezüglich der Arbeitsunfälle, der Berufskrankheiten, der Mutterschaft, der Krankheit, der Arbeitsunfähigkeit, des Alters und des Todes, der Arbeitslosigkeit, des Familienunterhalts sowie jedes anderen Wagnisses, das nach dem im betreffenden Land geltenden Recht durch ein System der sozialen Sicherheit gedeckt wird.

Nach Art. 24 Abs. 2 GFK werden Leistungen ggf. über den Tod hinaus gewährt und in Art. 24 Abs. 3 und 4 GFK werden Bestimmungen über weitere internationale Abkommen getroffen.

a. Persönlicher Anwendungsbereich = Rechtmäßiger Aufenthalt

Die Regelungen der Art. 24 GFK knüpfen wie z. B. auch Art. 23 GFK[952] an den rechtmäßigen Aufenthalt an.[953]

---

950 So auch Hruschka/GFK/*Hruschka*, Art. 6 Rn. 13.

951 Hruschka/GFK/*Janda*, Art. 24 Rn. 1.

952 Siehe zum persönlichen Anwendungsbereich von Art. 23 GFK ab S. 222.

953 Hruschka/GFK/*Janda/Goldbach*, Art. 24 Rn. 54.

Ein rechtmäßiger Aufenthalt ist auch für den Zugang zum deutschen Sozialrecht maßgeblich; vgl. § 30 Abs. 1 SGB I (Wohnsitz oder gewöhnlicher Aufenthalt). Dabei wird der gewöhnliche Aufenthalt angenommen, wenn sich eine Person unter Umständen an einem Ort aufhält, die erkennen lassen, dass sie an diesem Ort nicht nur vorübergehend verweilt; § 30 Abs. 3 SGB I. Ein gewöhnlicher Aufenthalt nach diesen Vorgaben wird für Asylsuchende mit einer Gestattung nach § 55 AsylG grundsätzlich nicht angenommen, weil der Aufenthalt zunächst nur vorübergehend[954] zur Durchführung des Verfahrens, dessen Ausgang ungewiss ist, gestattet ist.[955] Ergänzend zu den Ausführungen des rechtmäßigen Aufenthalts bei Art. 23 GFK ist bei der Frage des Einflusses nationaler Bestimmungen zu beachten, dass die Konvention eine einheitliche Auslegung bedarf, der die Anwendung nationaler Bestimmungen zuwiderlaufen würde.[956] Ein rechtmäßiger Aufenthalt wird hier also auch schon für die Leistungsberechtigten des § 1 Abs. 1 Nr. 1, 1a, Nr. 3 lit. a)–lit. c), 7, 8 sowie ggf. Nr. 6 AsylbLG angenommen.

b. Soziale Sicherheit

Der Katalog in Art. 24 lit. b) GFK ist nicht abschließend, auch andere „Wagnisse" sind inbegriffen.[957] Nach allgemeiner Auffassung zählen zu den Systemen der sozialen Sicherheit nach Art. 24 GFK in Deutschland vor allem die einzelnen Zweige der Sozialversicherung.[958] Nach § 4 Abs. 2 SGB I umfasst dies „die gesetzlichen Kranken-, Pflege-, Unfall- und Rentenversicherung[en] einschließlich der Alterssicherung der Landwirte."

Vor allem für die hier relevante gesetzliche Krankenversicherung hat der aufenthaltsrechtliche Status neben den allgemeinen Zugangsvoraussetzungen weitere Bedeutung.[959] In § 5 Abs. 11 S. 3 SGB V wird davon ausgegangen, dass bei Leistungsberechtigten nach dem AsylbLG eine Absicherung im Krankheitsfall bereits dann vorliegt, wenn ein Anspruch auf Leistungen bei Krankheit, Schwangerschaft und Geburt nach § 4 AsylbLG dem Grunde nach besteht und sie daher auch nicht versicherungspflichtig sind. Dies gilt auch für die

954 *Janda*, Migranten im Sozialstaat, 2012, S. 36 ff.

955 BSGE 71, 78–82; 53, 294–299; LPK SGB I/*Timme*/*Meißner*, § 30 Rn. 10.

956 Hruschka/GFK/*Frei*, et al., Art. 1 Rn. 2; Hruschka/GFK/*Frei*, Art. 38 Rn. 16–25; Hruschka/GFK/*Klammer*, Art. 26 Rn. 7.

957 Hruschka/GFK/*Janda*, Art. 24 Rn. 28.

958 Hruschka/GFK/*Janda*/*Goldbach*, Art. 24 Rn. 71.

959 Hruschka/GFK/*Janda*/*Goldbach*, Art. 24 Rn. 77.

Leistungsberechtigten, die nach § 2 AsylbLG analogleistungsberechtigt sind; vgl. § 5 Abs. 8a S. 2 HS. 2 SGB V.[960]

c. *Gleichbehandlung mit inländischen Staatsangehörigen*

Auch Art. 24 GFK ordnet die Gleichbehandlung mit den Staatsangehörigen an. Dabei dürfen aber auch Wartezeiten oder Mindestanwartschaftszeiten verlangt werden, solange diese für die eigenen Staatsangehörigen auch anzuwenden sind.[961] Den Vertragsstaaten ist dabei kein Ermessen eingeräumt.[962] Einen Vorbehalt gibt es in Art. 24 Abs. 1 lit. b) (ii) GFK für Leistungen oder Teilleistungen, die ausschließlich aus öffentlichen Mitteln bestritten werden. Bei solchen Leistungen können Anspruchsberechtigte Sonderregelungen unterliegen, was bedeutet, dass sie weniger als Staatsangehörige erhalten können – ein vollständiger Ausschluss ist nicht möglich.[963]

d. *Vereinbarkeit mit dem AsylbLG*

Kein rechtmäßiger Aufenthalt nach § 30 Abs. 1 SGB I wird angenommen für die Leistungsberechtigten des § 1 Abs. 1 Nr. 1, 1a, 2, 3 lit. b), 4, 5, 7 und 6 AsylbLG; d. h. sie werden von Leistungen nach Art. 24 GFK grundsätzlich ausgeschlossen. Für Leistungsberechtigte nach § 1 Abs. 1 Nr. 3 lit. a) und ggf. Nr. 3 lit. c)[964], Nr. 8 sowie jeweils deren Angehörige nach Nr. 6 AsylbLG kann ein gewöhnlicher Aufenthalt angenommen werden. Der Einfluss nationalrechtlicher Vorgaben kann aber bei der Auslegung der GFK keine Bedeutung haben, weshalb ein gewöhnlicher Aufenthalt für alle Leistungsberechtigten, abgesehen von ausreisepflichtigen Personen, angenommen werden kann.

Da sie durch die Leistungen des § 4 AsylbLG abgesichert sind, ist aber eine Versicherungspflicht in der GKV auch für sie nicht vorgesehen. Personen mit einem Aufenthaltstitel haben hingegen die gleichen Rechte wie inländische Staatsangehörige und erhalten Zugang zu den Systemen der sozialen Sicherung.

---

960 Hruschka/GFK/*Janda/Goldbach*, Art. 24 Rn. 79.

961 Hruschka/GFK/*Janda*, Art. 24 Rn. 44; *Goodwin-Gill*, et al., The refugee in international law, 2007, S. 527–528.

962 Hruschka/GFK/*Janda*, Art. 24 Rn. 43; Zimmermann 1951 Convention/*Lester*, Art. 24 Rn. 15.

963 *Grahl-Madsen* in Commentary on the Refugee Convention 1951, S. 56.

964 BSG Urt. v. 10.12.2013 – B 13 R 9/13 R, Juris; BSGE 84, 253–258; 82, 23–27; BSG Urt. v. 4.11.1998 – B 13 RJ 9/98 R, Juris; BSG Urt. v. 9.8.1995 – 13 RJ 59/93, SozR 3-1200 § 30 Nr 15.

Wenn der rechtmäßige Aufenthalt bereits für Leistungsberechtigte des § 1 Abs. 1 Nr. 1, 1a, Nr. 3 lit. a)–lit. c), 7, 8 sowie ggf. Nr. 6 AsylbLG angenommen wird, sind die Vorgaben des Art. 24 GFK durch die Anwendung des AsylbLG verletzt, da gerade kein Zugang zum Sozialversicherungssystem gewährt wird. Da sich aus Art. 23 GFK keine bestmögliche, optimale Versorgung ergibt, sind dort keine präventiven Leistungen für die psychische Gesundheit zu entnehmen. Bei einem Anspruch auf Teilhabe an den sozialen Versicherungssystemen nach Art. 24 GFK wäre eine Versorgung mit Leistungen der GKV vorgesehen, die zumindest die Behandlung psychischer Erkrankungen besser gewährleisten könnte als durch die Anwendung des AsylbLG.

III. Recht des Europarats

Neben den internationalen Vorgaben gibt es innereuropäische Vorgaben, die zunächst nicht mit den unionsrechtlichen Vorgaben verbunden sind. Diese Vorgaben sind völkerrechtlicher Natur und unterscheiden sich vom Unionsrecht auch als Europarecht im engeren Sinne bezeichnet dadurch, dass sie aus sich heraus keine unmittelbare Rechtswirkung entfalten. Ähnlich wie auf UN-Ebene ergibt sich auch hier eine Aufteilung der verschiedenen Bereiche. Die (revidierte) Europäische Sozialcharta enthält wirtschaftliche, soziale und kulturelle Rechte, die Europäische Menschenrechtskonvention (EMRK)[965] und ihre Zusatzprotokolle im wesentlichen bürgerliche und politische Rechte. Diese Abkommen müssen von den Mitgliedsstaaten einzeln ratifiziert werden und lösen erst dann ggf. verbindliche Rechtswirkung aus. Der Europarat setzt sich aus 47 Staaten zusammen und bildet eine Art internationale Vertretung der europäischen Staaten. Die Mitgliedstaaten haben sich in Art. 1 der Satzung des Europarats[966] verpflichtet, einen engeren Zusammenschluss unter den Mitgliedern zu verwirklichen, um den wirtschaftlichen und sozialen Fortschritt der Staaten zu fördern.

1. Europäische Menschenrechtskonvention

Im Gegensatz zu den Konventionen der UN ist die EMRK von „jeder natürlichen Person, nicht-staatlichen Organisation oder Personengruppe, die behauptet, durch eine der Hohen Vertragsparteien in einem der in dieser Konvention oder den Protokollen dazu anerkannten Rechte verletzt zu sein"; Art. 34 EMRK,

---

965 *Council of Europe*, Convention for the Protection of Human Rights and Fundamental Freedoms, Council of Europe Treaty Series 005. Strasbourg, 1950.

966 Die Satzung des Europarates v. 5.5.1949, SEV Nr. 001.

einklagbar und bezieht sich demnach nicht nur auf Konflikte zwischen Staaten; Art. 33 EMRK. Die EMRK ist damit ein verbindlicher Grundrechteschutz und wird als wichtigstes Menschenrechtsübereinkommen in Europa betrachtet. Außerdem ist die EMRK durch Art. 6 Abs. 3 EUV, Art. 52 GRCh die wichtigste „Rechtserkenntnisquelle" für die EU. Erst durch einen Beitritt der EU zur EMRK, vorgesehen in Art. 6 Abs. 2 EUV, wird sie zu einer völkerrechtlich verbindlichen Rechtsquelle für das Unionsrecht.[967]

In der Bundesrepublik steht der Schutz der Menschenrechte durch die EMRK im Rang unterhalb der Grundrechte des GG. Allerdings hat sich Deutschland zur Anerkennung der Rechtsprechung des Europäischen Gerichtshofs für Menschenrechte (EGMR) verpflichtet; Art. 46 EMRK. Damit können individuelle Personen nationale deutsche Rechtsakte, nachdem sie am Maßstab der deutschen Grundrechte kontrolliert worden sind, vom EGMR nach Maßgabe der EMRK überprüfen lassen.[968]

Gesundheit wird in der EMRK jedoch nicht als schützenswertes Recht an sich benannt. Art. 3 EMRK verbietet Folter, Art. 5 EMRK beinhaltet das Recht auf Freiheit und Sicherheit und Art. 8 EMRK gebietet das Recht auf Achtung des Privat- und Familienlebens. Das Diskriminierungsverbot aus Art. 14 EMRK untersagt einen Eingriff in die Rechte der EMRK,

> insbesondere wegen des Geschlechts, der Rasse, der Hautfarbe, der Sprache, der Religion, der politischen oder sonstigen Anschauung, der nationalen oder sozialen Herkunft, der Zugehörigkeit zu einer nationalen Minderheit, des Vermögens, der Geburt oder eines sonstigen Status [...].

Der EGMR findet seine Legitimation in der EMRK. Ab Art. 19 EMRK bzw. Abschnitt 2 EMRK werden in den folgenden 32 Artikeln die Voraussetzungen und Vorgaben des EGMR festgehalten. Die EMRK hat auch aufgrund ihres Inhalts für das Recht von Migrant*innen auf gesundheitliche Versorgung nur einen geringen Einfluss. Die EMRK vermittelt zumindest den diskriminierungsfreien Zugang zu sozialen Rechten, nicht nur für die eigenen Staatsangehörigen.[969] Die Verminderung von Leistungen für medizinische Gesundheitsleistungen könnte

---

967 Calliess/Ruffert, EUV/AEUV/*Kingreen*, Art. 6 EUV Rn. 7; *Uerpmann-Wittzack*, DÖV 6 (2005), 152–157 (153).

968 Starck in Schumann (Hrsg.), Hierarchie, Kooperation und Integration im Europäischen Rechtsraum, 65–80 (68).

969 EGMR Urt. v. 15.9.2009 - 10373/05 - Moskal v. Polen; Urt. v. 12.4.2006 - 65731/01, 65900/01 - Stec v. Vereinigtes Königreich; Urt. v. 30.9.2003 - 40892/98 - Poirrez v. Frankreich; Urt. v. 16.9.1996 - 17371/90 - Gaygusuz v. Österreich.

eine erniedrigende und unmenschliche Behandlung darstellen.[970] Das Recht auf Gesundheit wird aber vor allem durch die Europäische Sozialcharta beeinflusst, welche wiederum nicht von Einzelpersonen vor dem EGMR beklagt werden kann. Aufgrund eines Zusatzprotokolls aus dem Jahr 1995 können jedoch bestimmte Gewerkschaften, Arbeitnehmer*innenorganisationen und die in der INGO-Konferenz des Europarats zusammengefassten internationalen Nichtregierungsorganisationen Klage beim Europäischen Ausschuss für soziale Rechte des Europarats (ECSR) erheben.

2. *Europäische Sozialcharta*

Die Europäische Sozialcharta (ESC)[971] bildet ein Gegenstück zur EMRK und regelt vor allem soziale, wirtschaftliche und kulturelle Grundrechte. Deutschland hat die ESC 1965 ratifiziert,[972] akzeptierte allerdings einzelne Bestimmungen wegen rechtlicher Vorbehalte nicht. Mit der Revidierten Europäischen Sozialcharta (RESC)[973] wurden die sozialen Grundrechte erweitert, sie wurde 2007 durch Deutschland unterschrieben, allerdings erst 2020 ratifiziert.[974] Die RESC gewährt Flexibilität bei der Ratifikation durch Teil III Art. A RESC, weshalb die Staaten nicht alle Artikel der Charta, sondern nur die in Teil III, Art. A RESC definierte Mindestanzahl für sich als bindend anerkennen müssen.[975] Die Staaten können bei der Ratifikation entscheiden, mit welchem Umfang sie die Kern- und Nebenrechte der ESC als bindend akzeptieren, eine Änderung ist auch nachträglich noch möglich; Art. 20 Nr. 1 lit. b) und c) ESC, Teil III Art. A lit. b) und c) Nr. 3 RESC.[976]

Seit Deutschland die revidierte Fassung der ESC ratifiziert hat, ist sie verbindlich und damit vom Grundsatz der völkerrechtsfreundlichen Auslegung umfasst;

---

970 *Janda* in Nowak, A. C./Krämer/Schmidt, K. (Hrsg.), Existenzminimum, Gleichbehandlung, Menschenwürde: Rechtliche Anforderungen an die Gesundheitsversorgung von Asylsuchenden, 31–49 (46).

971 Europäische Sozialcharta (ESC) v. 18.10.1961, SEV 1961 Nr. 035.

972 *Gori* in Búrca/Witte (Hrsg.), Domestic Enforcement of the European Social Charter, 69–88 (72).

973 Revidiert Europäische Sozialcharta (RESC) v. 03.05.1996, SEV Nr. 163.

974 Gesetz zur Revision der Europäischen Sozialcharta vom 3. Mai 1996 v. 12.11.2020, BGBl. 2020 Teil II Nr. 19, 900–935.

975 MHdB ArbR/*Bücker*, § 172 Einführung Rn. 45.

976 Kluckert Neues InfektionsschutzR/*Gassner*, § 1 Internationales und Europäisches Infektionsschutzrecht Rn. 103; *Giegerich* in Merten/Papier (Hrsg.), § 148 Menschenrechtsübereinkommen des Europarats, 509–567 (Rn. 90 ff.).

vgl. Art. 25 GG.[977] Es bestehen dennoch weiterhin Probleme bei der Umsetzung der Vorgaben in den Staaten, da diese teilweise nicht ausreichend beachtet werden bzw. durch den schwach formulierten ersten Teil über die Verpflichtungen der Staaten wird sie oftmals als nicht unmittelbar anwendbar angesehen. Sie richtet sich nach h. M. an die Staaten, weshalb aus ihr keine einklagbaren Rechte abgeleitet werden können.[978]

In Art. 12 Abs. 4 lit. a) RESC werden die Vertragsstaaten dazu angehalten, Abkommen zu schließen, die die Gleichbehandlung aller im Netz der jeweiligen sozialen Sicherung sicherstellen. Art. 13 Abs. 1 RESC beinhaltet vertiefende Vorgaben zur Gesundheitsversorgung, die eine Inklusion aller beteiligten Staatsangehörigen der Vertragsparteien in das Gesundheitswesen vorsehen. Darunter wird kostenlose Gesundheitsversorgung oder zumindest die finanzielle Ermöglichung der Versorgung verstanden.[979] Auch die gesundheitliche Situation von Menschen mit Behinderungen und Älteren werden durch die Art. 15 und 23 RESC nochmals explizit gestärkt. Die Art. 30 und 31 RESC können zudem aufgrund des Zusammenhangs von Armut bzw. Wohnungslosigkeit und gesundheitlichen Einschränkungen ebenfalls als relevant angesehen werden. Mit Blick auf das Diskriminierungsverbot ist die Verpflichtung unter Art. E RESC besonders relevant.

a. Persönlicher Geltungsbereich der Revidierten Europäischen Sozialcharta

Im Anhang zur RESC wird ausdrücklich zum persönlichen Geltungsbereich der RESC Stellung genommen. Der persönliche Geltungsbereich der RESC schließt Ausländer*innen nur insofern ein, als sie Staatsangehörige anderer Vertragsparteien sind und ihren rechtmäßigen gewöhnlichen Aufenthalt im Hoheitsgebiet der betreffenden Vertragspartei haben oder dort ordnungsgemäß beschäftigt sind, mit der Maßgabe, dass die genannten Artikel im Sinne der Art. 18 und 19

---

977 BVerfGE 111, 307–332 (318) – Görgülü-Beschl.; *Knospe*, ZESAR 18 (2019), 10–17 (13).

978 BVerwG Urt. v. 22.2.1995 - 1 C 11/94, NVwZ 14, 1113–1117; BVerwGE 91, 327–334 (330); BAG Urt. v. 24.3.2004 - 5 AZR 303/03, AP § 138 Nr. 5; *Giegerich* in Merten/Papier (Hrsg.), § 148 Menschenrechtsübereinkommen des Europarats, 509–567 (Rn. 88); *Shirvani* in Merten/Papier (Hrsg.), § 242 Soziale Grundrechte, 1–72 (16); *Wegener* in Ehlers (Hrsg.), § 5 Wirtschaftsgrundrechte, 171–197 (Rn. 64); *Krennerich,* Soziale Menschenrechte, 2016, S. 54–56.

979 *Hervey* in Búrca/Witte (Hrsg.), We Don't See a Connection, 305–336 (313).

RESC auszulegen sind. Diese Auslegung hindert die Vertragsparteien nicht auch anderen Personen entsprechende Rechte zu gewähren.

Der Europäische Ausschuss für soziale Rechte des Europarats (ECSR) hat jedoch festgestellt, dass aufgrund des grundlegenden Charakters und der Verbindung zur Menschenwürde der RESC bestimmte Rechte für alle Menschen im Hoheitsgebiet des jeweiligen Staats gelten, einschließlich irregulärer Migrant*innen.[980] Diese Rechte umfassen das Recht auf medizinische Hilfe,[981] das Recht auf Unterkunft[982] und das Recht auf Bildung[983]. Der UN-Menschenrechtsausschuss bekräftigte zudem die positive Verpflichtung der Staaten, sicherzustellen, dass alle Menschen unabhängig vom Migrationsstatus Zugang zur grundlegenden Gesundheitsversorgung haben, die erforderlich ist, um vorhersehbare Lebensrisiken zu vermeiden[984].

b. Das Recht auf Schutz der Gesundheit; Art. 11 RESC

Bei der Ratifizierung der RESC 2020 hat Deutschland Art. 11 RESC als Recht auf Gesundheit als bindend anerkannt.[985] In Art. 11 RESC wird das Recht auf Schutz der Gesundheit explizit aufgeführt, unterstützt z. B. durch die Schaffung von Beratungs- und Schulungsmöglichkeiten zur Verbesserung der Gesundheit und zur Entwicklung des persönlichen Verantwortungsbewusstseins in Fragen der Gesundheit. Es beinhaltet eine Pflicht[986], den Ursachen und der Entstehung von Krankheiten entgegenzuwirken (1. protection), Gesundheitsförderung und Gesundheitserziehung auf- und auszubauen (2. promotion) und Krankheitsprävention (3. prevention). Deshalb heißt es in Art. 11 RESC:

---

980 So auch *Council of Europe*, et al., Handbook on European law relating to asylum, borders and immigration, 2020, S. 89.

981 *ECSR*, Decision on admissibility. Complaint No. 69/2011; *ECSR*, Complaint No. 14/2003, Rn. 41.

982 *dass.*, Decision on admissibility. Complaint No. 47/2008, Rn. 13.

983 *dass.*, Conclusions 2011. Statement of interpretation on Article 17 (2) ESC; *Council of Europe*, et al., Handbook on European law relating to asylum, borders and immigration, 2020, S. 262.

984 CCPR Communication No. 2348/2014 v. 24.7.2018 – CCPR/C/123/D/2348/2014 (11.7) – Nell Toussaint v. Canada.

985 Kluckert Neues InfektionsschutzR/*Gassner*, § 1 Internationales und Europäisches Infektionsschutzrecht Rn. 103; Dörr/Grote/Marauhn EMRK/GG/*Kadelbach*, Kapitel 30: Internationale Durchsetzung Rn. 97.

986 Vgl. *Mikkola*, Social human rights of Europe, 2010, S. 401 ff.

Um die wirksame Ausübung des Rechts auf Schutz der Gesundheit zu gewährleisten, verpflichten sich die Vertragsparteien, entweder unmittelbar oder in Zusammenarbeit mit öffentlichen oder privaten Organisationen geeignete Maßnahmen zu ergreifen, die u.a. darauf abzielen,
Nr. 1 soweit wie möglich die Ursachen von Gesundheitsschäden zu beseitigen;
Nr. 2 Beratungs- und Schulungsmöglichkeiten zu schaffen zur Verbesserung der Gesundheit und zur Entwicklung des persönlichen Verantwortungsbewußtseins in Fragen der Gesundheit;
Nr. 3 soweit wie möglich epidemischen, endemischen und anderen Krankheiten sowie Unfällen vorzubeugen.

Dabei wird die Auffassung vertreten, dass dies auch die Aufrechterhaltung einer entsprechenden Gesundheitsversorgung durch Ärzt*innen, Krankenhäuser und Apotheken umfasst.[987] Allgemein wird Art. 11 RESC als Präventionsauftrag verstanden,[988] wobei Art. 11 Nr. 3 RESC nochmals die Bedeutung der Prävention eigenständig betont.[989] Es geht darum, Krankheiten so weit wie möglich vorzubeugen.[990] Präventive Maßnahmen nach Art. 11 Nr. 3 RESC sind zunächst auf somatische Erkrankungen bezogen („epidemischen, endemischen"),[991] wobei auch andere Krankheiten zu verhindern sind. Dafür soll es ein systematisches Screening geben für Krankheiten, die die Haupttodesursachen darstellen. An den Stellen, wo es dafür effektive Screening-Maßnahmen gibt, müssen diese ausgeschöpft werden.[992] Psychische Erkrankungen finden hier bisher keine eigene Erwähnung, obgleich sie eine der zumindest häufigsten Erkrankungsformen, wenn auch nicht Todesursachen sind. Abgedeckt vom Zugang zur Gesundheitsversorgung durch Art. 11 RESC ist zumindest die Versorgung in psychiatrisch-psychotherapeutischen Krankenhäusern.[993]

987 *Mikkola,* Social human rights of Europe, 2010, S. 417 ff.
988 *Wilksch,* Recht auf Krankenbehandlung und Recht auf ein menschenwürdiges Existenzminimum, 2017, S. 134.
989 *Mikkola,* Social human rights of Europe, 2010, S. 423.
990 *Nebe* in Brockmann (Hrsg.), Prävention an der Schnittstelle von Arbeits- und Sozialrecht, 97–109 (108).
991 Vertiefend hierzu *Mikkola* in Hartlev/Rynning (Hrsg.), Right to Health as a Human Right in Europe, 31–48 (39–41).
992 *ECSR,* Conclusions XV-2, S. 99.
993 *dass.,* Digest of the case law of the European Committee of Social Rights, 2008, S. 83.

c. *Europäischer Ausschuss für soziale Rechte des Europarats*

Der Europäische Ausschuss für soziale Rechte des Europarats (ECSR) erhält jährlich Berichte der Unterzeichnerstaaten über die Umsetzung der Maßnahmen aus der (R)ESC. Anhand der Berichte überprüft und entscheidet der Expert*innenausschuss, ob die Vertragsstaaten ihre Verpflichtungen aus der ESC erfüllen[994] (Art. 25 RESC) und stellt die Entscheidungen („Conclusion") dem Minister*innenkomitee zur Verfügung. Die nationalen Berichte umfassen jeweils einen der vier Themenschwerpunkte, 1. Beschäftigung, Ausbildung und Chancengleichheit, zuletzt 2020[995], 2. Gesundheit, soziale Sicherheit und sozialer Schutz, zuletzt 2017, 3. Arbeitsrecht, zuletzt 2018 und 4. Kinder, Familien und Migrant*innen, zuletzt 2019.

Der letzte Bericht aus Deutschland zum Themenschwerpunkt Gesundheit, soziale Sicherheit und sozialer Schutz 2017 führte zu einigen Konformitätsproblemen hinsichtlich der Diskriminierung von nicht deutschen Staatsangehörigen im System der sozialen Sicherung. So sieht der Ausschuss neben den Art. 3 Abs. 1, 12 Abs. 1 und 4, Art. 13 Abs. 1 RESC das darin vorgesehene Recht auf Fürsorge verletzt. Das Gesamtniveau der Sozialhilfe, einschließlich der Grund- und Zusatzleistungen sei nicht angemessen, entschied der ECSR. Aufgrund dieses Berichts entschied der ECSR, dass der nächste Bericht dazu detaillliertere Informationen unter anderem zur Verfügbarkeit von Betreuungs- und Behandlungsangeboten im Bereich der psychischen Gesundheit, einschließlich Informationen zur Prävention von psychischen Störungen und zu Erholungsmaßnahmen enthalten muss.[996]

Schlussendlich bleibt die RESC nur eine allgemeine Verpflichtung der Staaten und kein Individualrecht, weshalb die Vorgaben der RESC zwar im nationalen Recht beachtet werden müssen, sich daraus aber keine individuellen Rechte ableiten lassen.[997]

---

994 Kluckert Neues InfektionsschutzR/*Gassner*, § 1 Internationales und Europäisches Infektionsschutzrecht Rn. 104.

995 *ECSR*, Conclusions 2019 Germany.

996 *dass.*, Entscheidung XXI-2.

997 Kluckert Neues InfektionsschutzR/*Gassner*, § 1 Internationales und Europäisches Infektionsschutzrecht Rn. 105; Dörr/Grote/Marauhn EMRK/GG/*Krieger*, Kapitel 6: Funktionen von Grund- und Menschenrechten Rn. 93.

IV. Soft Law

Soft Law ist die Bezeichnung für eine unverbindliche Vereinbarung oder Absichtserklärung und stellt eine weniger strenge Form der Selbstverpflichtung dar; bedeutet aber nicht zwangsläufig Wirkungslosigkeit. So sind auch die Agenda 2030 und der Globale Aktionsplan (GAP) keine Verträge im juristischen Sinne, sondern nicht bindendes Soft Law, sie geben aber zum Teil geltendes Völkerrecht wieder.

1. Agenda 2030: Sustainable Development Goals

Die Agenda ist ein Aktionsplan der UN, der von der UN-Generalversammlung beschlossen wurde. Es geht um universellen Frieden sowie die Beseitigung der Armut in all ihren Formen und Dimensionen. Unter Beteiligung aller Mitgliedstaaten soll die Welt auf einen nachhaltigen und belastbaren Weg gebracht werden. Dabei sind 17 Leitziele und 169 Handlungsziele entstanden. Die Ziele sind so ausgerichtet, dass die Menschenrechte verwirklicht werden und die Gleichstellung der Geschlechter sowie die Stärkung von Frauen und Mädchen erreicht wird. Dabei sind immer die drei Dimensionen Wirtschaft, Soziales und Umwelt zu beachten. Auf Grundlage der Agenda sollen bis 2030 Maßnahmen in allen genannten Bereichen angeregt werden, die für die Menschheit und den Planeten von entscheidender Bedeutung sind.[998] Deutschland hat unterzeichnet[999], die Sustainable Development Goals (SDG) sind aber rechtlich nicht verbindlich, sondern die Umsetzung kann nach den Prioritäten der Staaten erfolgen. Vor allem Ziel Nr. 3 („Ensure healthy lives and promote well-being for all at all ages") ist für die Gesundheitsversorgung von Bedeutung. Es geht um die Förderung von psychischer Gesundheit und Wohlbefinden auch durch eine qualitativ hochwertige Gesundheitsversorgung für alle.[1000] Die Ziele können nur durch die Stärkung der sogenannten „Public Health", also der öffentlichen Gesundheit oder Bevölkerungsgesundheit, insbesondere mit Fokus auf Vorbeugung von Krankheiten, Förderung der Gesundheit und Verlängerung des Lebens erreicht werden. Dies wiederum funktioniert nur, wenn auch „Refugee & Migrant

---

998 *UN*, Transforming our world, The 2030 agenda for sustainable development, A/RES/70/1, 2016, S. 1.

999 *dass.* in Walker, J./Pekmezovic/Walker, G. (Hrsg.), Resolution Adopted by the General Assembly on 25 September 2015, 333–374.

1000 *dass.*, Transforming our world, The 2030 agenda for sustainable development, A/RES/70/1, 2016, S. 16.

Health" miteinbezogen werden, weil diese Gruppe Teil der Public Health ist.[1001] Bei der Umsetzung in Deutschland sind für Ziel Nr. 3 folgende Prioritäten festgelegt: vorzeitige Sterblichkeit von Frauen und Männern verändern, Quote von Raucher*innen und Adipositaserkrankten senken sowie Emissionssenkung in verschiedenen Bereichen.[1002] Nur in diesem Zusammenhang wird psychische Gesundheit in den Blick genommen.[1003]

2. Globaler Aktionsplan

Zur Förderung der Gesundheit von Geflüchteten und Migrant*innen gibt es den GAP. Er verbindet Menschenrechte, Nichtdiskriminierung und Geschlechtersensibilität mit Zielen wie qualitativ hochwertiger Gesundheitsversorgung, Arbeitssicherheit und öffentlicher Gesundheit. Primäres Ziel ist eine universelle Gesundheitsversorgung durch vollständige und gleichberechtigte Einbeziehung von Migrant*innen in die Gesundheitssysteme. Die Mitgliedstaaten sollen bei der Entwicklung nationaler Strategien zur Verhütung und Bekämpfung nicht übertragbarer Krankheiten und psychischer Erkrankungen den Bedarf von geflüchteten Menschen und Migrant*innen mit einbeziehen. Auch Initiativen zur Gesundheitsförderung und zur Verringerung verhaltensbedingter gesundheitlicher Risiken nicht übertragbarer Krankheiten sind hier relevant. Die WHO will ihrerseits durch die Entwicklung von Leitlinien, Modellen und Standards zur Unterstützung der Länder bei der Verhütung und Bekämpfung nicht übertragbarer Krankheiten und psychischer Erkrankungen beitragen.[1004] Dabei sollen vor allem Risikogruppen wie z. B. Überlebende von Menschenhandel, Folter, Traumata oder Gewalt, einschließlich sexueller und anderer Formen geschlechtsspezifischer Gewalt, zur Unterstützung, Prävention für übertragbare und nichtübertragbare Krankheiten sowie psychische Erkrankungen erhalten. Dies soll durch Situationsbewertungen, Screening, Diagnostik, Behandlung

1001 So auch *Regionalkomitee für Europa*, Compendium of health system responses to large-scale migration in the WHO European Region, 2018, S. 95.

1002 *BMFSFJ*, Bericht über die Umsetzung der Agenda 2030 für nachhaltige Entwicklung, Freiwilliger deutscher Staatenbericht zum HLPF 2021, 2021, S. 40.

1003 „Eine schadstofffreie Umwelt schafft die Grundlage für Gesundheit und Wohlergehen, sowohl physische als auch psychische Gesundheit." *dass.*, Bericht über die Umsetzung der Agenda 2030 für nachhaltige Entwicklung, Freiwilliger deutscher Staatenbericht zum HLPF 2021, 2021, S. 12.

1004 *WHO*, Global action plan to promote the health of refugees and migrants, Draft 4+, 2018, S. 10.

und Prävention und indem Risikofaktoren angesprochen werden erfolgen.[1005] Zudem muss es einen Zugang zu Psychotherapie für und Empowerment der Opfer geben.[1006] Um solche Ziele erreichen zu können, müssen die Mitgliedstaaten Migrant*innen human und gleichberechtigt behandeln und deshalb gleiche gesundheitliche und soziale Vorteile bieten.[1007] Zur Umsetzung der Ziele wurden in Deutschland bisher verschiedene Maßnahmen ergriffen bzw. auf bestehende Maßnahmen, wie das PrävG verwiesen.[1008] In Bezug auf Migrant Health allerdings konnten keine expliziten Maßnahmen festgestellt werden.[1009]

V. Erkenntnisse aus dem Völkerrecht

Die WHO hat eine sehr positive Definition von Gesundheit, die in den weiteren völker- und unionsrechtlichen Vorgaben so nicht vorzufinden ist. Im Rahmen des GAP ist aber die Einbeziehung aller Menschen in die nationalen Gesundheitsversorgungssysteme vorgesehen, wobei „migrant health[1010]" nochmals besondere Beachtung finden soll. In Deutschland wurden dafür bisher keine spezifischen Maßnahmen ergriffen, weshalb dieses Ziel bisher nicht erreicht ist. Das hat auch Auswirkungen auf die Erreichung der Ziele der UN, die in den SDG festgelegt sind und im Rahmen der Agenda 2030 umgesetzt werden sollen.

Völkerrechtlich relevant ist Art. 12 IPwskR, der in Deutschland einfaches Bundesrecht ist. Er begründet das Recht aller Menschen auch für geflüchtete Menschen, auf das für sie erreichbare Höchstmaß an körperlicher und geistiger Gesundheit. Im Rahmen der *Accessibility* beinhaltet dies auf jeden Fall den diskriminierungsfreien Zugang zu Gesundheitsfürsorge und Gesundheitsdiensten. Als Maßgabe der *Quality* muss dies nach den aktuellen wissenschaftlichen Standards gewährleistet sein, wobei die §§ 4 und 6 AsylbLG eben nicht dem entsprechen, denn bereits seit langem wird statuiert, dass diese Minimalversorgung vor

1005 *WHO,* Promoting the health of refugees and migrants, A72/25 Rev.1, 2019.

1006 *Regionalkomitee für Europa*, Report on the health of refugees and migrants in the WHO European Region, 2018, S. 46.

1007 So auch *Gostin*, Milbank Q 97 (2019), 631–635 (632).

1008 *BMFSFJ*, Bericht über die Umsetzung der Agenda 2030 für nachhaltige Entwicklung, Freiwilliger deutscher Staatenbericht zum HLPF 2021, 2021, S. 42.

1009 *WHO,* Stronger collaboration for an equitable and resilient recovery towards the health-related Sustainable Development Goals: 2021 progress report on the Global Action Plan for Healthy Lives and Well-being for All, 2021; *BMFSFJ*, Bericht über die Umsetzung der Agenda 2030 für nachhaltige Entwicklung, Freiwilliger deutscher Staatenbericht zum HLPF 2021, 2021, S. 82.

1010 Siehe hierzu ausführlich unter www.mipex.eu/germany.

allem im Hinblick auf die Trennung zwischen akuten und chronischen Erkrankungen dem nicht entspricht. Die Schutzpflicht in Art. 12 IPwskR umfasst also zumindest das völkerrechtliche Gebot einer ungefähren Gleichbehandlung von marginalisierten Gruppen mit eigenen Staatsangehörigen. Demnach ist die gegenwärtige Rechtslage zumindest völkerrechtlich bedenklich.

Verstärkt wird dieser Eindruck durch die Vorgaben der GFK. Nach der vorliegenden Auslegung müssen auch Asylsuchende, deren Verfahren noch nicht entschieden wurde und die sich in der Anfangszeit ihres Aufenthalts befinden, in den Schutzbereich der GFK mit einbezogen werden und demnach nach Art. 23, 24 GFK Zugang zu öffentlichen sozialen Hilfen für die Gesundheitsversorgung im Rahmen der Einbeziehung in die GKV erhalten. Damit wären die Bedenken gegenüber der unzureichenden Gesundheitsversorgung durch die §§ 4 und 6 AsylbLG ausgeräumt. Außerdem ist so der Zugang zu präventiven Leistungen auch für die psychische Gesundheit gewährleistet.

Die Vorgaben der RESC unterliegen ebenfalls der völkerrechtsfreundlichen Auslegung. Hierbei ist vor allem in Art. 11 RESC der Präventionsauftrag an die Staaten formuliert – an den Stellen, an denen Frühintervention oder Screenings durchgeführt werden, müssen diese auch für geflüchtete Menschen zugänglich gemacht werden. Dem ECSR zufolge erfolgt dies in Deutschland nicht in ausreichendem Maße, weshalb vor allem die psychische Gesundheit und deren Prävention als nicht sichergestellt betrachtet werden. Dabei ist Deutschland durch die RL 2013/33/EU eindeutig zur Durchführung von Screening-Maßnahmen verpflichtet. Da diese im Bundesgebiet nicht einheitlich durchgeführt werden und an einigen Stellen nur durch externe Akteur*innen sichergestellt sind, genügt dies nicht den verbindlichen Vorgaben der RESC.

B. Unionsrechtliche Vorgaben zur Gesundheitsversorgung geflüchteter Menschen

Der Vertrag über die Europäische Union (EUV) und der Vertrag über die Arbeitsweise der Europäischen Union (AEUV) bilden die rechtliche Grundlage der Europäischen Union (EU). Zudem gibt es die Charta der Grundrechte der EU (GRCh) sowie zahlreiche Verordnungen, Beschlüsse und Richtlinien, die für die Arbeit der EU und der Mitgliedstaaten zentral sind.

I. Vertrag über die Arbeitsweise der Europäischen Union

Der Vertrag über die Arbeitsweise der EU regelt folglich die Arbeitsweise der Union und legt Bereiche, Abgrenzung und Einzelheiten der Ausübung ihrer

Zuständigkeiten fest; Art. 1 Abs. 1 AEUV. Zusammen mit dem Vertrag über die Europäische Union bilden die rechtlich gleichrangigen Verträge die Verträge, auf die sich die Union gründet; Art. 1 Abs. 2 AEUV.

1. Gemeinsame Einwanderungspolitik; Art. 79 Abs. 1 AEUV

In Art. 79 Abs. 1 AEUV sind vier Kompetenzen für die Union in Bezug auf eine gemeinsame Einwanderungspolitik als Leitlinie vorgegeben. Dabei sind die verschiedenen Punkte nicht getrennt und isoliert zu verstehen, sondern bilden einen Zyklus, der sowohl Ein- als auch Auswanderungsaktionen (Abschiebung und Rückführung) umfasst.

1. Gemeinsamkeit der Einwanderungspolitik: Dafür soll eine gemeinsame Einwanderungspolitik entwickelt werden.
2. Migrationssteuerung: Die gemeinsame Einwanderungspolitik soll auf die Gewährleistung einer in allen Phasen wirksamen Steuerung der Migrationsströme ausgerichtet sein.
3. Angemessene Behandlung: Dabei sind Drittstaatsangehörige (und auch Staatenlose; Art. 67 Abs. 2 S. 2 AEUV), die sich rechtmäßig in einem Mitgliedstaat aufhalten, angemessen zu behandeln. Die Grundrechtsstandards der GRCh sind einzuhalten.
4. Illegalitätsbekämpfung: Außerdem sind illegale Einwanderung und Menschenhandel zu verhüten und verstärkt zu bekämpfen.[1011] Regelungen zur Illegalitätsbekämpfung haben vor allem die Schranken der GFK und EMRK (v. a. Art. 3 und Art. 8 EMRK) zu beachten.[1012]

Es geht also darum, durch eine gemeinsame Einwanderungspolitik sogenannte „Migrationsströme“ wirksam zu steuern, Drittstaatsangehörige, die sich rechtmäßig aufhalten, angemessen zu behandeln und illegale Einwanderung und Menschenhandel zu verhüten und zu bekämpfen.

Sowohl Bundestag als auch Bundesrat haben der EU den Auftrag erteilt, nach Art. 79 AEUV die vier Zielvorgaben umzusetzen. Dies ermöglicht auch, dass EU-Sekundärrecht verstärkt auf das deutsche Ausländer*innenrecht einwirkt.[1013] Der Kompetenztitel ermächtigt die EU-Gesetzgebung durch Richtlinien, Verordnungen und Beschlüsse die Rechtsstellung von Drittstaatsangehörigen (Art. 77–79

1011 Pechstein/Nowak/Häde, Frankfurter Kommentar EUV/GRC/AEUV/*Müller-Graff*, Art. 79 AEUV Rn. 8.
1012 Calliess/Ruffert, EUV/AEUV/*Rossi*, Art. 79 AEUV Rn. 22.
1013 *Bergmann*, ZAR 33 (2013), 318–325 (323).

AEUV) zu regeln. Dafür hat die EU bisher bereits zahlreiche RL erlassen, die die deutsche Gesetzgebung umgesetzt hat. Dazu zählen u. a. die RL 2001/55/EG und die RL 2013/33/EU.[1014] Die Zielvorgaben aus Art. 79 AEUV sind für die Unionsgesetzgebung verbindlich, ohne dass der Gestaltungsspielraum bei der Umsetzung der Vertragsziele eingeschränkt ist.[1015] Aus Art. 79 AEUV lassen sich keine subjektiven Rechte ableiten, da die Maßnahmen zur Zweckerfüllung des Art. 79 Abs. 1 AEUV, also die Maßnahmen gemäß Art. 79 Abs. 2 lit. a)–d) AEUV, durch diese ordentlichen Gesetzgebungsverfahren erreicht werden sollen.[1016] Maßnahmen sind durch Verordnungen oder Richtlinien zu ergreifen.

a. Persönlicher Anwendungsbereich

Die Art. 67 Abs. 2 und Art. 79 Abs. 1 AEUV schließen die Migration von Drittstaatsangehörigen ein. Eine angemessene Behandlung erstreckt sich jedoch nur auf sich rechtmäßig in einem Mitgliedstaat aufhaltende Drittstaatsangehörige[1017] und Staatenlose[1018]; vgl. Art. 79 Abs. 1, Abs. 2 lit. b), Abs. 4 und 5 AEUV i. V. m. Art. 67 Abs. 2 S. 2 AEUV. Für sich illegal aufhaltende Personen greift Art. 79 Abs. 2 lit. c) AEUV.[1019] Daraus ergibt sich aber kein Umkehrschluss, also keine unangemessene Behandlung von sich unrechtmäßig aufhaltenden Menschen.[1020] Auf Schutzsuchende in der EU, zu den Asylantragsteller*innen als Leistungsberechtigte des AsylbLG zählen, finden die Vorschriften des Art. 79 AEUV keine Anwendung.

b. Angemessene Behandlung

Sachlich ergibt sich daraus die primärrechtliche Anforderung an die Unionspolitik, eine gemeinsame Einwanderungspolitik zu gestalten, die darauf gerichtet sein muss, legal aufhaltende Drittstaatsangehörige angemessen – in der

---

1014 *Eichenhofer, E.* in Huber, B./Eichenhofer, J./Endres de Oliveira (Hrsg.), A. Allgemeine Bestimmungen, 1–27 (2 f.).

1015 Grabitz/Hilf/Nettesheim/EUV/AEUV/*Thym*, 74, Art. 79 AEUV Rn. 14.

1016 So auch *Pache* in Niedobitek (Hrsg.), § 10 Die Union als Raum der Freiheit, der Sicherheit und des Rechts, 1065–1206 (Rn. 154).

1017 *Brinkmann* in Beichel-Benedetti/Janda (Hrsg.), Gleichbehandlung von Drittstaatsangehörigen nach den EU-Migrationsrichtlinien, 99–115 (103).

1018 Grabitz/Hilf/Nettesheim/EUV/AEUV/*Thym*, 74, Art. 79 AEUV Rn. 19.

1019 Calliess/Ruffert, EUV/AEUV/*Rossi*, Art. 79 AEUV Rn. 16.

1020 Schwarze/Becker/Hatje/Schoo, EU-Kommentar/*Kortländer*, Art. 79 AEUV Rn. 5; Pechstein/Nowak/Häde, Frankfurter Kommentar EUV/GRC/AEUV/*Müller-Graff*, Art. 79 AEUV Rn. 8; Streinz, EUV/AEUV/*Weiß, W.*, Art. 79 AEUV Rn. 8.

englischen Fassung „fair treatment" – zu behandeln.[1021] Die Aufgabe aus Art. 79 Abs. 1 AEUV erstreckt sich auch in Art. 79 Abs. 2 lit. b) AEUV, der allerdings nicht für hier relevante Asylsuchende einschlägig ist[1022]. Der Begriff der angemessenen Behandlung ist unbestimmt. Dabei ist trotz vager Ausformulierung mehr umfasst als die Grundrechte, die ohnehin schon durch die Mitgliedstaaten gewährt werden, auch unter Beachtung der EMRK und der GRCh. Gegenläufige Maßnahmen sind nicht durch die Aufgabenübertragung aus Art. 79 Abs. 1 AEUV und die Kompetenzeinräumung in Art. 79 Abs. 2 AEUV gedeckt.[1023] Eine angemessene Behandlung ist ein relativer Maßstab und hängt von subjektiven Einstellungen ab; sie ist keine justiziable rechtliche Verpflichtung.[1024] Die Behandlung muss zudem „nur" angemessen sein und nicht gleich, sodass es zu keiner Gleichstellung mit Unionsbürger*innen kommen muss.[1025] Die Kompetenz aus Art. 79 AEUV fordert eine gemeinsame Einwanderungspolitik, die eine angemessene Behandlung von sich rechtmäßig in der EU aufhaltenden Drittstaatsangehörigen gewährleistet. Für diese Personen kann dies weiter reichen als der Gleichbehandlungsgrundsatz.[1026] Dennoch ist ein geringerer Schutzumfang im Sinne einer Politik der EU gegenüber Drittstaatsangehörigen ohne Aufenthaltsrecht systematisch gerechtfertigt[1027]; sie sind nicht dem Ziel der „angemessenen Behandlung" von Drittstaatsangehörigen zugeordnet.[1028]

2. *Europäische Gesundheitspolitik; Art. 168 AEUV*

Weitere Regelungen zum „Gesundheitswesen" – in der englischen Version wird der Begriff „Public Health" verwendet[1029], der deutlich macht, dass es eher um

1021 Calliess/Ruffert, EUV/AEUV/*Rossi*, Art. 79 AEUV Rn. 6.

1022 Ausführlich Pechstein/Nowak/Häde, Frankfurter Kommentar EUV/GRC/AEUV/*Müller-Graff*, Art. 79 AEUV Rn. 25–30; Calliess/Ruffert, EUV/AEUV/*Rossi*, Art. 79 AEUV Rn. 3.

1023 Calliess/Ruffert, EUV/AEUV/*Rossi*, Art. 79 AEUV Rn. 6.

1024 HaiThyKOImmigL/*Thym*, Chapter 7. Legal Framework for EU Immigration Policy Rn. 8; *Brinkmann* in Beichel-Benedetti/Janda (Hrsg.), Gleichbehandlung von Drittstaatsangehörigen nach den EU-Migrationsrichtlinien, 99–115 (103).

1025 Grabitz/Hilf/Nettesheim/EUV/AEUV/*Thym*, 74, Art. 79 AEUV Rn. 6, 21; Streinz, EUV/AEUV/ *Weiß, W.*, Art. 79 AEUV Rn. 8.

1026 *Schumacher*, ZESAR 10 (2011), 368–373 (373).

1027 Grabitz/Hilf/Nettesheim/EUV/AEUV/*Thym*, 74, Art. 79 AEUV Rn. 17.

1028 *Bast*, ZAR 32 (2012), 1–7 (2 f.).

1029 Vertrag über die Arbeitsweise der Europäischen Union (AEUV) v. 26.10.2012, ABl. C 326, 47–390.

Bevölkerungsgesundheit und eben nicht um das staatliche Gesundheitswesen geht – finden sich in Art. 168 AEUV, der aber vor allem koordinierende und ergänzende Aktivitäten dazu regelt. „Bei der Festlegung und Durchführung aller Unionspolitiken und -maßnahmen wird ein hohes Gesundheitsschutzniveau sichergestellt"; Art. 168 Abs. 1 S. 1 AEUV. Darin wird festgelegt, dass die Tätigkeit der Union die Politik der Mitgliedstaaten ergänzt und auf die Beseitigung von Ursachen für die Gefährdung der körperlichen und geistigen Gesundheit gerichtet ist. Diese umfassen auch die Erforschung der Ursachen sowie die Verhütung dieser Krankheiten. Des Weiteren sollen Gesundheitsinformation und -erziehung gefördert werden. Demzufolge sind die vier Handlungsfelder des öffentlichen Gesundheitsschutzes enthalten: Prävention, Kuration, Rehabilitation und Sterbebegleitung.[1030] Art. 168 AEUV zielt auf primäre Prävention ab, indem das erstmalige Auftreten von Krankheiten verhindert werden soll. Zudem soll es einen individuellen Schutz vor diesen Krankheiten geben, was als sekundäre Prävention verstanden wird. Das hohe Gesundheitsschutzniveau dient ebenfalls der tertiären Prävention[1031], um Verschlimmerungen von Erkrankungen und Behinderungen zu verhüten und Folgeerkrankungen vorzubeugen.[1032] Art. 168 Abs. 1 UAbs. 1 und 2 AEUV begründen allerdings keine Kompetenz der Union, sondern lediglich eine materiell-rechtliche Verpflichtung zum Schutz der Gesundheit bei der Ausübung anderer Kompetenzen.[1033] Vielmehr dürfen die Maßnahmen der Union nach Art. 168 Abs. 5 AEUV keine harmonisierende Wirkung haben.[1034] Teil der Maßnahmen auf Unionsebene sind deshalb z. B. die EU-Gesundheitsstrategien.[1035]

1030 *Schmidt am Busch*, Die Gesundheitssicherung im Mehrebenensystem, 2007, S. 10.

1031 Eine Abgrenzung von tertiärer Prävention und Kuration ist schwer und „Maßnahmen der tertiären Prävention lassen sich daher kaum von kurativen Maßnahmen unterscheiden, ja sie sind regelmäßig Bestandteile kurativer, d. h. bei bereits eingetretener Krankheit erbrachter Leistungen. Zugleich dienen sie oftmals der Rehabilitation": Calliess/Ruffert, EUV/AEUV/*Kingreen*, Art. 168 AEUV Rn. 12.

1032 Calliess/Ruffert, EUV/AEUV/*Kingreen*, Art. 168 AEUV Rn. 12.

1033 Calliess/Ruffert, EUV/AEUV/*Kingreen*, Art. 168 AEUV Rn. 10; Grabitz/Hilf/Nettesheim/EUV/AEUV/*Schmidt am Busch*, 74, Art. 168 AEUV Rn. 86–103.

1034 Groeben, von der/Schwarze GRC/*Lembke*, Art. 35 Rn. 2.

1035 Verordnung (EU) 2021/522 des europäischen Parlaments und des Rates zur Einrichtung eines Aktionsprogramms der Union im Bereich der Gesundheit („EU4Health-Programm") für den Zeitraum 2021–2027 und zur Aufhebung der Verordnung (EU) Nr. 282/2014 (VO (EU) 2021/522) v. 24.3.2021, ABl. L 107, 1–29; Health for Growth Programme, EU action in the field of health for the period 2014-2020, COM(2011)

II. Charta der Grundrechte der Europäischen Union

Die Charta der Grundrechte der Europäischen Union (GRCh) wurde 2000 unterzeichnet und verkündet und entfaltet ihre Wirkung auf die Arbeit der EU. Gesetzesvorschläge werden auf die Vereinbarkeit mit der Charta hin überprüft, wenn sie einen Bezug dazu haben und auch vor dem Europäischen Gerichtshof (EuGH) wird, um EU-Recht zu interpretieren, auf die Charta Bezug genommen. Dies stärkt auch die Rechte der Unionsbürger*innen, die ihre Grundrechte auf dem Rechtsweg einklagen können. Möglich wurde dies durch die Rechtsverbindlichkeit, die die Charta der Grundrechte mit Inkrafttreten des Vertrages von Lissabon[1036] 2009 erhielt. Die GRCh entfaltet dabei nicht nur für Unionsbürger*innen Wirkung, sondern auch für alle im Hoheitsgebiet lebenden Personen. Die Behandlung von geflüchteten Menschen muss deshalb „in jedem einzelnen Mitgliedstaat in Einklang mit den Erfordernissen der Charta sowie mit der Genfer Flüchtlingskonvention und der EMRK stehen."[1037]

Art. 51 Abs. 1 S. 1 GRCh normiert den Anwendungsbereich der Charta, die nicht generell, sondern nur für „die Organe, Einrichtungen und sonstigen Stellen der Union unter Wahrung des Subsidiaritätsprinzips und für die Mitgliedstaaten ausschließlich bei der Durchführung des Rechts der Union" gilt.

In Art. 3 Abs. 1 GRCh wird das Abwehrrecht jedes Menschen auf körperliche und geistige Unversehrtheit konstatiert. Das Grundrecht dient dem Schutz der physischen und psychischen Integrität und verpflichtet die Union und die Mitgliedstaaten.[1038] Art. 3 GRCh begründet ein subjektives, einklagbares Recht.[1039] Allerdings geht Art. 35 GRCh mit seinem Inhalt über Art. 3 GRCh hinaus, weshalb dieser im Folgenden genauer betrachtet wird.

1. Gesundheitsschutz; Art. 35 GRCh

Art. 35 S. 1 GRCh regelt das Recht auf Zugang zur Gesundheitsvorsorge und zur ärztlichen Versorgung nach Maßgabe der einzelstaatlichen Rechtsvorschriften und Gepflogenheiten. Art. 35 S. 2 GRCH ist wortgleich mit Art. 168 Abs. 1 UAbs. 1 AEUV und sieht bei der Festlegung und Durchführung der Politik

---

709 final, 2011; Together for Health, A Strategic Approach for the EU, 2008-2013, COM(2007) 630 final, 2007.

1036 Vertrag von Lissabon v. 17.12.2007, ABl. C306, 1–231.

1037 EuGH Urt. v. 21.12.2011 – C-411/10, C-493/1, Juris (80) – Rechtssache N.S. & M. E.

1038 Diese bei der Durchführung von Unionsrecht; vgl. Art. 51 Abs. 1 S. 1 GRCh.

1039 Jarass/GRCh/*Jarass*, Art. 3 Rn. 2.

und Maßnahmen der Union in allen Bereichen die Sicherstellung eines hohen Gesundheitsschutzniveaus vor. Art. 35 S. 2 GRCh enthält keine individuellen subjektiven Rechte, sondern ist als Grundsatz zu verstehen, dessen Adressatin die EU ist.[1040]

Art. 35 S. 1 GRCh hingegen enthält nicht nur einen Grundsatz[1041] – trotz der Verwendung „Grundsatz" in der Konventerläuterung, – sondern ein echtes Grundrecht.[1042] Teilweise wird das Recht jedoch als bloßes Abwehrrecht ohne Leistungsdimension gesehen.[1043] Hier wird auf die Erläuterungen des Präsidiums des Konvents verwiesen, die von „Grundsätzen" sprechen. Für eine Justiziabilität bedarf es einer Umsetzung des Rechts durch die Gesetzgebung. Es fehle dem Recht an Bestimmtheit und sich aus der Leistungsdimension ergebende finanzielle Folgen seien „von der Charta nicht gewollt".[1044] Bezüglich der Bedenken hinsichtlich der Reichweite des Rechts schränkt sich der Wortlaut des Art. 35 S. 1 GRCh selbst ein, da das Recht nur „nach Maßgabe der einzelstaatlichen Rechtsvorschriften und Gepflogenheiten" eingeschränkt gewährleistet wird. Die Ausgestaltung des Rechts ist daher Aufgabe der Mitgliedstaaten, wobei die EU keine Kompetenzen hat.[1045] Es wird also kein individuelles Leistungsrecht durch Art. 35 S. 1 GRCh begründet[1046], geschützt ist vielmehr der

---

1040 Bergmann/Dienelt, Ausländerrecht/*Bergmann*, Art. 35 EUGRCh Rn. 1; Meyer/Hölscheidt, EUGRCh/*Gieseke*, Art. 35 Rn. 12; Groeben, von der/Schwarze GRC/*Lembke*, Art. 35 Rn. 5; Stern/Sachs/GRCh/*Nußberger*, Art. 35 Rn. 47; *Rothfritz*, Die Konvention der Vereinten Nationen zum Schutz der Rechte von Menschen mit Behinderungen, 2010, S. 332.

1041 Zu allgemeinen Grundregeln für die Abgrenzung von Grundrechten und Grundsätzen; Calliess/Ruffert, EUV/AEUV/*Kingreen*, Art. 52 GRCh Rn. 16 f.

1042 Bergmann/Dienelt, Ausländerrecht/*Bergmann*, Art. 35 EUGRCh Rn. 1; Meyer/Hölscheidt, EUGRCh/*Gieseke*, Art. 35 Rn. 9; Jarass/GRCh/*Jarass*, Art. 35 Rn. 2; Calliess/Ruffert, EUV/AEUV/*Kingreen*, Art. 35 GRCh Rn. 2; Pechstein/Nowak/Häde, Frankfurter Kommentar EUV/GRC/AEUV/*Krajewski*, Art. 35 GRCh Rn. 5; *Bungenberg* in Grabenwarter (Hrsg.), § 17 Soziale Rechte, 681–736 (Rn. 43); *Schmittmann*, Rechte und Grundsätze in der Grundrechtecharta, 2007, S. 121–122.

1043 *Barriga*, Die Entstehung der Charta der Grundrechte der Europäischen Union, 2003, S. 129–130; *Nettesheim*, EuR 39 (2004), 1–143 (75).

1044 Vgl. Meyer/Hölscheidt, EUGRCh/*Gieseke*, Art. 35 Rn. 9.

1045 Meyer/Hölscheidt, EUGRCh/*Gieseke*, Art. 35 Rn. 10.

1046 Pechstein/Nowak/Häde, Frankfurter Kommentar EUV/GRC/AEUV/*Krajewski*, Art. 35 GRCh Rn. 9; *Sander*, ZEuS 8 (2005), 253–272 (269).

(diskriminierungsfreie)[1047] Zugang zu Gesundheitsvorsorge und ärztlicher Versorgung nach den angegebenen Maßgaben.[1048] Nach Art. 21 Abs. 1 und 2 GRCh ist Diskriminierungen u. a. aufgrund von ethnischer oder sozialer Herkunft sowie aus Gründen der Staatsangehörigkeit verboten. Durch Art. 21 Abs. 2 GRCh ist Diskriminierung allerdings durch besondere Bestimmungen der Verträge erlaubt.

a. Persönlicher Schutzbereich

Als Grundrecht schützt Art. 35 S. 1 GRCh jede Person, also nicht nur Unionsbürger*innen, sondern auch alle im Hoheitsgebiet lebenden Personen, unabhängig von ihrem Aufenthaltsstatus sind Berechtigte.[1049] Verpflichtet bezüglich des Optimierungsgebots aus Art. 35 S. 2 GRCh sind die EU-Organe, die Union als Rechtsperson und die Mitgliedstaaten zumindest bei der Durchführung von Unionsrecht.[1050]

Adressat*innen der Verpflichtung aus Art. 35 S. 1 GRCh aufgrund von Art. 51 GRCh hingegen sind Organe, Einrichtungen und sonstigen Stellen der Europäischen Union sowie die Mitgliedstaaten allerdings nur bei Durchführung des Rechts der Union. Die EU hat im Hinblick auf Gesundheitsvorsorge und Gesundheitsschutz nur wenige Kompetenzen, was den Anwendungsbereich auf dieser Ebene deutlich einschränkt. Die Zuständigkeiten für die Erbringung von Gesundheitsvorsorge- und -versorgungsleistungen und die Bestimmung des Umfangs der Zugangsrechte liegt hauptsächlich bei den Mitgliedstaaten.[1051] Die Grundrechtsträger*innen können sich gegenüber den Mitgliedstaaten nur bei der Durchführung des Rechtes der Union auf die GRCh berufen. Das scheitert

---

1047 Calliess/Ruffert, EUV/AEUV/*Kingreen*, Art. 35 GRCh Rn. 2; Schwarze/Becker/Hatje/Schoo, EU-Kommentar/*Sichert*, Art. 35 EUGRCh Rn. 5; 7; *Bernsdorff*, VSSR 19 (2001), 1–23 (19; 22).

1048 Pechstein/Nowak/Häde, Frankfurter Kommentar EUV/GRC/AEUV/*Krajewski*, Art. 35 GRCh Rn. 9.

1049 Bergmann/Dienelt, Ausländerrecht/*Bergmann*, Art. 35 EUGRCh Rn. 1; Meyer/Hölscheidt, EUGRCh/*Gieseke*, Art. 35 Rn. 11; Jarass/GRCh/*Jarass*, Art. 35 Rn. 7; Pechstein/Nowak/Häde, Frankfurter Kommentar EUV/GRC/AEUV/*Krajewski*, Art. 35 GRCh Rn. 7; Stern/Sachs/GRCh/*Nußberger*, Art. 35 Rn. 36.

1050 Vgl. Art. 51 Abs. 1 S. 1 EUGRCh; so auch Jarass/GRCh/*Jarass*, Art. 35 Rn. 4; a. A. Calliess/Ruffert, EUV/AEUV/*Kingreen*, Art. 35 GRCh Rn. 6.

1051 Vgl. Art. 168 Abs. 7 AEUV; so auch Meyer/Hölscheidt, EUGRCh/*Gieseke*, Art. 35 Rn. 12.

an den eingeschränkten Kompetenzen der Union auf diesem Gebiet. Deshalb musste auch der EuGH bereits mehrfach seine Zuständigkeit negieren.[1052]

b. Sachlicher Schutzbereich: Recht auf Zugang zur Gesundheitsvorsorge und zu ärztlicher Versorgung

aa) Zugang

In Übereinstimmung mit den bereits angeführten weiteren menschenrechtlichen Grundlagen kann der Begriff Zugang in Art. 35 GRCh interpretiert werden. Vor allem auf die Vorgaben zu Art. 12 Abs. 1 IPwskR hinsichtlich Availability, Accessibility, Acceptability und Quality[1053] sei hier verwiesen, die sich auf Art. 35 GRCh übertragen lassen.[1054] Der Zugang zur Gesundheitsvorsorge und zu ärztlicher Versorgung ist nur nach Maßgabe der innerstaatlichen Rechtsvorschriften und Gepflogenheiten gewährleistet, gewährt also den gleichberechtigten Zugang zu vorhandenen Leistungen in den Mitgliedstaaten.[1055] Konkretisiert und ggf. auch beschränkt wird das Recht auf Gesundheitsschutz durch die Bedingungen der mitgliedstaatlichen Gesundheitssysteme. Das entspricht wiederum der grundsätzlichen Zuständigkeit der Mitgliedstaaten für das Gesundheitssystem; vgl. auch Art. 168 Abs. 7 AEUV. Auch der Umfang der Zugangsrechte nach Art. 35 S. 1 GRCh wird demnach durch die Mitgliedstaaten bestimmt. Dennoch müssen die Mitgliedstaaten zumindest die Leistungen und Einrichtungen grundsätzlich bereitstellen. Fehlen diese, ist also das Kriterium „Availability" nicht erfüllt, stellt das einen Verstoß gegen Art. 35 S. 1 GRCh dar.[1056]

bb) Gesundheit

Auch hier fehlt es an einer Konkretisierung des Begriffs „Gesundheit". Dabei werden verschiedene Konzepte unterschieden. Das weiteste Konzept ist das der WHO, die Gesundheit als „Zustand des vollständigen körperlichen, geistigen und sozialen Wohlbefindens und nicht nur das Freisein von Krankheit und Gebrechen" versteht.[1057] Gegen die Übernahme dieses Konzepts in Art. 35 GRCh

---

1052 Meyer/Hölscheidt, EUGRCh/*Gieseke*, Art. 35 Rn. 13.

1053 Siehe ab S. 217.

1054 Pechstein/Nowak/Häde, Frankfurter Kommentar EUV/GRC/AEUV/*Krajewski*, Art. 35 GRCh Rn. 10; ebenso *Eichenhofer, E.*, ZAR 33 (2013), 169–175 (173).

1055 Calliess/Ruffert, EUV/AEUV/*Kingreen*, Art. 35 GRCh Rn. 4.

1056 Pechstein/Nowak/Häde, Frankfurter Kommentar EUV/GRC/AEUV/*Krajewski*, Art. 35 GRCh Rn. 16.

1057 Umfassend hierzu *Karagiannis*, Clunet 139 (2012), 1137–1212.

spricht, dass es sich bei der WHO-Satzung nur um einen Grundsatz handelt, aus dem keine Rechte Einzelner abgeleitet werden können. Auch die Systematik des Art. 35 als Teilhaberecht an den bestehenden Gesundheitsvorsorge- und Versorgungsleistungen lässt diesen sehr weiten Begriff ausscheiden.[1058] Ein etwas engeres, aber immer noch weites Konzept enthält wohl Art. 12 IPwskR, der in Deutschland einfaches Bundesrecht ist, sowie andere Dokumente der WHO[1059] mit dem Recht eines jeden Menschen „auf das für ihn erreichbare Höchstmaß an körperlicher und geistiger Gesundheit".[1060] Für die Übernahme dieses Konzepts spricht auch die Systematik des Art. 35 GRCh der bereits in der Überschrift nicht auf das „Recht auf Gesundheit" verweist, sondern auf den „Schutz der Gesundheit". Es betrifft also den Schutz vor konkreter Gefährdung der Gesundheit.[1061] Zu einer bloßen „elementaren Grundversorgung" kann Art. 35 GRCh hingegen regulär nicht verengt werden. Dieses Konzept war lediglich für Menschen ohne Papiere, die sich also „illegal" in den Staaten aufhalten gedacht, die zwar eine medizinische Grundversorgung erhalten müssen, darüber hinausreichende Rechte zu gewährleisten wäre jedoch fraglich.[1062] Schlussendlich kann dahingestellt bleiben, welches Konzept Art. 35 GRCh unterliegt, denn er ist in jedem Fall auf den Zugang zu Gesundheitsvorsorge und ärztlicher Versorgung gerichtet und nicht auf den Schutz der Gesundheit in absoluter Weise.[1063]

cc) Gesundheitsvorsorge

Als Gesundheitsvorsorge werden Maßnahmen zur Verhinderung der Entstehung oder Begrenzung von Krankheiten (Prävention) verstanden[1064];

1058 Meyer/Hölscheidt, EUGRCh/*Gieseke*, Art. 35 Rn. 17; *Hervey*, et al., Health law and the European Union, 2004, S. 8 führen weiterer Argumente gegen den weiten Gesundheitsbegriff an.

1059 Bspw. *WHO*, Ottawa-Charta zur Gesundheitsförderung, Erste Internationale Konferenz über Gesundheitsförderung, Ottawa, Kanada, 17.–21. November 1986.

1060 Meyer/Hölscheidt, EUGRCh/*Gieseke*, Art. 35 Rn. 15.

1061 Meyer/Hölscheidt, EUGRCh/*Gieseke*, Art. 35 Rn. 17.

1062 Meyer/Hölscheidt, EUGRCh/*Gieseke*, Art. 35 Rn. 18; *Bernsdorff*, et al., Die Charta der Grundrechte der Europäischen Union, 2002, S. 227, 340.

1063 So auch Meyer/Hölscheidt, EUGRCh/*Gieseke*, Art. 35 Rn. 19; Pechstein/Nowak/Häde, Frankfurter Kommentar EUV/GRC/AEUV/*Krajewski*, Art. 35 GRCh Rn. 14.

1064 Bergmann/Dienelt, Ausländerrecht/*Bergmann*, Art. 35 EUGRCh Rn. 1; Jarass/GRCh/*Jarass*, Art. 35 Rn. 7; Calliess/Ruffert, EUV/AEUV/*Kingreen*, Art. 35 GRCh Rn. 3; Groeben, von der/Schwarze GRC/*Lembke*, Art. 35 Rn. 8; Schwarze/Becker/Hatje/Schoo, EU-Kommentar/*Sichert*, Art. 35 EUGRCh Rn. 5; *Hervey* in Búrca/Witte (Hrsg.), We Don't See a Connection, 305–336 (315).

„preventive health care" / „prévention en matière de santé". Gesundheitsvorsorge ist also Prävention. Das beinhaltet Gesundheitserziehung und Gesundheitsförderung, Hygienevorschriften oder Impfungen[1065] sowie Impfprogramme zur Vorbeugung ansteckender Krankheiten.[1066] Ziel der präventiven Maßnahmen ist Gesundheitsförderung, um das Auftreten von Krankheiten zu verhindern oder zu begrenzen.[1067] Auch hier ist keine Unterscheidung zwischen den einzelnen Präventionsstadien möglich[1068] und ein Übergang zwischen tertiärer Prävention zur Vermeidung des Wiederauftretens von Krankheiten bzw. deren Folgen und Kuration als Krankheitsbehandlung ist fließend.[1069] Im Gegensatz zur Gesundheitsvorsorge geht es bei der ärztlichen Versorgung um die Behandlung und Heilung von Krankheiten.[1070] Keine Differenzierung wird hingegen zwischen physischer und psychischer Gesundheitsprävention vorgenommen.[1071]

dd) Ärztliche Versorgung

Ärztliche Versorgung ist medizinische Versorgung, also die Behandlung von Krankheiten. Mit Blick auf andere Fassungen wird deutlich, dass es um die gesamte medizinische Versorgung geht und nicht nur eine ärztliche Versorgung („medical treatment"/„soins médicaux")[1072] sondern auch krankenpflegerische oder therapeutische Versorgung durch nicht-ärztliches Personal inbegriffen

---

1065 Jarass/GRCh/*Jarass*, Art. 33 Rn. 4; Groeben, von der/Schwarze GRC/*Lembke*, Art. 35 Rn. 8; *Frenz,* Handbuch Europarecht, 2009, Rn. 4249; *Sander* in Klíma/Sander (Hrsg.), Gesundheitsschutz nach Art. 35 der Europäischen Grundrechte-Charta, 217–235 (226).

1066 *ECSR,* Decision on the merits. Complaint No. 67/2011, Rn. 160 ff; Pechstein/Nowak/Häde, Frankfurter Kommentar EUV/GRC/AEUV/*Krajewski*, Art. 35 GRCh Rn. 11.

1067 Meyer/Hölscheidt, EUGRCh/*Gieseke*, Art. 35 Rn. 20.

1068 Siehe zu den Präventionsphasen ausführlich ab S. 168.

1069 Meyer/Hölscheidt, EUGRCh/*Gieseke*, Art. 35 Rn. 20; Calliess/Ruffert, EUV/AEUV/*Kingreen*, Art. 35 GRCh Rn. 3.

1070 Pechstein/Nowak/Häde, Frankfurter Kommentar EUV/GRC/AEUV/*Krajewski*, Art. 35 GRCh Rn. 15; zuvor EUGRCh/*Rudolf*, Art. 35 Rn. 10.

1071 EUGRCh/*Rudolf*, Art. 35 Rn. 10.

1072 Bergmann/Dienelt, Ausländerrecht/*Bergmann*, Art. 35 EUGRCh Rn. 1; Jarass/GRCh/*Jarass*, Art. 35 Rn. 7; Calliess/Ruffert, EUV/AEUV/*Kingreen*, Art. 35 GRCh Rn. 3; Schwarze/Becker/Hatje/Schoo, EU-Kommentar/*Sichert*, Art. 35 EUGRCh Rn. 10; *Frenz,* Handbuch Europarecht, 2009, Rn. 4251.

sind.[1073] Da zur ärztlichen Behandlung nicht nur die Behandlung und Heilung von Erkrankungen gehören, sondern auch die Verhinderung einer Verschlimmerung des Zustandes[1074], ist auch hier die Trennung zwischen Gesundheitsvorsorge und ärztlicher Behandlung nicht trennscharf möglich.

c. Optimierungsgebot: Sicherstellung eines hohen Gesundheitsschutzniveaus

Wie festgestellt ist Art. 35 S. 2 GRCh ein Grundsatz und kein Grundrecht[1075], wörtlich ähnlich mit Art. 168 Abs. 1 UAbs. 1 AEUV, gebunden ist die Union, nicht die Mitgliedstaaten.[1076] Der Grundsatz zur Sicherstellung eines hohen Gesundheitsschutzniveaus verpflichtet die Union dabei, neueste wissenschaftliche Erkenntnisse mit einzubeziehen. Es entspricht in etwa den Vorgaben zum Höchstmaß an körperlicher und geistiger Gesundheit des UN-Sozialpakts.[1077] Die Formulierung „aller Politiken und Maßnahmen" weißt auf die Funktion als Querschnittsklausel hin. Das bedeutet auch, dass die Gewährleistung unter Vorbehalt kollidierender Rechtsgüter steht und zudem eine Abwägung mit anderen Zielen des Primärrechts vorgenommen werden darf und den Verpflichteten bei der Abwägung hierzwischen ein großer Spielraum zukommt.[1078]

d. Beschränkungen

Durch den Gewährleistungsvorbehalt, aufgrund dessen das Recht aus Art. 35 S. 1 GRCh nach Maßgabe der einzelstaatlichen Rechtsvorschriften und Gepflogenheiten der Mitgliedstaaten gilt, wird das Recht auf Zugang zur Gesundheitsvorsorge und zu ärztlicher Versorgung beschränkt. Die Sicherung des hohen Gesundheitsniveaus nach Art. 35 S. 2 GRCh kann beeinträchtigt werden, wenn

---

1073 Calliess/Ruffert, EUV/AEUV/*Kingreen*, Art. 35 GRCh Rn. 3; Pechstein/Nowak/Häde, Frankfurter Kommentar EUV/GRC/AEUV/*Krajewski*, Art. 35 GRCh Rn. 15; Meyer/Hölscheidt, EUGRCh/*Gieseke*, Art. 35 Rn. 22.

1074 Meyer/Hölscheidt, EUGRCh/*Gieseke*, Art. 35 Rn. 22.

1075 Allgemeine Meinung. Für viele Calliess/Ruffert, EUV/AEUV/*Kingreen*, Art. 35 GRCh Rn. 6; Schwarze/Becker/Hatje/Schoo, EU-Kommentar/*Sichert*, Art. 35 EUGRCh Rn. 2.

1076 Calliess/Ruffert, EUV/AEUV/*Kingreen*, Art. 35 GRCh Rn. 6.

1077 *Hillmann* in Brecht-Heitzmann (Hrsg.), Rechtliche Gestaltungsvorgaben für die Gesundheitsversorgung Geflüchteter, 83–104 (97); *Lindner*, Ansprüche auf Gesundheitsleistungen für Asylsuchende in Deutschland, Rechtslage und Reformbedarfe, 2021, S. 15.

1078 Jarass/GRCh/*Jarass*, Art. 35 Rn. 13.

dieser Grundsatz bei der Entscheidung für oder Durchführung von Maßnahmen der Union „in allen Bereichen“ nicht berücksichtigt wird. Gleiches gilt, wenn die Mitgliedstaaten den Grundsatz bei der Durchführung von Unionsrecht nicht berücksichtigen.[1079]

Durch Art. 35 S. 1 GRCh als echtes Grundrecht ist ein gerechtfertigter Eingriff nach Art. 52 Abs. 1 GRCh möglich. Durch den Verweis auf die Maßgabe des Unionsrechts und der einzelstaatlichen Rechtsvorschriften und Gepflogenheiten kommt den Verpflichteten erheblicher Spielraum zu.[1080] Die Mitgliedstaaten bestimmen also Schutzbereich und Schranken dieses Rechts alleine.[1081] Das sind erhebliche Einschränkungen des Art. 35 S. 1 GRCh, dessen Wirkung dadurch beeinträchtigt wird.[1082]

2. *Schlussfolgerungen*

Das in Art. 35 GRCh enthaltene Grundrecht auf Gesundheit geht weit über das bloße Gesunderhalten hinaus und stellt auch auf einen gleichberechtigten Zugang aller Berechtigten, in diesem Fall aller sich in der EU aufhaltenden Menschen ab. Art. 35 GRCh beinhaltet dennoch ein rein subjektives Recht auf Gesundheit i. S. v. Krankenversorgung und Prävention für jeden Menschen[1083], die GRCh kennt kein eigenständiges Recht auf Gesundheit im umfassenden Sinn.[1084] Die Kompetenzen der EU sind in diesem Bereich eingeschränkt.[1085] Der Zugang ist zum großen Teil von den nationalstaatlichen Maßnahmen abhängig. Die Bedeutung von Art. 35 GRCh für den tatsächlich gleichberechtigten Zugang aller Menschen in der EU zur Gesundheitsvorsorge und ärztlicher Behandlung ist damit gering.[1086] Als Problem stellt sich dar, dass dieses Grundrecht zum einen zwar jedem Menschen durch die GRCh gewährt wird, die Union aber in diesem Bereich nur sehr geringe eigene Kompetenzen hat,

---

1079 Jarass/GRCh/*Jarass*, Art. 35 Rn. 12.

1080 Jarass/GRCh/*Jarass*, Art. 35 Rn. 13; *Frenz*, Handbuch Europarecht, 2009, Rn. 4256.

1081 Groeben, von der/Schwarze GRC/*Lembke*, Art. 35 Rn. 8.

1082 Meyer/Hölscheidt, EUGRCh/*Gieseke*, Art. 35 Rn. 10.

1083 EUGRCh/*Rudolf*, Art. 35 Rn. 13.

1084 So auch *Hervey* in Búrca/Witte (Hrsg.), We Don't See a Connection, 305–336 (314 f.); *Wilksch*, Recht auf Krankenbehandlung und Recht auf ein menschenwürdiges Existenzminimum, 2017, S. 135.

1085 *Dünnes-Zimmermann*, Gesundheitspolitische Handlungsspielräume der Mitgliedstaaten im Europäischen Gemeinschaftsrecht, 2006, S. 191–192.

1086 So auch Groeben, von der/Schwarze GRC/*Lembke*, Art. 35 Rn. 10.

um dieses Grundrecht auszugestalten oder zu verwirklichen.[1087] Schlussendlich wenden die Mitgliedstaaten mit den Regelungen zur Gesundheitsversorgung von geflüchteten Menschen selten Unionsrecht an, weil die Rechtssetzungskompetenzen der Union insofern sehr begrenzt sind. Das lässt sich sicherlich auch mit den deutlichen Unterschieden zwischen den einzelnen Gesundheitssystemen in den jeweiligen Mitgliedstaaten begründen, deren Angleichung aneinander durchaus große wirtschaftliche Folgen nach sich ziehen kann.

III. Richtlinie 2013/33/EU

1. Historie

Mit der „Richtlinie zur Festlegung von Mindestnormen für die Aufnahme von Asylbewerbern in den Mitgliedstaaten" 2003/9/EG[1088] sollten ab dem Zeitpunkt der Antragstellung[1089]

> Mindestnormen für die Aufnahme von Asylbewerbern festgelegt werden, die diesen im Normalfall ein menschenwürdiges Leben ermöglichen und vergleichbare Lebensbedingungen in allen Mitgliedstaaten gewährleisten.[1090]

Darunter fiel auch die medizinische Versorgung, die in Art. 15 RL 2003/9/EG normiert wurde. Die Mitgliedstaaten tragen demnach dafür Sorge, dass Antragsteller*innen die erforderliche medizinische Versorgung erhalten, die zumindest die Notversorgung und die unbedingt erforderliche Behandlung von Krankheiten umfasst; Art. 15 Abs. 1 RL 2003/9/EG. Asylsuchenden mit besonderen Bedürfnissen wurde darüber hinaus von den Mitgliedstaaten die erforderliche medizinische oder sonstige Hilfe gewährt; Art. 15 Abs. 2 RL 2003/9/EG. Ihre Identifizierung erfolgte durch eine Einzelfallprüfung.[1091] Die weiteren Maßnahmen richteten sich nach den Art. 18–20 RL 2003/9/EG.

1087 *Tohidipur* in Falge/Fischer-Lescano/Sieveking (Hrsg.), Sans Papiers und Gesundheitsversorgung Möglichkeiten europäischer Harmonisierung, 183–194 (193 f.).

1088 Richtline 2003/9/EG des Rates vom 27. Januar 2003 zur Festlegung von Mindestnormen für die Aufnahme von Asylbewerbern in den Mitgliedstaaten v. 06.02.2003, ABl. L 31, 18–25.

1089 Vgl. Art. 13 Abs. 1 RL 2003/9/EG.

1090 Richtline 2003/9/EG des Rates vom 27. Januar 2003 zur Festlegung von Mindestnormen für die Aufnahme von Asylbewerbern in den Mitgliedstaaten v. 06.02.2003, ABl. L 31, 18–25, Erwägungsgrund Nr. 7.

1091 Vgl. Art. 17 Abs. 2 RL 2003/9/EG.

Nachdem die Umsetzung der RL 2003/9/EG in den Mitgliedstaaten für die Kommission nicht zufriedenstellend war, entschloss sie sich 2008 zu einer Neufassung der Richtlinie.[1092] 2013 trat die Neufassung in Form der „Richtlinie zur Festlegung von Normen für die Aufnahme von Personen, die internationalen Schutz beantragen (Neufassung) RL 2013/33/EU" als Teil eines „Asylpakts"[1093] in Kraft. Die medizinische Versorgung ist fortan in Art. 17 bzw. Art. 19 ff. RL 2013/33/EU geregelt. Insbesondere tragen die Mitgliedstaaten dafür Sorge, dass die Antragsteller*innen ab Stellung des Antrags im Rahmen der Aufnahme materielle Leistungen in Anspruch nehmen können; Art. 17 Abs. 1 RL 2013/33/EU. Sie sorgen außerdem nach Art. 17 Abs. 2 S. 1–2 RL 2013/33/EU dafür, dass

> die im Rahmen der Aufnahme gewährten materiellen Leistungen einem angemessenen Lebensstandard entsprechen, der den Lebensunterhalt sowie den Schutz der physischen und psychischen Gesundheit von Antragstellern gewährleistet.
>
> Und dieser Lebensstandard gewährleistet ist, wenn es sich um schutzbedürftige Personen im Sinne von Artikel 21 und um in Haft befindliche Personen handelt.

Die Mitgliedstaaten haben eine gesteigerte Verantwortung für alle Personen, die in den Anwendungsbereich der RL 2013/33/EU fallen, nicht nur für besonders vulnerable Personen, zu deren Aufnahme sie sich verpflichtet haben.[1094] Dabei muss bei einer vollständigen staatlichen Abhängigkeit in Aufnahmeeinrichtungen sichergestellt sein, dass es dabei nicht zu einer menschenunwürdigen Behandlung und dadurch zu einer Verletzung des Art. 3 EMRK kommt.[1095]

2. *Berechtigter Personenkreis*

Der Anwendungsbereich erstreckt sich nach Art. 3 Abs. 1 RL 2013/33/EU auf

> alle Drittstaatsangehörigen und Staatenlosen, die im Hoheitsgebiet eines Mitgliedstaats einschließlich an der Grenze, in den Hoheitsgewässern oder in den Transitzonen internationalen Schutz beantragen, solange sie als Antragsteller im Hoheitsgebiet verbleiben

---

1092 *EU,* Vorschlag für eine Richtlinie des Europäischen Parlaments und des Rates zur Festlegung von Mindestnormen für die Aufnahme von Asylbewerbern in den Mitgliedstaaten, COM(2008) 815 endgültig.

1093 Zusammen mit Dublin-Verordnung (EU) Nr. 604/2013 (Dublin III) und Asylverfahrensrichtlinie 2013/32/EU; dazu *Dörig*, NVwZ 33 (2014), 106–110.

1094 Ehlers/*Laskowski*, § 73 Asylrecht Rn. 34.

1095 EGMR Urt. v. 21.1.2011 - 30696/09, NVwZ 30, 413–418 - M.S.S. v. Belgien & Griechenland; *Schlüter,* Beweisfragen in der Rechtsprechung des Europäischen Gerichtshofs Für Menschenrechte, 2019, S. 260.

> dürfen, sowie für ihre Familienangehörigen, wenn sie nach einzelstaatlichem Recht von diesem Antrag auf internationalen Schutz erfasst sind.

Die Richtlinie kann außerdem auf Personen angewendet werden, die einen Antrag auf subsidiären Schutz stellen; Art. 3 Abs. 4 RL 2013/33/EU.

Die Richtlinie gilt demnach nach Art. 2 lit. b) RL 2013/33/EU für Personen die einen Antrag auf internationalen Schutz i. S. v. Art. 2 lit. h) der RL 2011/95/EU gestellt haben, sowie deren Familienangehörige nach Art. 2 lit. c) RL 2013/33/EU und über den noch nicht endgültig entschieden wurde, sowie für unbegleitete Minderjährige (Art. 2 lit. e) RL 2013/33/EU). Die Richtlinie betrifft deshalb nur die Leistungsberechtigten des AsylbLG, die unter die Voraussetzungen des § 1 Abs. 1 Nr. 1, 1a, 2, 7 und ggf. Nr. 6 AsylbLG fallen also Menschen, die einen Ankunftsnachweis oder eine Aufenthaltsgestattung für die Dauer des Verfahrens haben.

3. *Zuständigkeit*

Regelungen der Richtlinie, die individuelle Rechte enthalten und hinreichend konkret sind, sind seit dem 20.07.2015 unmittelbar anzuwenden. Die Art und Weise der Leistungserbringung ist in das Ermessen der Mitgliedstaaten gestellt,[1096] wobei für die Umsetzung der RL 2013/33/EU in Deutschland die Bundesländer zuständig sind.[1097]

4. *Gesundheitsversorgung nach Art. 19 Abs. 1 RL 2013/33/EU*

Die medizinische Versorgung für alle Leistungsberechtigten ist in Art. 17 RL 2013/33/EU und speziell in Art. 19 Abs. 1 RL 2013/33/EU geregelt. Art. 19 Abs. 1 RL 2013/33/EU sieht vor, dass die Mitgliedstaaten dafür Sorge tragen, dass Antragsteller*innen

> die erforderliche medizinische Versorgung erhalten, die zumindest die Notversorgung und die unbedingt erforderliche Behandlung von Krankheiten und schweren psychischen Störungen umfasst.

Die RL 2013/33/EU legt damit bestimmte Mindestaufnahmestandards für den Zugang zur Gesundheitsversorgung für Asylbewerber*innen in den Mitgliedstaaten fest. In Art. 19 Abs. 2 RL 2013/33/EU wird zudem die Versorgung bei

---

1096 *Rixen* in Henneke (Hrsg.), Gestaltungsspielräume bei der Gewährung von Leistungen an Geflüchtete - Verfassungsrecht, EU-Recht, Völkerrecht, 133–152 (134).

1097 BT-Drs. 18/9009, S. 10.

besonderer Schutzbedürftigkeit festgelegt, denn die Mitgliedstaaten gewähren Antragsteller*innen

> mit besonderen Bedürfnissen bei der Aufnahme die erforderliche medizinische oder sonstige Hilfe, einschließlich erforderlichenfalls einer geeigneten psychologischen Betreuung.

Im Vergleich zur RL 2003/9/EG wurde in Art. 19 Abs. 1 RL 2013/33/EU ein Verweis auf die Behandlung psychischer Störungen mit auf- und damit eine Verbesserung des Inhalts vorgenommen. Art. 19 Abs. 1 RL 2013/33/EU verpflichtet die Mitgliedstaaten, die medizinische Versorgung nur insoweit sicherzustellen, dass eine Notversorgung und die unbedingt erforderliche Behandlung von Krankheiten und schweren psychischen Störungen umfasst sind.[1098] Eine Gleichbehandlung mit Inländer*innen ist indes nicht vorgesehen.[1099] Art. 19 Abs. 1 RL 2013/33/EU ist allen Berechtigten zu gewähren – bei ausreichenden eigenen Mitteln können sie an den Kosten beteiligt werden.[1100]

a. *Erforderliche medizinische Versorgung*

Die erforderliche medizinische Versorgung ist ein unbestimmter Rechtsbegriff, was darunter fällt, geht aus der RL 2013/33/EU nicht hervor. Dafür muss Art. 17 RL 2013/33/EU herangezogen werden. Demnach ist die erforderliche medizinische Versorgung so auszugestalten, dass ein angemessener, menschenwürdiger Lebensstandard auch mit Schutz der physischen und psychischen Gesundheit gewährleistet ist.[1101]

b. *Notversorgung*

Die Notversorgung entspricht zunächst lediglich einer Grund- bzw. Mindestversorgung. Dabei ist auch hier nicht vorgegeben, welchen Umfang diese Notversorgung hat. Mindestens aber muss auch die Notversorgung nach Art, Umfang und Inhalt einen angemessenen Lebensstandard gewährleisten; Art. 17 Abs. 2 RL 2013/33/EU. Dabei müssen die Leistungen für ein menschenwürdiges Leben ausreichen, bei dem die Gesundheit gewährleistet ist.[1102] Deutschland sieht diese Vorgaben durch §§ 4, 6 AsylbLG umgesetzt.[1103]

1098 *Dinter*, NZS 30 (2021), 285–290 (286).

1099 *Janda* in Wollenschläger (Hrsg.), § 25 Zugang zu Sozialleistungen für Drittstaatsangehörige, 1–159 (78).

1100 Vgl. Art. 17 Abs. 3–4 RL 2013/33/EU.

1101 *Kanalan*, VSSR 34 (2016), 161–195 (172).

1102 EuGH Urt. v. 27.2.2014 – C-79/13, Juris (40).

1103 BT-Drs. 18/9009, S. 10.

Die Vorschrift sieht aber zumindest eine Versorgung aller den Vorgaben entsprechenden Erkrankungen voraus[1104] und beschränkt sich nicht nur auf akute Erkrankungen und Schmerzzustände. Menschen mit chronischen Erkrankungen sind aber auf die Ermessensleistungen des § 6 AsylbLG angewiesen, was keine hinreichende Gewährleistung der Vorgaben aus Art. 19 Abs. 1 RL 2013/33/EU ist.[1105]

Leistungen bei Krankheit umfassen dabei eben alle Leistungen, die erforderlich sind, eine Krankheit zu erkennen, zu heilen oder ihre Verschlimmerung zu verhindern,[1106] wobei nicht zwischen physischen und psychischen Erkrankungen unterschieden wird; vgl. Art. 17 Abs. 2 S. 1 RL 2013/33/EU. Die berechtigten Personen haben demnach Anspruch auf erweiterte Leistungen, etwa im Umfang des SGB V, wenn sonst ein menschenwürdiger Lebensstandard nicht gewährleistet ist.[1107]

Dies entspricht auch den weiteren völker- und unionsrechtlichen Vorgaben. So sind die Vorgaben des Art. 12 IPwskR auf Art. 35 GRCh anwendbar, der wiederum bei der Umsetzung von Richtlinien im nationalen Recht beachtet werden muss.[1108] Dabei verletzt die Legislative mit § 4 AsylbLG bereits die Vorgaben aus Art. 35 S. 2 GRCh zur Sicherstellung eines hohen Gesundheitsschutzniveaus, da dies durch den bloßen Zugang zu ärztlicher Behandlung bei akuten Erkrankungen und Schmerzzuständen nicht gewährleistet ist.

5. *Besondere Schutzbedürftigkeit nach Art. 19 Abs. 2 RL 2013/33/EU*

Besonders schutzbedürftige Personen sind nach Art. 21 RL 2013/33/EU insbesondere aber nicht abschließend

> Minderjährige, unbegleitete Minderjährige, Behinderte, ältere Menschen, Schwangere, Alleinerziehende mit minderjährigen Kindern, Opfer des Menschenhandels, Personen

1104 So auch *Schreiber*, ZESAR 9 (2010), 107–112 (108).

1105 Siefert AsylbLG/*Krauß*, § 4 Rn. 7; Grube/Wahrendorf/Flint, SGB XII, Sozialhilfe/*Leopold*, § 4 AsylbLG Rn. 12; *Birk*, info also 33 (2015), 51–53 (51); *Kaltenborn*, NZS 24 (2015), 161–165 (164); *Schreiber*, ZESAR 9 (2010), 107–112 (110 f.); *UNHCR*, Stellungnahme des UNHCR zur Umsetzung der EU- Richtlinie über die Aufnahmebedingungen für Asylbewerber, 2015, S. 9.

1106 Grube/Wahrendorf/Flint, SGB XII, Sozialhilfe/*Hamdorf*, § 48 SGB XII Rn. 18.

1107 So auch *Kanalan*, VSSR 34 (2016), 161–195 (174).

1108 *UNHCR*, UNHCR Annotated Comments to Directive 2013/33/EU of the European Parliament and Council of 26 June 2013 laying down standards for the reception of applicants for international protection (recast), 2015, S. 47.

mit schweren körperlichen Erkrankungen, Personen mit psychischen Störungen und Personen, die Folter, Vergewaltigung oder sonstige schwere Formen psychischer, physischer oder sexueller Gewalt erlitten haben, wie z. B. Opfer der Verstümmelung weiblicher Genitalien.

Auch andere Gruppen wie alleinreisende Frauen oder Menschen mit „anderer" sexueller Orientierung (LSBTTIQ+) können einen besonderen Schutzbedarf haben.[1109] Ihnen soll insbesondere psychologische [sic!] Betreuung, Behandlung und qualifizierte Beratung (Art. 23 Abs. 4, 25 Abs. 1 RL 2013/33/EU) zur Verfügung gestellt werden. Das Betreuungspersonal „muss im Hinblick auf die Bedürfnisse der Personen adäquat ausgebildet sein und sich angemessen fortbilden"; Art. 25 Abs. 2 RL 2013/33/EU.[1110]

a. Feststellung besonderer Schutzbedürftigkeit

Die Aufnahmeländer sind durch Art. 22 RL 2013/33/EU verpflichtet, festzustellen, welche Personen besonders schutzbedürftig sind. Die Art und Weise der Feststellung bleibt ihnen überlassen. Es muss kein Verwaltungsverfahren geben.[1111] Wird eine besondere Schutzbedürftigkeit festgestellt, muss diese während des gesamten Verfahrens des Asylantrag-Prozesses berücksichtigt sowie die sich daraus ergebenden speziellen Bedürfnisse durch die Bereitstellung der erforderlichen Unterstützungsleistungen umgesetzt werden;[1112] es handelt sich um ein zweistufiges Verfahren.[1113] Welcher Art diese speziellen Bedürfnisse sind, wird in der Richtlinie nicht definiert.

aa) Screening-Verfahren in den Bundesländern

Ein einheitliches Konzept zur Feststellung von besonderer Schutzbedürftigkeit, bspw. durch ein qualifizierendes Screening-Verfahren[1114] bundesweit gibt es (deshalb) nicht. Auch im Vergleich der einzelnen Bundesländer lassen sich

---

1109 *Heyden*, et al., Besondere Rechte im Asylverfahren, Informationen für Schutzsuchende mit besonderen Bedürfnissen, 2020, S. 3.

1110 jurisPK-SGB XII/*Frerichs*, § 6 AsylbLG Rn. 28.

1111 Vgl. Art. 20 Abs. 2 RL 2013/33/EU.

1112 Vgl. Art. 21 RL 2013/33/EU i. V. m. Art. 24 RL 2013/32/EU; vgl. *Saborowski*, Asylmagazin 17 (2014), 242–245 (242); *Schuster*, Asylmagazin 17 (2014), 235–241 (238).

1113 *Kanalan*, VSSR 34 (2016), 161–195 (184).

1114 jurisPK-SGB XII/*Frerichs*, § 6 AsylbLG Rn. 29.

keine einheitlichen Konzepte feststellen.[1115] Vielmehr obliegt es den einzelnen Ländern, eigene Verfahren durchzuführen. Es besteht eine Verpflichtung, solche Screenings durchzuführen[1116], weshalb zunächst alle Personen, die in den Aufnahmeeinrichtungen ankommen, dieses Verfahren durchlaufen müssen. Dabei werden sie zwangsläufig einer frühzeitigen Intervention, um physische und psychische Bedarfe festzustellen und zudem bestehende Probleme nicht chronisch werden zu lassen, unterzogen.[1117]

Einige Länder verweisen auf Sprechstunden innerhalb der Einrichtungen oder direkt auf externe Anlaufstellen. Andere Länder haben ein strukturiertes Verfahren entwickelt und weitere Länder haben überhaupt kein landeseinheitliches Konzept implementiert, wie aus Abbildung 6 hervorgeht.

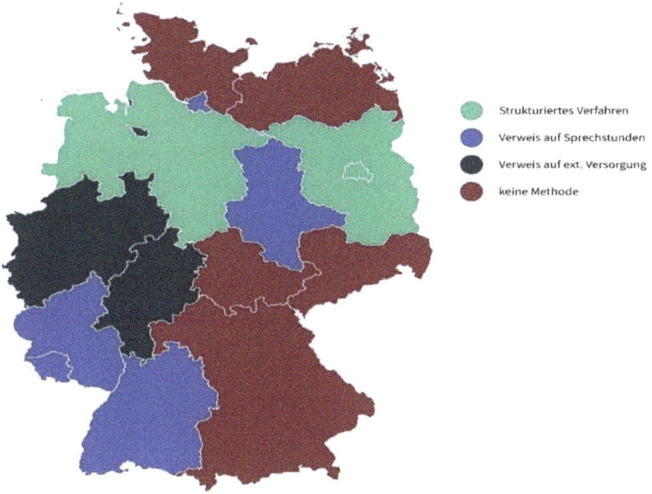

Abbildung 6: Identifizierung besonderer Schutzbedürftigkeit in den Ländern[1118]

1115 Siehe hierzu ausführlich die Studie: *vom Felde*, et al., Identifizierung besonderer Schutzbedürftigkeit am Beispiel von Personen mit Traumafolgestörungen, Status quo in den Bundesländern, Modelle und Herausforderungen, 2020.

1116 *Stubbe Østergaard*, et al., Models of Child Health Appraised, Migrant Children in Europe: Entitlements to Health Care, 2016, S. 13.

1117 BT-Drs. 18/9009, S. 13–14.

1118 *vom Felde*, et al., Identifizierung besonderer Schutzbedürftigkeit am Beispiel von Personen mit Traumafolgestörungen, Status quo in den Bundesländern, Modelle und Herausforderungen, 2020, S. 24.

Bei den strukturierten Verfahren werden die Menschen direkt nach Ankunft in den Erstaufnahmeeinrichtungen mit Informationsmaterialien versorgt und sollen durch die Betreiber*innen und Mitarbeitenden bei möglicher Vulnerabilität direkt an Fachstellen weiterverwiesen werden. Außerdem sollen die zuständigen Behörden über den Schutzbedarf informiert werden.[1119] Durch eine zu späte Identifizierung des Schutzbedürfnisses kann es zu Mängeln im Verfahren und der Gesundheitsversorgung kommen. Es gibt aber auch Faktoren, die dazu führen, dass Menschen nicht als besonders schutzbedürftig erkannt werden, die wiederum aus der eigentlichen Schutzbedürftigkeit selbst hervorgehen. Vor allem dann, wenn Misstrauen, aktuelle Stresssituationen und ein mangelhaftes Sicherheitsempfinden dazu führen, dass die Menschen die Angebote nicht wahrnehmen (können). Merkmale wie die Qualifikation und Sensibilisierung aller involvierten Personen, die Schaffung von vertrauensvoller Umgebung und das Timing der Screenings müssen in den entsprechenden Konzepten demnach Berücksichtigung finden.[1120] Diese Screenings sind wichtig, denn die Erlebnisse haben Auswirkungen auf die Asyl- und Integrationsprozesse und können diese gleichzeitig weiter verschärfen.[1121] Ein mangelhaftes oder fehlendes Screening führt dazu, dass psychische Auffälligkeiten erst spät erkannt und behandelt werden können und so auch Einfluss auf z. B. das Asylverfahren haben.[1122] Einheitliche Schutzkonzepte wären hier vor allem im Hinblick auf die sekundäre Prävention am wirksamsten und könnten den größtmöglichen Erfolg generieren. Wenn bestimmte Bundesländer kein strukturiertes Verfahren zur Identifizierung besonderer Bedarfe etabliert haben, ist dies ein Verstoß gegen die Vorgaben der RL 2013/33/EU.

1119 Abgeordnetenhaus Berlin-Drs. 17/16207.

1120 *Tambini Stollwerck*, et al. in Heuser/Junghans/Kluth (Hrsg.), Kommentar: Welche psychologischen Hindernisse erschweren die Identifizierung von Betroffenen von Menschenhandel in Erstaufnahme- und Registrierungsstellen für Schutzsuchende?, 167–171 (169–171).

1121 So z. B. auch *Hettich*, et al., Adolescent Res Rev 5 (2020), 99–114 (110); *Jakobsen*, et al., Clin Pract Epidemiol Ment Health 10 (2014), 53–58; *Leuzinger-Bohleber*, et al., Int J Appl Psychoanal Studies 15 (2018), 151–173; *Marshall*, et al., Can. Psychol. 57 (2016), 308–319.

1122 *Nagel*, et al., Auswirkungen des Zustroms von Asylbewerbern auf die gesundheitliche Versorgung in Bayern, 2018, S. 240.

bb) Unterbringung

Da die Unterbringung in Aufnahmeeinrichtungen den Bundesländern obliegt, müssen diese nach Auffassung der Bundesregierung[1123] Konzepte entwickeln, wie die besondere Vulnerabilität dort festgestellt und gewahrt werden kann,[1124] z. B. durch sogenannte „(Gewalt-)Schutzkonzepte“[1125]. Die Form der Unterbringung, z. B. die separate Unterbringung von Alleinerziehenden, muss bundeseinheitlich innerhalb der Aufnahmeeinrichtungen erfolgen, wobei § 44 Abs. 2a AsylG[1126] nochmals gesondert den Schutz von Frauen und schutzbedürftigen Personen in Aufnahmeeinrichtungen vorgibt und durch die teilweise Umsetzung der RL 2013/33/EU ins nationale Recht eingeführt worden ist.[1127] Wegen der unkonkreten Ausgestaltung dieser Norm lassen sich keinerlei Ansprüche gegen die Länder daraus ableiten.[1128] Es wird auch durch Initiativen wie die der AnkER-Zentren auf zentrale Unterbringung in Landeseinrichtungen abgestellt, in denen Schutzkonzepte Anwendung finden sollen.[1129]

cc) Anhörung

Zudem muss im Rahmen der Anhörung die Schutzbedürftigkeit berücksichtigt werden, wobei die Anhörer*innen besonders geeignet dafür sein müssen.[1130] Außerdem muss den besonderen Bedarfen Schutzbedürftiger Rechnung getragen werden – in Form von Sonderbeauftragten für Folteropfer und Traumatisierte innerhalb der Einrichtung oder auch durch die geschlechtersensible Wahl der anhörenden und sprachmittelnden Personen.[1131] Problematisch hierbei ist auch die Verteilung verschiedener Kompetenzen zwischen Bund und Ländern. So sind die Länder wie ausgeführt für die Unterbringung verantwortlich, wohingegen die Anhörung durch das BAMF erfolgt. Von den Einrichtungen können auf Grundlage des § 8 Abs. 1b AsylG Informationen über körperliche,

---

1123 BT-Drs. 19/11666, S. 4.

1124 Siehe hierzu auch *UNICEF Deutschland,* Gewaltschutz in Unterkünften für geflüchtete Menschen, 2020.

1125 *dass.,* Gewaltschutz in Unterkünften für geflüchtete Menschen, 2020, S. 30–31.

1126 Vgl. § 53 Abs. 3 AsylG für die kommunale Anschlussunterbringung.

1127 Geordnete-Rückkehr-Gesetz v. 15.08.2019, BGBl. 2019 Teil I Nr. 31, 1294–1306; BT-Drs. 19/10047, S. 45.

1128 Bergmann/Dienelt, Ausländerrecht/*Bergmann*, § 44 AsylG Rn. 2.

1129 *Junghans* in Heuser/Junghans/Kluth (Hrsg.), Schutzbedürftige Personen im Aufnahmeverfahren der Länder, 77–135 (78).

1130 Vgl. Art. 15 Abs. 3 lit. a) RL 2013/32/EU.

1131 BT-Drs. 19/11666, S. 4.

seelische, geistige oder Sinnesbeeinträchtigungen der geflüchteten Menschen an das BAMF zur Verfahrensbegleitung gesendet werden. Hier können auch Informationen über (die) Vulnerabilität(en) weitergeleitet werden, die dann im Rahmen der Antragstellung und Anhörung berücksichtigt werden.[1132] Es wird eine spezielle Schulung für alle am Anhörungsverfahren beteiligten Personen durchgeführt, die z. B. den Einfluss von Traumata auf die Anhörungsfähigkeit sowie schwierige Gesprächssituationen vermittelt. Anhörer*innen werden ebenfalls in der sogenannten Dialogical Communication Method (DCM) geschult. Diese norwegische Methode, zu der es bisher keine in Deutsch zugängliche Version oder Literatur gibt, wird dort allerdings vorrangig in der Kinder- und Jugendhilfe verwendet und als „Methode für professionelle Kindergespräche“[1133] bezeichnet. Die Ausbildung dauert üblicherweise ein Jahr und eine andere Verwendung als für den Umgang mit Kindern ist bisher nicht bekannt. Zudem erhalten die Sonderbeauftragten für Traumatisierte und Folteropfer weitere Aufbauschulungen zur zielgruppengerechten Arbeit nach europäischen Vorgaben.[1134] Die Sonderbeauftragten für Traumatisierte und Folteropfer werden hinzugezogen, wenn eine Person im Anhörungsverfahren von den Anhörer*innen als traumatisiert oder psychisch erkrankt identifiziert wurde. Die Anhörungsfähigkeit wird gegebenenfalls überprüft und eine medizinische Untersuchung oder Fachbegutachtung kann in Auftrag gegeben werden.[1135] Die Wirksamkeit der Sonderbeauftragten ist jedoch umstritten, vor allem, weil deren Ausbildung und Qualifizierung sowie Unabhängigkeit angezweifelt werden.[1136] Auch zum Ablauf der Anhörungen gibt es immer wieder Vorwürfe, dass diese zu wenig vertrauensvoll sind und so die Aussagen beeinflussen. Die Konstruktion von Widersprüchen, Mutmaßungen und Unterstellungen können vor allem für psychisch Erkrankte Druck erzeugen.[1137] Durch die Identifizierung können

---

1132 BT-Drs. 19/11666, S. 3.

1133 „DCM er en metode for profesjonelle barnesamtaler“, *Dimmen*, et al., Fontene Forskning 10 (2017), 87.

1134 *EASO*, EASO Training Curriculum, 2014.

1135 BT-Drs. 19/11666, S. 4; *Geisweid*, Rechtsmedizin 27 (2017), 245–248.

1136 *Gäbel*, et al., ZKPP 35 (2006), 12–20 (18); *Heuser* in Heuser/Junghans/Kluth (Hrsg.), Die Identifizierung von Vulnerabilitäten im Asylverfahren, 31–76 (58); *vom Felde*, et al., Identifizierung besonderer Schutzbedürftigkeit am Beispiel von Personen mit Traumafolgestörungen, Status quo in den Bundesländern, Modelle und Herausforderungen, 2020, S. 21.

1137 *Ammer*, et al., Krieg und Folter im Asylverfahren, 2013, S. 345; *Kux*, Resonanzen 5 (2017), 44–55 (52).

besondere Bedarfe direkt abgeklärt und so z. B. medizinische Gründe bereits im Asylverfahren berücksichtigt werden. In der Regel entscheiden die für die Leistungsgewährung nach den §§ 10 ff. AsylbLG zuständigen Behörden durch Verwaltungsakt, wer in diesen Schutzbereich fällt.

b. Erforderliche medizinische Hilfe und sonstige Hilfe

Besonders schutzbedürftige Personen sind gem. Art. 19 Abs. 2 RL 2013/33/EU bessergestellt. Die Mitgliedstaaten gewähren ihnen bei der Aufnahme die notwendige medizinische oder sonstige Hilfe, einschließlich erforderlichenfalls einer geeigneten psychologischen Betreuung.[1138] Anzumerken ist hier, dass die deutsche Fassung mit dem Verweis auf geeignete *psychologische* Betreuung nicht ausreichend übersetzt wurde bzw. evtl. Unklarheiten über die unterschiedlichen Begriffe psychologisch, psychiatrisch und psychotherapeutisch bestanden. Die englische Fassung verlangt nach „appropriate mental health care“[1139] und auch die französische „soins de santé mentale appropriés“[1140] und italienische Fassung „appropriate misure di assistenza psichica“[1141] lassen darauf schließen, dass eigentlich alle Arten der Versorgung psychischer Erkrankungen gemeint sind, egal durch welche der anerkannten Berufsgruppen.

Auch hier sind Umfang, Art und Inhalt nicht vorgegeben. Sie bedürfen der Kommission zufolge nach den nationalen Vorschriften und Leistungskatalogen konkretisiert zu werden.[1142] Dabei muss die Leistungsbestimmung unionsrechtskonform sein. Eine unionsrechtskonforme Ausgestaltung der Gesundheitsleistungen wird nicht auf dem Niveau des § 6 Abs. 1 AsylbLG, sondern nach dem

---

1138 *Dinter*, NZS 30 (2021), 285–290 (286 f.).

1139 Directive 2013/33/EU of the European Parliament and of the Council of 26 June 2013 laying down standards for the reception of applicants for international protection Directive 2013/33/EU of the European Parliament and of the Council of 26 June 2013 laying down standards for the reception of applicants for international protection, ABl. L180, 96–116.

1140 Directive 2013/33/UE du Parlement européen et du Conseil du 26 juin 2013 établissant des normes pour l’accueil des personnes demandant la protection internationale, ABl. L180, 96–116.

1141 Direttiva 2013/33/UE del Parlamento europeo e del Consiglio, del 26 giugno 2013, recante norme relative all’accoglienza dei richiedenti protezione internazionale, ABl. L180, 96–116.

1142 *EU*, Vorschlag für eine Richtlinie des Europäischen Parlaments und des Rates zur Festlegung von Mindestnormen für die Aufnahme von Asylbewerbern in den Mitgliedstaaten, COM(2008) 815 endgültig, S. 7–8.

Recht der GKV durch § 264 i. V. m. § 11 Abs. 1 SGB V gemäß § 2 Abs. 1 AsylbLG angenommen.[1143] Auch hier ist die Prävention von Erkrankungen auch psychischer Natur Teil der medizinischen Leistungen. Medizinische Leistungen im Rahmen des Art. 19 Abs. 2 RL 2013/33/EU können erbracht werden, wenn sie nach medizinischer Einschätzung erforderlich sind.[1144] § 6 Abs. 1 AsylbLG stellt hingegen auf die Unerlässlichkeit der Leistung ab, differenziert selbst jedoch zwischen „Erforderlichkeit" bei der Mitwirkungspflicht und „Unerlässlichkeit" zur Sicherung der Gesundheit in Abs. 1 und „erforderlichen" Leistungen zur Gesundheit in Abs. 2. In der Zeit der 18-monatigen Frist des § 2 Abs. 1 AsylbLG ist die entsprechende medizinische Versorgung nicht gewährleistet. Deshalb wird hier eine Anwendung der Leistungen des § 6 Abs. 2 AsylbLG für besonders schutzbedürftige Personen angenommen.[1145] Dies befindet sich grundsätzlich auf dem sozialhilferechtlichen Niveau nach § 48 SGB XII. Der Anspruch auf psychotherapeutische Behandlung richtet sich dann nach § 48 S. 1 SGB XII i. V. m. § 28 Abs. 3 SGB V.[1146]

6. *Einschränkung oder Entziehung von Leistungen*

Die Mitgliedstaaten können bei materiellen Leistungen nach Art. 17 Abs. 5 RL 2013/33/EU, insbesondere wenn sie als Sachleistungen zur Verfügung gestellt werden, die Asylsuchenden weniger günstig behandeln im Vergleich mit eigenen Staatsangehörigen. Dies gilt auch, wenn die Leistungen für eigene Staatsangehörige über das in der Richtlinie garantierte Niveau hinausgehen. Ein Unterschied im Leistungsniveau ist der Gesetzgebung damit eingeräumt.[1147]

Einschränkungen von Leistungen können zur Verhinderung von Missbrauch, z. B. wenn Antragsteller*innen bestimmte, ihnen auferlegte Pflichten nicht erfüllen, unter den abschließenden[1148] Bedingungen des Art. 20 RL 2013/33/EU in begründeten Ausnahmefällen vorgenommen werden. Diese sind in Art. 20 Abs. 1–Abs. 4 RL 2013/33/EU normiert und sind z. B. das unerlaubte Verlassen des bestimmten Aufenthaltsorts, der Verstoß gegen Melde- und Auskunftspflichten

1143 *Greiser*, et al., SGb 65 (2018), 213–221 (215); *Kanalan*, VSSR 34 (2016), 161–195 (185).
1144 *Kanalan*, VSSR 34 (2016), 161–195 (189).
1145 *Greiser*, et al., SGb 65 (2018), 213–221 (220).
1146 jurisPK-SGB V/*Fahlbusch*, § 28 Rn. 57 ff; jurisPK-SGB XII/*Frerichs*, § 6 AsylbLG Rn. 124.
1147 So auch *Janda* in Barwig/Beichel-Benedetti/Brinkmann (Hrsg.), Die Reform des AsylbLG aus verfassungs- und europarechtlicher Sicht, 188–195 (190).
1148 Vgl. EuGH Urt. v. 12.11.2019 – C-233/18, Juris – RS. Haqbin.

oder grobe Verstöße gegen die Vorschriften der Unterbringungszentren und grob gewalttätiges Verhalten. Zweck ist es, den Missbrauch des Aufnahmesystems der Mitgliedstaaten zu verhindern.[1149] Gegenüber besonders schutzbedürftigen Personen besteht eine erhöhte Gewährleistungspflicht hinsichtlich der materiellen Leistungen; Art. 17 Abs. 2, 19 Abs. 2, 21 f. RL 2013/33/EU. Eine Einschränkung der Leistungen für besonders schutzbedürftigen Personen ist daher nicht ohne Weiteres möglich, die Grenzen und Vorgaben dazu finden sich in Art. 20 Abs. 5 RL 2013/33/EU. Es muss eine Einzelfallabwägung vorgenommen werden, die die Situation schutzbedürftiger Personen berücksichtigt. Die Einschränkungen müssen den Verhältnismäßigkeitsgrundsatz beachten und weiterhin einen „würdigen Lebensstandard" für alle Antragsteller*innen gewährleisten.[1150] Auf jeden Fall gewährt werden im Einklang mit Art. 19 RL 2013/33/EU muss der Zugang zur medizinischen Versorgung. Sanktionen bzw. Anspruchseinschränkungen dürfen bei der medizinischen Versorgung nicht greifen, weshalb der Anspruchsausschluss von § 6 AsylbLG bei Leistungseinschränkungen nach § 1a AsylbLG nicht mit dem Unionsrecht vereinbar ist; vgl. Art. 20 Abs. 5 S. 3 RL 2013/33/EU.

7. Bedenken hinsichtlich der Vorgaben der RL 2013/33/EU

a. Fehlendes Screening

Trotz der Vorgaben der RL 2013/33/EU gibt es kein einheitliches Konzept, wobei ein Problem dabei auch die Zuständigkeit der Länder dafür ist. In den Aufnahmeeinrichtungen, in denen es Screenings gibt, basieren diese auch auf ehrenamtlichen oder nicht-staatlichen Projekten. Dabei führt der Mangel an Screenings dazu, dass psychische Auffälligkeiten erst spät erkannt und behandelt werden können und so auch Einfluss auf z. B. das Asylverfahren haben können.

Der Nutzen präventiver Interventionen steht dabei in einem übergeordneten Verhältnis zum Aufwand, der bei richtiger Umsetzung der RL 2013/33/EU ohnehin betrieben werden müsste. Vor allem mit Blick auf die diversen (Sicherheits-)Risiken psychischer Erkrankungen muss dieses auch als Absicherung der Gesellschaft verstanden werden. Auch die individuellen Risiken sind dabei nicht unbeachtlich, denn Stigmatisierung und die erheblichen Beeinträchtigungen in der individuellen Lebensführung können ein gelingendes Leben für mehrere

1149 Richtlinie 2013/33/EU des Europäischen Parlaments und des Rates vom 26. Juni 2013 zur Festlegung von Normen für die Aufnahme von Personen, die internationalen Schutz beantragen (EU-Aufnahmerichtlinie) v. 29.06.2013, ABl. L 180, 96–116, Erwägungsgrund 25.

1150 Siehe hierzu auch *Kanalan*, VerfBlog (2019).

Generationen verhindern. Auch hier sind die ökonomischen Auswirkungen kaum abschätzbar.

Solche Maßnahmen sind dabei nicht ungewöhnlich und in vielen Bereichen bereits gut erprobt, aber für Leistungsberechtigte des AsylbLG gibt es zunächst keine gesetzlichen Maßnahmen zur (nicht-)medizinischen Prävention.

Diese Maßnahmen in Form eines Screenings auf psychische Risikofaktoren und Auffälligkeiten können umgesetzt werden, wenn auch im Sinne der RL 2013/33/EU schnell nach Ankunft ein geeignetes Screening als Zielgruppenorientierte Intervention durchgeführt wird, welche Maßnahmen aus der Psychoedukation sowie Health Literacy berücksichtigt. Dabei müssen die Leistungsberechtigten ohnehin einem Screening unterzogen werden, um besondere Schutzbedarfe zu identifizieren. Dieses Vorgehen würde zudem der Hochrisikostrategie folgen, die gezielt bei Risikoträger*innen ansetzt, bei denen Prävention indiziert ist.

Wie festgestellt ist die Prävention einer psychischen Erkrankung Teil der erforderlichen geeigneten psychiatrisch-psychotherapeutischen Betreuung und muss somit vulnerablen Personen i. S. d. RL 2013/33/EU zugänglich gemacht werden. Mit Blick auf die psychischen Belastungen geflüchteter Menschen ist es wichtig, deren Grundbedürfnisse zu sichern, um dazu beizutragen, dass sie „trotz eines schweren persönlichen Schicksals möglichst keine Behandlungsbedürftigkeit entwickeln“[1151].

Für eine schnelle Umsetzung eignet sich ggf. die Asylverfahrensberatung, die bereits in den Aufnahmeeinrichtungen angeboten wird und in deren Verlauf die Leistungsberechtigten in Gruppen zusammenkommen. Dort können in einem ersten Schritt Informationsmaterialien auch im Sinne der Psychoedukation ausgegeben werden. Diese zielgruppenorientierte Maßnahme ist dabei niedrigschwellig. Dieses Vorgehen hätte zudem den Vorteil, dass das BAMF ohnehin an allen Verfahren beteiligt und in den Aufnahmeeinrichtungen vor Ort ist, außerdem muss die Information über z. B. die Identifizierung von schutzbedürftigen Personen an das BAMF übermittelt werden.

Die Zuständigkeit für die Durchführung der Screenings im Sinne der RL 2013/33/EU liegt zunächst bei den Ländern. Für Sozialleistungen für Asylbewerber*innen, worunter das AsylbLG fällt, ergibt sich die Gesetzgebungskompetenz des Bundes aus Art. 74 Abs. 1 Nr. 7 GG[1152] (öffentliche Fürsorge)

1151 BT-Drs. 18/9009, S. 4.

1152 Sachs/GG/*Degenhart*, Art. 74 Rn. 33; *Deutscher Bundestag*, Verfassungsrechtliche Aspekte der von der Fraktion DIE LINKE. beantragten Asylrechtsreform, Ausarbeitung, WD 3 - 3000 - 177/15, 2015, S. 5.

als konkurrierende Gesetzgebung[1153] und steht unter dem Erforderlichkeitsvorbehalt des Art. 72 Abs. 2 GG für bundesgesetzliche Regelungen zur Herstellung gleichwertiger Lebensverhältnisse im Bundesgebiet und zur Wahrung der Rechts- und Wirtschaftseinheit im gesamtstaatlichen Interesse.[1154] Da sich durch die bisher uneinheitliche Umsetzung vor allem der Vorgaben zum Verfahren, zur Identifizierung besonders schutzbedürftiger Personen und der medizinischen Versorgung nach der RL 2013/33/EU im Bundesgebiet keine einheitlichen Lebensverhältnisse für die Leistungsberechtigten ergeben haben[1155], ist die Gesetzgebungskompetenz eröffnet. Damit könnten die Aufgaben an das BAMF übertragen werden. Dieses lässt wiederum teilweise die Verfahrensberatung bereits jetzt durch Wohlfahrtsverbände erbringen. Da einige Länder den Vorgaben nicht nachkommen, erfüllt der Bund damit nur seine ohnehin bestehenden Pflichten. Diese Aufklärungsarbeit über psychische Erkrankungen könnte auch durch die Wohlfahrtsverbände geleistet werden. Die Betroffenen könnten durch die angebotenen Aufklärungs- und Informationsmaterialien zudem eine erste Einordnung der eigenen Bedürfnisse mit den zur Verfügung stehenden Angeboten vornehmen. Nach der frühen Identifikation von Bedarfen sind dann wiederum niedrigschwellige Versorgungsstrukturen zur kurzfristigen psychosozialen Stabilisierung relevant. Zusätzlich wirken verpflichtende Angebote ggf. auch stigmatisierend, wenn es um mehr als die Abklärung der akuten psychischen Bedarfe geht. Darüber hinaus braucht es erweiterte Versorgungsstrukturen für die mittel- und langfristige Versorgung der Bedarfe. Nur so kann eine angemessene psychische Versorgung garantiert werden. Ein identifizierter möglicher Behandlungsbedarf kann dann durch die Leistungen des SGB V aufgefangen werden.

Resultiert aus der Identifizierung von Schutzbedürfnissen psychische Behandlungsbedürftigkeit auch von Menschen, die nicht als schutzbedürftig eingestuft wurden, wird die Behandlung durch externe Stellen, meist Non-Profit und Non-Governmental- Organisationen, erbracht. Dabei werden durch NGOs zwar unabhängige Leistungen angeboten, die vor allem bei der Beziehungsarbeit

---

1153 BVerfG Beschl. v. 15.9.2005 – 2 BvL 2/05, BeckRS 2005, 31113; Sachs GG/*Degenhart*, Art. 74 Rn. 33; Dürig/Herzog/Scholz/GG/*Uhle*, 95, Art. 74 Rn. 168; BT-Drs. 18/3144, S. 11.

1154 BT-Drs. 19/10052, S. 14.

1155 Zu den uneinheitlichen Verfahren siehe ausführlich *vom Felde*, et al., Identifizierung besonderer Schutzbedürftigkeit am Beispiel von Personen mit Traumafolgestörungen, Status quo in den Bundesländern, Modelle und Herausforderungen, 2020.

vorteilhaft sein können. Andererseits aber sind diese Angebote nicht auf Dauer angelegt und können meist durch einseitige Kündigung wieder entfallen. Die Verantwortung für die auch psychische Gesundheit von geflüchteten Menschen, die der Bund an die Länder abgibt, wird dort meist an Nichtregierungsorganisationen abgegeben. Dabei werden die NGOs aber oft nicht gut unterstützt und müssen sich großen (finanziellen) Problemen stellen, für die sie nicht ausreichende Ressourcen haben.

b. Ungleichbehandlung

Die Ungleichbehandlung von nicht besonders schutzbedürftigen und schutzbedürftigen Asylsuchenden in der RL 2013/33/EU ist nicht akzeptabel. Bereits in Art. 9 IPwskR soll allen Flüchtlingen, Staatenlosen und Asylsuchenden sowie anderen benachteiligten und marginalisierten Personen und Gruppen beim Zugang zu beitragsfreien Systemen der sozialen Sicherheit einschließlich eines angemessenen Zugangs zu Gesundheitsversorgung und Familienunterstützung im Einklang mit internationalen Standards gleiche Behandlung zukommen.[1156] Aber nur besonders schutzbedürftige Personen sind gem. Art. 19 Abs. 2 RL 2013/33/EU bessergestellt. Wie festgestellt gelten die völkerrechtlichen Vorgaben des Art. 12 IPwskR auch für Asylbewerber*innen. Die Union verstößt mit der Ungleichbehandlung von nicht besonders schutzbedürftigen und schutzbedürftigen Asylsuchenden in der RL 2013/33/EU gegen völker- und unionsrechtliche Vorgaben.

c. Ermessensreduzierung in § 6 AsylbLG durch die RL 2013/33/EU

Die Regelung des § 4 AsylbLG enthält keine besonderen Leistungen für vulnerable Personen. Ergeben sich besondere Bedarfe, sind diese unter anderem dadurch gedeckt, dass sich das Ermessen in § 6 Abs. 1 AsylbLG gegebenenfalls auf null reduziert und zu einem gebundenen Anspruch führt.[1157] Daraus ergibt sich, dass für Personen, bei denen ein besonderes Schutzbedürfnis nach der RL 2013/33/EU festgestellt wurde, die erforderliche medizinische oder sonstige Hilfe einschließlich erforderlichenfalls einer geeigneten *psychologischen* Betreuung als Pflichtleistung erbracht wird[1158] und das behördliche Ermessen seit Ablauf der Umsetzungsfrist aufgrund europarechtskonformer Auslegung auf null reduziert

---

1156 *CESCR*, General Comment No. 19: The right to social security (Art. 9 IPwskR), 2008, Rn. 38.

1157 BT-Drs. 19/1620, S. 16.

1158 BeckOK SozR/AsylbLG/*Korff*, § 6 Rn. 2.

ist.[1159] Daraus ergibt sich zudem, dass für Personen, bei denen ein besonderes Schutzbedürfnis nach der RL 2013/33/EU festgestellt wurde, Psychotherapie als Pflichtleistung erbracht wird.[1160] Die Ermessensreduzierung umfasst auch eine frühzeitige Intervention, um physische und psychische Bedarfe festzustellen und zudem bestehende Probleme nicht chronisch werden zu lassen.[1161] Diese Ermessensreduzierung auf null genügt den Geboten der Rechtssicherheit und der Sicherstellung einer effektiven Anwendung der Richtlinie jedoch nicht.[1162]

Es besteht abgesehen davon große Unkenntnis über die Ermessensreduzierung, weshalb die meisten Betroffenen in Aufnahmeeinrichtungen weiterhin in oder durch PSZ versorgt werden. An manchen Stellen gibt es auch Kooperationen zwischen den Aufnahmeeinrichtungen und den PSZ im Rahmen der Schutzkonzepte.[1163] Hier zeigt sich, dass die Erfüllung staatlicher Aufgaben an NGOs abgegeben wird, die dann ohne ausreichende Finanzierung und damit verbundener Zukunftssicherung die Verantwortung tragen. Dabei wird vor allem in Aufnahmeeinrichtungen die gesundheitliche Versorgung durch externe Akteur*innen abgedeckt.[1164] Die Standards der RL 2013/33/EU zur besonderen Versorgung von vulnerablen Personen werden nicht eingehalten und das Menschenrecht auf Gesundheit nicht gewahrt.[1165]

d. Umsetzung im nationalen Recht

Die Umsetzungsfrist für die RL 2013/33/EU in nationales Recht ist am 20.07.2015 abgelaufen. Nach Auffassung der Kommission wurde die RL 2013/33/EU in Deutschland nicht ausreichend umgesetzt bzw. blieben Informationen über die nationalen Umsetzungsmaßnahmen in Deutschland gegenüber der Kommission aus.[1166] Anfänglich wurde die verspätete Umsetzung mit den

1159 BT-Drs. 18/9009, S. 3.

1160 BeckOK SozR/AsylbLG/*Korff*, § 6 Rn. 2.

1161 BT-Drs. 18/9009, S. 3.

1162 Vgl. zur RL 2003/9/EG auch *Schreiber*, ZESAR 9 (2010), 107–112 (111); eine ausführliche Prüfung der Aufnahme-RL 2013/33/EU bei *Lemmer*, Rechtliche Aspekte der psychiatrischen und psychotherapeutischen Versorgung von Geflüchteten in Deutschland, 2017, S. 17.

1163 *Gladow* in Gladow (Hrsg.), Förderung des Aufbaus Psychosozialer Zentren für Geflüchtete, 2.5.8.

1164 *Wahedi*, et al., Bundesgesundheitsbl 63 (2020), 1460–1469 (1462).

1165 *Zenker*, et al., Dtsch Arztebl 117 (2020), A-70 / B-64 / C-62.

1166 Umsetzung des Gemeinsamen Europäischen Asylsystems: EU-Kommission geht in neun Fällen zur nächsten Verfahrensstufe über (IP-16-270_DE) v. 10.02.2016.

„großen Herausforderungen durch den starken und anhaltenden Anstieg des Asylbewerberzugangs in Deutschland" begründet, weshalb „sich Verzögerungen im Umsetzungsprozess leider nicht vermeiden lassen."[1167] Fortan wurde aber die Auffassung vertreten, die Vorgaben der RL 2013/33/EU seien durch die Öffnungsklausel in § 6 Abs. 1 AsylbLG erfüllt.[1168] Das durch die Kommission eingeleitete Vertragsverletzungsverfahren deutete auf eine weiterhin ungenügende Umsetzung hin.[1169] Die Entscheidung, 2019, mehr als drei Jahre nach Start der Prüfung, die beiden Verfahren gegen Deutschland bezüglich der RL 2013/33/EU und der RL 2013/32/EU einzustellen[1170], erging ohne weitere Erklärung. Deutschland bezieht sich darauf, dass „die medizinische Versorgung durch die Länder, das nationale Asylverfahrensrecht und die Praxis des Bundesamtes (...) den Vorgaben des europäischen Rechts [entsprechend]"[1171] sind. Aus dem Ablauf der Umsetzungsfrist ergibt sich eine unmittelbare Anwendbarkeit der RL 2013/33/EU, wonach Gerichte und nationale Behörden auf allen Ebenen die betreffenden Richtlinienbestimmungen als geltendes Recht zu beachten haben. Sie sind also von Amts wegen von Verwaltungen und Gerichten zu beachten. Nach den Anwendungshinweisen des rheinland-pfälzischen Familienministeriums ist die Richtlinie aufgrund fehlender Umsetzung unmittelbar anwendbar.[1172]

IV. Erkenntnisse aus dem Unionsrecht

Die Bedeutung der Gesundheit und somit auch deren Erhaltung durch präventive Angebote sind auf sämtlichen Ebenen unumstritten. Allerdings entfalten Menschenrechte erst dann ihre Wirkung, wenn sie auf allen Ebenen durchsetzbar sind. Deshalb muss die Behandlung von geflüchteten Menschen in den Mitgliedstaaten der EU im Einklang mit der GRCh, der GFK und auch der EMRK stehen.

1167 Plenarprotokoll 18/129, S. 12548.

1168 BT-Drs. 18/9009, S. 10; BT-Drs. 18/6533, S. 106.

1169 Siehe zur mangelhaften Umsetzung auch *Junghans* in Heuser/Junghans/Kluth (Hrsg.), Schutzbedürftige Personen im Aufnahmeverfahren der Länder, 77–135 (78).

1170 *Abele*, Vertragsverletzungsverfahren im Oktober.

1171 BT-Drs. 19/11666, S. 4.

1172 *MFFJIV RLP*, Rundschreiben zur Umsetzung des Asylbewerberleistungsgesetzes (AsylbLG) nach Inkrafttreten des Zweiten Gesetzes zur besseren Durchsetzung der Ausreisepflicht („Geordnete-Rückkehr-Gesetz"), Az.: 78 008-00001/2019-001, 2019/034844, 2019.

Die direkten Auswirkungen des AEUV auf die Gesundheitsversorgung der AsylbLG-Begünstigten sind gering, da der AEUV abstrakte Rechte und keine individuellen Ansprüche begründet. Gleichwohl ist die verhältnismäßige bzw. gerechte Behandlung von Drittstaatsangehörigen in den Mitgliedstaaten, zu denen auch AsylbLG-Begünstigte gehören, besonders wichtig. Es gibt keine Antwort darauf, wie „gerecht" der Zugang zur Gesundheitsversorgung für die Begünstigten des AsylbLG ist.[1173] Zweifelsohne hat die EU eine soziale Dimension, die nicht an ihren Grenzen endet.[1174] In jedem Fall müssen die grundlegenden Rechtsstandards der GRCh beachtet werden. Aber auch in der GRCh findet sich kein Anknüpfungspunkt für ein eigenständiges (Menschen-)Recht auf Gesundheit. Allerdings beinhaltet Art. 35 GRCh das Recht auf Gesundheitsvorsorge in Form von Prävention. Die Vorgaben entsprechen inhaltlich in etwa Art. 12 IPwskR. Der Zugang zu dem Recht aus Art. 35 S. 1 GRCh ist jedoch von den Vorgaben der Mitgliedstaaten abhängig, da die Union in diesem Bereich keine eigenen Kompetenzen hat. Lediglich der in Art. 35 S. 2 GRCh an Art. 168 AEUV angelehnte Schutzauftrag zur Sicherstellung eines hohen Gesundheitsschutzniveaus verpflichtet die Union. Diese Verpflichtung muss auch bei der Umsetzung der Vorgaben der RL 2013/33/EU in den Mitgliedstaaten beachtet werden. Dabei ist ihre Umsetzung in Deutschland nicht unionsrechtskonform. Dies zeigt sich bei der in Art. 19 RL 2013/33/EU geforderten Notfallversorgung, die in Deutschland durch § 4 AsylbLG zunächst nur die Behandlung von akuten Erkrankungen und Schmerzzuständen erfasst, wobei der Ausschluss von chronischen Erkrankungen, zu denen auch psychische Erkrankungen gezählt werden, damit nicht vereinbar ist. Die geforderten Leistungen müssen mehr als das umfassen, insbesondere auch die frühe Erkennung und Verhinderung von Erkrankungen. Auch hier sind die Ermessensleistungen des § 6 Abs. 1 AsylbLG nicht geeignet, einen menschenwürdigen Lebensstandard zu gewährleisten, selbst wenn das Ermessen auf null reduziert ist. Die erforderliche Behandlung für vulnerable Personen ist in Deutschland in § 6 Abs. 1 AsylbLG im nationalen Recht konkretisiert. Dabei ist der Maßstab gerade nicht durch das AsylbLG abgedeckt, sondern eher auf dem Niveau des SGB V anzusiedeln. Durch die Anwendung des § 6 Abs. 2 AsylbLG kann hier eine richtlinienkonforme Anwendung der RL 2013/33/EU erreicht werden, denn dessen Schutzniveau entspricht dem des SGB V. Ein hohes Gesundheitsschutzniveau ist damit nicht sichergestellt. Ebenso sind die Vorgaben zur Identifizierung besonders schutzbedürftiger Personen nicht ausreichend

---

1173 *Brinkmann*, EU-Migrationsrecht für Drittstaatsangehörige.

1174 *Schumacher*, ZESAR 10 (2011), 368–373 (372).

umgesetzt, vor allem in den Bundesländern, in denen es kein Verfahren dazu gibt und lediglich auf externe Strukturen verwiesen wird.

Trotz der Vorgaben der RL 2013/33/EU gibt es kein einheitliches Konzept, wobei ein Problem auch die Zuständigkeit der Länder dafür ist. In den Aufnahmeeinrichtungen, in denen es Screenings gibt, basieren diese auch auf ehrenamtlichen oder nicht-staatlichen Projekten. Dabei führt der Mangel an Screenings dazu, dass psychische Auffälligkeiten erst spät erkannt und behandelt werden können und so auch Einfluss auf z. B. das Asylverfahren haben können.

Viele der unionsrechtlichen Vorgaben sind gehaltvoll und können größtenteils auch zu einer besseren Versorgung von geflüchteten Menschen beitragen, aber im Bereich des Zugangs zum Gesundheitssystem und vor allem zu präventiven Leistungen sind weitreichende Mängel zu beanstanden.

C. Verfassungsrechtliche Vorgaben

Ein eigenständiges Recht auf Gesundheit wird im Grundgesetz zunächst nicht ersichtlich.[1175] Der Parlamentarische Rat folgte nicht der WHO-Definition von Gesundheit[1176], sodass zwar ein Recht auf Gesundheit als Bestandteil des Grundgesetzes 1948/49 diskutiert,[1177] jedoch nicht aufgenommen wurde. Versuche, dem Grundgesetz ein direktes Recht auf Gesundheit zu entnehmen, sind in der Vergangenheit mehrfach gescheitert.[1178] Der Begriff Gesundheit nimmt oft nur eine Nebenrolle ein, wie z. B. in den Art. 11 Abs. 2, 13 Abs. 7 oder 104 Abs. 1 S. 2 GG. Eine eigens aufgeführte Gewährung des Rechts auf Gesundheit sowie der gesundheitlichen Versorgung gibt es nicht. Vor allem die Gewährung von Gesundheitsversorgung außerhalb der Mitgliedschaft in einer Krankenversicherung ist grundrechtlich zunächst nicht wörtlich gewährleistet.[1179]

Im Folgenden werden verschiedene Artikel und Rechte des GG genauer beleuchtet und auf einen Gehalt bezüglich psychiatrisch-psychotherapeutischer Versorgung bzw. präventiver Leistungen zur Verhinderung dieses

1175 Weder Art. 1 Abs. 1 GG noch Art. 2 Abs. 2 S. 1 GG begründen ein Grundrecht des Einzelnen auf gesetzliche Regelung von Ansprüchen auf angemessene Versorgung durch den Staat: BVerfGE 1, 97–108 (104) – Hinterbliebenenrente.

1176 Zur WHO-Definition von Gesundheit ab S. 72.

1177 Dürig/Herzog/Scholz/GG/*Di Fabio*, 95, Art. 2 Rn. 57.

1178 *Jung, E.*, Das Recht auf Gesundheit, 1982; *Seewald*, Gesundheit als Grundrecht, 1982; *Seewald*, Zum Verfassungsrecht auf Gesundheit, 1981.

1179 *Zwermann-Milstein*, Grund und Grenzen einer verfassungsrechtlich gebotenen gesundheitlichen Mindestversorgung, 2015, S. 31.

Versorgungsbedarfs für Leistungsberechtigte des AsylbLG hin untersucht. Keine eigene Anwendung für diese Fragestellung findet das Verbot seelischer und körperlicher Misshandlung nach Art. 104 Abs. 1 S. 2 GG, da sich dieses Gebot und die daraus abgeleiteten Ansprüche lediglich auf die konkrete seelische und körperliche Misshandlung während einer Freiheitsentziehung beziehen. Das Recht auf ein menschenwürdiges Existenzminimum gewährt eine Mindestversorgung mit Gesundheitsversorgung. Für die Beurteilung von Gesundheitsleistungen bildet das Menschenrecht auf Schutz des Lebens und der körperlichen Unversehrtheit in Art. 2 Abs. 2 GG den Prüfungsmaßstab. Ungleichbehandlungen für bestimmte Personengruppen bedürfen dann im Hinblick auf Art. 3 Abs. 1 GG sachlicher Rechtfertigung

I. Sozialstaatsprinzip

Das Grundgesetz kennzeichnet die Bundesrepublik Deutschland als demokratischen und sozialen Bundesstaat (Art. 20 Abs. 1 GG) und als sozialen Rechtsstaat (Art. 28 Abs. 1 GG).[1180] Das Sozialstaatsprinzip[1181] ist ein Staatsstrukturprinzip und Staatsziel[1182], welches auf die Herstellung sozialer Gerechtigkeit und sozialer Sicherheit im Rahmen der rechtsstaatlichen Ordnung gerichtet ist. Das Sozialstaatsprinzip trägt damit der Wertordnung des Grundgesetzes Rechnung, indem die staatliche Gemeinschaft Lasten einzelner Bürger*innen mitträgt. Dies trifft z. B. im Falle von Krankheit durch die solidarisch finanzierte Krankenversicherung zu.[1183] Als Staatszielbestimmung erwachsen zunächst keine unmittelbar gerichtlich geltenden Leistungsansprüche im Sinne von subjektiven Rechten.[1184] Deshalb lassen sich aus dem Sozialstaatsprinzip allein keine konkreten Verpflichtungen herleiten;[1185] anders kann sich dies darstellen, wenn der Sozialstaatsgrundsatz zusammen mit Grundrechten zum Tragen kommt.[1186] Es

---

1180 *Kingreen*, et al., Grundrechte Staatsrecht 2, 2020, Rn. 90.

1181 Teilweise auch Sozialstaatsgebot, Sozialstaatspostulat, Sozialstaatsgrundsatz.

1182 So auch *Landau* in Schumpelick (Hrsg.), Gesundheit als Staatsziel?, 589–602 (594).

1183 BVerfGE 27, 253–294 (283) – Besatzungsschäden, Kriegsfolgeschäden.

1184 BVerfGE 82, 60–105 (80); 27, 253–294 (283) – Besatzungsschäden, Kriegsfolgeschäden; Dürig/Herzog/Scholz/GG/*Grzeszick*, 95, Art. 20 (VIII. Die Sozialstaatlichkeit) Rn. 19; Dreier/GG/*Wittreck*, Art. 20 (Sozialstaat) Rn. 40.

1185 BVerfGE 110, 412–446 (445) – Teilkindergeld; 94, 241–267 – Kindererziehungszeiten; 82, 60–105 (80); 41, 193–204; 39, 302–316 (315) – Grundrechtsfähigkeit der AOK; 27, 253–294 (283) – Besatzungsschäden, Kriegsfolgeschäden.

1186 Jarass/Pieroth/GG/*Jarass*, Art. 20 Rn. 154, 167.

erfordert objektiv, dass der Staat im Rahmen des Möglichen handelt, um dieses Ziel zu erreichen; es bestehen also Gestaltungs- und Handlungsspielräume bei den Fragen, ob und welche (Sozial-)Leistungen die Gesetzgebung und die Exekutive für Bürger*innen vorsehen und wie diese ausgestaltet werden. Das liegt vor allem an der großen Unbestimmtheit des Sozialstaatsprinzips, welches einer starken Konkretisierung[1187] durch die Legislative bedarf.

1. Gehalt des Sozialstaatsprinzips

Verpflichtete des Sozialstaatsprinzips sind die Gesetzgebung, die vollziehende Gewalt und die Rechtsprechung.[1188] Begünstigte sind natürliche Personen,[1189] wobei auch Ausländer*innen geschützt sind, die in der Bundesrepublik leben.[1190] Das erstreckt sich auch explizit auf Leistungsberechtigte des AsylbLG.[1191]

Staatszielbestimmungen sind nicht abschließend definiert und damit entwicklungsoffen, da das Sozialstaatsprinzip „auf immer neue soziale Wirklichkeiten reagieren muss."[1192] Wesentliches Element des Sozialstaatsprinzips ist es, Schutz und Fürsorge für Hilfebedürftige und sozial schwache Personen zu bieten. Dabei sind verschiedene Elemente bedeutsam. Zunächst muss ein menschenwürdiges Dasein möglich sein.[1193] Dafür ist die Sicherung des menschenwürdigen Existenzminimums durch das Sozialstaatsprinzip aus Art. 20 Abs. 1 i. V. m. Art. 1 Abs. 1 GG[1194] teilweise unter Verweis auf Art. 3 Abs. 1[1195] GG von größter Bedeutung. Ein menschenwürdiges Dasein folgt auch durch soziale Sicherheit, welche Absicherung gegen die „Wechselfälle des Lebens"[1196] in

---

1187 BVerfGE 71, 66–80 (80); 65, 182–195 (193).

1188 Jarass/Pieroth/GG/*Jarass*, Art. 20 Rn. 155; Dreier/GG/*Wittreck*, Art. 20 (Sozialstaat) Rn. 37.

1189 BVerfGE 41, 126–193 (183); 35, 348–363 (355 f.); Jarass/Pieroth/GG/*Jarass*, Art. 20 Rn. 163; Dreier/GG/*Wittreck*, Art. 20 (Sozialstaat) Rn. 38.

1190 BVerfGE 51, 1–43 (27 f.); BSGE 84, 253–258 (257); Jarass/Pieroth/GG/*Jarass*, Art. 1 Rn. 44; Jarass/Pieroth/GG/*Jarass*, Art. 20 Rn. 163.

1191 BVerfGE 132, 134–179 (LS. 2, 172 f.) – Asylbewerberleistungsgesetz.

1192 von Münch/Kunig GG/*Kotzur*, Art. 20 Rn. 82.

1193 Jarass/Pieroth/GG/*Jarass*, Art. 20 Rn. 156; von Münch/Kunig GG/*Kotzur*, Art. 20 Rn. 83.

1194 Grundlegend BVerfGE 82, 60–105 (85); BVerwG Urt. v. 12.10.1989 – 2 C 24.88, BeckRS 1989, 30422156; BVerwGE 52, 339–353 (346); von Münch/Kunig GG/*Kotzur*, Art. 20 Rn. 83.

1195 Etwa BVerfGE 82, 60–105 (85 f.); 78, 104–123 (117 ff.); von Münch/Kunig GG/*Kotzur*, Art. 20 Rn. 83; siehe auch *Arndt*, et al., AöR 118 (1993), 513–590.

1196 BVerfGE 28, 324–363 (348 ff.).

Form von Alter, Krankheit, Arbeitslosigkeit, Invalidität, Unfall oder Pflegebedürftigkeit bieten soll. Das umfasst in Deutschland die sozialen Sicherungssysteme. Teil der Fürsorge ist auch die soziale Gerechtigkeit durch die Schaffung von Infrastruktur, wie hier durch Sozialhilfe und Sozialversicherungen, zur Ermöglichung sozialer Sicherheit bzw. Förderung von Chancengleichheit. Dies erstreckt sich auch auf juristische Bereiche wie z. B. Arbeits- und Mietrecht.[1197] Im Sinne der Bewältigung der Kriegsfolgen sind auch Wiedergutmachung und Schadensausgleich vom Sozialstaatsprinzip getragen.[1198] Insgesamt umfasst das Sozialstaatsprinzip also die Gewährleistung eines Grundstandards an sozialer Sicherheit und sozialer Gerechtigkeit. Der Staat muss für alle Bürger*innen die erforderlichen Leistungen für eine angemessene wirtschaftliche und kulturelle Existenz bereitstellen.

Die Umsetzung der inhaltlichen Ziele kann auch eine Eingriffslegitimation zur Verwirklichung sozialpolitischer Ziele sein. Beispiele dafür wären ein Eingriff in die Grundrechte von Unternehmenseigentümer*innen zur Verwirklichung der betrieblichen Mitbestimmung oder wenn Abgaben der Höhe des Einkommens nach gestaffelt[1199] werden. Hier ist das Sozialstaatsprinzip nicht verpflichtend, sondern ermächtigt gar zur erforderlichen Freiheitsbeschränkung.[1200] Begrenzt wird der Spielraum der Gesetzgebung hier vor allem durch die „konjunkturabhängige wechselnde finanzielle Leistungsfähigkeit des Staates“,[1201] die oft von Steuern und sonstigen Beiträgen abhängt.[1202] Dabei sind das Renten- und Krankenversicherungssystem besonders von Kostensteigerungen betroffen.[1203]

2. Konkretisierung durch weiteres Verfassungsrecht

a. Konkretisierung

Dem Sozialstaatsprinzip können Bürger*innen ohne eine normative Anbindung und Konkretisierung keine subjektiven Rechte gegenüber dem Staat auf ein bestimmtes Verhalten oder eine bestimmte soziale Leistung entnehmen.[1204] Die

---

1197 BeckOK/GG/*Huster*/*Rux*, Art. 20 Rn. 212.

1198 Dreier/GG/*Wittreck*, Art. 20 (Sozialstaat) Rn. 34.

1199 Hier das Sozialstaatsprinzip als sachlicher Differenzierungsgrund i. S. v. Art. 3 Abs. 1 GG.

1200 BVerfGE 114, 196–257 (248); BeckOK/GG/*Huster*/*Rux*, Art. 20 Rn. 241.

1201 von Mangoldt/Klein/Starck, GG/*Sommermann*, Art. 20 Rn. 117.

1202 *Morlok*, et al., Staatsorganisationsrecht, 2018, S. 194.

1203 *Stern*, Das Staatsrecht der Bundesrepublik Deutschland, 1984, S. 918 ff.

1204 BVerfGE 110, 412–446 (445) – Teilkindergeld; 94, 241–267 (263) – Kindererziehungszeiten; 82, 60–105 (80); 41, 126–193 (153 f.); 39, 302–316 (315) – Grundrechtsfähigkeit

Wirkung, ggf. auch Einschränkung entfaltet sich erst in Verbindung mit anderen Normen, insbesondere des Verfassungsrechts. Dabei strebt der Staat in diesen Rechten das Ziel der Sozialstaatlichkeit an.[1205] Das Sozialstaatsprinzip interagiert aber auch mit subjektiven Rechten der Bürger*innen[1206] oder diese „müssen im Licht des Sozialstaatsgebotes verstanden, ausgelegt und angewendet werden".[1207] Leistungsrechte lassen sich den Grundrechten aber meist auch nicht durch den Einfluss des Sozialstaatsprinzips entnehmen.[1208] Doch aus dem Sozialstaatsprinzip in Verbindung mit der Menschenwürdegarantie aus Art. 1 Abs. 1 GG ergibt sich ein Anspruch auf Gewährleistung eines menschenwürdigen Existenzminimums.[1209] Das BVerfG greift oftmals auf das Sozialstaatsprinzip zurück, wenn Gewicht und Inhalt eines Grundrechts verstärkt werden müssen.[1210]

b. Gesundheitliche Konkretisierung

Das Sozialstaatsprinzip ist in Bezug auf die Gesundheitsversorgung vor allem dann relevant, wenn es um die Festsetzung der Mindestvoraussetzungen des Gehalts des menschenwürdigen Daseins[1211]

---

der AOK; 27, 253–294 (283) – Besatzungsschäden, Kriegsfolgeschäden; Dürig/Herzog/Scholz/GG/*Grzeszick*, 95, Art. 20 (VIII. Die Sozialstaatlichkeit) Rn. 19; *Lenze* in Masuch/Spellbrink/Becker, U., et al. (Hrsg.), Armut und Unterversorgung aus rechtswissenschaftlicher Sicht: Das menschenwürdige Existenzminimum als wichtigste Konstruktionslinie des Sozial-, Steuer- und Unterhaltsrechts, 409–440 (413).

1205 Dürig/Herzog/Scholz/GG/*Grzeszick*, 95, Art. 20 (VIII. Die Sozialstaatlichkeit) Rn. 20; Isensee/Kirchhoff/Bd. II/*Zacher*, § 28 Das soziale Staatsziel Rn. 122.

1206 BVerfGE 59, 231–274 (263); Dürig/Herzog/Scholz/GG/*Grzeszick*, 95, Art. 20 (VIII. Die Sozialstaatlichkeit) Rn. 20.

1207 BVerfGE 65, 182–195 (193); 35, 202–245 (235 f.) – Lebach; 1, 97–108 (105) – Hinterbliebenenrente; BVerwG Urt. v. 3.5.1973 – I C 35/72, NJW 26, 2170–2172 (2172) – Aufenthaltserlaubnis zur Kinderbetreuung in ausländischer Arbeitnehmerfamilie; BVerwG Urt. v. 22.9.1967 – VII C 71/66, NJW 21, 613–614 (614); BVerwGE 1, 159–163 (161); Dürig/Herzog/Scholz/GG/*Grzeszick*, 95, Art. 20 (VIII. Die Sozialstaatlichkeit) Rn. 20.

1208 BVerfGE 82, 60–105 (80); Jarass/Pieroth/GG/*Jarass*, Art. 20 Rn. 167; *Robbers* in Herdegen/Klein/Papier, et al. (Hrsg.), Republik, 379–397.

1209 So auch bei Dürig/Herzog/Scholz/GG/*Grzeszick*, 95, Art. 20 (VIII. Die Sozialstaatlichkeit) Rn. 22; Jarass/Pieroth/GG/*Jarass*, Art. 20 Rn. 167 mit weiteren Leistungsrechten.

1210 So auch *Landau* in Schumpelick (Hrsg.), Gesundheit als Staatsziel?, 589–602 (594); *Pestalozza*, Bundesgesundheitsbl 50 (2007), 1113–1118 (1117).

1211 BVerfGE 82, 60–105 (80).

geht.[1212] Auch hier sind die neuen sozialen Wirklichkeiten und Entwicklungen relevant, die das Niveau des Umfangs der Bedarfe für ein menschenwürdiges Dasein bestimmen. Wird also z. B. der Leistungskatalog der GKV künftig erweitert, steigt der Bedarf für ein menschenwürdiges Dasein in der Gesellschaft wird er hingegen eingeschränkt, hat auch dies Auswirkungen darauf.[1213] Das Sozialstaatsprinzip stellt dem Staat zwar die Aufgabe zur Sicherung des menschenwürdigen Daseins, sagt aber nichts darüber, wie also mit welchen Mitteln diese Aufgabe im Einzelnen zu verwirklichen ist.[1214] Das Sozialstaatsprinzip entfaltet sich erst im Zusammenspiel mit den einschlägigen Grundrechten[1215]; demzufolge lässt sich die Pflicht des Staates zur medizinischen Grundversorgung selbst nicht aus dem Sozialstaatsprinzip des Art. 20 Abs. 1 GG ableiten.[1216]

c. Konkretisierung durch Völker- und Europarecht

Es gilt zudem, die völker-, europa-[1217] und unionsrechtlichen Dimensionen der Sozialstaatlichkeit zu berücksichtigen. Internationale Menschenrechtsabkommen werden auf einfachgesetzlicher Ebene nach Art. 59 Abs. 2 GG in die innerstaatliche Rechtsordnung miteinbezogen. Sie beeinflussen die Auslegung des Verfassungsrechts, aber auch selbst. Dabei sind nach Rechtsprechung des BVerfG die EMRK und die entsprechende Rechtsprechung des EuGH Auslegungshilfen.[1218] Das Sozialstaatsprinzip ist auch hinsichtlich der (R)ESC völkerrechtsfreundlich auszulegen.[1219] Über dies sind auch der IPwskR[1220] und

1212 *Dederer* in Honnefelder (Hrsg.), Die Stellung des Gutes Gesundheit im Verfassungsrecht, 193–209 (202); *Landau* in Schumpelick (Hrsg.), Gesundheit als Staatsziel?, 589–602 (594).

1213 von Mangoldt/Klein/Starck, GG/*Sommermann*, Art. 20 Rn. 123.

1214 BVerfGE 123, 267–437 (362).

1215 *Huber, P.* in Herdegen/Masing/Poscher, et al. (Hrsg.), § 6 Rechtsstaat, 1–113 (62).

1216 *Landau* in Schumpelick (Hrsg.), Gesundheit als Staatsziel?, 589–602 (594 f.).

1217 von Münch/Kunig GG/*Kotzur*, Art. 20 Rn. 89; Sachs/GG/*Sachs*, Art. 20 Rn. 46; *Brandt*, "Soziales Europa?", 2010; *Mückenberger*, EuR 49 (2014), 369–399; *Zacher*, EuR 37 (2002), 147–164.

1218 BVerfGE 128, 326–409 (366 ff.); 111, 307–332 (329) - Görgülü-Beschl.; 83, 119–129 (128); 82, 106–126 (120); 74, 358–380 (370); von Mangoldt/Klein/Starck, GG/*Sommermann*, Art. 20 Rn. 136.

1219 BVerfGE 88, 103–117 (112); Jarass/Pieroth/GG/*Jarass*, Art. 20 Rn. 153.

1220 *Craven*, The international covenant on economic, social and cultural rights, 1995; *Riedel/Giacca/Golay* (Hrsg.), Economic, social, and cultural rights in international law; *Saul*, et al., The International Covenant on Economic, Social and Cultural Rights, Commentary, 2014.

Spezialabkommen der Internationalen Arbeitsorganisation (ILO)[1221] für die Konkretisierung des Sozialstaatsprinzips besonders bedeutsam.[1222] Daraus lassen sich jedoch im Normalfall keine subjektiven Rechte interpretieren.[1223] Gerade im Hinblick auf die ESC und den IPwskR ergeben sich aus den Förder- und Bewirkungsverpflichtungen („promotional obligations"),[1224] allenfalls „Unterziele" des Staatsbestimmungsziels.[1225] Anhaltspunkte liefern aber die Ergebnisse des Europäischen Ausschusses für soziale Rechte des Europarats (ECSR)[1226] und die General Comments des UN-Fachausschusses zum Sozialpakt (CESCR).[1227] Darüber hinaus sind bei der Auslegung des Sozialstaatsprinzips aber die Art. 151 ff. AEUV und Art. 27 ff. GRCh zu berücksichtigen.[1228] Dabei wird das nationalstaatliche Selbstverständnis von Primär- und Sekundärrecht der EU gerade im Hinblick auf Sozialpolitik[1229] immer weiter überlagert bzw. verdrängt.[1230]

1221 *Senti*, PVS 39 (1998), 527–557; *Servais,* International labour law, 2017; *Servais*, et al., International Labour Organization (ILO), 2016.

1222 von Mangoldt/Klein/Starck, GG/*Sommermann*, Art. 20 Rn. 136; *Kaltenborn,* Social Rights and International Development, 2015, S. 5 ff.

1223 von Mangoldt/Klein/Starck, GG/*Sommermann*, Art. 20 Rn. 138.

1224 *Öhlinger* in Nowak, M. (Hrsg.), Die Europäische Sozialcharta, 213–232 (224); *Simma* in Ruland (Hrsg.), Die vergessenen Rechte: Bemühungen zur Stärkung des VN-Sozialpakts, 867–882 (869); *Tomuschat,* Human Rights, 2008, S. 141–142.

1225 von Mangoldt/Klein/Starck, GG/*Sommermann*, Art. 20 Rn. 138.

1226 *Churchill*, et al., EJIL 15 (2004), 417–456 (441); *Clauwaert* in Bruun/Lörcher/Schömann, et al. (Hrsg.), The Charter's Supervisory Procedures, 99–144 (124).

1227 von Mangoldt/Klein/Starck, GG/*Sommermann*, Art. 20 Rn. 139; *Craven,* The international covenant on economic, social and cultural rights, 1995, S. 30 ff; *Rehman,* International human rights law: a practical approach, 2010, S. 140 ff; *Simma* in Ruland (Hrsg.), Die vergessenen Rechte: Bemühungen zur Stärkung des VN-Sozialpakts, 867–882.

1228 Jarass/Pieroth/GG/*Jarass*, Art. 20 Rn. 153.

1229 von Mangoldt/Klein/Starck, GG/*Sommermann*, Art. 20 Rn. 140; *Eichenhofer, E.*, Geschichte des Sozialstaates in Europa, 2007, S. 97 ff; *Kingreen* in Hatje/Huber, P. (Hrsg.), Die Universalisierung sozialer Rechte im europäischen Gemeinschaftsrecht, 43–74; *Kahl* in Bauer, H./Kahl (Hrsg.), Freiheitsprinzip und Sozialprinzip in der Europäischen Union, 75–110 (81 ff.).

1230 von Mangoldt/Klein/Starck, GG/*Sommermann*, Art. 20 Rn. 140; *Eichenhofer, E.*, Sozialrecht der Europäischen Union, 2015.

3. *Bedeutung für das AsylbLG*

Der Schutz der Schwächeren[1231] ist Anliegen des Sozialstaats, wofür es bereits zahlreiche Maßnahmen und Instrumente – hier vor allem Sozialversicherungen und Sozialhilfe[1232] – gibt, die der Staatszielbestimmung aus Art. 20 Abs. 1 GG Rechnung tragen. Auch das AsylbLG ist Teil dieses Schutzniveaus. Dieser Schutzanspruch ergibt sich schon aus der Asylantragstellung. Es enthält zwar abgesenkte und absenkbare Leistungen, aber zumindest die in Art. 20 Abs. 1 GG enthaltenen menschenwürdigen Bereiche sind abgedeckt.[1233] Es schützt damit „nur" einen Kernbereich sozialer Sicherung und Prävention ist nicht Teil davon. Das Sozialstaatsprinzip alleine enthält jedoch keine einzelnen individuellen Leistungsansprüche.

Das Sozialstaatsprinzip steht aber vor allem bei migrationspolitischen Fragen unter Druck. Schließlich bringen Migration und Flucht neue Herausforderungen für einen Staat mit sich, die innenpolitischer Lösungen bedürfen. Sowohl der Rechts- als auch der Sozialstaat stehen hierbei unter großer Belastung.[1234]

Aus dem Sozialstaatsprinzip i. V. m. Art. 1 Abs. 1 GG ergibt sich ein Anspruch auf die Gewährleistung eines menschenwürdigen Existenzminimums.[1235]

II. Menschenwürdiges Existenzminimum

Das deutsche Grundgesetz sieht ein Grundrecht auf Sicherung des Existenzminimums ausdrücklich nicht vor, allerdings kann es aus dem Menschenwürdebegriff als originäres Leistungsrecht entnommen werden.[1236] Es existiert ein Anspruch auf Gewährleistung eines menschenwürdigen Existenzminimums, der sich aus Art. 1 Abs. 1 i. V. m. Art. 20 Abs. 1 GG (dem Sozialstaatsprinzip) ableiten lässt. Danach muss allen Hilfebedürftigen ein Mindestmaß an physischer Existenz und die Möglichkeit der Teilhabe an kulturellen, gesellschaftlichen und politischen Aktivitäten (soziokulturelle Existenz) gewährt werden – so hat es das BVerfG aus der Menschenwürde und dem Sozialstaatsprinzip abgeleitet.[1237]

1231 *Hippel*, Der Schutz des Schwächeren, 1982.

1232 Siehe auch Isensee/Kirchhoff/Bd. II/*Zacher*, § 28 Das soziale Staatsziel Rn. 32 ff.

1233 So auch *Kluth*, ZAR 40 (2020), 119–127 (120 f.).

1234 *Bonacker*, et al. in Bonacker/Geiger (Hrsg.), Von offenen Grenzen und Krisen, 7–10 (9).

1235 Dürig/Herzog/Scholz/GG/*Grzeszick*, 95, Art. 20 (VIII. Die Sozialstaatlichkeit) Rn. 23–26; Jarass/Pieroth/GG/*Jarass*, Art. 20 Rn. 167.

1236 *Soria*, JZ 60 (2005), 644–652 (652).

1237 BVerfGE 125, 175–260 – Hartz IV-Regelsatz, Hartz IV-Gesetz.

In den Vorlagen des BSG[1238] und des LSG Hessen[1239] ging es um die Regelleistungen für Kinder und Jugendliche nach dem SGB II. Dabei hat das BVerfG dann auch die Regelleistungen für Erwachsene für unvereinbar mit der Verfassung erklärt[1240] und das eigenständige Grundrecht auf Gewährleistung eines menschenwürdigen Existenzminimums aus Art. 1 Abs. 1 i. V. m. dem Sozialstaatsprinzip des Art. 20 Abs. 1 GG abgeleitet. Das Gewährleistungsrecht ist unverfügbar. Dabei stellte das Gericht beim Umfang dieses verfassungsrechtlichen Leistungsanspruchs auf das für das menschenwürdige Dasein Erforderliche ab, welches sich nicht unmittelbar aus der Verfassung ableiten lässt, sondern vielmehr von den gesellschaftlichen Anschauungen darüber sowie der konkreten Lebenssituation der Hilfebedürftigen und den wirtschaftlichen und technischen Gegebenheiten abhängt.[1241] Der dafür gegebene Gestaltungsspielraum unterliegt jedoch einer materiellen Kontrolle darüber, ob die Leistungen evident unzureichend sind.[1242] „Zur Ermittlung des Anspruchumfangs [sind] alle existenznotwendigen Aufwendungen in einem transparenten und sachgerechten Verfahren realitätsgerecht sowie nachvollziehbar auf der Grundlage verlässlicher Zahlen und schlüssiger Berechnungsverfahren zu bemessen."[1243] Das Gericht kam zu dem Ergebnis, dass die Gesetzgebung das Ziel, ein menschenwürdiges Dasein zu sichern, mit den in Frage stehenden Regelsätzen des SGB II und der Ermittlung des darin liegenden Existenzminimums nicht erreicht hatte.[1244] Zwar können monatliche Leistungen zur Bedarfsdeckung vorgesehen sein, zur Sicherung des menschenwürdigen Existenzminimums muss aber für einen darüber hinausgehenden unabweisbaren, laufenden, nicht nur einmaligen besonderen Bedarf ein zusätzlicher Leistungsanspruch eingeräumt sein.[1245]

2012 stellte das BVerfG dann fest, dass die Absenkung des Leistungsniveaus des AsylbLG, welches erheblich unter den Grundsicherungsleistungen nach dem SGB II und SGB XII lag, aufgrund „migrationspolitische[r] Erwägungen,

---

1238 BSG Beschl. v. 27.1.2009 – B 14-11b AS 9/07 R, BeckRS 2009, 59026.

1239 LSG Hessen Vorlagebeschluss v. 29.10.2008 – L 6 AS 336/07, NJOZ (2009), 1099–1147.

1240 BVerfGE 125, 175–260 – Hartz IV-Regelsatz, Hartz IV-Gesetz; *Rothkegel, R.*, ZFSH / SGB 45 (2010), 135–146; *Rothkegel, R.*, ZAR 30 (2010), 373–378.

1241 BVerfGE 125, 175–260 (224) – Hartz IV-Regelsatz, Hartz IV-Gesetz.

1242 BVerfGE 125, 175–260 (225) – Hartz IV-Regelsatz, Hartz IV-Gesetz.

1243 BVerfGE 125, 175–260 (LS. 2) – Hartz IV-Regelsatz, Hartz IV-Gesetz.

1244 BVerfGE 125, 175–260 (226) – Hartz IV-Regelsatz, Hartz IV-Gesetz; siehe zum gesamten Absatz auch Gagel, SGB II/SGB III/*Hannes*, 83, § 20 SGB II Rn. 83.

1245 BVerfGE 125, 175–260 (LS. 4) – Hartz IV-Regelsatz, Hartz IV-Gesetz.

die Leistungen an Asylbewerber und Flüchtlinge niedrig zu halten, um Anreize für Wanderungsbewegungen durch ein im internationalen Vergleich eventuell hohes Leistungsniveau zu vermeiden, [...] von vornherein kein Absenken des Leistungsstandards unter das physische und soziokulturelle Existenzminimum rechtfertigen [kann].“[1246] Das Gericht stellte fest, dass auch hier die Geldleistungen für Asylbewerber*innen evident zu niedrig und mit dem Grundrecht auf Gewährleistung eines menschenwürdigen Existenzminimums unvereinbar sind. Eine Abweichung vom Existenzminimum für bestimmte Personengruppen darf nicht allein auf den Aufenthaltsstatus abstellen, vielmehr muss nachgewiesen sein, dass sich tatsächlich andere Bedarfe ergeben.[1247] Dieses Urteil ist umstritten.[1248]

1. Persönlicher Schutzbereich

Der Schutzbereich der Menschenwürde nach Art. 1 Abs. 1 GG ist ein „Jedermannsrecht“, umfasst also alle Menschen im Geltungsbereich des Grundgesetzes, ausgenommen juristische Personen. Als Menschenrecht steht es damit nicht nur deutschen, sondern auch ausländischen Staatsangehörigen, die sich in der Bundesrepublik selbst für einen befristeten Aufenthalt[1249] aufhalten, zu.[1250] Es unterliegt keiner migrationspolitischen Relativierung.[1251]

Der Anspruch auf ein menschenwürdiges Existenzminimum wird durch Art. 1 Abs. 1 GG begründet und das Sozialstaatsgebot aus Art. 20 Abs. 1 GG erteilt der Legislative den Auftrag, jedem Menschen ein menschenwürdiges Existenzminimum zu garantieren.[1252]

1246 BVerfGE 132, 134–179 (173) – Asylbewerberleistungsgesetz.

1247 BVerfGE 132, 134–179 (170) – Asylbewerberleistungsgesetz; *Wilksch*, JuWiss (2014), 1–4.

1248 *Isensee* in Depenheuer/Grabenwarter (Hrsg.), Menschenwürde: Rettungsinsel in der Flüchtlingsflut, 231–249 (231): moralische Urteile als problematischer Störfaktor im rechtlichen Räsonieren.

1249 So noch Grube/Wahrendorf/Flint, SGB XII, Sozialhilfe/*Wahrendorf*, 2021 Einleitung AsylbLG Rn. 2.

1250 BVerfGE 132, 134–179 (LS. 2) – Asylbewerberleistungsgesetz; Dreier/GG/*Dreier*, Art. 1 Rn. 155; *Tiedemann*, NVwZ 31 (2012), 1024–1033 (1032).

1251 So in Fortführung von BVerfGE 132, 134–179 (LS. 2) – Asylbewerberleistungsgesetz.

1252 BVerfGE 125, 175–260 (222) – Hartz IV-Regelsatz, Hartz IV-Gesetz.

2. *Sachlicher Schutzbereich*

Der Schutzbereich der Menschenwürdegarantie wird meist beschrieben, als der „allgemeine Eigenwert, der dem Menschen kraft seiner Persönlichkeit zukommt."[1253] Die Menschenwürde ist der unantastbare Wert eines jeden Menschen, die es gebietet, dass er mehr ist als ein bloßes staatliches Objekt. Es wird also auf einen sozialen Wert- und Achtungsanspruch abgestellt. Verfolgt werden meist zwei Ansätze: zum einen der Rückgriff auf die Mitgifttheorie, auf die auch der parlamentarische Rat bei der Entstehung von Art. 1 Abs. 1 GG zurückgegriffen hatte, die besagt, dass die Würde des Menschen der Eigenwert des Menschen schlechthin von Natur aus ist. Zum anderen die Leistungstheorie, der zufolge der Mensch seine Würde durch eigenes selbstbestimmtes Verhalten erlangt. Die Würde des Menschen ist zentral und muss als Mittelpunkt des Staates in dessen primärem Schutzzweck stehen.[1254]

Der materielle Schutzbereich des menschenwürdigen Existenzminimums umfasst die Mittel, „die zur Aufrechterhaltung eines menschenwürdigen Daseins unbedingt erforderlich sind", ist dabei aber keiner generellen Höhe oder Umfang unterworfen, sondern richtet sich nach den gesellschaftlichen Anschauungen und den fortschreitenden Entwicklungen des Sozialstaats.[1255] Bei der Bestimmung hat die Legislative einen Gestaltungsspielraum.[1256] Es umfasst aber in jedem Fall die physische Existenz durch Nahrung, Kleidung, Hausrat, Unterkunft, Heizung, Hygiene und Gesundheit sowie die „korrespondierenden Leistungstatbestände[...] des Sozialhilferechts"[1257] und die „Sicherung der Möglichkeit zur Teilhabe am gesellschaftlichen, kulturellen und politischen Leben"; soziokulturelles Existenzminimum.[1258] Das daraus abgeleitete Grundrecht ist dem Grunde nach unverfügbar.[1259] Dem BVerfG schloss sich auch das BSG an,

---

1253 BVerfGE 30, 173–227 (214) – Mephisto.

1254 Vgl. dazu auch *Aden* in Puschke/Singelnstein (Hrsg.), Der zu schützende Staat?, 149–167 (164).

1255 Dürig/Herzog/Scholz/GG/*Herdegen*, 95, Art. 1 Rn. 121.

1256 Graßhof/*Graßhof*, 214, Nr. 10,6 Grundrecht auf Gewährleistung eines menschenwürdigen Existenzminimums.

1257 BVerfG Beschl. v. 13.2.2008 – 2 BvL 1/06, Juris (107) – Krankenversicherungsbeitrag als Sonderausgabe.

1258 BVerfGE 132, 134–179 (160) – Asylbewerberleistungsgesetz; 125, 175–260 (223) – Hartz IV-Regelsatz, Hartz IV-Gesetz.

1259 BVerfGE 125, 175–260 (222) – Hartz IV-Regelsatz, Hartz IV-Gesetz.

welches dem physischen Existenzminimum dieselben Bedürfnisse zugeordnet hat und ebenfalls auf eine ausreichende medizinische Versorgung abstellt.[1260]

In Anknüpfung zur Menschenwürdegarantie ergibt sich daraus, dass das menschenwürdige Existenzminimum durch einen gesetzlichen Anspruch gesichert sein muss. Das zu gewährleistende Existenzminimum darf dabei keinem ökonomischen Zwang unterworfen werden, der die Menschen zu bloßen existierenden Objekten degradieren würde.[1261] Dabei ist es eine Grundaufgabe der staatlichen Gewalt, die Gesundheit zu schützen.[1262] Es dürfen allerdings die Bedarfe bestimmter Gruppen bei der Festsetzung des menschenwürdigen Existenzminimums abweichen, wenn die Bedarfe tatsächlich signifikant abfallen und ein transparentes Verfahren zur Feststellung dieser Abweichungen vorgenommen wird.[1263]

a. Gesundheit als Teil des menschenwürdigen Existenzminimums

Das Grundrecht auf Gewährung eines menschenwürdigen Existenzminimums kann als Maßstabsnorm verstanden werden und beinhaltet Voraussetzungen für finanzielle Unterstützungs- und Sachleistungen, worin auch die medizinische Versorgung eingeschlossen ist.[1264]

Der genaue Inhalt des menschenwürdigen Existenzminimums in Bezug auf Gesundheit kann nicht konkret bemessen werden, muss als Menschenrecht auch individuellen Abwägungen überlassen werden. Das schließt auch daran an, dass das Grundrecht auf ein menschenwürdiges Existenzminimum auch migrationspolitisch nicht zu relativieren ist.[1265]

1260 „Zu diesem das "nackte Überleben" sichernden "physischen Existenzminimum" gehören jedenfalls ausreichende Nahrung, Kleidung und Obdach sowie auch ausreichende medizinische Versorgung", BSG Urt. v. 18.1.2011 - B 4 AS 108/10 R, Juris (33); BSG Urt. v. 22.4.2008 - B 1 KR 10/07 R, Juris (31).

1261 *Soria*, JZ 60 (2005), 644–652 (647).

1262 BVerfGE 68, 193–226 (209) - Zahntechniker-Innung, Kostendämpfungs-Ergänzungsgesetz; vgl. auch Art. 74 Abs. 1 Nr. 19a GG, hier ist dem Bund die konkurrierende Gesetzgebungskompetenz für die wirtschaftliche Sicherung der Krankenhäuser zugewiesen, es wird deutlich, dass das Grundgesetz Gesundheit als Staatsaufgabe begreift; so auch *Landau* in Schumpelick (Hrsg.), Gesundheit als Staatsziel?, 589–602 (592).

1263 BVerfGE 132, 134–179 (170) - Asylbewerberleistungsgesetz.

1264 *Ritgen* in Meyer/Ritgen/Schäfer, R. (Hrsg.), Die verfassungsrechtlichen Grundlagen des Asylrechts in Deutschland, 154–177 (164).

1265 BVerfGE 132, 134–179 (166 ff.) - Asylbewerberleistungsgesetz.

Sowohl das physische als auch das soziokulturelle Existenzminimum umfassen die Gesundheit; zum einen durch das Überleben als solches und zum anderen durch die Teilhabe in der Gesellschaft. Teilweise wird aus dem menschenwürdigen Existenzminimum auch insgesamt ein Anspruch auf die Sicherung eines gesundheitlichen Existenzminimums bei Hilfebedürftigkeit hergeleitet.[1266] Da sich aus der Verfassung allerdings kein konkreter Umfang des menschenwürdigen Existenzminimums ableiten lässt und das Gericht dies ebenfalls offengelassen hat, bedarf es einer weiteren Konkretisierung des Inhalts einer verfassungsrechtlich gebotenen gesundheitlichen Mindestversorgung, die das menschenwürdige Existenzminimum erfasst.

b. *Inhalt der gesundheitlichen Mindestversorgung im menschenwürdigen Existenzminimum*

Ein erster Hinweis auf ein Mindestmaß könnte § 16 SGB V sein, der bei der Nichtzahlung von Beiträgen für die GKV durch § 16 Abs. 3a, Abs. 3b SGB V einen Rückgriff auf § 4 AsylbLG macht und säumige Mitglieder dann nur noch Anspruch auf Leistungen zur Früherkennung von Krankheiten, Leistungen die bei Schwangerschaft und Mutterschaft erforderlich sind und Behandlung akuter Erkrankungen und Schmerzzustände haben.[1267] Die Vorschrift des § 16 SGB V wird gemeinhin auch als Sanktionierung aufgefasst.[1268] Im Kernbereich liegen dann nur noch die Behandlung akuter Erkrankungen und Schmerzzustände sowie die von chronischen Erkrankungen. Wenn das zu konkretisierende Minimum, wie hier, unterhalb des Leistungsniveaus des Leistungskatalogs der GKV angenommen wird, weil die Auffassung vertreten wird, dass das Minimum nicht alle Leistungen enthält, die auch nur zu empfehlen sind, wären auch präventive Leistungen, die dann nicht als Kernbereich des Krankenversicherungsrechts angesehen werden, nicht enthalten.[1269] Dabei ist der Kernbereich des Krankenversicherungsrechts dann falsch interpretiert, denn präventive Leistungen sind stets Teil jeder ärztlichen Behandlung[1270] und somit immer Teil des

1266 *Bernzen*, MedR 35 (2017), 956–958 (957); *Dederer* in Honnefelder (Hrsg.), Die Stellung des Gutes Gesundheit im Verfassungsrecht, 193–209 (202); *Steiner, C.*, Das Recht auf soziale Gesundheitsversorgung, 2004, S. 173.

1267 Kritisch dazu Spickhoff MedR/*Trenk-Hinterberger*, § 16 SGB V Rn. 15.

1268 Spickhoff MedR/*Trenk-Hinterberger*, § 16 SGB V Rn. 15.

1269 Kritisch dazu *Davy* in Sacksofsky/Möllers/Davy, et al. (Hrsg.), Zweiter Beratungsgegenstand: Soziale Gleichheit: Voraussetzung oder Aufgabe der Verfassung?, 122–245 (144 f.).

1270 Vgl. GK-AsylbLG/*Langer*, 60, § 4 Rn. 36.

medizinischen Kernbereichs und damit der Grundversorgung. Es erscheint deshalb nicht hinnehmbar das Mindestmaß des gesundheitlichen Existenzminimums unterhalb des GKV-Leistungskatalogs anzusiedeln.

Es wird zudem die Auffassung vertreten, dass bereits die Leistungen der GKV gerade ausreichende Leistungen zur Deckung der gesundheitlichen Versorgung des menschenwürdigen Existenzminimums sind. Abgestellt wird dabei auf die „Notwendigkeit" der Krankenbehandlung, die sicherstellt, dass nicht über ein Mindestmaß hinaus geleistet wird.[1271] Das zeigt sich auch am Krankheitsbegriff und dem Wirtschaftlichkeitsgebot, bei denen deutlich wird, dass die GKV ihren Leistungsberechtigten keinesfalls optimale Gesundheit schuldet. Zudem wird mit Blick auf den gesellschaftlichen Standard in Deutschland argumentiert, dass ein geringeres Maß als das der GKV nicht dem Entwicklungsstand angemessen sei.[1272] Der Umfang des Katalogs steigt dauerhaft[1273] und damit auch das, was als Bedarf für ein menschenwürdiges Dasein in der Gesellschaft[1274] angesehen wird.

Darüber hinaus ist festzustellen, dass der Katalog kein abschließender, umfassender Maßstab zur Konkretisierung von gesundheitlichen Mindestbedarfen ist, sondern Bedarfe, die dem menschenwürdigen Existenzminimum entsprechen, dort aber nicht enthalten sind[1275], vom Staat für hilfebedürftige Personen übernommen werden müssen, was ergänzend darauf hindeutet, dass der Katalog eher als Mindestversorgung zu betrachten ist.[1276]

Leistungen die auf Grundlage der §§ 4 und 6 AsylbLG dann tatsächlich erbracht werden, werden nach Maßgabe des SGB V erbracht. Damit scheint zumindest eine Verbindung des GKV-Leistungskatalogs und der angestrebten Mindestversorgung für Leistungsberechtigte des AsylbLG zu bestehen, die von der Gesetzgebung so gewollt ist.

Auch im eigentlich untersten Netz der sozialen Sicherung,[1277] dem SGB XII ist durch §§ 47 ff. SGB XII im Falle von Krankheit auf das SGB V verwiesen, was

1271 Für viele *Neumann*, NZS 15 (2006), 393–397 (395).

1272 *Wiedeck,* Priorisierung in der Gesetzlichen Krankenversicherung, 2015, S. 52.

1273 *Schmidt-Aßmann*, NJW 57 (2004), 1689–1695 (1691).

1274 von Mangoldt/Klein/Starck, GG/*Sommermann*, Art. 20 Rn. 123.

1275 Bspw. bei der Versorgung mit Sehhilfen (Brillen).

1276 *Ströttchen,* Verfassungsrechtliche Ansprüche auf konkrete medizinische Leistungen, 2019, S. 148.

1277 „Somit bildet die Sozialhilfe mit ihren Leistungen das unterste soziale Netz." *BMAS*, Soziale Sicherung im Überblick 2020, 2020, S. 172.

ebenfalls dafürspricht, dass dieses als unterstes Maß der Versorgung angesehen wird.[1278]

3. Eingriff und Rechtfertigung

Nach Art. 1 Abs. 1 GG ist die Würde des Menschen unantastbar, es besteht keine Einschränkungsmöglichkeit. Die Menschenwürde darf auch nicht durch eine Maßnahme der öffentlichen Gewalt beeinträchtigt werden, sie gilt absolut. Ist der Schutzbereich des Art. 1 Abs. 1 GG eröffnet, ist jeder Eingriff stets unzulässig. Ein solcher Eingriff ist anzunehmen, wenn der Mensch zu einem Objekt eines beliebigen Verhaltens degradiert wird, ihm die Subjektqualität abgesprochen wird.[1279] Auch kollidierendes Verfassungsrecht bringt keine Eingriffsrechtfertigung, da Art. 1 GG alle anderen Rechte überwiegt, da es höchsten und bedeutendsten Verfassungswert hat. Deshalb erübrigt sich auch eine Prüfung der Schranken- Schranke.[1280] Eine Verhältnismäßigkeitsprüfung hat demnach bei Art. 1 Abs. 1 GG ebenfalls nicht stattzufinden.

a. Eingriff in den Schutzbereich des Grundrechts auf ein menschenwürdiges Existenzminimum

Ein Eingriff in den Schutzbereich des Grundrechts auf ein menschenwürdiges Existenzminimum gemäß Art. 1 Abs. 1 i. V. m. Art. 20 Abs. 1 GG stellt jede staatliche Maßnahme dar, die den Grundrechtsschutz der Grundrechtsberechtigten, also jedes Menschen, verkürzt. Liegt wie hier zudem eine Leistungsdimension vor, wird in das Grundrecht dadurch eingegriffen, dass Leistungen, auf die Anspruch besteht, nicht oder nicht ausreichend zur Verfügung gestellt werden.[1281] Die Art und Weise der Leistungserfüllung, d. h. die Ausgestaltung des Existenzminimums steht der Legislative frei,[1282] wobei die Menschenwürde schrankenlos gewährleistet werden muss und das Sozialstaatsgebot den

---

1278 So auch *Janda* in Nowak, A. C./Krämer/Schmidt, K. (Hrsg.), Existenzminimum, Gleichbehandlung, Menschenwürde: Rechtliche Anforderungen an die Gesundheitsversorgung von Asylsuchenden, 31–49 (42).

1279 von Münch/Kunig GG/*Kunig/Kotzur*, Art. 1 Rn. 33 ff.

1280 von Mangoldt/Klein/Starck, GG/*Starck*, Art. 1 Rn. 263.

1281 *Bräu*, et al., Das migrationspolitische Existenzminimum, Eine verfassungsrechtliche Prüfung der Leistungskürzungen im Asylbewerberleistungsgesetz (AsylbLG), 2020, S. 19; *Epping*, Grundrechte, 2019, S. 75.

1282 *ders.*, Grundrechte, 2019, S. 7.

Schutzauftrag des Staates zur Sicherung des menschenwürdigen Existenzminimums gibt.[1283]

b. Rechtfertigung

Der Eingriff könnte gerechtfertigt sein, wenn in das Grundrecht auf ein menschenwürdiges Existenzminimum verhältnismäßig eingegriffen wird. Dabei ist das Grundrecht nur einschränkbar durch besonders hohe Anforderungen an die Geeignetheit, Erforderlichkeit, Angemessenheit und Verhältnismäßigkeit.[1284] Die Anwendung von Eingriffen ist dann gerechtfertigt, wenn diese einen legitimen Zweck verfolgen.

Für die Bestimmung von unterschiedlichen Bedarfen kann auch Art. 3 GG ein Maßstab sein, weshalb die Bedeutung des menschenwürdigen Existenzminimums für das AsylbLG zu einem späteren Zeitpunkt[1285] zusammen mit den Vorgaben zu Art. 3 und Art. 2 Abs. 2 S. 1 GG dargestellt wird.

III. Allgemeiner Gleichheitssatz

Die Beschränkung der gesetzgeberischen Gestaltungsfreiheit bei der Absenkung der Asylbewerberleistungen kann sowohl dem Grundrecht auf Gewährleistung eines menschenwürdigen Existenzminimums selbst entnommen werden[1286] oder wie in anderen Teilen der Literatur, dem Gleichheitssatz des Art. 3 Abs. 1 GG.[1287] Die Leistungen nach dem AsylbLG stellen die Leistungsberechtigten entgegen der Rechtsprechung des BVerfG[1288] weiterhin schlechter als andere Ausländer*innen – dabei ist auch die gesundheitliche Versorgung nur in begrenztem Maß zugänglich. Deshalb stellt sich die Frage, ob diese Ungleichbehandlung mit dem Gleichbehandlungsgebot aus Art. 3 Abs. 1 GG vereinbar ist, denn eine

---

1283 BVerfGE 125, 175–260 (222) – Hartz IV-Regelsatz, Hartz IV-Gesetz.

1284 BVerfG Urt. v. 5.11.2019 – 1 BvL 7/16, Juris (132) – Sanktionen im Sozialrecht.

1285 Siehe hierzu ab S. 295.

1286 Vgl. BVerfGE 132, 134–179 (163) – Asylbewerberleistungsgesetz.

1287 *Classen*, et al., info also 28 (2010), 243–249 (247 f.); *Kingreen*, NVwZ 29 (2010), 558–562 (560 f.); *Pelzer*, et al., KJ 43 (2010), 452–459 (454 f.); *Rothkegel, R.*, ZFSH / SGB 45 (2010), 135–146 (142); *Rothkegel, R.*, ZAR 30 (2010), 373–378 (376 f.); *Tießler-Marenda*, Asylmagazin 15 (2012), 232–235 (233); *Wahrendorf*, Sozialrecht aktuell 6 (2010), 90–93 (92 f.); *Kingreen*, Soziale Rechte und Migration, 2010, S. 67–68.

1288 BVerfGE 132, 134–179 – Asylbewerberleistungsgesetz.

Ungleichbehandlung z. B. in Form des AsylbLG als „Sondersozialhilferecht“[1289] bzw. „Asylsozialrecht“[1290] bedarf der sachlichen Rechtfertigung.[1291]

1. Persönlicher Schutzbereich

Art. 3 GG gilt für alle natürlichen Personen, auch für Ausländer*innen.[1292] Art. 1 Abs. 3 GG bindet die gesamte öffentliche Gewalt unmittelbar an die Grundrechte und damit an Art. 3 Abs. 1 GG.

2. Sachlicher Schutzbereich

Art. 3 Abs. 1 GG ist das allgemeine Gleichheitsgrundrecht; alle Menschen sind vor dem Gesetz gleich. Es verlangt das Gebot der Rechtsanwendungsgleichheit (Gleichheit vor dem Gesetz) und das Gebot der Rechtssetzungsgleichheit (Gleichheit des Gesetzes). Art. 3 Abs. 1 GG verbietet die grundlose Ungleichbehandlung.[1293] Die Art. 3 Abs. 2 und 3 GG sind nach Auffassung des BVerfG Konkretisierungen des Art. 3 Abs. 1 GG.[1294] Dabei enthält Art. 3 Abs. 2 GG ein Differenzierungsverbot aufgrund des Geschlechts; Männer und Frauen sind gleichberechtigt. Art. 3 Abs. 3 GG normiert, dass niemand wegen seines Geschlechtes, seiner Abstammung, seiner Rasse, seiner Sprache, seiner Heimat und Herkunft, seines Glaubens, seiner religiösen oder politischen Anschauungen benachteiligt oder bevorzugt werden darf. Niemand darf wegen seiner Behinderung benachteiligt werden.

3. Ungleichbehandlung

Voraussetzung für eine Verletzung des Art. 3 Abs. 1 GG ist eine Ungleichbehandlung und damit eine unterschiedliche Behandlung zweier vergleichbarer Sachverhalte, wobei eine Gruppe im Vergleich zur anderen Gruppe anders behandelt wird, „obwohl zwischen beiden Gruppen keine Unterschiede von solcher Art

---

1289 Hessischer VGH Beschl. v. 5.3.2007 – 3 UE 2823/06, Juris (18); jurisPK-SGB I/*Palsherm*, § 28 Rn. 48; *Becker, U.* in Becker, U./Hablitzel/Kreßel (Hrsg.), Migration und soziale Sicherheit, 53–71 (63); *Hohm*, NVwZ 17 (1998), 1045–1048 (1048); *Mahler*, et al., ZAR 31 (2011), 378–384 (379).

1290 *Wollenschläger* in Wulffen/Krasney (Hrsg.), Der sozialrechtliche Schutz von Asylbewerbern in Deutschland, 317–338 (338).

1291 Dazu bereits ausführlich *Janda/Wilksch*, SGb 45 (2010), 565–574 (570).

1292 Henssler/Willemsen/Kalb, Arbeitsrecht Kommentar/*Hergenröder*, Art. 3 GG Rn. 7.

1293 *Kingreen*, et al., Grundrechte Staatsrecht 2, 2020, Rn. 515.

1294 BVerfGE 3, 225–248.

und solchem Gewicht bestehen, dass sie die ungleiche Behandlung rechtfertigen können."[1295] Dieser Grundsatz verbietet, „dass wesentlich Gleiches ungleich, nicht dagegen, dass wesentlich Ungleiches entsprechend der bestehenden Ungleichheit ungleich behandelt wird."[1296] In diesem Fall werden Leistungsberechtigte nach dem SGB XII und dem AsylbLG im Zugang zu gesundheitsbezogenen Leistungen aufgrund ihres Aufenthaltsstatus unterschiedlich behandelt. So haben Leistungsberechtigte des § 1 AsylbLG innerhalb der ersten 18 Monate nur Zugang zu den Leistungen der §§ 4, 6 AsylbLG, wohingegen die leistungsberechtigten Deutschen und Ausländer*innen nach dem SGB XII Zugang zu den Leistungen der gesetzlichen Krankenversicherung[1297] haben. Die Berücksichtigung gruppenspezifischer Bedarfe bei der Ermittlung des Existenzminimums ist anerkannt,[1298] wie z. B. die Einbeziehung von Aufenthaltsstatus bei der Ungleichbehandlung im Rahmen der sozialen Leistungen.[1299]

IV. Recht auf Leben und körperliche Unversehrtheit

Art. 2 Abs. 2 S. 1 GG kennt zwei Schutzgüter – das Recht auf Leben und das Recht auf körperliche Unversehrtheit; zwischen beiden Gütern ist nicht ohne Weiteres zu differenzieren.

> [S. 1] Jeder hat das Recht auf Leben und körperliche Unversehrtheit. [S. 2] Die Freiheit der Person ist unverletzlich. [S. 3] In diese Rechte darf nur auf Grund eines Gesetzes eingegriffen werden.

Die Pflicht zum Schutz der menschlichen Gesundheit vor schwerwiegenden Eingriffen erwächst zum einen aus Art. 1 Abs. 1 GG i. V. m. Art. 2 Abs. 2 S. 1 GG[1300] als auch aus Art. 2 Abs. 2 S. 1 GG selbst.[1301]

1295 St.Rspr. BVerfGE 112, 368–407 (401) – Rentenüberleitung VI; 107, 205–218 (213 f.) – Familienversicherung.

1296 BVerfGE 1, 14–66 (52) – Südweststaat.

1297 Vgl. § 48 SGB XII und § 264 SGB V.

1298 BVerfGE 87, 153–181 (172) – Grundfreibetrag; BVerwG Beschl. v. 29.9.1998 – 5 B 82.97, NVwZ 18 (1999), 669.

1299 BVerfGE 116, 229–242 (239) – Asylbewerberleistungsgesetz; 111, 176–190 (185) – Erziehungsgeld an Ausländer; 111, 160–176 (174) – Kindergeld an Ausländer.

1300 BVerfGE 45, 187–271 (254 f.) – Lebenslange Freiheitsstrafe; von Mangoldt/Klein/Starck, GG/*Starck*, Art. 2 Rn. 229.

1301 BVerfGE 85, 191–214 (212); 79, 174–202 (201 f.); 77, 170–240 (214).

1. Persönlicher Schutzbereich

Das Recht auf Leben sowie das Recht auf körperliche Unversehrtheit aus Art. 2 Abs. 2 S. 1 GG sind „Jedermanns"-Grundrechte, auf das sich alle natürlichen Personen unabhängig von ihrem geistigen oder körperlichen Zustand berufen können.[1302] Es umfasst auch Ausländer*innen sowie geflüchtete Menschen, die sich tatsächlich im Inland aufhalten.[1303] Auch wenn infrage gestellt wird, ob sich dies auch auf den nur vorübergehenden Aufenthalt von Asylsuchenden bezieht,[1304] kann dem hier mit Blick auf den Gehalt eines „Jedermann"-Grundrechts nicht gefolgt werden. Grundrechtsverpflichtet ist der Staat.

2. Sachlicher Schutzbereich

Beim Recht auf Leben und körperliche Unversehrtheit wird primär der Eingriff in das Leben und die körperliche Unversehrtheit verboten, ein darüber hinausgehender Anspruch kann eher nicht abgeleitet werden, da Art. 2 Abs. 2 S. 1 GG zunächst ein Abwehrrecht darstellt.[1305]

a. Recht auf Leben

Das Recht auf Leben umfasst das Recht zu leben, welches das körperliche Dasein des Menschen vom Zeitpunkt des Entstehens bereits vor der Geburt bis zum Eintritt des Todes ist.[1306] Das Recht auf Leben ist unabhängig von Lebensumständen und körperlichen und seelischen Befindlichkeiten. Das Recht auf Leben umfasst dabei nicht nur ein Abwehrrecht, sondern fordert aktiven Schutz des Lebens durch den Staat und seine Organe. Dies wird aber eher auf rechtswidrige Eingriffe des Staates bezogen.[1307]

b. Recht auf körperliche Unversehrtheit

Das Recht auf körperliche Unversehrtheit ist zunächst nicht mit einem Recht auf Gesundheit gleichzusetzen, beinhaltet aber Gesundheit – sowohl im

---

1302 von Münch/Kunig GG/*Kunig/Kämmerer*, Art. 2 Rn. 89, 115; von Mangoldt/Klein/Starck, GG/*Starck*, Art. 2 Rn. 202.
1303 Jarass/Pieroth/GG/*Jarass*, Art. 2 Rn. 113.
1304 *Eichenhofer, E.*, ZAR 33 (2013), 169–175 (173).
1305 So auch *Eichenhofer, E.*, ZAR 33 (2013), 169–175 (172).
1306 *Kingreen*, et al., Grundrechte Staatsrecht 2, 2020, Rn. 471; von Münch/Kunig GG/*Kunig/Kämmerer*, Art. 2 Rn. 90.
1307 von Münch/Kunig GG/*Kunig/Kämmerer*, Art. 2 Rn. 121.

biologisch-physiologischen als auch im psychisch-seelischen Sinne.[1308] Die biologisch-physiologische Dimension[1309] stellt auf eine eher naturwissenschaftliche Definition des Gesundheitsbegriffs ab. Psychische Beeinträchtigungen, die mit einem körperlichen Eingriff gleichzusetzen sind,[1310] sind aber keinesfalls ausgeschlossen.[1311] Bei der Erweiterung um den psychisch-seelischen Gehalt wird zum einen auf die Entstehungsgeschichte der Norm abgestellt, die auf die nationalsozialistischen Verbrechen abzielte und in diesem Sinne auch die psychischen Qualen abdecken sollte.[1312] Zum anderen zeigt sich dies im systematischen Zusammenhang der Norm mit der Menschenwürde[1313], wobei das Leben als Grundlage aller anderen Grundrechte gesehen wird, die ohne dieses nicht verwirklichbar wären. Eine Abgrenzung von psychischen und somatischen Leiden ist nicht klar zu ziehen und umfasst zumindest die Gefahr einer psychosomatischen Verfestigung der psychischen Leidenszustände.[1314] Teilweise werden psychische Krankheiten deshalb vollständig als unter den Schutz von Art. 2 Abs. 2 S. 1 GG fallend gewertet und nicht nur die somatischen Beeinträchtigungen der psychischen Befindlichkeit.[1315]

Körperliche Unversehrtheit wird demzufolge als Gesundheit in einem weiten Sinne definiert.[1316]

Gesundheit im umfassenderen Sinn hingegen ist, wie bereits dargestellt, ein nicht definierbarer Status, der vom Idealzustand bis hin zur schlichten Abwesenheit von Funktionsstörungen reichen kann.[1317] Der von der WHO geprägte Gesundheitsbegriff kann Art. 2 Abs. 2 S. 1 GG nicht unterstellt werden, vielmehr wird die Auffassung vertreten, dass dies die Schutzpflichten des Art. 2 Abs. 2

1308 *Kingreen*, et al., Grundrechte Staatsrecht 2, 2020, Rn. 472; kritisch dazu von Münch/Kunig GG/*Kunig/Kämmerer*, Art. 2 Rn. 116.

1309 BeckOK/GG/*Lang*, 49, Art. 2 Rn. 58.

1310 BVerfGE 56, 54–87 (75) – Fluglärm, Lohausen; Dürig/Herzog/Scholz/GG/*Di Fabio*, 95, Art. 2 Abs. 2 S. 1 Rn. 55; Jarass/Pieroth/GG/*Jarass*, Art. 2 Rn. 83.

1311 ErfK Arbeitsrecht/*Schmidt, I.*, Art. 2 GG Rn. 102.

1312 Dürig/Herzog/Scholz/GG/*Di Fabio*, 95, Art. 2 Abs. 2 S. 1 Rn. 55; Jarass/Pieroth/GG/*Jarass*, Art. 2 Rn. 80; von Mangoldt/Klein/Starck, GG/*Starck*, Art. 2 Rn. 189.

1313 BeckOK/GG/*Lang*, 49, Art. 2 Rn. 62.

1314 von Münch/Kunig GG/*Kunig/Kämmerer*, Art. 2 Rn. 117.

1315 Sachs/GG/*Rixen*, Art. 2 Rn. 149; *Hermes,* Das Grundrecht auf Schutz von Leben und Gesundheit, 1987, S. 233.

1316 Spickhoff MedR/*Steiner, U.*, Art. 2 GG Rn. 14.

1317 Siehe die Definitionen von Gesundheit ab S. 72.

S. 1 GG überschreiten würde.[1318] Die hier vorliegende, etwas engere Definition von Gesundheit im psychischen und physischen Sinne trägt aber Art. 3 Abs. 1 GRCh Rechnung, der das Recht jedes Menschen auf „körperliche und geistige Unversehrtheit“ schützt[1319] und kommt damit dem gängigen internationalen Verständnis des Rechts auf Gesundheit tendenziell nahe.[1320] Art. 2 Abs. 2 S. 1 GG erfasst den Präventivbereich nur restriktiv,[1321] Gesundheitsprävention ist von dieser eher engen Auslegung eher nicht umfasst.

Das Grundrecht aus Art. 2 Abs. 2 S. 1 GG verbietet primär den Eingriff in das Leben und die Gesundheit; ein Anspruch auf umfassende Gesunderhaltung oder auch nur ähnliche Vorgaben wie aus Art. 11 RESC und Art. 12 IPwskR können aufgrund der etwas engeren Gesundheitsdefinition eher nicht abgeleitet werden.[1322] Das Grundrecht verlangt aber auf jeden Fall den Schutz vor Gefährdungen.[1323] Art. 2 Abs. 2 S. 1 GG wird insgesamt als Abwehrrecht gesehen, aus dem sich alleine kein direkter Rechtsanspruch ableiten lässt.[1324] Anders stellt sich dies jedoch für die Pflicht des Staates zum Schutz der Gesundheit und körperlichen Unversehrtheit aus Art. 2 Abs. 1 i. V. m. dem Sozialstaatsprinzip und Art. 2 Abs. 2 S. 1 GG dar.

3. *Schranken*

a. *Eingriff*

Art. 2 Abs. 2 S. 1 GG enthält ein Abwehrrecht gegen staatliche Eingriffe.[1325] Vor allem das Recht auf Leben und körperlicher Unversehrtheit im Sinne von Gesundheit wird dabei nicht nur durch eine Verletzung dessen beeinträchtigt, sondern auch bereits durch eine Gefährdung,[1326] wenn diese einer Verletzung

---

1318 Dürig/Herzog/Scholz/GG/*Di Fabio*, 95, Art. 2 Abs. 2 S. 1 Rn. 57: Hier wird die WHO-Definition gar als “Glücksverheißung” bezeichnet.

1319 von Münch/Kunig GG/*Kunig/Kämmerer*, Art. 2 Rn. 117.

1320 *Eichenhofer, E.*, ZAR 33 (2013), 169–175 (173).

1321 *Zwermann-Milstein,* Grund und Grenzen einer verfassungsrechtlich gebotenen gesundheitlichen Mindestversorgung, 2015, S. 321.

1322 von Mangoldt/Klein/Starck, GG/*Starck*, Art. 2 Rn. 193; *Eichenhofer, E.*, ZAR 33 (2013), 169–175 (172 f.).

1323 ErfK Arbeitsrecht/*Schmidt, I.*, Art. 2 GG Rn. 102.

1324 Dürig/Herzog/Scholz/GG/*Di Fabio*, 95, Art. 2 Abs. 2 S. 1 Rn. 94; Spickhoff MedR/*Steiner, U.*, Art. 2 GG Rn. 13.

1325 von Münch/Kunig GG/*Kunig/Kämmerer*, Art. 2 Rn. 98–100; von Mangoldt/Klein/Starck, GG/*Starck*, Art. 2 Rn. 190.

1326 BVerfGE 128, 282–322 (304); 66, 39–65 (58); 51, 324–351 (346 f.); 49, 89–147 (141 f.).

nahekommt.[1327] Beeinträchtigungen des Rechts auf körperliche Unversehrtheit sind Maßnahmen der öffentlichen Gewalt, die auf erheblicher Weise in den menschlichen Körper eingreifen.[1328] Eine Beeinträchtigung der Gesundheit ist aber auch durch ein Unterlassen möglich, z. B. wenn der Zugang zu verfügbaren Therapiemethoden staatlich verhindert wird, diese aber zu einer wesentlichen Verbesserung der Leiden beitragen würden.[1329] Psychische Beeinträchtigungen können einen Eingriff darstellen, wenn sich dadurch auch eine körperliche Wirkung entfaltet. Eingriffe in das Leben oder die körperliche Unversehrtheit sind immer dann verfassungswidrig, wenn sie die Menschenwürde verletzen, da das Leben die „vitale Basis der Menschenwürde" ist.[1330] Eben aufgrund dieses Bezugs zur Menschenwürde kommen als gerechtfertigte Eingriffe nur Notwehr oder solche Eingriffe in Betracht, die keine dauerhaften Gesundheitsschäden zurücklassen.[1331]

b. Verfassungsrechtliche Rechtfertigung

Das Recht auf Leben und körperliche Unversehrtheit steht unter dem einfachen Gesetzesvorbehalt der Art. 2 Abs. 2 S. 3 GG[1332] gefordert ist ein förmliches parlamentarisches Gesetz.[1333] Der Grundrechtseingriff muss verhältnismäßig sein, d. h. geeignet, erforderlich und verhältnismäßig im engeren Sinne bzw. angemessen,[1334] wobei eine strenge Prüfung geboten ist.[1335] Auch hier ist die Würde des Menschen zu beachten.[1336] Für körperliche Unversehrtheit ergibt sich eine spezielle Schranken-Schranke aus Art. 104 Abs. 1 S. 2 GG[1337] und die allgemeinen Schranken-Schranken, hier Rechtfertigungsanforderung des

---

1327 Isensee/Kirchhoff/Bd. III/*Müller-Terpitz*, § 147 Recht auf Leben und körperliche Unversehrtheit Rn. 36.

1328 Dreier/GG/*Schulze-Fielitz*, Art. 2 Abs. 2 Rn. 47.

1329 BVerwG Urt. v. 19.5.2005 – 3 C 17.04, DÖV 6 (2005), 1003–1006 (1005); so auch Dreier/GG/*Schulze-Fielitz*, Art. 2 Abs. 2 Rn. 48.

1330 BVerfGE 39, 1–95 (42) – Schwangerschaftsabbruch I.

1331 Sachs/GG/*Rixen*, Art. 2 Rn. 174.

1332 *Kingreen*, et al., Grundrechte Staatsrecht 2, 2020, Rn. 476.

1333 BeckOK/GG/*Lang*, 49, Art. 2 Rn. 68.

1334 BVerfGE 51, 324–351 (346); 17, 108–120 (117); BVerfG Beschl. v. 10.6.1963 – 1 BvR 790/58, BVerfGE 16, 194–203 (202).

1335 Jarass/Pieroth/GG/*Jarass*, Art. 2 Rn. 96.

1336 BVerfGE 115, 118–166 (152).

1337 Sachs/GG/*Rixen*, Art. 2 Rn. 164.

Verhältnismäßigkeitsgrundsatzes.[1338] Gerechtfertigt kann ein Eingriff durch die Einwilligung der Grundrechtsträger*innen sein.[1339]

4. *Pflicht des Staates zum Schutz der Gesundheit und körperlichen Unversehrtheit*

Aus Art. 2 Abs. 1, dem Grundrecht auf freie Persönlichkeitsentfaltung i. V. m. dem Sozialstaatsprinzip aus Art. 20 und Art. 28 und Art. 2 Abs. 2 S. 1 GG erwächst eine Pflicht des Staates zum Schutz der Gesundheit und körperlichen Unversehrtheit.[1340] Diese Pflicht betrifft alle Menschen im Inland,[1341] denn gerade das Sozialstaatsprinzip erfasst grundsätzlich alle, die sich in Deutschland aufhalten. Das so aus der Rechtsprechung entnommene Leistungsrecht in Art. 2 Abs. 2 GG ist im Rahmen der sozialen Krankenversicherung zu verwirklichen.[1342] Der Anspruch beschränkt sich aber nicht nur auf die GKV, denn wer keinen Zugang zur Sozialversicherung hat, muss in einem anderen System (Sozialhilfe) adäquat abgesichert werden.

Durch den Nikolausbeschluss[1343] wurden dieser Pflicht nicht nur abwehrrechtliche Ansprüche zugeschrieben, sondern auch eine leistungsrechtliche Dimension[1344] in Form eines Anspruchs auf Heilbehandlung, zumindest bei lebensbedrohlichen, tödlich verlaufenden Krankheiten.[1345] Dabei ging es um die Frage, ob aus dem Grundgesetz unmittelbar leistungsrechtliche Ansprüche folgen können. Der an einer seltenen lebensbedrohlichen Krankheit leidende Beschwerdeführer begehrte die Leistung einer neuen Behandlungsmethode, die noch nicht durch den Gemeinsamen Bundesausschuss (G-BA) genehmigt wurde und infolgedessen nicht im Leistungskatalog des SGB V war. Die gesetzliche

---

1338 *Kingreen*, et al., Grundrechte Staatsrecht 2, 2020, Rn. 482.

1339 Siehe hierzu vertiefend u. a. bei Jarass/Pieroth/GG/*Jarass*, Art. 2 Rn. 90; Dreier/GG/*Schulze-Fielitz*, Art. 2 Abs. 2 Rn. 55.

1340 SG Osnabrück Beschl. v. 4.9.2018 – S 44 AY 12/18 ER, Juris (58).

1341 *Eichenhofer, E.*, ZAR 33 (2013), 169–175 (173).

1342 *ders.*, ZAR 33 (2013), 169–175 (174).

1343 An anderer Stelle wird dieser auch als „Alternativmedizinbeschluss des Bundesverfassungsgerichts" bezeichnet und die Auffassung vertreten, dass der Titel „Nikolausbeschluss" eher abschätzig zu verstehen ist; vgl. *Wilksch*, Recht auf Krankenbehandlung und Recht auf ein menschenwürdiges Existenzminimum, 2017, S. 88 m. w. N. Nach Würdigung der Argumente soll aufgrund der weitreichenden Bekanntheit des Titels „Nikolausbeschluss" dieser folgend verwendet werden.

1344 *Eichenhofer, E.*, ZAR 33 (2013), 169–175 (173 f.).

1345 BVerfGE 115, 25–51 (LS. 3) – Nikolausbeschluss.

Krankenversicherung weigerte sich deshalb für die Kosten aufzukommen. Das BVerfG hat dazu entschieden, dass der Leistungskatalog des SGB V grundgesetzkonform ausgelegt werden muss. Das Gericht stellte die Pflicht jedoch unter die erweiterten Bedingungen: (1.) eine lebensbedrohliche oder regelmäßig tödlich verlaufende Erkrankung oder eine zumindest wertungsmäßig damit vergleichbare Krankheit muss vorliegen, (2.) eine allgemein anerkannte medizinischen Standards entsprechende Behandlung steht nicht zur Verfügung und (3.) hinsichtlich der ärztlich angewandten (neuen, nicht allgemein anerkannten) Behandlungsmethode besteht eine auf Indizien gestützte, nicht ganz fernliegende Aussicht auf Heilung oder wenigstens auf eine spürbare positive Einwirkung auf den Krankheitsverlauf.[1346]

Dabei ist umstritten, wo lebensbedrohliche Erkrankungen beginnen und schwerwiegende Krankheiten enden. Es besteht ein fließender Übergang, der eine Abgrenzung unmöglich macht, vor allem bei psychischen Erkrankungen, wie z. B. einer Depression kann die nicht regelmäßig tödlich verlaufende Krankheit mit dem Tod durch Selbsttötung enden.[1347] Allerdings ist der Maßstab, der an die lebensbedrohlichen, tödlich verlaufenden Krankheiten gestellt wird, deutlich strenger, denn es genügt nicht, dass die Krankheit selbst lebensbedrohlich ist, sondern sie muss einen tödlichen Verlauf angenommen haben, also in absehbarer Zeit sehr wahrscheinlich zum Tod führen. Deshalb sind nur solche Erkrankungen erfasst, die lebensbedrohlich oder regelmäßig tödlich sind, wobei es vor allem auf die Gefährdungslage ankommt. Das BSG hat diese Vorgaben in mehreren Entscheidungen erweitert und erstreckt auf Erkrankungen, die wertungsmäßig mit lebensbedrohlichen oder regelmäßig tödlich verlaufenden Erkrankungen vergleichbar sind. Eine solche Erkrankung ist z. B. ein Dickdarm-Karzinom[1348], aber keine Adrenomyeloneuropathie (AMN)[1349], keine hochgradige Sehstörung in Form von Kurzsichtigkeit, kombiniert mit Astigmatismus[1350] und auch nicht ADHS.[1351] Diese Erweiterung würde jedoch nach Ansicht des BVerfG „dem Ausnahmecharakter eines solchen Leistungsanspruchs nicht

1346 BVerfGE 115, 25–51 (29) – Nikolausbeschluss.

1347 *Zwermann-Milstein,* Grund und Grenzen einer verfassungsrechtlich gebotenen gesundheitlichen Mindestversorgung, 2015, S. 84.

1348 BSG Urt. v. 4.4.2006 – B 1 KR 7/05 R, Juris (30).

1349 BSG Urt. v. 16.12.2008 – B 1 KN 3/07 KR R, BeckRS 2010, 73999 (Rn. 29 f.).

1350 BSG Urt. v. 5.5.2009 – B 1 KR 15/08 R, NJOZ (2009), 3296–3299 (3298).

1351 BSG Urt. v. 30.6.2009 – B 1 KR 5/09 R, NJOZ (2010), 464–469 (469).

gerecht"[1352] und das Gericht betont seither die enge Begrenzung dieses verfassungsunmittelbaren Anspruchs,[1353] bei dem auch bei einer wertungsmäßig damit vergleichbaren Erkrankung eine notstandsähnliche Situation vorliegen muss, in der erheblicher „Zeitdruck für einen zur Lebenserhaltung bestehenden akuten Behandlungsbedarf typisch ist." Eine individuelle Notlage ist durch nahe Lebensgefahr gekennzeichnet.[1354] Dies kann bei psychischen Erkrankungen typischerweise nur in Verbindung mit weiteren körperlichen Symptomen, z. B. einer Unterernährung in Folge einer Anorexia Nervosa (Magersucht) eintreten.

5. *Erfüllung*

Zur Verwirklichung der Schutzpflicht steht dem Staat auch hier ein erheblicher Einschätzungs-, Wertungs- und Gestaltungsspielraum zu. Die Verletzung einer solchen Schutzpflicht verlangt, dass „Schutzvorkehrungen entweder überhaupt nicht getroffen sind, wenn die getroffenen Regelungen und Maßnahmen offensichtlich ungeeignet oder völlig unzulänglich sind, das gebotene Schutzziel zu erreichen, oder wenn sie erheblich hinter dem Schutzziel zurückbleiben."[1355]

Die objektiv-rechtliche Schutzpflicht des Staates umfasst es also, geeignete (konkrete, enge)[1356] Maßnahmen zu ergreifen, um schwere Gefahren für die körperliche Unversehrtheit abzuwehren und das Rechtsgut zu fördern.[1357] Dies kann durch staatliche Leistungen erfolgen, in Form von der Ergreifung eigener Maßnahmen, um die Aufgabe zu wahren oder durch Organisations- und Verfahrenshilfen zur Abwehr von Schädigungen der körperlichen Unversehrtheit durch Dritte.[1358]

Auch staatliche finanzielle Leistungen zum Schutz der Gesundheit können geboten sein. So etwa der sich aus Art. 2 Abs. 2 S. 1 i. V. m. Art. 1 Abs. 1 GG ergebende Anspruch auf Sicherung des Existenzminimums; zumindest,

---

1352 BVerfG Beschl. v. 11.4.2017 – 1 BvR 452/17, NZS 26, 582–585 (584); vgl. auch BVerfG Beschl. v. 26.3.2014 – 1 BvR 2415/13, NJW 67, 2176–2177 (2177).

1353 BVerfGE 140, 229–240 (236) – G-BA demokratische Legitimation, verkehrsfähiges Medizinprodukt; bestätigt in BVerfG, NZS 26, 582–585 (584); so auch BeckOK/GG/*Lang*, 49, Art. 2 Rn. 82.

1354 BVerfG, NZS 26, 582–585 (584); vgl. auch BVerfG, NJW 67, 2176–2177.

1355 BVerfGE 142, 313–353 (337 f.).

1356 Dürig/Herzog/Scholz/GG/*Di Fabio*, 95, Art. 2 Abs. 2 S. 1 Rn. 94.

1357 BVerfGE 115, 25–51 (40) – Nikolausbeschluss; 56, 54–87 (73) – Fluglärm, Lohausen.

1358 von Mangoldt/Klein/Starck, GG/*Starck*, Art. 2 Rn. 230–232.

wenn lebensnotwendige Mittel vorenthalten werden, allerdings wird hierunter gemeinhin lediglich das nackte (Über-)Leben gezählt.[1359]

Eine Minimalversorgung – in Form einer gesundheitlichen Notfallversorgung, eines stationären Krankenhausaufenthalts, der Behandlung von chronischen Krankheiten, ohne die akute Krankheitszustände eintreten würden[1360] oder die Behandlung schwerer Krankheiten[1361] – werden als ausreichend angesehen.[1362] Freiheitsrechtlich sollten darüber hinausgehende Gesundheitsleistungen, „der privaten Vorsorge überlassen" bleiben.[1363]

Konkrete Leistungen sind verfassungsrechtlich also nicht zu gewähren[1364] – über die Garantie des Existenzminimums hinausgehende Ansprüche müssen sich vielmehr aus speziellen einfachgesetzlichen besonderen Leistungsgesetzen, wie z. B. dem SGB V, ergeben.[1365]

V. Erkenntnisse aus dem Verfassungsrecht

Gesundheit ist nicht ausdrücklich Teil eines der Grundrechte,[1366] es gibt also kein explizites Grundrecht auf Gesundheit. Ebenso wenig wird psychische Gesundheit direkt berücksichtigt. Gedanken der Prävention lassen sich ebenfalls auf den ersten Blick nicht identifizieren. Dabei wird beim Verständnis von Gesundheit eine eher medizinische Sicht verfolgt, die Befunde sind relevant, auch daran scheitert bereits eine Früherkennung.[1367] Allerdings lassen sich einige Anknüpfungspunkte für ein Recht auf Gesundheit bzw. für den Zugang auch zu psychiatrisch-psychotherapeutischen Versorgungs- und Vorsorgeleistungen

1359 BVerwGE 52, 339–353 (346); 1, 159–163 (161 f.); Dürig/Herzog/Scholz/GG/*Di Fabio*, 95, Art. 2 Abs. 2 S. 1 Rn. 45; von Mangoldt/Klein/Starck, GG/*Starck*, Art. 2 Rn. 212.

1360 Becker/Kingreen, SGB V/*Kingreen*, § 16 Rn. 17.

1361 Dürig/Herzog/Scholz/GG/*Di Fabio*, 95, Art. 2 Abs. 2 S. 1 Rn. 94.

1362 Dürig/Herzog/Scholz/GG/*Di Fabio*, 95, Art. 2 Abs. 2 S. 1 Rn. 94; BeckOK/GG/*Lang*, 49, Art. 2 Rn. 82; siehe auch *Neumann*, NZS 15 (2006), 393–397; *Schmidt-Aßmann*, NJW 57 (2004), 1689–1695 (1691).

1363 Dürig/Herzog/Scholz/GG/*Di Fabio*, 95, Art. 2 Abs. 2 S. 1 Rn. 94.

1364 Dürig/Herzog/Scholz/GG/*Di Fabio*, 95, Art. 2 Abs. 2 S. 1 Rn. 94 mit Verweis auf *Hänlein*, SGb 50 (2003), 301–310 (304); *Sodan*, NZS 12 (2003), 393–401 (394).

1365 Dürig/Herzog/Scholz/GG/*Di Fabio*, 95, Art. 2 Rn. 94; von Mangoldt/Klein/Starck, GG/*Starck*, Art. 2 Rn. 231.

1366 So auch *Habersack* in Bittlingmayer/Sahrai/Schnabel (Hrsg.), Kein Weg vom Verhalten zu den Verhältnissen, kein Weg vom Individuum zur Struktur, 163–181 (175).

1367 So auch *Seewald*, Zum Verfassungsrecht auf Gesundheit, 1981, S. 7.

finden. Bei der Ausgestaltung der Leistungen für geflüchtete Menschen müssen auch die unions- und völkerrechtlichen Vorgaben Beachtung finden.

1. *Was ist das Mindeste?*

Das Sozialstaatsprinzip umfasst die Gewährleistung eines Grundstandards an sozialer Sicherheit und sozialer Gerechtigkeit, welche durch die Vorgaben des AsylbLG zur Gesundheitsversorgung zunächst erfüllt sind.

Es ist anerkannt, dass sich aus dem Grundrecht auf Leben und körperliche Unversehrtheit in Art. 2 Abs. 2 S. 1 GG i. V. m. dem Sozialstaatsprinzip die Pflicht des Staates ergibt, ein tragfähiges Gesundheits- und Krankenversicherungssystem zu schaffen.[1368] Der Gesetzgebung steht allerdings bei der konkreten Ausgestaltung dieses Systems ein weiter Gestaltungsspielraum zu, aus dem sich keine Leistungsansprüche auf bestimmte medizinische Leistungen ableiten lassen, sondern diese ergeben sich aus speziellen einfachgesetzlichen Leistungsgesetzen.[1369] Der Pflicht zur Schaffung eines tragfähigen Systems ist die Gesetzgebung mit dem AsylbLG zunächst nachgekommen. Fraglich ist, ob dieses auch für den Rechtsschutz der weiteren Grundrechte ausreichend ist und ob das AsylbLG dabei überhaupt eine adäquate Absicherung darstellt. Es kann keine optimale und umfassende Gesundheitsversorgung aus Art. 2 Abs. 2 S. 1 GG abgeleitet werden, vielmehr ist weniger Umfang enthalten als bei der Garantie des menschenwürdigen Existenzminimums, welche früher ansetzt; also nicht erst bei lebensbedrohlichen Erkrankungen. Aber sowohl das Recht auf Leben als auch das Recht auf körperliche Unversehrtheit verlangen garantierte Mindeststandards wie die Sicherung des Existenzminimums und der Gesundheitsversorgung in Form von Behandlungen, die dem medizinischen Standard entsprechen.[1370] Das Grundrecht aus Art. 2 Abs. 2 S. 1 GG sowie die Pflicht des Staates zum Schutz der Gesundheit und körperlichen Unversehrtheit aus Art. 2 Abs. 1 i. V. m. dem Sozialstaatsprinzip und Art. 2 Abs. 2 S. 1 GG sind mit den Beschränkungen der Gesundheitsversorgung von geflüchteten Menschen durch

---

1368 BVerfGE 57, 70–107 (99); BSG Beschl. v. 15.6.2005 – B 1 KR 111/04 B, Juris (10); noch strenger in der Auslegung: Dürig/Herzog/Scholz/GG/*Di Fabio*, 95, Art. 2 Abs. 2 S. 1 Rn. 94; Sachs/GG/*Rixen*, Art. 2 Rn. 225; Dreier/GG/*Schulze-Fielitz*, Art. 2 Abs. 2 Rn. 96.

1369 Dürig/Herzog/Scholz/GG/*Di Fabio*, 95, Art. 2 Abs. 2 S. 1 Rn. 94; von Mangoldt/Klein/Starck, GG/*Starck*, Art. 2 Rn. 231.

1370 BVerfGE 115, 25–51 (LS. 1) – Nikolausbeschluss; *Janda/Wilksch*, SGb 45 (2010), 565–574 (571).

die §§ 4 und 6 AsylbLG nur schwer vereinbar[1371], da die Ausgestaltung nur auf Akutfälle und die Behandlung von Schmerzzuständen reduziert ist.[1372] Das hier verfolgte Verständnis von Art. 2 Abs. 2 S. 1 GG lässt es deshalb nicht zu, den Leistungsberechtigten des AsylbLG Gesundheitsleistungen zugänglich zu machen, den Inhalt aber so zu beschränken, dass nicht einmal eine Minimalversorgung vollumfänglich gewährt wird.[1373]

Die Leistungsberechtigten des § 1 AsylbLG sind von den Vorschriften des SGB V ausgenommen. Ihnen stehen lediglich die Leistungen der §§ 4 und 6 AsylbLG zu, wobei vor allem § 6 AsylbLG als Öffnungsklausel die körperliche Unversehrtheit schützen muss, wenn sich die Leistungen des § 4 AsylbLG als unzureichend erweisen und demnach nicht ausreichend sind. Dann droht eine Grundrechtsverletzung der körperlichen Unversehrtheit. Dies wäre z. B. immer bei der Behandlung von chronischen Krankheiten der Fall, die nie unter die Vorgaben des § 4 AsylbLG fallen, stets aber Teil der Minimalversorgung sind.[1374] Da psychische Erkrankungen bei Leistungsberechtigten des AsylbLG oftmals als chronisch eingestuft werden[1375] und ein Leistungsanspruch nach § 4 AsylbLG demzufolge ausgeschlossen ist, stehen nur die Ermessensleistungen des § 6 AsylbLG offen. Hier ist das Ermessen dann auf null reduziert, sowohl für § 6 Abs. 1 als auch Abs. 2 AsylbLG und ein Anspruch auf Sonstige Leistungen, die zur Sicherung der Gesundheit unerlässlich sind, besteht.[1376]

Der Bedarf zur Sicherung des menschenwürdigen Existenzminimums kann durch einen standardisierten Anspruch gedeckt werden, hier in Form des § 4 AsylbLG. Ein darüber hinausgehender unabweisbarer besonderer Bedarf muss

1371 a. A. SG Landshut, BeckRS 2016, 65330; jurisPK-SGB XII/*Frerichs*, § 4 AsylbLG Rn. 30; Grube/Wahrendorf/Flint, SGB XII, Sozialhilfe/*Leopold*, § 4 AsylbLG Rn. 7; *Deibel*, ZFSH / SGB 47 (2012), 582–591 (582); *Eichenhofer, E.*, ZAR 33 (2013), 169–175 (174); *Kaltenborn*, NZS 24 (2015), 161–165 (161 ff.).

1372 *Eichenhofer, E.*, ZAR 33 (2013), 169–175 (174).

1373 Ähnlich auch *Eichenhofer, E.*, ZAR 33 (2013), 169–175.

1374 Dürig/Herzog/Scholz/GG/*Di Fabio*, 95, Art. 2 Abs. 2 S. 1 Rn. 94.

1375 OVG Niedersachsen Beschl. v. 6.7.2004 - 12 ME 209/04, Juris (LS. 1); OVG Nordrhein-Westfalen Beschl. v. 20.8.2003 - 16 B 2140/02, Justiz-Online NRWE (LS. 1); SG Landshut, BeckRS 2016, 65330; anders VG Göttingen Urt. v. 14.3.2013 - 2 A 87/11, Juris; VG Potsdam Urt. v. 21.6.2004 - 12 K 2435/02.A, Juris.

1376 *BMI*, Bericht zur Evaluierung des Gesetzes zur Steuerung und Begrenzung der Zuwanderung und zur Regelung des Aufenthalts und der Integration von Unionsbürgern und Ausländern (Zuwanderungsgesetz), 2006, S. 244; so auch *Janda/Wilksch*, SGb 45 (2010), 565–574 (573).

durch einen zusätzlichen Leistungsanspruch eingeräumt sein, hier in Form von § 6 Abs. 1 AsylbLG.

Aus dem für alle geltenden Begriff der Menschenwürde lässt sich ableiten, dass grundsätzlich für jede Person dasselbe Existenzminimum sichergestellt werden muss, außer es bestehen tatsächlich nachgewiesene Bedarfsunterschiede, die eine Ungleichbehandlung rechtfertigen.

Im Rahmen des menschenwürdigen Existenzminimums ist das Mindestmaß an gesundheitlichem Existenzminimum, aber an der Schwelle zum SGB V zu ziehen. Dabei sind die dort enthaltenen Leistungen ausreichend, um die nicht nur Anforderungen an eine physische, sondern auch an eine sozio-kulturelle Teilhabe zu ermöglichen.

Da durch die Gesundheitsleistungen des § 4 AsylbLG wichtige Bereiche der Gesundheitsversorgung, z. B. die Behandlung chronischer oder psychischer Erkrankungen ausgeschlossen sind, ist ein menschenwürdiges Existenzminimum hier nicht ausreichend zur Verfügung gestellt. Zudem sind die Leistungen des § 4 AsylbLG insgesamt zu niedrig bemessen, denn sie entsprechen nicht dem Katalog des SGB V, welcher die Mindestversorgung darstellt. Auch die Leistungen des § 6 Abs. 1 AsylbLG können den Anforderungen nicht gerecht werden, da sie nicht nur nicht dem Umfang des SGB V entsprechen, sondern zudem noch in das Ermessen der Leistungsverwaltung gestellt werden.[1377] Da sich nicht abzeichnet, dass sich die Leistungen des SGB V in nächster Zeit deutlich verschlechtern werden, ist es durchaus möglich, die Leistungsberechtigten des AsylbLG mit den gesetzlich Krankenversicherten gleichzustellen und so den Zugang zur Mindestversorgung zu gewährleisten.

2. *Wir und die Anderen?*

Darüber hinaus dürfen bestimmte Gruppen unterschiedliche Leistungen erhalten, wobei der Maßstab die Vorgaben des Art. 3 GG sind. Eine unterschiedliche Behandlung setzt einen tatsächlich abweichenden Bedarf voraus, der nachgewiesen sein muss.

Der Normzweck des § 4 AsylbLG ist es, bei einem nur vorübergehenden Aufenthalt keine teuren und langfristigen Behandlungen von z. B. chronischen Erkrankungen vorzunehmen.[1378] Hier wird also auf die unterschiedlichen

1377 So auch *Janda* in Nowak, A. C./Krämer/Schmidt, K. (Hrsg.), Existenzminimum, Gleichbehandlung, Menschenwürde: Rechtliche Anforderungen an die Gesundheitsversorgung von Asylsuchenden, 31–49 (41).

1378 BT-Drs. 12/4451, S. 9.

Bedarfe von AsylbLG-Empfänger*innen, deren Gesundheitsbedarfe durch die §§ 4 und 6 AsylbLG gedeckt sind und anderen Hilfebedürftigen z. B. im Vergleich die des SGB XII, deren Gesundheitsbedarfe schlussendlich durch die Leistungen des SGB V abgedeckt sind, abgestellt.

Ein Unterschied in der Bedrohung durch Erkrankungen bei Asylsuchenden und anderen Hilfebedürftigen kann nicht begründet werden, vor allem nicht, wenn die Entstehung von Erkrankungen zunächst bio-physiologische Ursachen hat[1379] und damit rein individuell ist. Der Unterschied müsste zudem empirisch belegt sein.[1380] Als gesichert gilt, dass Fluchtmigration eher zu einem gesteigerten Erkrankungsrisiko beiträgt:[1381] Zwangsmigration und Flucht haben einen negativen Einfluss auf die Gesundheit, sowohl im biologischen als auch im psychischen Sinn.[1382] Angesichts der Anzahl der Risikofaktoren ist ein negativer Einfluss von Fluchtmigration auf die psychische Gesundheit zu erwarten.[1383] Die hier zugrunde liegende Ungleichbehandlung lässt sich also so nicht rechtfertigen.

Für eine Differenzierung der unterschiedlichen Bedarfe müsste zudem der Aufenthaltsstatus einen bestimmten gesundheitlichen Minderbedarf begründen.

Einen Beleg für einen geringeren Bedarf aufgrund der erst kurzen Aufenthaltszeit gibt es aber nicht.[1384] Vielmehr zeigt sich, dass gerade nach Ankunft ein großer Bedarf an früher Intervention zum Schutz und der Aufrechterhaltung der Gesundheit besteht.[1385] Bei einer frühen Intervention kann zudem eine langfristige Behandlung vermieden oder verkürzt werden. Die Maßnahme entfaltet ihre Wirkung genau entgegengesetzt zum Ziel. Bei der Ausgestaltung des § 4 AsylbLG müsste nachgewiesen sein, dass diese Minimalversorgung einen empirischen Nachweis hat und deshalb bei dieser Personengruppe nur akute Erkrankungen und Schmerzzustände zu behandeln sind.[1386] Dem kann im Hinblick auf Gesundheit als Grundlage zur Wahrnehmung aller anderen Grundrechte

---

1379 *Kaltenborn*, NZS 24 (2015), 161–165 (163).

1380 *Müller-Krah*, GuP 3 (2012), 132–143 (133).

1381 So z. B. *Lindert*, et al., PPmP 68 (2018), 22–29 (28); *Metzner*, et al., Bundesgesundheitsbl 59 (2016), 642–651 (650); *Razum*, et al., Migration und Gesundheit, Schwerpunktbericht der Gesundheitsberichterstattung des Bundes, 2008, S. 60.

1382 *Allwood*, et al., J Am Acad Child Adolesc Psychiatry 41 (2002), 450–457; siehe außerdem bereits zu den Migrationsstressoren ab S. 116.

1383 So auch *Buchmüller*, et al., Front Psychiatry 9 (2018), 1–12 (2).

1384 So z. B. *Eichenhofer, E.*, ZAR 33 (2013), 169–175 (174); *Kingreen*, NVwZ 29 (2010), 558–562 (561).

1385 Bspw. *Varvin*, Psyche 70 (2016), 825–855; auch BT-Drs. 18/9009, S. 4.

1386 Zur Gleichbehandlung nach Art. 3 GG siehe ab S. 285.

nicht gefolgt werden.[1387] Zudem wird das gesundheitliche Mindestniveau hier auf dem des SGB V angesiedelt, sodass die Leistungen der §§ 4, 6 AsylbLG ohnehin bereits unterhalb des zur Sicherung der menschenwürdigen Existenz Notwendigen liegen.

Es müsste sich zudem erweisen, dass die Aufenthaltszeiten nur vorübergehend sind und eine Behandlung in diesem „kurzen" Zeitraum nicht erfolgversprechend ist.[1388] Mit Einführung des AsylbLG wurde von einem zu erwartenden „auch auf größere Dauer angelegten Aufenthalt" ab sechs Monaten ausgegangen.[1389] Die Annahme von nur kurzen Aufenthaltszeiten ist nicht nur empirisch unbelegt, sondern auch falsch. 2020 lebten insgesamt 230.866 Personen mit einer Aufenthaltsgestattung im Bundesgebiet, 3.579 Personen, davon über sechs Jahre, 226.787 Personen entsprechend sechs Jahre oder weniger.[1390] 220.907 weitere Personen hatten eine Duldung, wobei 134.308 der Personen diese bereits länger als drei Jahre[1391] hatten.[1392] Bei Asylsuchenden kann zudem nicht abgeschätzt werden, ob sich der Aufenthalt im Sinne einer Anerkennung vollständig legalisiert, wobei dann ggf. bereits seit Einreise ein höheres Maß an Leistungen zur Verfügung gestellt hätte werden müssen.[1393] In der Rechtssache Alo & Osso[1394] hat der EuGH ferner eindeutig festgestellt, dass es keine unterschiedlichen Bedarfe zwischen geflüchteten Menschen in der Anfangszeit und bei fortgeschrittenem Aufenthalt gibt. Hinzu kommen bereits abgelehnte bzw. geduldete Personen, die ggf. ausreisepflichtig sind, bei denen die Ausreise oder Abschiebung jedoch aus diversen Gründen nicht vollzogen werden kann, was zu sehr langen Aufenthaltszeiten führt. Diese Uneinheitlichkeit in den Leistungsberechtigten des AsylbLG („heterogener Personenkreis") hatte bereits das BVerfG in Bezug auf die Leistungen des § 3 AsylbLG hinterfragt.[1395]

Auch beim Blick auf die Verfahrensdauer wird deutlich, dass nur in wenigen Fällen ein „kurzer" vorübergehender Aufenthalt angenommen werden kann.

1387 So auch *Deibel*, ZFSH / SGB 47 (2012), 189–194 (189); *Eichenhofer, E.*, ZAR 33 (2013), 169–175 (174); *Müller-Krah*, GuP 3 (2012), 132–143 (132).

1388 So BT-Drs. 12/4451, S. 9.

1389 BT-Drs. 12/4451, S. 7.

1390 BT-Drs. 19/22457, S. 32, eine weitere Differenzierung wurde nicht vorgenommen.

1391 BT-Drs. 19/22457, S. 28.

1392 Vgl. dazu auch *Classen*, et al., info also 28 (2010), 243–249 (249).

1393 *Hathaway*, The rights of refugees under international law, 2005, S. 154–155.

1394 EuGH Urt. v. 1.3.2016 – C-443/14, C-444/14 – Alo & Osso.

1395 BVerfGE 132, 134–179 (163 f.) – Asylbewerberleistungsgesetz; siehe dazu auch jurisPK-SGB XII/*Frerichs*, § 1 AsylbLG Rn. 46.

Die durchschnittliche Zeit für eine erste Entscheidung der Behörden betrug 2019 6,1 Monate. Bis 31.08.2020 waren es aufgrund der Pandemie bereits 8,4 Monate. Bis zu einer rechtskräftigen Entscheidung vergingen 2019 im Durchschnitt 21,3 Monate.[1396] Die Durchführung einer Psychotherapie hingegen umfasst in der Regel ca. 10–15 Stunden[1397] in einem Intervall von einer Stunde pro Woche. Das Genehmigungsverfahren nimmt oftmals mehr Zeit in Anspruch[1398], es sollte eigentlich nur drei bis fünf Wochen dauern.[1399] Aufenthaltszeiten werden also oft auch durch lange Verwaltungsverfahren verlängert, auf die die Leistungsberechtigten nur geringen Einfluss haben. Wer dann wie abschätzen soll, welche Behandlung dabei in der noch verbleibenden unabsehbaren Aufenthaltszeit durchführbar ist, bleibt offen.[1400]

Der Normzweck des § 6 AsylbLG ist es, Sonstige Leistungen zu gewähren, die zur Sicherung der Gesundheit unerlässlich sind. Um welche Leistungen es sich handelt, richtet sich nach den Umständen des Einzelfalls.[1401] Dass § 4 AsylbLG nicht dem menschenwürdigen Existenzminimum entspricht, spiegelt sich in § 6 AsylbLG wider, der dem Ziel dient, Leistungsentscheidungen zu ermöglichen, die dem durch Art. 1 Abs. 1 i. V. m Art. 20 Abs. 1 GG verfassungsrechtlich garantierten Existenzminimum entsprechen.[1402] Hierbei wird jedoch auf eine Ermessensleistung abgestellt, sodass die Gewährung des menschenwürdigen Existenzminimums von der Leistungsverwaltung abhängt.

Die Gesundheitsversorgung nach Maßgabe der §§ 4, 6 AsylbLG ist für die zuständigen Träger auch nicht unbedingt kostengünstiger, denn der Verwaltungsaufwand ist nicht unbeachtlich.[1403] Die tatsächlichen Behandlungskosten sind natürlich für die erbrachten Leistungen gleich, sie werden nur anders abgerechnet. Dadurch, dass nicht alle Erkrankungen behandlungsfähig im Sinne der Leistungen des AsylbLG sind, könnte aber das Gesamtvolumen der Kosten geringer sein. Dem ist nicht zu folgen, wenn die Erkrankungen am Ende akut werden und dann umfangreicher behandelt werden müssen als in ihrer

---

1396 BT-Drs. 19/23630, S. 4–5.

1397 *Biermann-Ratjen*, et al., Gesprächspsychotherapie, 2016, S. 74.

1398 Vgl. Psychotherapeutenverfahren ab S. 195.

1399 Vgl. § 13 Abs. 3a SGB V.

1400 *Janda* in Nowak, A. C. /Krämer/Schmidt, K. (Hrsg.), Existenzminimum, Gleichbehandlung, Menschenwürde: Rechtliche Anforderungen an die Gesundheitsversorgung von Asylsuchenden, 31–49 (43).

1401 BT-Drs. 12/4451, S. 10.

1402 BeckOK SozR/AsylbLG/*Korff*, § 6 Rn. 1.

1403 *Misbach*, ZfMR 9 (2015), 122–135 (129).

Entstehungsphase. Dies zeigen auch die Erkenntnisse aus dem Bremer-Modell, wo Leistungsberechtigte des AsylbLG nicht erst nach 18 Monaten faktisch den gleichen Leistungsumfang wie gesetzlich Krankenversicherte erhalten, sondern von Beginn an, ohne dass dies für die Behörden zu Mehrkosten führt, vielmehr konnten Kosten eingespart werden.[1404] Außerdem sanken sowohl die Behandlungen insgesamt als auch die Vergabe von Medikamenten,[1405] was darauf hindeutet, dass sich das Gesundheitsniveau verbessert hat. Neben migrationspolitischen sind fiskalische Erwägungen ohnehin unbeachtlich,[1406] weshalb auch die Vermeidung vermeintlich teurer Behandlungen keine zulässige Einschränkung darstellen kann. Es scheint vielmehr, dass eine Vermeidung von Zuwanderungsanreizen mit den begrenzten Leistungen der Gesundheitsversorgung erreicht werden soll, was eine migrationspolitische Maßnahme darstellt, die unzulässig ist.[1407]

Eine gesundheitliche Ungleichbehandlung zwischen Hilfebedürftigen des SGB XII und des AsylbLG lässt sich aus diesen Gründen nicht rechtfertigen. Eine Einschränkung der gesundheitlichen Versorgung durch die im Vergleich zum SGB V abgesenkten Leistungen der §§ 4, 6 AsylbLG ist damit im Sinne der Gleichbehandlung zumindest für Asylsuchende in der Anfangszeit ihres Aufenthalts verfassungsrechtlich nicht zulässig.

Das Sozialstaatsprinzip begründet zusammen mit der Menschenwürdegarantie aus Art. 1 Abs. 1, dem allgemeinen Gleichheitssatz aus Art. 3 Abs. 1 und mit Art. 2 Abs. 2 S. 1 GG eine Gewährleistungsverantwortung des Staates für das Bereitstellen einer medizinischen Grundversorgung, die das Existenzminimum sichert. Dabei ist dem Gestaltungsspielraum der Gesetzgebung überlassen, wie und durch wen diese Infrastruktur bereitgestellt wird. Wichtig ist, dass das gesundheitliche Existenzminimum individuell gesichert ist. Dabei wird nicht auf einen umfassenden Gesundheitsschutz abgestellt, aber der Schutzanspruch beinhaltet dennoch zumindest die elementaren Gesundheitsdienstleistungen, zu denen auch eine Behandlung chronischer und psychischer

---

1404 Vgl. *Burmester*, PHF 23 (2015), 106–108; *Frank*, et al., JoHM 2 (2017), 24–47 (38); *Misbach*, ZfMR 9 (2015), 122–135 (129).

1405 *Mohammadzadeh*, et al. in Gesemann/Roth (Hrsg.), Gesundheit für Flüchtlinge – das Bremer Modell, 585–600 (597).

1406 Vgl. BVerfGE 132, 134–179 (164, 172 f.) – Asylbewerberleistungsgesetz; jurisPK-SGB XII/*Frerichs*, § 4 AsylbLG Rn. 22.

1407 So in Fortführung von BVerfGE 132, 134–179 (LS. 2) – Asylbewerberleistungsgesetz.

Erkrankungen gehört, sowie eine frühe Interventionsmöglichkeit zu Prävention von Krankheitsentstehung.

Da die Menschen nach Ankunft in Deutschland besonders schutzbedürftig sind, abgesehen von der Einordung als solche nach der RL 2013/33/EU, brauchen sie Zugang zur medizinischen Grundversorgung, die mehr erfasst als die §§ 4 und 6 AsylbLG und sich am Inhalt des SGB V orientiert. Damit würde den verfassungsrechtlichen Vorgaben entsprochen, nach denen die Vorgaben der §§ 4, 6 AsylbLG nicht ausreichend sind, um ein menschenwürdiges gesundheitliches Existenzminimum zu garantieren. Mit einer Gleichstellung würden auch die Ziele der Gesetzgebung verfolgt, nämlich langwierige, teure Behandlungen zu vermeiden. Zudem würde dies die Eigenverantwortung der Berechtigten stärken, die ebenfalls wichtig ist, weil nicht nur der Staat in die Pflicht genommen werden soll. Das entspricht auch dem Menschenbild des Grundgesetzes aus Art. 1 Abs. 1 sowie Art. 2 Abs. 1 GG als auf Freiheit und Selbstbestimmtheit beruhendes Individuum. Dafür müssen die Menschen befähigt werden, sich selbst einzubringen. Andersfalls werden die gesundheitlichen Versorgungsleistungen verfassungsrechtlich garantiert, aber ebenfalls in der Verfassung besch ränkt.[1408]

1408 Ähnlich auch *Eichenhofer, E.*, ZAR 33 (2013), 169–175.

Kapitel 7 Prävention psychischer Erkrankungen durch die Leistungen des AsylbLG – eine Zusammenfassung

Leistungen zur Gesundheitsversorgung durch die §§ 4 und 6 AsylbLG werden nur in sehr begrenztem Umfang erbracht. Leistungsberechtigte nach § 1 AsylbLG können anders als beispielsweise Leistungsberechtigte nach § 2 AsylbLG keine Leistungen der gesetzlichen Krankenversicherung erhalten. In der Praxis führt diese Aufteilung zu erheblichen Schwierigkeiten im Rahmen der Leistungserbringung. Auf den ersten Blick lassen sich dem AsylbLG insgesamt und den §§ 4 und 6 AsylbLG explizit keine Leistungen für die Behandlung von psychischen Erkrankungen oder gar den Anspruch auf präventive Leistungen zur Frühintervention entnehmen. Bei entsprechender Auslegung der §§ 4 und vor allem 6 AsylbLG ergibt sich, dass die Prävention von psychischen Erkrankungen Teil jeder ärztlichen Behandlung ist und als Sonstige Leistung nach § 6 AsylbLG erbracht werden muss.

Das AsylbLG als Leistungsrecht umfasst dabei eine Vielzahl von unterschiedlichen Aufenthaltstiteln die sehr heterogen sind. Die Bedarfe der Anspruchsberechtigten sind aufgrund der unterschiedlichen Aufenthaltszeiten und Verfahrensstatus kaum miteinander zu vergleichen.

Die Behandlung von psychischen Erkrankungen ist durch die Leistungen der GKV meist in Form von Psychotherapie vorgesehen. Auch nach den §§ 4, 6 AsylbLG kann Psychotherapie in Ausnahmefällen in Anspruch genommen werden. Ergänzende Leistungen wie die der §§ 20 ff. SGB V sind jedoch nicht zugänglich. Die Gesundheitsversorgung durch die GKV ist für die Behandlung von psychischen Erkrankungen besser geeignet. Die Vorgaben aus § 6 Abs. 1 AsylbLG zur Übernahme von Fahrt- und Sprachmittlungskosten sind jedoch besser geeignet als die entsprechenden sozialrechtlichen Regelungen.

Für Leistungsberechtigte nach § 1 Abs. 1 AsylbLG basieren Leistungen für die Behandlung von psychischen Erkrankungen und auch für die Prävention von psychischen Erkrankungen in der Praxis häufig aber auf Projekten und Initiativen von nicht-staatlichen Organisationen wie bspw. Psychosozialen Zentren. Eine Institutionalisierung, also die Leistungen in eine gesellschaftlich anerkannte feste Form zu bringen, hat bisher nicht stattgefunden.

Fluchterlebnisse sind potenziell traumatische Erfahrungen mit nachteiligen Auswirkungen auf die psychische Gesundheit. Geflüchtete Menschen haben ein höheres Gesundheitsrisiko für psychische Erkrankungen als die Allgemeinbevölkerung. Manifeste psychische Erkrankungen haben zahlreiche negative Einflüsse auf den Lebens- und Gesundheitsverlauf; bei einer Chronifizierung ist eine Behandlung oder Besserung nur noch schwer möglich. Es ist deshalb sinnvoll, bereits bei ersten Anzeichen eine Intervention durchzuführen, um erst keine Behandlungsbedürftigkeit entstehen zu lassen.

Dabei kann der Zugang zu niedrigschwelligen Interventionsmaßnahmen in Form einer frühen Intervention die Entstehung und Verschlimmerung von psychischen Erkrankungen auch aufgrund von Fluchterfahrungen hemmen, verbessern oder gar verhindern. Hierfür gibt es bereits zahlreiche Angebote, die es zu institutionalisieren gilt und damit nutzbar und zugänglich zu machen.

Anerkannte geflüchtete Menschen und Leistungsberechtigte des SGB XII haben niedrigschwelligen Zugang zu den Leistungen der GKV und somit weniger Schwierigkeiten, Unterstützungsangebote und Behandlungen in Anspruch nehmen zu können. Leistungsberechtigte nach § 1 AsylbLG, über deren Antrag noch nicht entschieden wurde, haben zunächst keine Möglichkeit, von diesem System zu profitieren, ihre Schlechterstellung lässt sich jedoch völker-, unions- und verfassungsrechtlich nicht rechtfertigen. Vielmehr müssen sie Zugang zu Gesundheitsversorgung auf dem Niveau der Leistungen der GKV erhalten. Die im Vergleich Absenkung und damit ungerechtfertigte Schlechterstellung auf nur die Vorgaben aus §§ 4 und 6 AsylbLG ist ferner rechtswidrig.

Neben verfassungsrechtlichen Schutz- und Gewährleistungspflichten für geflüchtete Menschen hat Deutschland auch völker- und unionsrechtlich besondere Schutzpflichten, die sich auch auf die Gesundheit ausdehnen.

Besondere Schutzbedarfe müssen bei der Aufnahme erfasst und dauerhaft berücksichtigt werden, um den betroffenen Menschen die entsprechenden Unterstützungsleistungen zukommen zu lassen. Teil davon ist auch eine einheitliche Identifizierung von bestehender Vulnerabilität, wobei bei diesen Screenings eventuelle Versorgungsbedarfe frühzeitig erfasst werden. So könnten die betroffenen Personen einer (präventiven) Intervention zugeführt werden, um einen Behandlungsbedarf entweder festzustellen oder ihm zuvorzukommen. In Deutschland erfolgt dies nicht, da die Vorgaben aus der RL 2013/33/EU nicht ausreichend umgesetzt sind.

Der Umfang der Leistungen in den §§ 4 und 6 AsylbLG steht völker-, unions- und verfassungsrechtlichen Vorgaben entgegen. Zumindest Leistungsberechtigte, über deren Antrag noch nicht entschieden wurde, müssen nach den Vorgaben der GKV gesundheitliche Leistungen erhalten. Die Schlechterstellung dieser Leistungsberechtigten ist rechtswidrig. Es würde sich daher anbieten, zumindest für diesen Personenkreis die Vorgaben des § 4 AsylbLG zu streichen und ihnen von Beginn an einen Anspruch wie in § 2 AsylbLG oder §§ 47 ff. SGB XII einzuräumen. § 6 Abs. 1 AsylbLG kann als Auffang-Norm für besondere Bedarfe wie bspw. Sprachmittlung bestehen bleiben.

Das Recht auf Gesundheit wird als den gegen den Staat gerichteten Anspruch auf Gesundheitsschutz und hinreichende Gesundheitsleistungen verstanden. Schlussendlich gibt es aber kein Recht auf Prävention im Grundgesetz und den überstaatlichen Vorgaben bzw. lassen sich schon gesundheitliche Mindestvorgaben nur erschwert entnehmen, die den Gehalt von Prävention nur sehr restriktiv erfassen. Weil der Schutzbereich von Gesundheit dabei so eng ausgelegt wird, ist zwar die Behandlung von Krankheiten zum Schutz der Gesundheit abgedeckt, Prävention hingegen nicht. Dabei können durch Präventionsmaßnahmen Krankheiten verhindert werden, sodass Prävention die Gesundheit schützt.

Bibliografie

Abel, Thomas/Bruhin, Eva/Sommerhalder, Kathrin/Jordan, Susanne, Health Literacy / Gesundheitskompetenz, Bundeszentrale für gesundheitliche Aufklärung, 2018.

Abholz, Heinz-Harald, Public Health, evidenzbasierte Medizin und Prävention als Bedrohung des Individuums in der Medizin, in: *Gerlinger, Thomas/Kümpers, Susanne/Lenhardt, Uwe/Wright, Michael* (Hrsg.), Politik für Gesundheit, Bern 2010, S. 340–351.

Acarturk, Ceren/Konuk, Emre/Cetinkaya, Mustafa/Senay, Ibrahim/Sijbrandij, Marit/Cuijpers, Pim/Aker, Tamer, EMDR for Syrian refugees with posttraumatic stress disorder symptoms: results of a pilot randomized controlled trial, EJPT 6 (2015), 27414–27422.

Aden, Hartmut, Der zu schützende Staat?, in: *Puschke, Jens/Singelnstein, Tobias* (Hrsg.), Der Staat und die Sicherheitsgesellschaft, Wiesbaden 2018, S. 149–167.

Adolph, Olgierd (Hrsg.), SGB II SGB XII Asylbewerberleistungsgesetz, Heidelberg 2021 (zitiert: Adolph SGB II/SGB XII/*Bearbeiter*in*).

Agbih, Sylvia, Gesundheitsversorgung für Flüchtlinge aus ethischer Perspektive: Wo fangen die Fragen an? Globalisierung und kultursensible Medizin, in: *Frewer, Andreas/Bergemann, Lutz/Hack, Caroline/Ulrich, Hans* (Hrsg.), Die kosmopolitische Klinik. Globalisierung und kultursensible Medizin, Würzburg 2017, S. 41–74.

Ahlswede, Johannes, Konsequente Rückführungen von ausreisepflichtigen Ausländern aus der Bundesrepublik Deutschland – eine Pflicht des Rechtsstaates, ZAR 39 (2019), 245–256.

Allwood, Maureen/Bell-Dolan, Debora/Husain, Syed Arshad, Children's trauma and adjustment reactions to violent and nonviolent war experiences, J Am Acad Child Adolesc Psychiatry 41 (2002), 450–457.

Altgeld, Thomas/Erven, Sabine/Vanheiden, Theresa, Luft nach oben, Zugänge erleichtern durch Prävention, Frühintervention und zielgruppengerechte Hilfen?, Niedersächsisches Ministerium für Soziales, Gesundheit und Gleichstellung, 2019.

Altinzencir, Mahmut, Rechtliche Rahmenbedingungen für geflüchtete Menschen in Deutschland und die Aufgabe der Sozialen Arbeit. Eine Bestandaufnahme im Hinblick auf die Praxis, in: *Wartenpfuhl, Birgit* (Hrsg.), Soziale Arbeit und Migration. Konzepte und Lösungen im Vergleich, Wiesbaden 2019, S. 55–70.

American Psychiatric Association (APA), Diagnostic and statistical manual of mental disorders (DSM-V), 5. Aufl., Washington DC 2013.

Ammer, Margit/Kronsteiner, Ruth/Schaffler, Yvonne/Kurz, Barbara/Kremla, Marion, Krieg und Folter im Asylverfahren. Eine psychotherapeutische und juristische Studie, Wien, Graz 2013.

Angelini, Viola/Casi, Laura/Corazzini, Luca, Life satisfaction of immigrants: does cultural assimilation matter?, J Popul Econ 28 (2015), 817–844.

Aoe, Trong/Shetty, Sharmila/Sivilli, Teresa/Blanton, Curtis/Ellis, Heidi/Geltman, Paul/Cochran, Jennifer/Taylor, Eboni/Lankau, Emily/Lopes Cardozo, Barbara, Suicidal Ideation and Mental Health of Bhutanese Refugees in the United States, J Immigr Minor Health 18 (2016), 828–835.

Arbeitsgemeinschaft Tabakprävention (AT), Transkulturelle Prävention und Gesundheitsförderung in der Schweiz, Grundlagen und Empfehlungen, 2009.

Arndt, Hans-Wolfgang/Schumacher, Andreas, Einkommensbesteuerung und Grundrechte. Zum Einfluss grundrechtlicher Entscheidungen des Bundesverfassungsgerichts auf die Entwicklung der Einkommensbesteuerung in der Bundesrepublik Deutschland, AöR 118 (1993), 513–590.

Asmundson, Gordon/Coons, Michael/Taylor, Steven/Katz, Joel, PTSD and the experience of pain: research and clinical implications of shared vulnerability and mutual maintenance models, Can J Psychiatry 47 (2002), 930–937.

Atteslander, Peter, Prävention als Risiko? Chancen und Grenzen der modernen Epidemiologie als Grundlage für gesundheitspolitische Maßnahmen, Dtsch Arztebl 94 (1997), A-2492 / B-2147 / C-1994.

Baban, Feyzi/Ilcan, Suzan/Rygiel, Kim, Playing Border Politics with Urban Syrian Refugees: Legal Ambiguities, Insecurities, and Humanitarian Assistance in Turkey, movements 3 (2017), 79–100.

Bade, Klaus J., Ausländer, Aussiedler, Asyl, München 1994.

Bakker, Linda/Dagevos, Jaco/Engbersen, Godfried, The Importance of Resources and Security in the Socio-Economic Integration of Refugees. A Study on the Impact of Length of Stay in Asylum Accommodation and Residence Status on Socio-Economic Integration for the Four Largest Refugee Groups in the Netherlands, Int. Migration & Integration 15 (2014), 431–448.

Baron, Jenny/Flory, Lea, Versorgungsbericht. Zur psychosozialen Versorgung von Flüchtlingen und Folteropfern in Deutschland, 5. Aufl., Berlin 2019.

Barriga, Stefan, Die Entstehung der Charta der Grundrechte der Europäischen Union. Eine Analyse der Arbeiten im Konvent und kompetenzrechtlicher Fragen, Baden-Baden 2003.

Bartholomäus, Elke, Psychisch kranke Flüchtlinge. Psychotherapie muss genehmigt werden, Dtsch Arztebl PP 15 (2016), 340.

Bast, Jürgen, Illegaler Aufenthalt und europarechtliche Gesetzgebung, ZAR 32 (2012), 1–7.

Bauer, Ullrich, Das Präventionsdilemma. Potenziale schulischer Kompetenzförderung im Spiegel sozialer Polarisierung, Wiesbaden 2005.

Becker, Ulrich, Prävention in Recht und Politik der Europäischen Gemeinschaften, ZSR 49 (2003), 355–375.

ders., Migration und soziale Sicherheit, in: *Becker, Ulrich/Hablitzel, Hans/Kreßel, Eckhard* (Hrsg.), Migration, Beschäftigung und soziale Sicherheit, Berlin 2007, S. 53–71.

Becker, Ulrich/Kingreen, Thorsten (Hrsg.), SGB V. Gesetzliche Krankenversicherung, 6. Aufl., München 2020 (zitiert: Becker/Kingreen, SGB V/*Bearbeiter*in*).

Beck'scher Online-Kommentar. AsylbLG, hrsg. v. *Giesen, Richard/Kreikebohm, Ralf/Rolfs, Christian*, München 2021 (zitiert: BeckOK SozR/AsylbLG/*Bearbeiter*in*).

Beck'scher Online-Kommentar. AsylG, hrsg. v. *Kluth, Winfried/Heusch, Andreas*, München (zitiert: BeckOK Ausländerrecht/AsylG/*Bearbeiter*in*).

Beck'scher Online-Kommentar. AufenthG, hrsg. v. *Kluth, Winfried/Heusch, Andreas*, München 2021 (zitiert: BeckOK Ausländerrecht/AufenthG/*Bearbeiter*in*).

Beck'scher Online-Kommentar. Grundgesetz, hrsg. v. *Epping, Volker/Hillgruber, Christian*, 49. Aufl., München 2021 (zitiert: BeckOK/GG/*Bearbeiter*in*).

Beck'scher Online-Kommentar. SGB V, hrsg. v. *Giesen, Richard/Kreikebohm, Ralf/Rolfs, Christian*, München 2019 (zitiert: BeckOK Sozialrecht/SGB V/*Bearbeiter*in*).

Beck'scher Online-Kommentar. SGB VIII, hrsg. v. *Rolfs, Christian/Giesen, Richard/Kreikebohm, Ralf*, München 2021 (zitiert: BeckOK Sozialrecht/SGB VIII/*Bearbeiter*in*).

Beck'scher Online-Kommentar. SGB XII, hrsg. v. *Giesen, Richard/Kreikebohm, Ralf/Rolfs, Christian*, München 2018 (zitiert: BeckOK Sozialrecht/SGB XII/*Bearbeiter*in*).

Beck'scher Online-Kommentar Migrations- und Integrationsrecht, hrsg. v. *Decker, Andreas/Bader, Johann/Kothe, Peter*, München 2022 (zitiert: BeckOK MigR/*Bearbeiter*in*).

Beermann, Lisa/Trappe, Tobias, Vom Wert des Helfens – Ethische Evaluation eines Projekts zur psychosozialen Versorgung von Flüchtlingen, ZAR 39 (2019), 228–236.

Behnam Shad, Klaus, Die emotionale Erfahrung des Asyls, Wiesbaden 2021.

Beichel-Benedetti, Stephan, Die Neuregelung der Abschiebungshaft im Gesetz zur Neubestimmung des Bleiberechts und der Aufenthaltsbeendigung, NJW 68 (2015), 2541–2545.

Belz, Maria/Özkan, Ibrahim, Psychotherapeutische Arbeit mit Migranten und Geflüchteten, Göttingen, Bristol 2017.

Ben Farhat, Jihane/Blanchet, Karl/Juul Bjertrup, Pia/Veizis, Apostolos/Perrin, Clément/Coulborn, Rebecca/Mayaud, Philippe/Cohuet, Sandra, Syrian refugees in Greece: experience with violence, mental health status, and access to information during the journey and while in Greece, BMC Med 16 (2018), 40–48.

Bergmann, Jan, Abschied vom deutschen Ausländerrecht? Europarechtliche Provokationen, ZAR 33 (2013), 318–325.

Bergmann, Jan/Dienelt, Klaus (Hrsg.), Ausländerrecht. Aufenthaltsgesetz, Freizügigkeitsgesetz/EU und ARB 1/80 (Auszug), Grundrechtecharta und Artikel 16a GG, Asylgesetz, 13. Aufl., München 2020 (zitiert: Bergmann/Dienelt, Ausländerrecht/*Bearbeiter*in*).

Bering, Robert/Schedlich, Claudia/Zurek, Gisela, Großschadenslagen als potentiell traumatisierendes Ereignis, in: *Seidler, Günter/Freyberger, Harald/Glaesmer, Heide/Gahleitner, Silke Birgitta* (Hrsg.), Handbuch der Psychotraumatologie, 3. Aufl., Stuttgart 2019, S. 602–617.

Berlit, Uwe, Flüchtlingsrecht in Zeiten der Krise. Grenzen und Möglichkeiten der Steuerung von Fluchtmigration und ihrer Folgen durch Recht, Baden-Baden 2017.

Bernsdorff, Norbert, Soziale Grundrechte in der Charta der Grundrechte der Europäischen Union, VSSR 19 (2001), 1–23.

Bernsdorff, Norbert/Borowsky, Martin, Die Charta der Grundrechte der Europäischen Union. Handreichungen und Sitzungsprotokolle, Baden-Baden 2002.

Bernzen, Matthias, Grundgesetzliche Krankensicherung neben gesetzlicher Krankenversicherung - Sozialleistungsgrundrechte als Springteufel der jüngeren Rechtsprechung des BVerfG, MedR 35 (2017), 956–958.

Berry, John, Stress perspectives on acculturation, in: *Sam, David/Berry, John* (Hrsg.), The Cambridge handbook of acculturation psychology, Cambridge 2006, S. 43–57.

Bhugra, Dinesh/Gupta, Susham/Bhui, Kamaldeep/Craig, Tom/Dogra, Nisha/Ingleby, David/Kirkbride, James/Moussaoui, Driss/Nazroo, James/Qureshi, Adil/Stompe, Thomas/Tribe, Rachel, WPA guidance on mental health and mental health care in migrants, WPA 10 (2011), 2–10.

Bhui, Kamaldeep/Everitt, Brian/Jones, Edgar, Might depression, psychosocial adversity, and limited social assets explain vulnerability to and resistance against violent radicalisation?, PLOS ONE 9 (2014), e105918.

Biddle, Louise/Wahedi, Katharina/Jahn, Rosa/Straßner, Cornelia/Kratochwill, Steffen/Bozorgmehr, Kayvan, Wissenschaftliche Erkenntnisse zu Strukturen der medizinischen Versorgung in den Erstaufnahmeeinrichtungen für Geflüchtete, 2019.

Biermann-Ratjen, Eva-Maria/Eckert, Jochen/Schwartz, Hans-Joachim, Gesprächspsychotherapie. Verändern durch Verstehen, 10. Aufl., Stuttgart 2016.

Birk, Ulrich-Arthur, Das neue Asylbewerberleistungsgesetz, info also 33 (2015), 51–53.

Bjertrup, Pia Juul/Bouhenia, Malika/Mayaud, Philippe/Perrin, Clément/Ben Farhat, Jihane/Blanchet, Karl, A life in waiting: Refugees' mental health and narratives of social suffering after European Union border closures in March 2016, Soc Sci Med 215 (2018), 53–60.

Blättner, Beate/Süleyman Igde, Talih/Karg, Stephanie, Gesundheitsförderung mit Geflüchteten. Bedarf aus Sicht der Betroffenen, Prävention und Gesundheitsförderung 16 (2021), 144–149.

Bogic, Marija/Njoku, Anthony/Priebe, Stefan, Long-term mental health of war-refugees: a systematic literature review, BMC Public Health 15 (2015), 29.

Böhmig, Carolin, Die psychotherapeutische Versorgung von Geflüchteten in Deutschland, NDV 97 (2017), 9–13.

Bolm, Wolfgang/Bosch, Gregor/Lehmkuhl, Dieter, Zur Reduktion vollstationärer Behandlung durch ein System teilstationärer, ambulanter und komplementärer Dienste, Psychiat Prax 16 (1989), 199–206.

Bonacker, Marco/Geiger, Gunter, Von offenen Grenzen und Krisen. Migration im 21. Jahrhundert, in: *Bonacker, Marco/Geiger, Gunter* (Hrsg.), Grenzen - der demokratische Rechtsstaat und die Herausforderung der Migration, Paderborn 2018, S. 7–10.

Bornschlegl, Wiebke, Der Zugang von Kindern ohne Papiere zu medizinischer Versorgung in Deutschland. Befunde einer explorativen Studie, Erlangen 2016.

Böttche, Maria/Stammel, Nadine/Knaevelsrud, Christine, Psychotherapeutische Versorgung traumatisierter geflüchteter Menschen in Deutschland, Nervenarzt 87 (2016), 1136–1143.

Bozorgmehr, Kayvan/Mohsenpour, Amir/Saure, Daniel/Stock, Christian/Loerbroks, Adrian/Joos, Stefanie/Schneider, Christine, Systematische Übersicht und „Mapping" empirischer Studien des Gesundheitszustands und der medizinischen Versorgung von Flüchtlingen und Asylsuchenden in Deutschland (1990–2014), Bundesgesundheitsbl 59 (2016), 599–620.

Bozorgmehr, Kayvan/Razum, Oliver, Effect of Restricting Access to Health Care on Health Expenditures among Asylum-Seekers and Refugees. A Quasi-Experimental Study in Germany, 1994–2013, PLOS ONE 10 (2015), 1–22.

Brand, Tilman/Kleer, Daniela/Samkange-Zeeb, Florence/Zeeb, Hajo, Prävention bei Menschen mit Migrationshintergrund. Teilnahme, migrationssensible Strategien und Angebotscharakteristika, Bundesgesundheitsbl 58 (2015), 584–592.

Brandmaier, Maximiliane, „Ich hatte hier nie festen Boden unter den Füßen". Traumatisierte Flüchtlinge im Exil, in: *Feldmann, Robert Enrico/Seidler, Günter* (Hrsg.), Traum(a) Migration. Aktuelle Konzepte zur Therapie traumatisierter Flüchtlinge und Folteropfer, Gießen 2013, S. 15–33.

Brandt, Peter, „Soziales Europa?". Erträge des Symposions des Instituts für Europäische Verfassungswissenschaften an der FernUniversität in Hagen, Berlin 2010.

Bräu, Miriam/Heimann, Philip, Das migrationspolitische Existenzminimum, Eine verfassungsrechtliche Prüfung der Leistungskürzungen im Asylbewerberleistungsgesetz (AsylbLG), Humboldt Law Clinic Grund und Menschenrechte, 2020.

Braun, Peter/Kochansky, Gerald/Shapiro, Robert/Greenberg, Susan/Gudeman, Jon/Johnson, Sylvia/Shore, Miles, Overview: deinstitutionalization of psychiatric patients, a critical review of outcome studies, Am J Psychiatry 138 (1981), 736–749.

Breuer, Rüdiger/Gärditz, Klaus Ferdinand (Hrsg.), Öffentliches und privates Wasserrecht, 4. Aufl., München 2017 (zitiert: Breuer/Gärditz/*Bearbeiter*in*).

Brinkmann, Gisbert, Gleichbehandlung von Drittstaatsangehörigen nach den EU-Migrationsrichtlinien, in: *Beichel-Benedetti, Stephan/Janda, Constanze* (Hrsg.), Hohenheimer Horizonte, Baden-Baden 2018, S. 99–115.

Brucks, Ursula, Der blinde Fleck der medizinischen Versorgung in Deutschland. Migration und psychische Erkrankung, psychoneuro 30 (2004), 228–231.

Brucks, Ursula/Wahl, Wulf-Bodo, Über-, Unter-, Fehlversorgung? Bedarfslücken und Strukturprobleme in der ambulanten Gesundheitsversorgung für Migrantinnen und Migranten., in: *Borde, Theda/David, Matthias* (Hrsg.), Gut versorgt? Migrantinnen und Migranten im Gesundheits- und Sozialwesen, Frankfurt a.M. 2003.

Buchmüller, Thimo/Lembcke, Hanna/Busch, Julian/Kumsta, Robert/Leyendecker, Birgit, Exploring Mental Health Status and Syndrome Patterns Among Young Refugee Children in Germany, Front Psychiatry 9 (2018), 1–12.

Bühring, Petra, Unbegleitete minderjährige Flüchtlinge: In besonderem Maße traumatisiert, Dtsch Arztebl PP 16 (2017), 169.

dies., Islamistisch motivierte Radikalisierung: Die innere Sicherheit, Dtsch Arztebl 115 (2018), A-1114 / B-937 / C-933.

Bundesamt für Migration und Flüchtlinge (BAMF), Das Bundesamt in Zahlen 2017, Asyl, Migration und Integration, Bundesamt für Migration und Flüchtlinge, 2018.

dass., Aktuelle Zahlen Dezember 2021, 2021.

dass., Das Bundesamt in Zahlen 2021, Modul Asyl, Bundesamt für Migration und Flüchtlinge, 2022.

Bundesministerium des Innern (BMI), Bericht zur Evaluierung des Gesetzes zur Steuerung und Begrenzung der Zuwanderung und zur Regelung des Aufenthalts und der Integration von Unionsbürgern und Ausländern (Zuwanderungsgesetz), 2006.

dass., Administrative Arrangement between the Hellenic Republic and the Republic of Germany, On cooperation when refusing entry to persons seeking protection in the context of temporary checks at the internal German-Austrian border, 2018.

Bundesministerium für Arbeit und Soziales (BMAS), Soziale Sicherung im Überblick 2020, 2020.

Bundesministerium für Familie, Senioren, Frauen und Jugend (BMFSFJ), Bericht über die Umsetzung der Agenda 2030 für nachhaltige Entwicklung, Freiwilliger deutscher Staatenbericht zum HLPF 2021, 2021.

Bundespsychotherapeutenkammer (BPtK)/Bundesweite Arbeitsgemeinschaft der Psychosozialen Zentren für Flüchtlinge und Folteropfer (BAfF e.V.), Sprachmittlung als Leistung ins SGB V aufnehmen. Für fremdsprachige Patient*innen den Zugang zur Gesundheitsversorgung verbessern, Positionspapier, 2021.

Bundesweite Arbeitsgemeinschaft der Psychosozialen Zentren für Flüchtlinge und Folteropfer (BAfF e.V.), Finanzierung von Sprachmittlungskosten für Geflüchtete, 2020.

Bungenberg, Marc, § 17 Soziale Rechte, in: *Grabenwarter, Christoph* (Hrsg.), Europäischer Grundrechteschutz. Zugleich Band 2 der Enzyklopädie Europarecht, Baden-Baden 2014, S. 681–736.

Burmester, Frank, Medizinische Versorgung der Leistungsberechtigten nach §§ 4 und 6 AsylbLG über eine Krankenkasse, PHF 23 (2015), 106–108.

ders., Medizinische Versorgung der Leistungsberechtigten nach §§ 4 und 6 AsylbLG über eine Krankenkasse, NDV 95 (2015), 109–114.

Butollo, Willi/Maragkos, Markos, Gutachterstelle zur Erkennung psychischer Störungen bei Asylbewerbern, Abschlussbericht, 2012.

Büttner, Melanie, Einführung in die Thematik, in: *Büttner, Melanie* (Hrsg.), Sexualität und Trauma. Grundlagen und Therapie traumaassoziierter sexueller Störungen, Stuttgart 2018, S. 3–59.

Cantzler, Constantin (Hrsg.), Asylbewerberleistungsgesetz. Handkommentar, Baden-Baden 2019 (zitiert: Cantzler, AsylbLG/*Bearbeiter*in*).

Calliess, Christian/Ruffert, Matthias (Hrsg.), EUV/AEUV. Das Verfassungsrecht der Europäischen Union mit Europäischer Grundrechtecharta: Kommentar, 6. Aufl., München 2022 (zitiert: Calliess/Ruffert, EUV/AEUV/*Bearbeiter*in*).

Cechura, Suitbert, Unsere Gesellschaft macht krank. Die Leiden der Zivilisation und das Geschäft mit der Gesundheit, Baden-Baden 2018.

Charta der Grundrechte der Europäischen Union, hrsg. v. *Meyer, Jürgen*, 4. Aufl., Baden-Baden 2014 (zitiert: EUGRCh/*Bearbeiter*in*).

Cholewinski, Ryszard, Study on obstacles to effective access of irregular migrants to minimum social rights, Straßburg 2005.

Churchill, Robin/Khaliq, Urfan, The Collective Complaints System of the European Social Charter: An Effective Mechanism for Ensuring Compliance with Economic and Social Rights?, EJIL 15 (2004), 417–456.

Ciftci, Ayse/Jones, Nev/Corrigan, Patrick, Mental Health Stigma in the Muslim Community, JMMH 7 (2013), 17–32.

Classen, Georg, Sozialleistungen für MigrantInnen und Flüchtlinge. Handbuch für die Praxis, Karlsruhe 2008.

ders., Die Finanzierung ambulanter Psychotherapien für Flüchtlinge, 2010.

ders., Sozialleistungen zur Krankenbehandlung nichtversicherter Ausländer, 2012.

Classen, Georg/Kanalan, Ibrahim, Verfassungsmäßigkeit des Asylbewerberleistungsgesetzes, info also 28 (2010), 243–249.

Clauwaert, Stefan, The Charter's Supervisory Procedures, in: *Bruun, Niklas/Lörcher, Klaus/Schömann, Isabelle/Clauwaert, Stefan* (Hrsg.), The European Social Charter and the employment relation, Oxford 2017, S. 99–144.

Committee on economic, social and cultural rights (CESCR), General Comment No. 3: The nature of States parties' obligations (Art. 2 IPwskR), 1990.

dass., General Comment No. 14: The Right to the Highest Attainable Standard of Health (Art. 12 IPwskR), 2000.

dass., General Comment No. 19: The right to social security (Art. 9 IPwskR), 2008.

dass., General Comment No. 20: Non-discrimination in economic, social and cultural rights (Art. 2 Abs. 2 IPwskR), 2009.

dass., Consideration of reports submitted by States parties under articles 16 and 17 of the Covenant, 2011.

Conrad, Rupert, Flucht und Trauma – Psychische Implikationen der Heimatlosigkeit, in: *Becker, Manuel/Kronenberg, Volker/Pompe, Hedwig* (Hrsg.), Fluchtpunkt Integration, Wiesbaden 2018, S. 171–189.

Council of Europe/European Union Agency for Fundamental Rights (FRA), Handbook on European law relating to asylum, borders and immigration, Luxemburg 2020.

Craven, Matthew, The international covenant on economic, social and cultural rights. A perspective on its development, Oxford 1995.

Cremer, Hendrik, Abschiebungshaft und Menschenrechte. Zur Dauer der Haft und zur Inhaftierung von unbegleiteten Minderjährigen in Deutschland, Berlin 2011.

Cremer, Marit, Angekommen und integriert? Bewältigungsstrategien im Migrationsprozess, Frankfurt a.M. 2017.

Crepaldi, Gianluca/Andreatta, Pia, M. Masud R. Khan (1963) Das kumulative Trauma, Forum Psychoanal 37 (2020), 79–85.

Dahlgren, Göran/Whitehead, Margaret, Policies and strategies to promote social equity in health, Background document to WHO – Strategy paper for Europe, Institute for Futures Studies, 1991.

Danzinger, Carryn/Fellinger, Matthäus/Fellinger-Vols, Waltraud/Psota, Georg/ Wancata, Johannes/Wimmer, Alice/Wochele-Thoma, Thomas, Positionspapier zur Flüchtlingsversorgung. Eine allgemeine Stellungnahme zur psychosozialen Versorgung von Flüchtlingen aus aktueller Sicht, in: *Kaiser, Elmar/Riffer, Friedrich/Streibl, Lore/Sprung, Manuel* (Hrsg.), Das Fremde: Flucht - Trauma - Resilienz. Aktuelle traumaspezifische Konzepte in der Psychosomatik, Berlin 2018, 105–112.

d'Ardenne, Patricia/Ruaro, Laura/Cestari, Leticia/Fakhoury, Walid/Priebe, Stefan, Does Interpreter-Mediated CBT with Traumatized Refugee People Work? A Comparison of Patient Outcomes in East London, Behav. Cogn. Psychother. 35 (2007), 293–301.

Davy, Ulrike, Zweiter Beratungsgegenstand: Soziale Gleichheit: Voraussetzung oder Aufgabe der Verfassung?, in: *Sacksofsky, Ute/Möllers, Christoph/Davy, Ulrike/Axer, Peter* (Hrsg.), Erosion von Verfassungsvoraussetzungen, 2009, S. 122–245.

de Jong, Joop/Komproe, Ivan/van Ommeren, Mark, Common mental disorders in postconflict settings, The Lancet 361 (2003), 2128–2130.

Dederer, Hans-Georg, Die Stellung des Gutes Gesundheit im Verfassungsrecht, in: *Honnefelder, Ludger* (Hrsg.), Jahrbuch für Wissenschaft und Ethik, Berlin, New York 2004, S. 193–209.

Deibel, Klaus, Praktische Probleme bei der Bewilligung von Leistungen nach dem Asylbewerberleistungsgesetz, ZAR 15 (1995), 57–64.

ders., Die Menschenwürde im Asylbewerberleistungsrecht, ZFSH / SGB 47 (2012), 582–591.

Deibel, Klaus, Die Neuregelung des Asylbewerberleistungsrechts durch das Zweite Richtlinienumsetzungsgesetz, ZFSH / SGB 47 (2012), 189–194.

ders., Asylbewerberleistungsrecht aktuell - Zwischen Bundesverfassungsgericht und gesetzlicher Neuregelung, Sozialrecht aktuell 9 (2013), 103–110.

ders., Die Neuregelungen im Asylbewerberleistungsrecht 2019, ZFSH / SGB 54 (2019), 541–548.

ders., Anspruchseinschränkungen im Asylbewerberleistungsrecht und Rückführungsverbote, ZFSH / SGB 55 (2020), 75–77.

Demele, Markus, Armenbekämpfung statt Armutsbekämpfung? Entwicklungszusammenarbeit unter sicherheitspolitischem Druck, in: *Bonacker, Marco/ Geiger, Gunter* (Hrsg.), Grenzen - der demokratische Rechtsstaat und die Herausforderung der Migration, Paderborn 2018, S. 41–56.

Der Paritätische Gesamtverband, Soziale Rechte für Flüchtlinge, Arbeitshilfe zum Thema Flucht und Migration, 2020.

Deutsche Gesellschaft für Psychiatrie, Psychotherapie, Psychosomatik und Nervenheilkunde (DGPPN), Die Behandlung psychischer Erkrankungen in Deutschland. Positionspapier zur aktuellen Lage und zukünftigen Entwicklung, 2. Aufl., Berlin 2013.

Deutsche Gesetzliche Unfallversicherung (DGUV), Psychotherapeutenverfahren, Handlungsanleitung, 2017.

Deutsche Sektion der Internationalen Ärzte für die Verhütung des Atomkrieges (IPPNW), Die gesundheitlichen Folgen von Abschiebungen. Eine Einordnung und Kritik aus ärztlicher und psychotherapeutischer Sicht, 2020.

Deutscher Caritasverband e.V. (DCV), Migration im Fokus. Abschiebung und Abschiebungshaft, Freiburg i.B. 2019.

Devetzi, Stamatia/Janda, Constanze, Das Gesetz zur Regelung von Ansprüchen ausländischer Personen in der Grundsicherung für Arbeitsuchende und in der Sozialhilfe, ZESAR 16 (2017), 197–206.

Dietrich, Wulf, Wir müssen sie behandeln!, MMW - Fortschritte der Medizin 157 (2015), 30.

Dimmen, Siv Anne/Tønnesson, Henning, Bruk av samtalemetoder i barnevernstjenesten. Gjentar vi det siste ordet hele tiden…?, Fontene Forskning 10 (2017), 87.

Ding-Greiner, Christina/Kruse, Andreas, Betreuung und Pflege geistig behinderter und chronisch psychisch kranker Menschen im Alter. Beiträge aus der Praxis, Stuttgart 2010.

Dinter, Katharina, Die medizinische Versorgung Geflüchteter aus rechtlicher Sicht, NZS 30 (2021), 285–290.

Dixius, Andrea/Möhler, Eva, Ein neues Therapie-Konzept validiert die besonderen Bedürfnisse geflüchteter Kinder und Jugendlicher: START, Psychotherapie Forum 22 (2017), 76–85.

Dörig, Harald, Auf dem Weg in ein Gemeinsames Europäisches Asylsystem, NVwZ 33 (2014), 106–110.

Dörr, Oliver/Grote, Rainer/Marauhn, Thilo (Hrsg.), EMRK/GG. Konkordanzkommentar zum europäischen und deutschen Grundrechtsschutz, 2. Aufl., Tübingen 2013 (zitiert: Dörr/Grote/Marauhn EMRK/GG/*Bearbeiter*in*).

Drechsel-Schlund, Claudia/Ullmann, Utz/Angenendt, Jörg, Versorgungsstrukturen bei traumatischen Ereignissen am Arbeitsplatz, ASUMed 17 (2018), 20–24.

Dreier, Horst (Hrsg.), Grundgesetz Kommentar: GG, 3. Aufl., Tübingen 2015 (zitiert: Dreier/GG/*Bearbeiter*in*).

Dünnes-Zimmermann, Sibylle, Gesundheitspolitische Handlungsspielräume der Mitgliedstaaten im Europäischen Gemeinschaftsrecht. Dogmatische Verortung im Rahmen der Grundfreiheiten, Tübingen 2006.

Dürig, Günter (Bgrd.), *Herzog, Roman/Scholz, Rupert/Herdegen, Matthias* (Hrsg.), Grundgesetz. Kommentar, München 2021 (zitiert: Dürig/Herzog/Scholz/GG/*Bearbeiter*in*).

Eddaoudi, Jaqueline, Die muslimische Welt in Krankenhaus und Gesundheitswesen. Für einen erleichterten Arbeitsalltag: Herausforderungen im Umgang mit Musliminnen und Muslimen erfolgreich bewältigen, München 2018.

Ehlers, Dirk (Hrsg.), Besonderes Verwaltungsrecht. Band 3: Kommunalrecht, Haushalts- und Abgabenrecht, Ordnungsrecht, Sozialrecht, Bildungsrecht, Recht des öffentlichen Dienstes, 4. Aufl., Heidelberg 2021 (zitiert: Ehlers/*Bearbeiter*in*).

Eichenhofer, Eberhard, Geschichte des Sozialstaates in Europa. Von der sozialen Frage bis zur Globalisierung, München 2007.

ders., Gesundheitsleistungen für Flüchtlinge, ZAR 33 (2013), 169–175.

ders., Sozialrecht der Europäischen Union, 6. Aufl., Berlin 2015.

ders., A. Allgemeine Bestimmungen, in: *Huber, Bertold/Eichenhofer, Johannes/Endres de Oliveira, Pauline* (Hrsg.), Aufenthaltsrecht, München 2017, Rn. 1–27.

Eichenhofer, Johannes, Die rechtliche Gestaltung der Integration in Zeiten der „Flüchtlingskrise“, in: *Lehner, Roman/Wapler, Friederike* (Hrsg.), Die herausgeforderte Rechtsordnung. Aktuelle Probleme der Flüchtlingspolitik, Berlin 2018, S. 111–145.

Eicher, Wolfgang/Luik, Steffen (Hrsg.), SGB II. Grundsicherung für Arbeitsuchende: Kommentar, 4. Aufl., München 2017 (zitiert: Eicher/Luik/SGB II/*Bearbeiter*in*).

Elkeles, Thomas, Evidenzbasierung in der Gesundheitsförderung? Anmerkungen aus Sicht der Evaluationsforschung, in: *Gerlinger, Thomas/Kümpers, Susanne/Lenhardt, Uwe/Wright, Michael* (Hrsg.), Politik für Gesundheit, Bern 2010, S. 93–103.

Emken, Helena/Engelhardt, Johannes, Flicken für das Sozialnetz. Ehrenamtliche medizinische Versorgung, in: *Zajak, Sabrina/Gottschalk, Ines* (Hrsg.), Flüchtlingshilfe als neues Engagementfeld. Chancen und Herausforderungen des Engagements für Geflüchtete, Baden-Baden 2018, S. 125–155.

Epping, Volker, Grundrechte, 8. Aufl., Berlin 2019.

Erfurter Kommentar zum Arbeitsrecht, hrsg. v. *Müller-Glöge, Rudi/Preis, Ulrich/Schmidt, Ingrid*, 19. Aufl., München 2019 (zitiert: ErfK Arbeitsrecht/*Bearbeiter*in*).

Europäischer Ausschuss für soziale Rechte (ECSR), Digest of the case law of the European Committee of Social Rights, 2008.

European Asylum Support Office (EASO), EASO Training Curriculum, Europäische Union, 2014.

Fabra, Matthias, Posttraumatische Belastungsstörung und Erstschaden aus medizinischer Sicht, medsach 116 (2020), 107–112.

Fazel, Mina/Wheeler, Jeremy/Danesh, John, Prevalence of serious mental disorder in 7000 refugees resettled in western countries: a systematic review, The Lancet 365 (2005), 1309–1314.

Fegert, Jörg M., Ergebnisse des Modellprojekts, 2015.

Felix, Dagmar, Krankenversicherung für alle – Idee und Wirklichkeit, SGb 66 (2019), 709–717.

Fischer, Andrea/Etgeton, Stefan, Prävention und ihre Grenzen, in: *Gerlinger, Thomas/Kümpers, Susanne/Lenhardt, Uwe/Wright, Michael* (Hrsg.), Politik für Gesundheit, Bern 2010, S. 211–222.

Fischer, Gottfried, Einführung in die Theorie und Praxis der Traumatherapie, in: *Brecht, Frank* (Hrsg.), Trauma und Traumatherapie. Grenzen, Forschung, Möglichkeiten, Heidelberg 2014, S. 37–59.

Flores, Glenn/Laws, Barton/Mayo, Sandra/Zuckerman, Barry/Abreu, Milagros/Medina, Leonardo/Hardt, Eric, Errors in medical interpretation and their potential clinical consequences in pediatric encounters, Pediatrics 111 (2003), 6–14.

Flory, Lea, Traumasensibler und empowernder Umgang mit Geflüchteten, Ein Praxisleitfaden, Bundesweite Arbeitsgemeinschaft der Psychosozialen Zentren für Flüchtlinge und Folteropfer, 2017.

Fölsch, Ulrich/Hasenfuß, Gerd/Spies, Hans-Friedrich/Wesiack, Wolfgang/Faulbaum, Frank, Flucht und Migration: Eine Herausforderung für die Medizin in Deutschland, Der Internist 57 (2016), 822–830.

Foroutan, Naika/Schäfer, Isabel, Hybride Identitäten – muslimische Migrantinnen und Migranten in Deutschland, APuZ 15 (2009), 11–18.

Forster, Rudolf, Psychiatriereformen zwischen Medikalisierung und Gemeindeorientierung. Eine kritische Bilanz, Wiesbaden 1997.

Frank, Laura/Yesil-Jürgens, Rahsan/Razum, Oliver/Bozorgmehr, Kayvan/Schenk, Liane/Gilsdorf, Andreas/Rommel, Alexander/Lampert, Thomas, Gesundheit und gesundheitliche Versorgung von Asylsuchenden und Flüchtlingen in Deutschland, JoHM 2 (2017), 24–47.

Franzkowiak, Peter, Risikofaktoren und Risikofaktorenmodell, Bundeszentrale für gesundheitliche Aufklärung, 2018.

Frenz, Walter, Handbuch Europarecht. Band 4: Europäische Grundrechte, 2009.

Frings, Dorothee, Der Anspruch nach dem Asylbewerberleistungsgesetz auf eine medizinische Grundversorgung für Menschen ohne Papiere, in: *Falge, Christiane/Fischer-Lescano, Andreas/Sieveking, Klaus* (Hrsg.), Gesundheit in der Illegalität. Rechte von Menschen ohne Aufenthaltsstatus, Baden-Baden 2009, S. 143–160.

dies., Die Sanktionsentscheidung des BVerfG in ihren Auswirkungen auf das Migrationssozialrecht, AuR 69 (2021), 248–253.

dies., Konsequenzen aus der Sanktionsentscheidung des BVerfG für das Asylbewerberleistungsgesetz, Im Dialog 3 (2021), 33–44.

Frings, Dorothee/Janda, Constanze/Keßler, Stefan/Steffen, Eva, Sozialrecht für Zuwanderer, 2. Aufl., Baden-Baden 2018.

Frommberger, Ulrich/Maercker, Andreas, Posttraumatische Belastungsstörung PTBS ICD10 F431, in: *Voderholzer, Ulrich/Hohagen, Fritz* (Hrsg.), Therapie psychischer Erkrankungen, 16. Aufl., 2020, S. 293–304.

Gäbel, Ulrike/Ruf, Martina/Schauer, Maggie/Odenwald, Michael/Neuner, Frank, Prävalenz der Posttraumatischen Belastungsstörung (PTSD) und Möglichkeiten der Ermittlung in der Asylverfahrenspraxis, ZKPP 35 (2006), 12–20.

Gagel, Alexander (Bgrd.), *Knickrehm, Sabine/Deinert, Olaf* (Hrsg.), SGB II/SGB III. Grundsicherung und Arbeitsförderung: Kommentar, München 2021 (zitiert: Gagel, SGB II/SGB III/*Bearbeiter*in*).

Galuske, Michael, Methoden der Sozialen Arbeit. Eine Einführung, 10. Aufl., Weinheim, 2013.

Ganter, Jonas, Das menschenwürdige Existenzminimum zwischen Karlsruhe und Luxemburg, ZESAR 19 (2020), 113–119.

Gärtner, Bettina, Zur Lage chronisch psychisch Kranker, in: *Borgers, Dieter* (Hrsg.), Jahrbuch Kritische Medizin. Chronische Erkrankungen, Berlin 1999, S. 37–50.

Geisweid, Heike, Folteropfer im Asylverfahren, Rechtsmedizin 27 (2017), 245–248.

Gemeinschaftskommentar zum Asylbewerberleistungsgesetz, hrsg. v. *Hohm, Karl-Heinz/Fritz, Roland/Vormeier, Jürgen,* Neuwied 2021 (zitiert: GK-AsylbLG/*Bearbeiter*in*).

Georgiadou, Ekaterini/Morawa, Eva/Erim, Yesim, High Manifestations of Mental Distress in Arabic Asylum Seekers Accommodated in Collective Centers for Refugees in Germany, Int J Environ Res Public Health 14 (2017), 612–625.

Georgiadou, Ekaterini/Zbidat, Ali/Schmitt, Gregor/Erim, Yesim, Prevalence of Mental Distress Among Syrian Refugees With Residence Permission in Germany. A Registry-Based Study, Front Psychiatry 9 (2018), 1–12.

Gerlach, Stefan, Das neue AsylbLG - Anspruch und Wirklichkeit in der Praxis der kommunalen Asylbewerberleistungsbehörden - Teil 2, ZfF 69 (2017), 221–237.

ders., Das AsylbLG Teil I. Ein Überblick zum aktuell geltenden Asylbewerberleistungsgesetz, SGb 65 (2018), 333–339.

ders., Das AsylbLG Teil II. Ein Überblick zum aktuell geltenden Asylbewerberleistungsgesetz, SGb 65 (2018), 408–414.

Gerlinger, Thomas/Stegmüller, Klaus, Ökonomisch-rationales Handeln als normatives Leitbild der Gesundheitspolitik, in: *Bittlingmayer, Uwe/Sahrai, Diana/Schnabel, Peter-Ernst* (Hrsg.), Normativität und Public Health. Vergessene Dimensionen gesundheitlicher Ungleichheit, Wiesbaden 2009, S. 135–161.

Gerngroß, Johanna, Notfallpsychologie und psychologisches Krisenmanagement. Hilfe und Beratung auf individueller und organisationeller Ebene, Stuttgart 2015.

Gesamtkommentar Sozialrechtsberatung, hrsg. v. *Ehmann, Frank/Karmanski, Carsten/Kuhn-Zuber, Gabriele,* 2. Aufl., Baden-Baden 2018 (zitiert: GesKomm-SRB/*Bearbeiter*in).*

Gesundheitsberichterstattung des Bundes (GBE Bund), Diagnosedaten der Krankenhäuser ab 2000, Eckdaten der vollstationären Patienten und Patientinnen, 2021.

Giegerich, Thomas, § 148 Menschenrechtsübereinkommen des Europarats, in: *Merten, Detlef/Papier, Hans-Jürgen* (Hrsg.), Handbuch der Grundrechte in Deutschland und Europa. Band VI: Europäische Grundrechte I, Heidelberg, 2017, S. 509–567.

Gill, Paul/Corner, Emily, There and back again: The study of mental disorder and terrorist involvement, Am Psychol 72 (2017), 231–241.

GKV-Spitzenverband, Literatur- und Datenbankrecherche zu Gesundheitsförderungs- und Präventionsansätzen bei Menschen mit Migrationshintergrund und Auswertung der vorliegenden Evidenz, Ergebnisbericht, 2017.

Gladow, Christof, Förderung des Aufbaus Psychosozialer Zentren für Geflüchtete, in: *Gladow, Christof* (Hrsg.), Praxis der Kommunalverwaltung Hessen, 3. Aufl., München 2018.

Glöckner, Olaf/Wahdat-Hagh, Wahied, Integrationsbedarfe und Einstellungsmuster von Geflüchteten im Land Brandenburg, Potsdam 2019.

Goodwin-Gill, Guy/McAdam, Jane, The refugee in international law, 3. Aufl., Oxford 2007.

Gordzielik, Teresia/Schmidt, Marko, Ausweisung – Zurückweisung – Abschiebung: Zwischen Aufenthaltsrecht und Exklusion, ZAR 33 (2013), 196–203.

Gori, Gisella, Domestic Enforcement of the European Social Charter. The Way Forward, in: *Búrca, Gráinne de/Witte, Bruno de* (Hrsg.), Social Rights in Europe, New York 2005, S. 69–88.

Gostin, Lawrence, WHO Global Action Plan to Promote the Health of Refugees and Migrants, Milbank Q 97 (2019), 631–635.

Grabitz, Eberhard/Hilf, Meinhard (Bgrd.), *Nettesheim, Martin* (Hrsg.), Das Recht der Europäischen Union, München 2021 (zitiert: Grabitz/Hilf/Nettesheim/EUV/AEUV/*Bearbeiter*in*).

Grahl-Madsen, Atle (Hrsg.), Commentary on the Refugee Convention 1951, Genf 1997 (zitiert: Grahl-Madsen/*Bearbeiter*in*).

Graßhof, Karin (Hrsg.), Nachschlagewerk der Rechtsprechung des Bundesverfassungsgerichts, Heidelberg 2021 (zitiert: Graßhof/*Bearbeiter*in*).

Greiner, Wolfgang/Herr, David, Koordinierte Versorgung von Menschen mit psychischen Erkrankungen, in: *Weiß, Peter/Fegert, Jörg* (Hrsg.), Planen - umsetzen - bewerten: Psychiatriepolitik gestalten, Bonn 2019, S. 28–32.

Greiser, Johannes/Frerichs, Konrad, Der Anspruch von Flüchtlingen auf psychotherapeutische Behandlung, SGb 65 (2018), 213–221.

Groeben, Hans von der/Schwarze, Jürgen/Hatje, Armin (Hrsg.), Europäisches Unionsrecht. Vertrag über die Europäische Union, Vertrag über die Arbeitsweise der Europäischen Union, Charta der Grundrechte der Europäischen

Union, 7. Aufl., Baden-Baden 2015 (zitiert: Groeben, von der/Schwarze GRC/*Bearbeiter*in*).

Grube, Christian/Wahrendorf, Volker (Hrsg.), SGB XII. Sozialhilfe mit Asylbewerberleistungsgesetz: Kommentar, 7. Aufl., München 2020 (zitiert: Grube/Wahrendorf/Flint SGB XII/*Bearbeiter*in*).

Gühne, Uta/Fricke, Ruth/Schliebener, Gudrun, Psychosoziale Therapien sind wichtiges Element in der Behandlung von schweren psychischen Erkrankungen, Berlin 2014.

Günther, Wolfgang/Kurrek, Dennis/Töller, Annette Elisabeth, Ein starker Fall für die Parteiendifferenztheorie: Die Einführung der Gesundheitskarte für Asylsuchende in den Bundesländern, Z Pol 29 (2019), 361–392.

Habersack, Marion, Kein Weg vom Verhalten zu den Verhältnissen, kein Weg vom Individuum zur Struktur. Gesundheit als Naturrecht?, in: *Bittlingmayer, Uwe/Sahrai, Diana/Schnabel, Peter-Ernst* (Hrsg.), Normativität und Public Health. Vergessene Dimensionen gesundheitlicher Ungleichheit, Wiesbaden 2009, S. 163–181.

Hadzic, Elvira, Kommunikationsprozesse und Übersetzungsebenen in der Therapie und Beratung von Geflüchteten, in: *Schriefers, Silvia/Hadzic, Elvira* (Hrsg.), Sprachmittlung in Psychotherapie und Beratung mit geflüchteten Menschen. Wege zur transkulturellen Verständigung, Göttingen 2018, S. 39–58.

Hagaman, Ashley/Sivilli, Teresa/Aoe, Trong/Blanton, Curtis/Ellis, Heidi/Lopes Cardozo, Barbara/Shetty, Sharmila, An Investigation into Suicides Among Bhutanese Refugees Resettled in the United States Between 2008 and 2011, J Immigr Minor Health 18 (2016), 819–827.

Hailbronner, Kay/Thym, Daniel (Hrsg.), EU immigration and asylum law. Article-by-article commentary, 3. Aufl., München 2022 (zitiert: HaiThyKO-ImmigL/*Bearbeiter*in*).

Hänlein, Andreas, Festlegung der Grenzen der Leistungspflicht der Krankenkassen, SGb 50 (2003), 301–310.

Happe, Kathrin/Steinicke, Henning/Westermann, Stefanie, Traumatisierte Flüchtlinge – schnelle Hilfe ist jetzt nötig, Halle (Saale) 2018.

Hassan, Ghayda/Ventevogel, Peter/Jefee-Bahloul, Hussam/Barkil-Oteo, Andres/Kirmayer, Laurence, Mental health and psychosocial wellbeing of Syrians affected by armed conflict, Epidemiol Psychiatr Sci 25 (2016), 129–141.

Hathaway, James, The rights of refugees under international law, Cambridge 2005.

Haubl, Rolf/Leuzinger-Bohleber, Marianne, Hilfe für kleine Störenfriede: Frühprävention statt Psychopharmaka, Forschung Frankfurt 25 (2007), 52–55.

Haverkamp, Rita, Geflüchtete Menschen in Deutschland, Zuwanderung, Lebenslagen, Integration, Kriminalität und Prävention - Ein Überblick, Stiftung Deutsches Forum für Kriminalprävention, 2016.

Heidenreich, Thomas/Schneider, Sabine, Therapie und Soziale Arbeit, in: *Otto, Hans-Uwe/Thiersch, Hans* (Hrsg.), Handbuch Soziale Arbeit. Grundlagen der Sozialarbeit und Sozialpädagogik, 4. Aufl., München 2011, S. 1661–1669.

Heinhold, Hubert, Juristische Aspekte, in: *Liedl, Alexandra/Böttche, Maria/Abdallah-Steinkopff, Barbara/Knaevelsrud, Christine* (Hrsg.), Psychotherapie mit Flüchtlingen - neue Herausforderungen, spezifische Bedürfnisse. Das Praxisbuch für Psychotherapeuten und Ärzte, 2017, S. 18–34.

Hein-Rusinek, Ulrike, Was macht eigentlich der Betriebsarzt? Rolle der Arbeitsmedizin im Betrieblichen Gesundheitsmanagement (BMG), in: *Pfannstiel, Mario/Mehlich, Harald* (Hrsg.), BGM - ein Erfolgsfaktor für Unternehmen. Lösungen, Beispiele, Handlungsanleitungen, Wiesbaden 2018, S. 455–468.

Heitmeyer, Wilhelm/Müller, Joachim/Schröder, Helmut, Verlockender Fundamentalismus. Türkische Jugendliche in Deutschland, Frankfurt a.M. 1998.

Henssler, Martin/Willemsen, Heinz Josef/Kalb, Heinz-Jürgen (Hrsg.), Arbeitsrecht Kommentar, 9. Aufl., Köln 2020 (zitiert: Henssler/Willemsen/Kalb, Arbeitsrecht Kommentar/*Bearbeiter*in*).

Herbig, Britta/Dragano, Nico/Angerer, Peter, Health in the long-term unemployed, Dtsch Arztebl Int 110 (2013), 413–419.

Herdegen, Matthias/Masing, Johannes/Poscher, Ralf/Gärditz, Klaus Ferdinand (Hrsg.), Handbuch des Verfassungsrechts. Darstellung in transnationaler Perspektive, München 2021.

Hermans, Maaike/Kooistra, Jelmer/Cannegieter, Suzanne/Rosendaal, Frits/Mook-Kanamori, Dennis/Nemeth, Banne, Healthcare and disease burden among refugees in long-stay refugee camps at Lesbos, Greece, Eur J Epidemiol 32 (2017), 851–854.

Hermes, Georg, Das Grundrecht auf Schutz von Leben und Gesundheit. Schutzpflicht und Schutzanspruch aus Art. 2 Abs. 2 Satz 1 GG, Heidelberg 1987.

Herpertz, Sabine C., Psychische Gesundheit und gelingende Integration – Wie schaffen wir das?, ASUMed 51 (2016), 832–835.

Hervey, Tamara, We Don't See a Connection. The 'Right to Health' in the EU Charter and European Social Charter, in: *Búrca, Gráinne* de/*Witte, Bruno* de (Hrsg.), Social Rights in Europe, New York 2005, S. 305–336.

Hervey, Tamara/McHale, Jean Vanessa, Health law and the European Union, Cambridge, New York 2004.

Hettich, Nora/Seidel, Franziska Anna/Stuhrmann, Lydia Yao, Psychosocial Interventions for Newly Arrived Adolescent Refugees: A Systematic Review, Adolescent Res Rev 5 (2020), 99–114.

Heuser, Helene, Die Identifizierung von Vulnerabilitäten im Asylverfahren, in: *Heuser, Helene/Junghans, Jakob/Kluth, Winfried* (Hrsg.), Der Schutz vulnerabler Personen im Flucht- und Migrationsrecht. Grundlagen, Identifizierung und bedarfsgerechte Maßnahmen am Beispiel der Betroffenen von Menschenhandel, Halle (Saale) 2021, S. 31–76.

Heyden, Nadia von/Büchner, Antje-Christin/Millius, Philipp, Besondere Rechte im Asylverfahren, Informationen für Schutzsuchende mit besonderen Bedürfnissen, Flüchtlingsrat Sachsen-Anhalt e.V., 2020.

Hillmann, Lars, Rechtliche Gestaltungsvorgaben für die Gesundheitsversorgung Geflüchteter, in: *Brecht-Heitzmann, Holger* (Hrsg.), Die Integration Geflüchteter als Herausforderung für das Sozialrecht, Berlin 2017, S. 83–104.

Hippel, Eike von, Der Schutz des Schwächeren, Tübingen 1982.

Hjellset, Victoria Telle/Ihlebæk, Camilla, Bidimensional Acculturation and Psychological Distress in Pakistani Immigrant Women in Norway: A Cross-Sectional Study, J Immigr Minor Health 21 (2019), 508–514.

Hoffmann, Holger, Weiterer Anpassungsbedarf? Zur Umsetzung der EU-Richtlinien zum Flüchtlings- und Asylrecht, Beilage zum Asylmagazin 10 (2007), 9–18.

Hohm, Karl-Heinz, Zweites Gesetz zur Änderung des Asylbewerberleistungsgesetzes, NVwZ 17 (1998), 1045–1048.

Holinski, Katrin/Knausberg, Miriam, Mal ehrlich! Flucht und Asyl in Sachsen, 6. Aufl., Dresden 2017.

Holl, Julia/Pap, Isabel/Südhof, Jonna/Wolff, Elisabeth/Staben, Katharina/Wolff, Sebastian/Höcker, Anja/Hiller, Philipp/Schäfer, Ingo/Barnow, Sven, Trauma, Resilienz und Emotionsregulation, PPmP 67 (2017), 83–90.

Hollederer, Alfons, Psychische Gesundheit im Fall von Arbeitslosigkeit, Prakt. Arb.med. 4 (2008), 29–32.

Hörich, Carsten/Riebau, Meike, Zur Frage der Weitergeltung einer Verpflichtungserklärung für anerkannte Flüchtlinge, ZAR 35 (2015), 253–257.

Hradil, Stefan, Was prägt das Krankheitsrisiko. Schicht, Lage, Lebensstil?, in: *Richter, Matthias/Hurrelmann, Klaus* (Hrsg.), Gesundheitliche Ungleichheit. Grundlagen, Probleme, Perspektiven, 2. Aufl., Wiesbaden 2009, S. 35–54.

Hruschka, Constantin (Hrsg.), Genfer Flüchtlingskonvention. Handkommentar, Baden-Baden 2022 (zitiert: Hruschka/GFK/*Bearbeiter*in*).

Hruschka, Constantin, Keine Migrationssteuerung durch Binnengrenzkontrollen. Anmerkungen zur »Arib« - Entscheidung des EuGH vom 19. März 2019, Asylmagazin 22 (2019), 147–153.

Hruschka, Constantin/Lindner, Christoph, Der internationale Schutz nach Art. 15b und c Qualifikationsrichtlinie im Lichte der Maßstäbe von Art. 3 EMRK und § 60 VII AufenthG, NVwZ 26 (2007), 645–650.

Hülshoff, Thomas, Basiswissen Medizin für die Soziale Arbeit, München 2011.

Inter-Agency Standing Committee (IASC), Guidelines on Mental Health and Psychosocial Support in Emergency setting, 2007.

Isensee, Josef, Menschenwürde: Rettungsinsel in der Flüchtlingsflut. Verfassung und Integration, in: *Depenheuer, Otto/Grabenwarter, Christoph* (Hrsg.), Der Staat in der Flüchtlingskrise. Zwischen gutem Willen und geltendem Recht, Paderborn 2016, S. 231–249.

Isensee, Josef/Kirchhoff, Paul (Hrsg.), Handbuch des Staatsrechts der Bundesrepublik Deutschland. Band II: Verfassungsstaat, Heidelberg 2004 (zitiert: Isensee/Kirchhoff/Bd. II/*Bearbeiter*in*).

dies. (Hrsg.), Handbuch des Staatsrechts der Bundesrepublik Deutschland. Band III: Demokratie - Bundesorgane, Heidelberg 2005 (zitiert: Isensee/Kirchhoff/Bd. III/*Bearbeiter*in*).

Jack, Nicole, Keine Leistungseinschränkung nach § 1a AsylbLG bei drohenden Menschenrechtsverletzungen im Herkunftsland, ZAR 41 (2021), 248–250.

Jacobi, Frank, Nehmen psychische Störungen zu?, Report Psychologie 34 (2009), 16–28.

Jacobi, Frank/Höfler, Michael/Siegert, Jens/Mack, Simon/Gerschler, Anja/Scholl, Lucie/Busch, Markus/Maske, Ulrike/Hapke, Ulfert/Gaebel, Wolfgang/Maier, Wolfgang/Wagner, Michael/Zielasek, Jürgen/Wittchen, Hans-Ulrich, Psychische Störungen in der Allgemeinbevölkerung. Studie zur Gesundheit Erwachsener in Deutschland und ihr Zusatzmodul Psychische Gesundheit, Nervenarzt 85 (2014), 77–87.

Jacobs, Elizabeth/Sadowski, Laura/Rathouz, Paul, The impact of an enhanced interpreter service intervention on hospital costs and patient satisfaction, J Gen Intern Med 22 (2007), 306–311.

Jacobs, Elizabeth/Shepard, Donald/Suaya, Jose/Stone, Esta-Lee, Overcoming language barriers in health care: costs and benefits of interpreter services. The practice guide, Am J Public Health 94 (2004), 866–869.

Jakobsen, Marianne/Demott, Melinda/Heir, Trond, Prevalence of Psychiatric Disorders Among Unaccompanied Asylum-Seeking Adolescents in Norway, Clin Pract Epidemiol Ment Health 10 (2014), 53–58.

Jakubaschk, Jürgen/Hunziker, Rudolf, Neue Langzeitpatienten-demographische und diagnostische Besonderheiten, Schweiz Arch Neurol Psychiatr 138 (1987), 45–61.

Janda, Constanze, Migranten im Sozialstaat, Tübingen 2012.

dies., Quo vadis, AsylbLG? Möglichkeiten der Neugestaltung der existenzsichernden Leistungen für Personen mit vorübergehendem Aufenthalt nach dem Urt. des BVerfG, ZAR 33 (2013), 175–182.

dies., Die Reform des AsylbLG aus verfassungs- und europarechtlicher Sicht, in: *Barwig, Klaus/Beichel-Benedetti, Stephan/Brinkmann, Gisbert* (Hrsg.), Steht das europäische Migrationsrecht unter Druck?, Baden-Baden 2015, S. 188–195.

dies., Medizinrecht, 3. Aufl., Konstanz 2016.

dies., § 1a AsylbLG und das Recht auf Sicherung einer menschenwürdigen Existenz: Bedarfsdeckung nur bei Rechtstreue?, SGb 65 (2018), 344–350.

dies., Das „Sanktionsurteil" des Bundesverfassungsgerichts und die Leistungseinschränkungen im AsylbLG. Welche Grenzen setzt das Recht auf Existenzsicherung?, info also 38 (2020), 103–111.

dies., § 25 Zugang zu Sozialleistungen für Drittstaatsangehörige, in: *Wollenschläger, Ferdinand* (Hrsg.), Europäischer Freizügigkeitsraum – Unionsbürgerschaft und Migrationsrecht, 2. Aufl., Baden-Baden 2021, Rn. 1–159.

dies., Existenzminimum, Gleichbehandlung, Menschenwürde: Rechtliche Anforderungen an die Gesundheitsversorgung von Asylsuchenden, in: *Nowak, Anna Christina/Krämer, Alexander/Schmidt, Kerstin* (Hrsg.), Flucht und Gesundheit. Facetten eines interdisziplinären Zugangs, Baden-Baden 2021, S. 31–49.

Janda, Constanze/Wilksch, Florian, Das Asylbewerberleistungsgesetz nach dem „Regelsatz-Urt." des BVerfG, SGb 45 (2010), 565–574.

Janßen, Christian/Grosse Frie, Kirstin/Dinger, Hanna/Schiffmann, Lars/Ommen, Oliver, Der Einfluss von sozialer Ungleichheit auf die medizinische und gesundheitsbezogene Versorgung in Deutschland, in: *Richter, Matthias/Hurrelmann, Klaus* (Hrsg.), Gesundheitliche Ungleichheit. Grundlagen, Probleme, Perspektiven, 2. Aufl., Wiesbaden 2009, S. 149–165.

Jarass, Hans (Hrsg.), Charta der Grundrechte der Europäischen Union. Unter Einbeziehung der sonstigen Grundrechtsregelungen des Primärrechts und der EMRK; Kommentar, 4. Aufl., München 2021 (zitiert: Jarass/GRCh/*Bearbeiter*in*).

Jarass, Hans/Kment, Martin (Hrsg.), Grundgesetz für die Bundesrepublik Deutschland. Kommentar, 16. Aufl., München 2020 (zitiert: Jarass/Pieroth/GG/*Bearbeiter*in*).

Jung, Eberhard, Das Recht auf Gesundheit. Versuch einer Grundlegung des Gesundheitsrechts der Bundesrepublik Deutschland, München 1982.

Jung, Felicitas/Hilbert, Thomas, Das Bremer Modell Gesundheitsversorgung Asylsuchender, Gesundheitsamt Bremen, 2011.

Junge-Hoffmeister, Juliane, Prävention psychischer Störungen, in: *Schneider, Silvia/Margraf, Jürgen* (Hrsg.), Lehrbuch der Verhaltenstherapie: Störungen im Kindes- und Jugendalter, Berlin 2009, S. 901–922.

Junghans, Jakob, Schutzbedürftige Personen im Aufnahmeverfahren der Länder, in: *Heuser, Helene/Junghans, Jakob/Kluth, Winfried* (Hrsg.), Der Schutz vulnerabler Personen im Flucht- und Migrationsrecht. Grundlagen, Identifizierung und bedarfsgerechte Maßnahmen am Beispiel der Betroffenen von Menschenhandel, Halle (Saale) 2021, S. 77–135.

juris PraxisKommentar SGB I. Sozialgesetzbuch Erstes Buch, Allgemeiner Teil mit VO (EG) 883/2004, hrsg. v. *Voelzke, Thomas*, 3. Aufl., Saarbrücken 2018 (zitiert: jurisPK-SGB I/*Bearbeiter*in*).

juris PraxisKommentar SGB V. Sozialgesetzbuch Fünftes Buch, gesetzliche Krankenversicherung, hrsg. v. *Engelmann, Klaus/Schlegel, Rainer/Voelzke, Thomas*, 4. Aufl., Saarbrücken 2020 (zitiert: jurisPK-SGB V/*Bearbeiter*in*).

juris PraxisKommentar SGB XII – Sozialhilfe mit AsylbLG, hrsg. v. *Schlegel, Rainer/Voelzke, Thomas*, 3. Aufl., 2020 (zitiert: jurisPK-SGB XII/*Bearbeiter*in*).

Kahl, Wolfgang, Freiheitsprinzip und Sozialprinzip in der Europäischen Union, in: *Bauer, Hartmut/Kahl, Wolfgang* (Hrsg.), Wirtschaft im offenen Verfassungsstaat, München 2006, S. 75–110.

Kahraman, Seher/Songur, Berivan, Wir wollen teilhaben, bloß wie? Chancen und Herausforderungen zur Teilhabe aus der Perspektive von Personen mit Migrationshintergrund und Geflüchteten, in: *Zajak, Sabrina/Gottschalk, Ines* (Hrsg.), Flüchtlingshilfe als neues Engagementfeld. Chancen und Herausforderungen des Engagements für Geflüchtete, Baden-Baden 2018, S. 247–260.

Kaltenborn, Markus, Die Neufassung des Asylbewerberleistungsgesetzes und das Recht auf Gesundheit, NZS 24 (2015), 161–165.

ders., Social Rights and International Development. Global Legal Standards for the Post-2015 Development Agenda, Berlin 2015.

Kanalan, Ibrahim, Medizinische Versorgung transgeschlechtlicher Flüchtlinge, VSSR 34 (2016), 161–195.

ders., Rechtstreue als Voraussetzung für den Anspruch auf die Gewährleistung eines menschenwürdigen Existenzminimums. Zugleich Besprechung von BSG, Urt. v. 12.5.2017, B 7 AY 1/16 R, NZS 27 (2018), 641–646.

Kanalan, Ibrahim, Sanktionen im sozialleistungsrecht: Zur Verfassungswidrigkeit der Leistungseinschränkungen nach dem Asylbewerberleistungsgesetz, ZFSH / SGB 53 (2018), 247–256.

ders., Existenzminimum nach Luxemburger Art. Der EuGH zu der Möglichkeit von Sanktionen bei existenzsichernden Leistungen (RS. C-233/18), VerfBlog (2019).

Kanalan, Ibrahim/Krajewski, Markus, Medizinische Versorgung irregulärer Migranten aus menschenrechtlicher Sicht, ZESAR 16 (2017), 418–426.

Karagiannis, Syméon, Le droit à la santé dans certains textes internationaux et constitutionnels: entre généreuse utopie et mesquin pragmatisme?, Clunet 139 (2012), 1137–1212.

Karamanidou, Lena/Kasparek, Bernd, Border Management and Migration Control in the European Union, 2018.

dies., Fundamental Rights, Accountability and Transparency in European Governance of Migration: The Case of the European Border and Coast Guard Agency Frontex, 2020.

Kasseler Kommentar Sozialversicherungsrecht. SGB I, SGB IV, SGB V, SGB VI, SGB VII, SGB X, SGB XI, hrsg. v. *Körner, Anne/Leitherer, Stephan/Mutschler, Bernd*, 114. Aufl., München 2021 (zitiert: KassKomm/*Bearbeiter*in*).

Kaukko, Mervi/Dunwoodie, Karen/Riggs, Elisha, Rethinking the ethical and methodological dimensions of research with refugee children, ZEP 40 (2017), 16–21.

Keller, Ferdinand/Schepker, Renate/Heuft, Gereon/Felix, Sebastian/Laßhof, Annika/Rassenhofer, Miriam/Fegert, Jörg, Effektivität der Frühintervention in Traumaambulanzen. Ergebnisse des Modellprojekts zur Evaluation von Ambulanzen nach dem Opferentschädigungsgesetz, Psychotherapeut 61 (2016), 197–207.

Kepert, Jan, Das neue Asylbewerberleistungsgesetz. Werden wirklich nur Personen vom Anwendungsbereich des Gesetztes erfasst, die sich kurzfristig in Deutschland aufhalten?, ZFSH / SGB 50 (2015), 80–83.

Kingreen, Thorsten, Die Universalisierung sozialer Rechte im europäischen Gemeinschaftsrecht, in: *Hatje, Armin/Huber, Peter* (Hrsg.), Unionsbürgerschaft und soziale Rechte, Baden-Baden 2007, S. 43–74.

ders., Schätzungen „ins Blaue hinein": Zu den Auswirkungen des Hartz IV-Urt.s des Bundesverfassungsgerichts auf das Asylbewerberleistungsgesetz, NVwZ 29 (2010), 558–562.

ders., Soziale Rechte und Migration, Baden-Baden 2010.

Kingreen, Thorsten/Poscher, Ralf, Grundrechte Staatsrecht 2, 36. Aufl., Heidelberg 2020.

Kirch, Wilhelm/Hillger, Christiane/Koyuncu, Adem/Schüttel, Ursula/Wolfram, Nicole, Prävention und Gesundheitsförderung, in: *Schrappe, Matthias/Lauterbach, Karl/Lüngen, Markus* (Hrsg.), Gesundheitsökonomie, Management und Evidence-based Medicine. Eine systemische Einführung, 3. Aufl., 2010, S. 180–203.

Klöpfer, Carsten, Einführung in die Traumaberatung, in: *Barth, Detlef* (Hrsg.), Beratungswissen auf den Punkt gebracht. Ein Handbuch für Studierende, professionelle Begleiter/-innen und alle, die es werden wollen, München 2015, S. 176–215.

Klosterkötter, Joachim, Prävention psychischer Erkrankungen, in: *Kirch, Wilhelm/Badura, Bernhard/Pfaff, Holger* (Hrsg.), Prävention und Versorgungsforschung, Berlin 2008, S. 755–771.

Klosterkötter, Joachim/Müller, Hendrik, Prävention schizophrener und anderer psychotischer Störungen, in: *Klosterkötter, Joachim/Maier, Wolfgang* (Hrsg.), Handbuch Präventive Psychiatrie. Forschung - Lehre - Versorgung, Stuttgart 2018, S. 227–284.

Klotz, Sabine, Weibliche Geflüchtete und das Recht auf Gesundheit. Zwischen Vulnerabilität, Autonomie und Empowerment, in: *Bergemann, Lutz/Frewer, Andreas* (Hrsg.), Autonomie und Vulnerabilität in der Medizin. Menschenrechte - Ethik - Empowerment, Bielefeld 2019, S. 225–279.

Klotz, Theodor/Haisch, Jochen/Hurrelmann, Klaus, Prävention und Gesundheitsförderung: Ziel ist anhaltend hohe Lebensqualität, Dtsch Arztebl 103 (2016), A-606 / B-519 / C-499.

Kluckert, Sebastian (Hrsg.), Das neue Infektionsschutzrecht, 2. Aufl., Baden-Baden 2021 (zitiert: Kluckert Neues InfektionsschutzR/*Bearbeiter*in*).

Kluth, Winfried, Gesundheitsdienstleistungen nach dem Asylbewerberleistungsgesetz. Das eingeschränkte Leistungsspektrum und die Menschenwürde, SozSich 67 (2018), 32–38.

ders., Die besonderen Bedürfnisse von schutzbedürftigen Personen im System des europäischen und deutschen Migrationsrechts, ZAR 40 (2020), 119–127.

Knipper, Michael/Bilgin, Yasar, Migration und Gesundheit, Sankt Augustin 2009.

Knipscheer, Jeroen/Sleijpen, Marieke/Mooren, Trudy/ter Heide, Jackie June/van der Aa, Niels, Trauma exposure and refugee status as predictors of mental health outcomes in treatment-seeking refugees, BJPsych Bull 39 (2015), 178–182.

Knospe, Armin, Thematische Konkordanzen gouvernementeller Arbeits- und Sozialpolitik in internationalen Organisationen - Synergie oder Konkurrenz? Teil I, ZESAR 18 (2019), 10–17.

Koch, Eckhardt/Müller, Matthias/Schouler-Ocak, Meryam, Sucht und Migration, Freiburg i.B. 2013.

Kogan, Ilany, Nachwort, in: *Bründl, Peter/Kogan, Ilany* (Hrsg.), Kindheit jenseits von Trauma und Fremdheit. Psychoanalytische Erkundung von Migrationsschicksalen im Kindes- und Jugendalter, Frankfurt a.M. 2005, S. 288–300.

Koll-Krüsmann, Marion, Was ist psychosoziale Unterstützung?, in: *Strametz, Reinhard* (Hrsg.), Mitarbeitersicherheit ist Patientensicherheit. Psychosoziale Unterstützung von Behandelnden im Krankenhaus, Stuttgart 2021, S. 56–63.

Kooperationsverband Gesundheitliche Chancengleichheit, Glossar zur Gesundheitsförderung mit Geflüchteten, Abgrenzung und Empfehlungen zur Verwendung von Begriffen und Konzepten, 2019.

Kranig, Andreas, Die Gesetzliche Unfallversicherung im Prozess der deutschen Wiedervereinigung, NZS 29 (2020), 729–740.

Krauskopf, Soziale Krankenversicherung Pflegeversicherung, hrsg. v. *Wagner, Regine/Knittel, Stefan*, München 2021 (zitiert: Krauskopf/*Bearbeiter*in*).

Krennerich, Michael, Wie lange grüßt das Murmeltier? Deutscher Prüfbedarf und das Beschwerdeverfahren für den Internationalen Pakt über wirtschaftliche, soziale und kulturelle Rechte, ZfMR 8 (2014), 158–167.

ders., Soziale Menschenrechte. Zwischen Recht und Politik, Schwalbach 2016.

Kreßel, Eckhard, Mitwirkungspflichten und Sanktionen bei der Inanspruchnahme von Grundsicherungsleistungen, NZS 28 (2019), 730–738.

Kundt, Karin, Die Gesundheitsversorgung in Deutschland aus staatlicher Sicht. Der Weg zu mehr Vergleichbarkeit und Qualität im System der Gesetzlichen Krankenversicherung, Hamburg 2017.

Kux, Julia, Psychische Erkrankungen im Asylverfahren, Resonanzen 5 (2017), 44–55.

Lambert, Jessica/Alhassoon, Omar, Trauma-focused therapy for refugees: meta-analytic findings, J Couns Psychol 62 (2015), 28–37.

Landau, Herbert, Gesundheit als Staatsziel? Verfassungsrecht und Staatsaufgaben, in: *Schumpelick, Volker* (Hrsg.), Volkskrankheiten. Gesundheitliche Herausforderungen in der Wohlstandsgesellschaft, Freiburg i.B. 2009, S. 589–602.

Lautenschläger, Dunja, Der Status ausländischer Personen im deutschen Transplantationssystem, Frankfurt a.M. 2009.

Leary, Virginia, The right to health in international human rights law, Health Hum Rights 1 (1994), 24–56.

dies., Justiciability and Beyond: Complaint Procedures and the Right to Health, ICJ Review 27 (1995), 105–122.

Lederer, Anja, Das neue Asylbewerberleistungsgesetz, 4. Aufl., Regensburg 2019.

Lehr- und Praxiskommentar: Sozialgesetzbuch I. Allgemeiner Teil, hrsg. v. *Krahmer, Utz/Trenk-Hinterberger, Peter*, 4. Aufl., Baden-Baden 2020 (zitiert: LPK SGB I/*Bearbeiter*in*).

Lehr- und Praxiskommentar: Sozialgesetzbuch XII, Sozialhilfe, hrsg. v. *Bieritz-Harder, Renate/Conradis, Wolfgang/Thie, Stephan*, 12. Aufl., Baden-Baden 2020 (zitiert: LPK-SGB XII/*Bearbeiter*in*).

Leiska-Stephan, Nicola, Empfehlungen des Deutschen Vereins zu Hilfeleistungen an von häuslicher Gewalt betroffene Frauen und ihre Kinder insbesondere im Rechtskreis des SGB II, NDV 88 (2008), 365–374.

Lemmer, Wiebke, Rechtliche Aspekte der psychiatrischen und psychotherapeutischen Versorgung von Geflüchteten in Deutschland, Universitätsklinikum Münster, 2017.

Lennertz, Ilka/Leuzinger-Bohleber, Marianne, Traumatisierung von Kindern in Folge von Flucht und Vertreibung, in: *Braches-Chyrek, Rita/Röhner, Charlotte/Sünker, Heinz/Hopf, Michaela* (Hrsg.), Handbuch Frühe Kindheit, 2. Aufl., Opladen 2020, 497–510.

Lenze, Anne, Armut und Unterversorgung aus rechtswissenschaftlicher Sicht: Das menschenwürdige Existenzminimum als wichtigste Konstruktionslinie des Sozial-, Steuer- und Unterhaltsrechts, in: *Masuch, Peter/Spellbrink, Wolfgang/Becker, Ulrich/Leibfried, Stephan* (Hrsg.), Bundessozialgericht und Sozialstaatsforschung. Richterliche Wissensgewinnung und Wissenschaft, Berlin 2015, S. 409–440.

Leuzinger-Bohleber, Marianne/Andresen, Sabine, Step-by-Step, Abschlussbericht über das Pilotprojekt Step-by-Step zur Betreuung von traumatisierten Flüchtlingen in der Erstaufnahmeeinrichtung „Michaelisdorf" in Darmstadt, Hessisches Ministerium für Soziales und Integration, 2017.

Leuzinger-Bohleber, Marianne/Hettich, Nora, What and How Can Psychoanalysis Contribute in Support of Refugees? Concepts, clinical experiences and applications in the project STEP-BY-STEP, a pilot project supporting refugees in the initial reception center "Michaelisdorf" (Michaelis-village) in Darm stadt, Int J Appl Psychoanal Studies 15 (2018), 151–173.

Leuzinger-Bohleber, Marianne/Tahiri, Mariam/Hettich, Nora, Step-by-Step. Pilotprojekt zur Unterstützung von Geflüchteten in der Erstaufnahmeeinrichtung „Michaelisdorf" in Darmstadt, Psychotherapeut 62 (2017), 341–347.

Li, Susan/Liddell, Belinda/Nickerson, Angela, The Relationship Between Post-Migration Stress and Psychological Disorders in Refugees and Asylum Seekers, Curr Psychiatry Rep 18 (2016), 82,1–82,9.

Liedl, Alexandra/Knaevelsrud, Christine, Chronic pain and PTSD: the Perpetual Avoidance Model and its treatment implications, Torture 18 (2008), 69–76.

Lincoln, Sarah, Abschiebungen als Türöffner. Kein Wohnungsschutz für Geflüchtete, in: *Armbruster, Leoni Michal/Bartolucci, Bellinda/Gössner, Rolf/Heesen, Julia/Heiming, Martin/Kreowski, Hans-Jörg/Thurn, John Philipp/Will, Rosemarie/Winkler, Michèle/Zedler, Christine* (Hrsg.), Grundrechte-Report 2020, Frankfurt a.M. 2020, S. 119–124.

dies., Das Ausländerzentralregister, Eine Datensammlung außer Kontrolle, 2022.

Lindert, Jutta/Carta, Mauro/Schäfer, Ingo/Mollica, Richard, Refugees mental health-A public mental health challenge, Eur J Public Health 26 (2016), 374–375.

Lindert, Jutta/Ehrenstein, Ondine von/Wehrwein, Annette/Brähler, Elmar/Schäfer, Ingo, Angst, Depressionen und posttraumatische Belastungsstörungen bei Flüchtlingen – eine Bestandsaufnahme, PPmP 68 (2018), 22–29.

Lindner, Katja, Ansprüche auf Gesundheitsleistungen für Asylsuchende in Deutschland, Rechtslage und Reformbedarfe, Dresden 2021.

Linke, Charlotte Marie, Möglichkeiten und Grenzen der ehrenamtlichen medizinischen Versorgung von nicht versicherten, chronisch kranken Migrant*innen in Berlin, Berlin 2019.

Logvinov, Michail, Zur Psychopathologie des Extremismus und Terrorismus. Erklärungsansätze – Befunde – Kritik, Wiesbaden 2019.

Löhr, Tillmann, Gesetzliche Konsequenzen aus der Rücknahme des Vorbehalts zur Kinderrechtskonvention, ZAR 30 (2010), 378–385.

Lübbe, Anna, Kein judikatives Ventil für die dysfunktionale europäische Asylallokation – Anmerkung zu den Urt.en des EuGH vom 26.7.2017, RS. C-490/16 (A.S./Slowenien) und RS. C-646/16 (Jafari), EuR 52 (2017), 639–647.

dies., Vereinbarkeit der Zurückweisungspraxis unter dem deutsch-griechischen „Seehofer-Abkommen" mit unionsrechtlichen Vorgaben zum effektiven Rechtsschutz, 2018.

dies., Administrative Court of Munich on Seehofer Push Backs: No Protection of Interim Legal Protection?, 2019.

Lueger-Schuster, Brigitte, Der Rahmen psychosozialer Notfallversorgung. Überlegungen, Erkenntnisse, Guidelines und Standards, in: *Lueger-Schuster, Brigitte* (Hrsg.), Psychosoziale Hilfe bei Katastrophen und komplexen Schadenslagen, Wien 2006, S. 1–44.

Machleidt, Wielant, Integration als Kulturelle Adoleszenz! Eine neue Perspektive auf Integration, in: *Marks, Erich* (Hrsg.), Prävention & Integration, Mönchengladbach 2018, S. 57–64.

Mahler, Claudia, Das Fakultativprotokoll zum UN-Sozialpakt – Warum die Ratifikation durch Deutschland notwendig ist, DIMR aktuell 18 (2011), 1–5.

Mahler, Claudia, Das Fakultativprotokoll zum UN-Sozialpakt endlich annehmen, DIMR aktuell 22 (2015), 1–4.

Mahler, Claudia/Follmar-Otto, Petra, Asylbewerberleistungsgesetz auf dem menschenrechtlichen Prüfstand, ZAR 31 (2011), 378–384.

Maier, Wolfgang/Hauth, Iris/Berger, Mathias/Saß, Henning, Zwischenmenschliche Gewalt im Kontext affektiver und psychotischer Störungen, Nervenarzt 87 (2016), 53–68.

Mangoldt, Hermann von/Klein, Friedrich/Starck, Christian (Hrsg.), Grundgesetz. Kommentar, 7. Aufl., München 2018 (zitiert: von Mangoldt/Klein/Starck, GG/*Bearbeiter*in*).

Marazziti, Donatella/Stahl, Stephen, Evil, terrorism, and psychiatry, CNS Spectr 23 (2018), 117–118.

Margraf, Jürgen, Edna Foa: Das Besondere bei PTSD ist, dass die Betroffenen Angst haben, an das traumatische Ereignis zu denken, Verhaltenstherapie 15 (2005), 182–186.

Markard, Nora, Die Bedeutung der Menschenrechte für Migrant*innen in Europa, ZAR 39 (2019), 236–241.

Marshall, Anne/Butler, Kathryn/Roche, Tricia/Cumming, Jessica/Taknint, Joelle, Refugee youth: A review of mental health counselling issues and practices, Can. Psychol. 57 (2016), 308–319.

Maslow, Abraham, A Theory of Human Motivation, Psychol Rev 4 (1943), 370–396.

ders., Motivation and Personality, 1954.

Maurer, Kurt/Löffler, Walter/Häfner, Heinz, Seelische Behinderung - Vorläufer oder soziale Folge der Schizophrenie, Gesundheitswesen 56 (1996), 79–85.

Mayer, Matthias/Eußner, Annika/Walther, Claudia, Arbeitsmarktintegration von Flüchtlingen - Wieso sie wichtig ist und wie sie gelingen kann, NDV 96 (2016), 397–401.

McDonald, Alun, Invisible Wounds, The impact of six years of war on the mental health of Syria's children, Save the Children, 2017.

Mels, Cindy/Derluyn, Ilse/Broekaert, Eric/Rosseel, Yves, The psychological impact of forced displacement and related risk factors on Eastern Congolese adolescents affected by war, J Child Psychol Psychiatry 51 (2010), 1096–1104.

Mergler, Otto/Zink, Günther (Hrsg.), Handbuch der Grundsicherung und Sozialhilfe, Teil II: SGB XII, Stuttgart 2021 (zitiert: Mergler/Zink/*Bearbeiter*in*).

Metzner, Franka/Reher, Cornelia/Kindler, Heinz/Pawils, Silke, Psychotherapeutische Versorgung von begleiteten und unbegleiteten minderjährigen

Flüchtlingen und Asylbewerbern mit Traumafolgestörungen in Deutschland, Bundesgesundheitsbl 59 (2016), 642–651.

Mewes, Ricarda/Kowarsch, Lea/Reinacher, Hanna/Nater, Urs, Barrieren und Chancen zur psychotherapeutischen Versorgung von Asylsuchenden – Eine Befragung niedergelassener Psychotherapeuten in Mittel- und Nordhessen, PPmP 66 (2016), 361–368.

Meyer, Jürgen/Hölscheidt, Sven (Hrsg.), Charta der Grundrechte der Europäischen Union, 5. Aufl., Baden-Baden 2019 (zitiert: Meyer/Hölscheidt, EUGRCh/*Bearbeiter*in*).

Meysen, Thomas/Achterfeld, Susanne, Geflüchtete Kinder und Jugendliche im Spannungsfeld von Kinder- und Jugendhilfe-, Familien- und Ausländerrecht, in: *Lehner, Roman/Wapler, Friederike* (Hrsg.), Die herausgeforderte Rechtsordnung. Aktuelle Probleme der Flüchtlingspolitik, Berlin 2018, S. 313–349.

Mikkola, Matti, Social human rights of Europe, Helsinki 2010.

ders., Right to Health as a Human Right in Europe, in: *Hartlev, Mette/Rynning, Elisabeth* (Hrsg.), Nordic health law in a European context. Welfare state perspectives on patients‘ rights and biomedicine, Leiden 2011, S. 31–48.

Misbach, Elène, „Sich für Gesundheit starkmachen“ – Solidarische Flüchtlingsarbeit als gemeinsamer sozialer Kampf um Rechte, ZfMR 9 (2015), 122–135.

Mohammadzadeh, Zahra, Das Bremer Erstuntersuchungsprogramm für Asylsuchende, Gesundheitswesen 57 (1995), 457–461.

Mohammadzadeh, Zahra/Jung, Felicitas/Lelgemann, Monika, Gesundheit für Flüchtlinge – das Bremer Modell, in: *Gesemann, Frank/Roth, Roland* (Hrsg.), Handbuch Lokale Integrationspolitik, Wiesbaden 2018, S. 585–600.

Mong, Nathalie/Zaudig, Michael, Psychotherapeutische Sprechstunde: Prävention, Psychoedukation und Koordination, Dtsch Arztebl 15 (2017), 529–531.

Moosmann, Elisabeth, Chronische Erkrankungen: Psychische und körperliche Komponenten nicht trennen, Dtsch Arztebl 97 (2000), A-824 / B-683 / C-639.

Moreno, Anna, Haben wir ein gesamtgesellschaftliches Interesse an der Gesunderhaltung der Geflüchteten?, ZfMER 7 (2016), 5–14.

Morlok, Martin/Michael, Lothar, Staatsorganisationsrecht, 4. Aufl., Baden-Baden 2018.

Mösko, Mike/Maggu, Juliette/Bührig, Kristin/Schulz, Holger, Multilingualism in the hospital in Germany - demands, resources and practices, EJPH 28 (2018), 58.

Mückenberger, Ulrich, Eine europäische Sozialverfassung?, EuR 49 (2014), 369–399.

Münch, Ingo von/Kunig, Philip (Bgrd.), *Kämmerer, Jörn Axel/Kotzur, Markus* (Hrsg.), Grundgesetz. Kommentar, 7. Aufl., München 2021 (zitiert: von Münch/Kunig GG/*Bearbeiter*in*).

Mucker, Juliane/Bautz, Wolfgang/Hadzic, Elvira, Rahmenbedingungen für Psychotherapie und Beratung unter Einsatz von Sprachmittlern und Sprachmittlerinnen, in: *Schriefers, Silvia/Hadzic, Elvira* (Hrsg.), Sprachmittlung in Psychotherapie und Beratung mit geflüchteten Menschen. Wege zur transkulturellen Verständigung, Göttingen 2018, 25–38.

Mühlig, Stephan/Jacobi, Frank, Psychoedukation, in: *Wittchen, Hans-Ulrich/ Hoyer, Jürgen* (Hrsg.), Klinische Psychologie & Psychotherapie, Berlin 2011, S. 477–490.

Mülder, Marje, Licht am Ende des verfassungswidrigen Tunnels?, SGb 67 (2020), 30–34.

Müller, Henning, Basiswissen Vertragsarztrecht, Norderstedt 2019.

Müller-Krah, Eva-Maria, Die Gesundheitsleistungen für Asylbewerber nach §§ 4, 6 AsylbLG - gesundheitliches Existenzminimum unterhalb des Existenzminimums?, GuP 3 (2012), 132–143.

Münchener Anwaltshandbuch Versicherungsrecht, hrsg. v. *Höra, Knut*, 4. Aufl., München 2017 (zitiert: MAH VersR/*Bearbeiter*in*).

Münchener Handbuch zum Arbeitsrecht. Band 2 Individualarbeitsrecht II, hrsg. v. *Kiel, Heinrich/Lunk, Stefan/Oetker, Hartmut*, 5. Aufl., München 2021 (zitiert: MHdB ArbR/*Bearbeiter*in*).

Münchener Kommentar zum Bürgerlichen Gesetzbuch, hrsg. v. *Säcker, Franz Jürgen/Rixecker, Roland/Oetker, Hartmut*, München 2020 (zitiert: MüKo BGB/*Bearbeiter*in*).

Münchener Prozessformularbuch: Verwaltungsrecht, hrsg. v. *Johlen, Heribert*, 5. Aufl., München 2018 (zitiert: MPFormB VerwR/*Bearbeiter*in*).

Mylius, Maren, Die medizinische Versorgung von Menschen ohne Papiere in Deutschland. Studien zur Praxis in Gesundheitsämtern und Krankenhäusern, Bielefeld 2016.

Mylius, Maren/Frewer, Andreas, Medizinische Versorgung von Migrantinnen und Migranten ohne legalen Aufenthaltsstatus – Eine Studie zur Rolle der Gesundheitsämter in Deutschland, Gesundheitswesen 76 (2014), 440–445.

Nachtigall, Rhea, Die Ausdifferenzierung der Duldung, ZAR 40 (2020), 271–279.

Nagel, Eckhard/Egle, Christian, Auswirkungen des Zustroms von Asylbewerbern auf die gesundheitliche Versorgung in Bayern, Bayerisches Staatsministerium für Gesundheit und Pflege, 2018.

Nebe, Katja, Prävention an der Schnittstelle von Arbeits- und Sozialrecht. Herausforderungen einer gemeinsamen Aufgabe, in: *Brockmann, Judith* (Hrsg.), Prävention an der Schnittstelle von Arbeits- und Sozialrecht, Berlin 2014, S. 97–109.

Nenkova, Yana, Aufenthaltsstatus als Inklusions- und Exklusionsaspekt, in: *Popescu-Willigmann, Silvester/Remmele, Bernd* (Hrsg.), ‚Refugees Welcome' in der Erwachsenenbildung. Adressatengerechte Programmgestaltung in der Grundbildung, Bielefeld 2019, S. 40–50.

Nesterova, Albina, Resilienz und persönliche Ressourcen von Migrant*innen, in: *Wartenpfuhl, Birgit* (Hrsg.), Soziale Arbeit und Migration. Konzepte und Lösungen im Vergleich, Wiesbaden 2019, S. 107–115.

Nestler, Robert/Ziebritzki, Catharina, Unionsrecht statt „Deals" in der europäischen Asylpolitik, NVwZ 39 (2020), 129–133.

Nettesheim, Martin, EU-Recht und nationales Verfassungsrecht, EuR 39 (2004), 1–143.

Neumann, Volker, Das medizinische Existenzminimum, NZS 15 (2006), 393–397.

Niehoff, Jens-Uwe, Gesundheitssicherung, Gesundheitsversorgung, Gesundheitsmanagement. Grundlagen, Ziele, Aufgaben, Perspektiven, Berlin 2008.

Nuscheler, Franz, Internationale Migration, Wiesbaden 2004.

Nußberger, Angelika, § 34 Das Sozialrecht der internationalen Organisationen, in: *Maydell, Bernd von/Ruland, Franz/Becker, Ulrich* (Hrsg.), Sozialrechtshandbuch, 4. Aufl., Baden-Baden 2008, Rn. 1–89.

Odello, Marco/Seatzu, Francesco, The UN Committee on Economic, Social and Cultural Rights, London 2020.

Oestreicher, Ernst/Decker, Andreas (Hrsg.), SGB II / SGB XII. Grundsicherung für Arbeitsuchende und Sozialhilfe mit Asylbewerberleistungsrecht, 93. Aufl., München 2021 (zitiert: Oestreicher/Decker, SGB II/SGB XII/*Bearbeiter*in*).

Oetker, Rolf, Entwicklungspsychologische Grundlagen, in: *Esser, Günter* (Hrsg.), Lehrbuch der klinischen Psychologie und Psychotherapie bei Kindern und Jugendlichen, 3. Aufl., Stuttgart 2008, S. 3–30.

Öhlinger, Theo, Die Europäische Sozialcharta, in: *Nowak, Manfred* (Hrsg.), Fortschritt im Bewusstsein der Grund- und Menschenrechte, Kehl 1988, S. 213–232.

Oppermann, Dagmar, Das Asylbewerberleistungsrecht in der Fassung des Asylverfahrensbeschleunigungsgesetzes (Teil 1), jurisPR-SozR 14 (2016), Anm. 1.

dies., Sozialleistungen für Geflüchtete im Fokus europäischer Sekundärmigration, ZESAR 19 (2020), 305–312.

Pache, Eckhard, § 10 Die Union als Raum der Freiheit, der Sicherheit und des Rechts, in: *Niedobitek, Matthias* (Hrsg.), Europarecht. Politiken der Union, Berlin 2014, S. 1065–1206.

PdK Bu, Die Sozialversicherung. SGB I, SGB IV, SGB V, hrsg. v. *Gerlach, Werner*, Wiesbaden 2021 (zitiert: PdK Bu H-5/*Bearbeiter*in*).

Pechstein, Matthias/Nowak, Carsten/Häde, Ulrich (Hrsg.), Frankfurter Kommentar zu EUV, GRC und AEUV, Tübingen 2017 (zitiert: Pechstein/Nowak/Häde, Frankfurter Kommentar EUV/GRC/AEUV/*Bearbeiter*in*).

Pelzer, Marei/Lehnert, Matthias, Diskriminierendes Sonderrecht: Warum das Asylbewerberleistungsgesetz verfassungswidrig ist, KJ 43 (2010), 452–459.

Pelzer, Marei/Pichl, Maximilian, Wohnsitzauflage und Residenzpflicht: Aktuelle Einschränkungen der Freizügigkeit von Flüchtlingen, ZAR 36 (2016), 96–101.

Peseke, Marlen, Flüchtlingsmigration in Deutschland. Herausforderung an die medizinische Versorgung, Bremen 2018.

Pestalozza, Christian, Das Recht auf Gesundheit. Verfassungsrechtliche Dimensionen, Bundesgesundheitsbl 50 (2007), 1113–1118.

Pfausler, Bettina/Schmutzhard, Erich, Flüchtlinge in der Neurologie. Importierte Erkrankungen des Nervensystems erkennen und behandeln, Psychiatrie und Neurologie 14 (2017), 18–22.

Pfennig, Andrea/Leopold, Karolina/Pfeiffer, Steffi, Prävention psychischer Erkrankungen in schwierigen Lebenssituationen, Die Psychiatrie 11 (2014), 223–226.

Philippi, Mirjam/Melchert, Petra/Renaud, Dagmar, Welche gesundheitsbezogenen Informationen brauchen Geflüchtete?, Prävention und Gesundheitsförderung 13 (2018), 203–210.

Plagemann, Hermann, SG Landshut: Keine Psychotherapie für Asylbewerber, FD-SozVR 5 (2016), 376643.

Porter, Matthew/Haslam, Nick, Predisplacement and postdisplacement factors associated with mental health of refugees and internally displaced persons: a meta-analysis, JAMA 294 (2005), 602–612.

Preusche, Bernhard, Eine ethische Perspektive auf die sozialen Menschenrechte. Mindestbedingungen für eine gerechte Zukunft des Sozialstaats, Erfurt 2013.

Priebe, Stefan/Hofmann, Karin/Isermann, Margarete/Kaiser, Wolfgang, Klinische Merkmale langzeithospitalisierter Patienten, Psychiat Prax 23 (1996), 15–20.

Pschyrembel Klinisches Wörterbuch, 268. Aufl., Berlin 2020.

Quenzel, Gudrun/Schaeffer, Doris, Health Literacy, Gesundheitskompetenz vulnerabler Bevölkerungsgruppen, 2016.

Rahmani, Zakaria/Daiber, Stephan, Psychologische Betreuung Geflüchteter. Ein Pyrrhussieg für freiwillig Engagierte?, in: *Zajak, Sabrina/Gottschalk, Ines* (Hrsg.), Flüchtlingshilfe als neues Engagementfeld. Chancen und Herausforderungen des Engagements für Geflüchtete, Baden-Baden 2018, S. 157–182.

Ravens-Sieberer, Ulrike/Wille, Nora/Bettge, Susanne/Erhart, Michael, Psychische Gesundheit von Kindern und Jugendlichen in Deutschland. Ergebnisse aus der BELLA-Studie im Kinder- und Jugendgesundheitssurvey (KiGGS), Bundesgesundheitsbl 50 (2007), 871–878.

Raza, Syed Ahsan/Salemi, Jason Lee/Zoorob, Roger Jamil, Historical perspectives on prevention paradox: When the population moves as a whole, J Family Med Prim Care 7 (2018), 1163–1165.

Razum, Oliver/Saß, Anke-Christine/Bozorgmehr, Kayvan, Gesundheitliche Versorgung von Geflüchteten: Herausforderungen und Lösungsansätze, Bundesgesundheitsbl 59 (2016), 543–544.

Razum, Oliver/Zeeb, Hajo/Meesmann, Uta/Schenk, Liane/Bredehorst, Maren/Brzoska, Patrick/Dercks, Tanja/Glodny, Susanne/Menkhaus, Björn/Salman, Ramazan/Saß, Anke-Christine/Ulrich, Ralf, Migration und Gesundheit, Schwerpunktbericht der Gesundheitsberichterstattung des Bundes, Robert Koch Institut, 2008.

Regionalkomitee für Europa, Compendium of health system responses to large-scale migration in the WHO European Region, Weltgesundheitsorganisation, 2018.

dass., Report on the health of refugees and migrants in the WHO European Region, 2018.

Regionalkomitee für Europa/Weltgesundheitsorganisation (WHO), Health of refugees and migrants, Regional situation analysis, practices, experiences, lessons learned and ways forward, 2018.

Rehklau, Christine, Flüchtlinge als Adressat_innen Sozialer Arbeit? , in: *Ghaderi, Cinur/Eppenstein, Thomas* (Hrsg.), Flüchtlinge. Multiperspektivische Zugänge, Wiesbaden 2017, S. 305–322.

Rehman, Javaid, International human rights law: a practical approach, 2. Aufl., London 2010.

Reiter, Renate/Töller, Annette Elisabeth, Permissive und restriktive Muster in den Asylpolitiken der Bundesländer, dms 12 (2019), 194–220.

Richards, David, Stepped care: a method to deliver increased access to psychological therapies, Can J Psychiatry 57 (2012), 210–215.

Richter, Rainer, Prävention psychischer Erkrankungen – Ziele für ein Nationales Aktionsprogramm, PHF 22 (2014), 9–10.

Riffer, Friedrich, Schmerz im Kontext psychiatrischer Versorgung, in: *Kaiser, Elmar/Riffer, Friedrich/Streibl, Lore/Sprung, Manuel* (Hrsg.), Das

Fremde: Flucht - Trauma - Resilienz. Aktuelle traumaspezifische Konzepte in der Psychosomatik, Berlin 2018, S. 129–139.

Riffer, Friedrich/Sprung, Manuel/Kaiser, Elmar/Streibl, Lore, Trauma und Schmerzen, in: *Kaiser, Elmar/Riffer, Friedrich/Streibl, Lore/Sprung, Manuel* (Hrsg.), Das Fremde: Flucht - Trauma - Resilienz. Aktuelle traumaspezifische Konzepte in der Psychosomatik, Berlin 2018, S. 35–40.

Ritgen, Klaus, Rückführung. Abschiebungsverbot, Abschiebungshindernisse, Duldung, in: *Meyer, Hubert/Ritgen, Klaus/Schäfer, Roland* (Hrsg.), Flüchtlingsrecht und Integration. Handbuch, Wiesbaden 2016, S. 266–269.

ders., Die verfassungsrechtlichen Grundlagen des Asylrechts in Deutschland, in: *Meyer, Hubert/Ritgen, Klaus/Schäfer, Roland* (Hrsg.), Handbuch Flüchtlingsrecht und Integration, 2. Aufl., Wiesbaden 2018, S. 154–177.

ders., Rückführung abgelehnter Schutzsuchender, in: *Meyer, Hubert/Ritgen, Klaus/Schäfer, Roland* (Hrsg.), Handbuch Flüchtlingsrecht und Integration, 2. Aufl., Wiesbaden 2018, S. 294–315.

Rixen, Stephan, Zwischen Hilfe, Abschreckung und Pragmatismus: Gesundheitsrecht der Flüchtlingskrise, NVwZ 34 (2015), 1640–1644.

ders., Gestaltungsspielräume bei der Gewährung von Leistungen an Geflüchtete - Verfassungsrecht, EU-Recht, Völkerrecht, in: *Henneke, Hans-Günter* (Hrsg.), Flüchtlingsunterbringung und -integration als kommunale Herausforderung, Stuttgart 2016, S. 133–152.

*Robbers, Gerhard, Republik, in: Herdegen, Matthias/Klein, Hans/Papier, Hans-Jürgen/Scholz, Rupe*rt (Hrsg.), Staatsrecht und Politik, München 2009, S. 379–397.

Rogge, Benedikt, Wie uns Arbeitslosigkeit unter die Haut geht. Identitätsprozess und psychische Gesundheit bei Statuswechseln, Köln 2018.

Rohmann, Tim, Mindeststandards verAnkErn – AnkER-Zentren und die Beschleunigung von Asylverfahren, Im Dialog 1 (2019), 117–160.

Rosenbrock, Rolf/Kümpers, Susanne, Primärprävention als Beitrag zur Verminderung sozial bedingter Ungleichheit von Gesundheitschancen, in: *Richter, Matthias/Hurrelmann, Klaus* (Hrsg.), Gesundheitliche Ungleichheit. Grundlagen, Probleme, Perspektiven, 2. Aufl., Wiesbaden 2009, S. 385–403.

Rothfritz, Lauri Philipp, Die Konvention der Vereinten Nationen zum Schutz der Rechte von Menschen mit Behinderungen. Eine Analyse unter Bezugnahme auf die deutsche und europäische Rechtsebene, Frankfurt a.M. 2010.

Rothkegel, Ralf, Ein Danaergeschenk für den Gesetzgeber, zum Urt. des Bundesverfassungsgerichts vom 9. Februar 2010 - 1 BvL 1, 3, 4/09, ZFSH / SGB 45 (2010), 135–146.

Rothkegel, Ralf, Konsequenzen des „Hartz IV"-Urt.s des Bundesverfassungsgerichts für die verfassungsrechtliche Beurteilung der Leistungen nach dem Asylbewerberleistungsgesetz, ZAR 30 (2010), 373–378.

Rothkegel, Sibylle, Die Situation von Flüchtlingen und Migrantinnen und die Folgen traumatischer Erlebnisse, in: *Fastie, Friesa/Zypries, Brigitte* (Hrsg.), Opferschutz im Strafverfahren, 2. Aufl., Opladen 2008, S. 29–42.

Rüsch, Nicolas/Berger, Mathias/Finzen, Asmus/Angermeyer, Matthias, Das Stigma psychischer Erkrankungen. Ursachen, Formen und therapeutische Konsequenzen, in: *Berger, Mathias/Angenendt, Jörg* (Hrsg.), Psychische Erkrankungen. Klinik und Therapie, 3. Aufl., München 2009, S. 823–827.

Saborowski, Nadja, Wie werden besondere Bedürfnisse nach der Aufnahmerichtlinie ermittelt? Empfehlungen aus der Praxis, Asylmagazin 17 (2014), 242–245.

Sachs, Michael (Hrsg.), Grundgesetz. Kommentar, 9. Aufl., München 2021 (zitiert: Sachs GG/*Bearbeiter*in*).

Sachsse, Ulrich, Traumazentrierte Psychotherapie, in: *Sachsse, Ulrich* (Hrsg.), Traumazentrierte Psychotherapie. Theorie, Klinik und Praxis, 3. Aufl., Stuttgart 2018, S. 115–116.

Sachverständigenrat zur Begutachtung der Entwicklung im Gesundheitswesen (SVR), Optimierung des Systems durch Gesundheitsförderung und Prävention, Bedarfsgerechtigkeit und Wirtschaftlichkeit. Gutachten 2000/2001, 13–48.

dass., 4. Strategien der Primärprävention, Koordination und Qualität im Gesundheitswesen. Gutachten 2005.

dass., Bedarfsgerechtigkeit und Wirtschaftlichkeit, Gutachten 2000/2001.

dass., Koordination und Qualität im Gesundheitswesen, Gutachten 2005.

Sander, Gerald, Europäischer Gesundheitsschutz als primärrechtliche Aufgabe und grundrechtliche Gewährleistung, ZEuS 8 (2005), 253–272.

ders., Gesundheitsschutz nach Art. 35 der Europäischen Grundrechte-Charta, in: *Klíma, Karel/Sander, Gerald* (Hrsg.), Grund- und Menschenrechte in Europa, Hamburg 2010, S. 217–235.

Saul, Ben/Kinley, David/Mowbray, Jacqueline, The International Covenant on Economic, Social and Cultural Rights, Commentary, Oxford 2014.

Schäfer, Ingo/Gast, Ursula/Hofmann, Arne/Knaevelsrud, Christine/Lampe, Astrid/Liebermann, Peter/Lotzin, Annett/Maercker, Andreas/Rosner, Rita/Wöller, Wolfgang, S3 Leitlinie Posttraumatische Belastungsstörung, Berlin 2019.

Schäfer, Roland/Siebert, Juditha, Chancen und Grenzen des Einsatzes ehrenamtlicher Helfer bei der Aufnahme und Unterbringung von Flüchtlingen, in: *Meyer, Hubert/Ritgen, Klaus/Schäfer, Roland* (Hrsg.), Handbuch Flüchtlingsrecht und Integration, 2. Aufl., Wiesbaden 2018, S. 383–392.

Schaich, Ute, Fehlende Übergänge. Eingewöhnung in die Kinderkrippe am Beispiel eines Mädchens mit Migrationshintergrund, Psyche 66 (2012), 522–544.

Schammann, Hannes, Wenn Variationen den Alltag bestimmen. Unterschiede lokaler Politikgestaltung in der Leistungsgewährung für Asylsuchende., ZfVP 9 (2015), 161–182.

Schay, Peter/Liefke, Ingrid, Sucht und Trauma. Integrative Traumatherapie in der Drogenhilfe, Wiesbaden 2009.

Schedlich, Claudia, Flüchtlinge und die COVID-19-Pandemie, in: *Bering, Robert/Eichenberg, Christiane* (Hrsg.), Die Psyche in Zeiten der Corona-Krise. Herausforderungen und Lösungsansätze für Psychotherapeuten und soziale Helfer, 3. Aufl., Stuttgart 2021, S. 322–333.

Schellhorn, Helmut/Hohm, Karl-Heinz/Scheider, Peter (Hrsg.), SGB XII. Sozialhilfe, 20. Aufl., München 2020 (zitiert: Schellhorn/Hohm/Schneider/SGB XII/*Bearbeiter*in*).

Schick, Matthis/Zumwald, Andre/Knöpfli, Bina/Nickerson, Angela/Bryant, Richard/Schnyder, Ulrich/Müller, Julia/Morina, Naser, Challenging future, challenging past: the relationship of social integration and psychological impairment in traumatized refugees, EJPT 7 (2016), 28057.

Schifferdecker, Stefan/Brehm, Björn, Sanktionsurteil des BVerfG: Befriedung eines erbitterten Konflikts? Besprechung des Urt.s des BVerfG vom 5.11.2019, 1 BvL 7/16, NZS 29 (2020), 1–6.

Schlüter, Alix, Beweisfragen in der Rechtsprechung des Europäischen Gerichtshofs für Menschenrechte, Berlin 2019.

Schmid, Günther, Wege in eine neue Vollbeschäftigung. Übergangsarbeitsmärkte und aktivierende Arbeitsmarktpolitik, Frankfurt a.M. 2002.

Schmidt, Adela, Die vergessene Richtlinie 2001/55/EG für den Fall eines Massenzustroms von Vertriebenen als Lösung der aktuellen Flüchtlingskrise, ZAR 35 (2015), 205–212.

Schmidt, Adela/Hofmann, Rainer, Die Erklärung EU-Türkei vom 18.3.2016 aus rechtlicher Perspektive, NVwZ 35 (2016), 743–744.

Schmidt, Bettina/Ahrens, Dieter, Die Gesundheitsförderung frisst ihre Klienten, in: *Gerlinger, Thomas/Kümpers, Susanne/Lenhardt, Uwe/Wright, Michael* (Hrsg.), Politik für Gesundheit, Bern 2010, S. 223–233.

Schmidt, Kerstin, BPtK-Standpunkt, Psychische Erkrankungen bei Flüchtlingen, 2015.

Schmidt am Busch, Birgit, Die Gesundheitssicherung im Mehrebenensystem, Tübingen 2007.

Schmidt-Aßmann, Eberhard, Verfassungsfragen der Gesundheitsreform, NJW 57 (2004), 1689–1695.

Schmittmann, Georg, Rechte und Grundsätze in der Grundrechtecharta, Köln 2007.

Schneider, Jakob, Die Justiziabilität wirtschaftlicher, sozialer und kultureller Menschenrechte, Berlin 2004.

Schouler-Ocak, Meryam, Flüchtlinge: Hier besteht dringender Handlungsbedarf!, DNP 16 (2015), 3–4.

Schreiber, Frank, Gesundheitsleistungen im europäischen Flüchtlingssozialrecht. Die mangelhafte Umsetzung der Aufnahme-Richtlinie 2003/9/EG in den §§ 4, 6 AsylbLG, ZESAR 9 (2010), 107–112.

Schülle, Mirjam, Medizinische Versorgung für Menschen mit Behinderungen, die Leistungen nach dem Asylbewerberleistungsgesetz erhalten, in: *Westphal, Manuela/Wansing, Gudrun* (Hrsg.), Migration, Flucht und Behinderung. Herausforderungen für Politik, Bildung und psychosoziale Dienste, Wiesbaden 2018, S. 145–165.

Schulz-Algie, Evelyn, „MANNO STOPP!". Das Menschenrecht von jungen Kindern auf Schutz vor Gewalt in Unterkünften für geflüchtete Menschen, in: *Wihstutz, Anne* (Hrsg.), Zwischen Sandkasten und Abschiebung, Opladen 2019, S. 163–195.

Schulze Wessel, Julia, Sicherheitspolitik und Migration: Über die sicherheitspolitische Erzeugung von Unsicherheiten und das Dilemma der Menschenrechte, in: *Werz, Nikolaus* (Hrsg.), Sicherheit, Baden-Baden 2009, S. 113–124.

Schumacher, Christoph, Die externe Dimension der EU – Stellung der Drittstaatsangehörigen in der Sozialen Sicherheit, ZESAR 10 (2011), 368–373.

Schuster, Anna-Lena, Ein besonderes Bedürfnis – Das Beurteilungserfordernis des Art. 22 der Aufnahmerichtlinie, Asylmagazin 17 (2014), 235–241.

Schwarze, Jürgen/Becker, Ulrich/Hatje, Armin/Schoo, Johann (Hrsg.), EU-Kommentar, 4. Aufl., Baden-Baden, Wien, Basel 2019 (zitiert: Schwarze/Becker/Hatje/Schoo, EU-Kommentar/*Bearbeiter*in*).

Seewald, Otfried, Zum Verfassungsrecht auf Gesundheit, Köln 1981.

ders., Gesundheit als Grundrecht. Grundrechte als Grundlage von Ansprüchen auf gesundheitsschützende staatliche Leistungen, Königstein/TS. 1982.

Seidl, Julian, Widersprüchliches aus Karlsruhe zu den Leistungseinschränkungen im AsylbLG und zum Grundrecht auf ein menschenwürdiges Existenzminimum, VerfBlog (2021).

Senti, Martin, Der Einfluß internationaler Organisationen auf nationale Sozialausgaben: Das Beispiel der Internationalen Arbeitsorganisation (ILO) 1960 – 1989, PVS 39 (1998), 527–557.

Servais, Jean-Michel, International labour law, 5. Aufl., Alphen aan den Rijn 2017.

Servais, Jean-Michel/van Goethem, Valérie, International Labour Organization (ILO), Alphen aan den Rijn 2016.

Sharp, Timothy/Harvey, Allison, Chronic pain and posttraumatic stress disorder: mutual maintenance?, Clin Psychol Rev. 21 (2001), 857–877.

Shirvani, Foroud, § 242 Soziale Grundrechte, in: *Merten, Detlef/Papier, Hans-Jürgen* (Hrsg.), Handbuch der Grundrechte in Deutschland und Europa. Band VIII: Landesgrundrechte in Deutschland, Heidelberg, 2017, Rn. 1–72.

Siefert, Jutta (Hrsg.), Asylbewerberleistungsgesetz, 2. Aufl., 2020 (zitiert: Siefert AsylbLG/*Bearbeiter*in*).

Silove, Derrick/Sinnerbrink, Ingrid/Field, Annette/Manicavasagar, Vijaya/Steel, Zachary, Anxiety, depression and PTSD in asylum-seekers: associations with pre-migration trauma and post-migration stressors, Br J Psychiatry 170 (1997), 351–357.

Simma, Bruno, Die vergessenen Rechte: Bemühungen zur Stärkung des VN-Sozialpakts, in: *Ruland, Franz* (Hrsg.), Verfassung, Theorie und Praxis des Sozialstaats, Heidelberg 1998, S. 867–882.

Siriwardhana, Chesmal/Stewart, Robert, Forced migration and mental health: prolonged internal displacement, return migration and resilience, Int Health 5 (2013), 19–23.

Slesina, Wolfgang, Möglichkeiten und Grenzen der Prävention, ZEFQ 103 (2009), 356.

Sodan, Helge, Zur Verfassungsmäßigkeit der Ausgliederung von Leistungsbereichen aus der gesetzlichen Krankenversicherung - Dargestellt am Beispiel der Versorgung mit Zahnersatz, NZS 12 (2003), 393–401.

Soria, José Martínez, Das Recht auf Sicherung des Existenzminimums unter europäischem und innerstaatlichen Druck, JZ 60 (2005), 644–652.

Spadafora, Natalie/Schiralli, Katerina/Al-Jbouri, Elizabeth, Peer Groups, in: *Shackelford, Todd/Weekes-Shackelford, Viviana* (Hrsg.), Encyclopedia of Evolutionary Psychological Science, Cham 2019, S. 1–9.

Spallek, Jacob/Razum, Oliver, Erklärungsmodelle für die gesundheitliche Situation von Migrantinnen und Migranten, in: *Bauer, Ullrich/Bittlingmayer, Uwe/Richter, Matthias* (Hrsg.), Health Inequalities. Determinanten und Mechanismen gesundheitlicher Ungleichheit, Wiesbaden 2008, S. 271–288.

Spickhoff, Andreas (Hrsg.), Medizinrecht, 3. Aufl., München 2018 (zitiert: Spickhoff MedR/*Bearbeiter*in*).

Spitzlei, Thomas, Asylbewerberleistungsrecht und grundgesetzliches Existenzminimum, JA 49 (2017), 165–171.

Sprung, Manuel, Krieg, Terrorismus und Flucht. Auswirkungen auf die psychische Gesundheit und Entwicklung von Kindern und Jugendlichen, in: *Kaiser, Elmar/Riffer, Friedrich/Streibl, Lore/Sprung, Manuel* (Hrsg.), Das Fremde: Flucht - Trauma - Resilienz. Aktuelle traumaspezifische Konzepte in der Psychosomatik, Berlin 2018, S. 55–79.

ders., Traumatische Kindheitserlebnisse. Häufigkeit und Folgen für die biopsychosoziale Gesundheit und Entwicklung, in: *Kaiser, Elmar/Riffer, Friedrich/Streibl, Lore/Sprung, Manuel* (Hrsg.), Das Fremde: Flucht - Trauma - Resilienz. Aktuelle traumaspezifische Konzepte in der Psychosomatik, Berlin 2018, S. 41–54.

Sprung, Manuel/Kaiser, Elmar/Streibl, Lore/Riffer, Friedrich, Resilienz und posttraumatische Reifung, in: *Kaiser, Elmar/Riffer, Friedrich/Streibl, Lore/Sprung, Manuel* (Hrsg.), Das Fremde: Flucht - Trauma - Resilienz. Aktuelle traumaspezifische Konzepte in der Psychosomatik, Berlin 2018, S. 205–213.

Stahl, Andreas, Traumasensible Seelsorge. Grundlinien für die Arbeit mit Gewaltbetroffenen, Stuttgart 2019.

Starck, Christian, Völkerrecht, Unionsrecht und nationales Verfassungsrecht, in: *Schumann, Eva* (Hrsg.), Hierarchie, Kooperation und Integration im Europäischen Rechtsraum, Göttingen 2015, S. 65–80.

Steiner, Christoph, Das Recht auf soziale Gesundheitsversorgung, Frankfurt a.M. 2004.

Steiner, Henry/Alston, Philip/Goodman, Ryan, International human rights in context. Law, politics, morals: text and materials, 3. Aufl., New York 2008.

Stenzel, Monique, Migration und Gesundheit, in: *Stauder, Johannes/Rapp, Ingmar/Eckhard, Jan* (Hrsg.), Soziale Bedingungen privater Lebensführung, Wiesbaden 2016, S. 283–303.

Stern, Klaus, Das Staatsrecht der Bundesrepublik Deutschland. Band I: Grundbegriffe und Grundlagen des Staatsrechts, Strukturprinzipien der Verfassung, 2. Aufl., München 1984.

Stern, Klaus/Sachs, Michael (Hrsg.) Europäische Grundrechte-Charta, Kommentar, München 2016 (zitiert: Stern/Sachs/GRCh/*Bearbeiter*in*).

Streich, Waldemar, Vulnerable Gruppen: „Verwundbarkeit“ als politiksensibilisierende Metapher in der Beschreibung gesundheitlicher Ungleichheit, in: *Richter, Matthias/Hurrelmann, Klaus* (Hrsg.), Gesundheitliche

Ungleichheit. Grundlagen, Probleme, Perspektiven, 2. Aufl., Wiesbaden 2009, S. 301–307.

Streinz, Rudolf/Michl, Walther (Hrsg.), EUV/AEUV. Vertrag über die Europäische Union, Vertrag über die Arbeitsweise der Europäischen Union, Charta der Grundrechte der Europäischen Union, 3. Aufl., München 2018 (zitiert: Streinz, EUV/AEUV/*Bearbeiter*in*).

Ströttchen, Jonathan, Verfassungsrechtliche Ansprüche auf konkrete medizinische Leistungen. Die Durchbrechung leistungsbeschränkender Normen in der gesetzlichen Krankenversicherung, Baden-Baden 2019.

Strotzka, Hans, Psychotherapie und Tiefenpsychologie, 2. Aufl., Wien 1984.

Stubbe Østergaard, Liv/Hjern, Anders, Models of Child Health Appraised, Migrant Children in Europe: Entitlements to Health Care, Europäische Union, 2016.

Sulz, Serge, Psychotherapie-Definition, Berufsbilds und Kompetenzprofil – Der Teufel liegt im Detail, in: *Sulz, Serge* (Hrsg.), Psychotherapie ist mehr als Wissenschaft. Ist hervorragendes Expertentum durch die Reform gefährdet?, München 2014, 233–247.

Tambini Stollwerck, Estella/Nikendei, Christoph, Kommentar: Welche psychologischen Hindernisse erschweren die Identifizierung von Betroffenen von Menschenhandel in Erstaufnahme- und Registrierungsstellen für Schutzsuchende?, in: *Heuser, Helene/Junghans, Jakob/Kluth, Winfried* (Hrsg.), Der Schutz vulnerabler Personen im Flucht- und Migrationsrecht. Grundlagen, Identifizierung und bedarfsgerechte Maßnahmen am Beispiel der Betroffenen von Menschenhandel, Halle (Saale) 2021, S. 167–171.

Tangermann, Julian/Hoffmeyer-Zlotnik, Paula, Unbegleitete Minderjährige in Deutschland. Herausforderungen und Maßnahmen nach der Klärung des aufenthaltsrechtlichen Status, 2018.

Taylor, Craig Barr/Cameron, Rebecca/Newman, Michelle/Junge-Hoffmeister, Juliane, Issues related to combining risk factor reduction and clinical treatment for eating disorders in defined populations, J Behav Health Serv Res 29 (2002), 81–90.

Taylor, Maxwell/Ryan, Helen, Fanaticism, political suicide and terrorism, Terrorism 11 (1988), 91–111.

Thym, Daniel, Migrationssteuerung im Einklang mit den Menschenrechten – Anmerkungen zu den migrationspolitischen Diskursen der Gegenwart, ZAR 38 (2018), 193–200.

ders., „Zurückweisungen“ von Asylbewerbern nach der Dublin III-Verordnung, NJW 71 (2018), 2353–2357.

ders., Geordnete Rückkehr und Bleiberechte im Dschungel des Migrationsrechts, ZAR 39 (2019), 353–362.

Tiedemann, Paul, Verfassungswidrigkeit der Leistungssätze des Asylbewerberleistungsgesetzes, NVwZ 31 (2012), 1024–1033.

ders., Flüchtlingsrecht. Die materiellen und verfahrensrechtlichen Grundlagen, 2. Aufl., Berlin 2019.

Tießler-Marenda, Elke, Folgen des BVerfG-Urt.s zum Existenzminimum für das AsylbLG, Asylmagazin 15 (2012), 232–235.

Toebes, Brigit, The Right to Health as a Human Right in International Law, Antwerpen 1999.

dies., The right to health, in: *Eide, Asbjørn/Rosas, Allan/Krause, Catarina* (Hrsg.), Economic, social, and cultural rights. The right to health, 2. Aufl., Dordrecht 2001, S. 169–190.

Tohidipur, Timo, Sans Papiers und Gesundheitsversorgung Möglichkeiten europäischer Harmonisierung, in: *Falge, Christiane/Fischer-Lescano, Andreas/Sieveking, Klaus* (Hrsg.), Gesundheit in der Illegalität. Rechte von Menschen ohne Aufenthaltsstatus, Baden-Baden 2009, S. 183–194.

Töller, Annette Elisabeth/Reiter, Renate/Günther, Wolfgang/Walter, Lisa, Rechtliche, organisatorische und politische Rahmenbedingungen der psychiatrisch-psychotherapeutischen Versorgung von Geflüchteten in Deutschland: Identifikation von Problembereichen und Lösungsansätzen, Z'Flucht 4 (2020), 37–67.

Tomuschat, Christian, Human Rights. Between Idealism and Realism, 2. Aufl., Oxford 2008.

Tremmel, Michael, Gesundheit und Gesundheitsförderung aus sozialpastoraler Perspektive. Theologische Reflexionen zur Ottawa-Charta für Gesundheitsförderung als Beitrag zum interdisziplinären Dialog mit der Gesundheitswissenschaft und der Wissenschaft Soziale Arbeit, Münster 2010.

Tryta, Regina, Der Betrieb von Flüchtlingsunterkünften. Das Beispiel des Landkreises Verden, in: *Meyer, Hubert/Ritgen, Klaus/Schäfer, Roland* (Hrsg.), Handbuch Flüchtlingsrecht und Integration, 2. Aufl., Wiesbaden 2018, S. 333–351.

Uerpmann-Wittzack, Robert, Doppelter Grundrechtsschutz für die zukünftige Europäische Union, DÖV 6 (2005), 152–157.

UNICEF Deutschland, Gewaltschutz in Unterkünften für geflüchtete Menschen. Eine kinderrechtliche Analyse basierend auf einer Befragung der 16 Bundesländer, Köln 2020.

United Nations, Transforming our world, The 2030 agenda for sustainable development, 2016.

dass., Resolution Adopted by the General Assembly on 25 September 2015, in: *Walker, Julia/Pekmezovic, Alma/Walker, Gordon* (Hrsg.), Sustainable

Development Goals. Harnessing business to achieve the SDGs through finance, technology and law reform, Chichester 2019, S. 333–374.

United Nations High Commissioner for Refugees (UNHCR), UNHCR Annotated Comments to Directive 2013/33/EU of the European Parliament and Council of 26 June 2013 laying down standards for the reception of applicants for international protection (recast), 2015.

Uygun, Ersin, The Life Condition of Syrian Asylum Seekers in Turkey and the Effect of These Conditions on the Desire to Migrate to Europe, Psychiatry Investig 17 (2020), 55–60.

Varvin, Sverre, Asylsuchende und Geflüchtete. Ihre Situation und ihre Behandlungsbedürfnisse, Psyche 70 (2016), 825–855.

Voigt, Claudius, Die »Bleibeperspektive«. Wie ein Begriff das Aufenthaltsrecht verändert, Asylmagazin 19 (2016), 245–251.

vom Felde, Lisa/Flory, Lea/Baron, Jenny, Identifizierung besonderer Schutzbedürftigkeit am Beispiel von Personen mit Traumafolgestörungen, Status quo in den Bundesländern, Modelle und Herausforderungen, Bundesweite Arbeitsgemeinschaft der Psychosozialen Zentren für Flüchtlinge und Folteropfer, 2020.

Vorholz, Irene, Leistungen nach dem Asylbewerberleistungsgesetz, in: *Meyer, Hubert/Ritgen, Klaus/Schäfer, Roland* (Hrsg.), Handbuch Flüchtlingsrecht und Integration, 2. Aufl., Wiesbaden 2018, S. 214–220.

dies., Zugang zu Sozialleistungen, in: *Meyer, Hubert/Ritgen, Klaus/Schäfer, Roland* (Hrsg.), Handbuch Flüchtlingsrecht und Integration, 2. Aufl., Wiesbaden 2018, S. 267–275.

Wächter-Raquet, Markus, Einführung der Gesundheitskarte für Asylsuchende und Flüchtlinge, Der Umsetzungsstand im Überblick der Bundesländer, Bertelsmann Stiftung, 2016.

Wahedi, Katharina/Biddle, Louise/Jahn, Rosa/Ziegler, Sandra/Kratochwill, Steffen/Pruskil, Susanne/Noest, Stefan/Bozorgmehr, Kayvan, Medizinische Versorgung von Asylsuchenden in Erstaufnahmeeinrichtungen: Eine qualitative Bestandsaufnahme aus Versorgungsperspektive, Bundesgesundheitsbl 63 (2020), 1460–1469.

Wahrendorf, Volker, BVerfG 9.2.2010: Gibt es ein Grundrecht auf Sicherung des Existenzminimums?, Sozialrecht aktuell 6 (2010), 90–93.

Walburg, Christian, Migration und Jugenddelinquenz - Mythen und Zusammenhänge, 2014.

Walter, Ulla/Krauth, Christian/Salman, Ramazan/Machleidt, Wielant, Gesundheit und gesundheitliche Versorgung von Migranten unter besonderer Berücksichtigung von Sucht, Nervenarzt 78 (2007), 1058–1061.

Walther, Lena/Fuchs, Lukas/Schupp, Jürgen/Scheve, Christian von, Living Conditions and the Mental Health and Well-being of Refugees: Evidence from a Large-Scale German Survey, J Immigr Minor Health 22 (2020), 903–913.

Wångdahl, Josefin/Lytsy, Per/Mårtensson, Lena/Westerling, Ragnar, Health literacy and refugees' experiences of the health examination for asylum seekers – a Swedish cross-sectional study, BMC Public Health 15 (2015), 1162.

Weber, Andreas/Hörmann, Georg/Heipertz, Walther, Arbeitslosigkeit und Gesundheit aus sozialmedizinischer Sicht, Dtsch Arztebl 104 (2007), 2957–2962.

Weber, Bodo, The EU-Turkey Refugee Deal and the not quite closed Balkan Route, 2017.

Weber, Klaus, Zurückschiebung, in: *Creifelds, Carl/Weber, Klaus/Aichberger, Thomas/Cassardt, Gunnar* (Hrsg.), Rechtswörterbuch, 26. Aufl., München 2021.

Wegener, Bernhard, § 5 Wirtschaftsgrundrechte, in: *Ehlers, Dirk* (Hrsg.), Europäische Grundrechte und Grundfreiheiten, 4. Aufl., Berlin 2015, S. 171–197.

Weis, Paul, The Refugee Convention 1951. The Travaux préparatoires analysed with a Commentary, 1990.

Welsh, Caroline, Gibt es ein Recht auf Krankheit? Historische und theoretische Überlegungen im Anschluss an Juli Zehs Roman Corpus Delicti, in: *Bielefeldt, Heiner/Frewer, Andreas* (Hrsg.), Das Menschenrecht auf Gesundheit. Normative Grundlagen und aktuelle Diskurse, Bielefeld 2016, 215–239.

Weltgesundheitsorganisation (WHO), Global action plan to promote the health of refugees and migrants, Draft 4+, 2018.

dass., Promoting the health of refugees and migrants, 2019.

dass., Stronger collaboration for an equitable and resilient recovery towards the health-related Sustainable Development Goals: 2021 progress report on the Global Action Plan for Healthy Lives and Well-being for All, 2021.

Welti, Felix, Gesundheitsförderung und Prävention im System der Sozialversicherung seit Inkrafttreten des Präventionsgesetzes, VSSAR 37 (2019), 313–327.

Wendekamm, Michaela, Die Wahrnehmung von Migration als Bedrohung. Zur Verzahnung der Politikfelder innere Sicherheit und Migrationspolitik, Wiesbaden 2014.

Wendel, Matthias, Zur Verbundstruktur administrativer Entscheidungsspielräume am Beispiel des Migrations- und Regulierungsrechts, Tübingen 2019.

Wenner, Judith/Razum, Oliver/Schenk, Liane/Ellert, Ute/Bozorgmehr, Kayvan, Gesundheit von Kindern und Jugendlichen aus Familien mit ungesichertem Aufenthaltsstatus im Vergleich zu Kindern mit und ohne Migrationshintergrund.

Auswertung der KiGGS-Daten 2003-06, Bundesgesundheitsbl 59 (2016), 627–635.

Werthern, Martha von/Robjant, Katy/Ottisova, Livia/Mason, Claire/Katona, Cornelius, The impact of immigration detention on mental health: a systematic review, BMC Psychiatry 18 (2018), 382.

Widder, Bernhard, Die neuen Diagnosekriterien nach DSM-5 und ICD-11 bei der Begutachtung psychischer Schädigungsfolgen, medsach 116 (2020), 102–106.

Wiedeck, Carla, Priorisierung in der Gesetzlichen Krankenversicherung, München 2015.

Wihstutz, Anne, Zentrale Erkenntnisse und Empfehlungen, in: *Wihstutz, Anne* (Hrsg.), Zwischen Sandkasten und Abschiebung, Opladen 2019, S. 223–238.

Wilksch, Florian, Ist die Gesundheitsversorgung migrationspolitisch relativierbar, JuWiss (2014), 1–4.

ders., Recht auf Krankenbehandlung und Recht auf ein menschenwürdiges Existenzminimum, Wiesbaden 2017.

Wilmes, Jan (Hrsg.), Private Krankenversicherung. Kommentar zu den §§ 192–208, 213 VVG, zu den MB/KK und MB/KT sowie zu weiteren Gesetzes- und Regelwerken in der privaten Krankenversicherung, 5. Aufl., München 2015 (zitiert: Wilmes/*Bearbeiter*in*).

Wink, Konrad, Was ist klinische Relevanz?, MMW - Fortschritte der Medizin 160 (2018), 1–5.

Wirtgen, Waltraut, Traumatisierte Flüchtling: Psychische Probleme bleiben meist unerkannt, Dtsch Arztebl 106 (2009), A-2463 / B-2115 / C-2055.

Wolff, Barbara, Ressourcen stärken. Vernetzte Hilfen für Schutz suchende Menschen, Soziale Psychiatrie 40 (2016), 30–31.

Wollenschläger, Ferdinand, Der sozialrechtliche Schutz von Asylbewerbern in Deutschland, in: *Wulffen, Matthias von/Krasney, Otto Ernst* (Hrsg.), Köln 2004, S. 317–338.

Zabel, Benno, Das Paradox der Prävention, in: *Puschke, Jens/Singelnstein, Tobias* (Hrsg.), Der Staat und die Sicherheitsgesellschaft, Wiesbaden 2018, S. 55–75.

Zacher, Hans, Wird es einen europäischen Sozialstaat geben?, EuR 37 (2002), 147–164.

Zaumseil, Manfred, Beiträge der Psychologie zum Verständnis des Zusammenhangs von Kultur und psychischer Gesundheit bzw. Krankheit, in: *Wohlfart, Ernestine/Zaumseil, Manfred* (Hrsg.), Transkulturelle Psychiatrie - interkulturelle Psychotherapie. Interdisziplinäre Theorie und Praxis, Berlin 2006, S. 3–50.

Zenker, Heinz-Jochen/Kirchner, Stephanie, Geflüchtete Menschen in Deutschland: Ankerzentren machen krank, Dtsch Arztebl 117 (2020), A-70 / B-64 / C-62.

Zimmermann, Andreas (Hrsg.), The 1951 Convention relating to the status of refugees and its 1967 Protocol. A commentary, Oxford 2011 (zitiert: Zimmermann 1951 Convention/*Bearbeiter*in).*

Zwermann-Milstein, Nina Tabea, Grund und Grenzen einer verfassungsrechtlich gebotenen gesundheitlichen Mindestversorgung, Baden-Baden 2015.

Internet-Quellen

Abele, Katrin, Vertragsverletzungsverfahren im Oktober. Entscheidungen zu Deutschland, https://germany.representation.ec.europa.eu/news/vertragsverletzungsverfahren-im-oktober-entscheidungen-zu-deutschland-2019-10-10_de (Stand: 29.08.2022).

Amnesty International, Frauen auf der Flucht: Opfer von sexueller Gewalt, Belästigung und Ausbeutung, https://www.amnesty.ch/de/themen/asyl-und-migration/festung-europa/dok/2016/opfer-von-gewalt-und-ausbeutung (Stand: 29.08.2022).

Avramopoulos, Dimitris, Activation of the temporary protection directive, http://www.europarl.europa.eu/doceo/document/E-8-2015-016015-ASW_EN.html (Stand: 29.08.2022).

Brinkmann, Gisbert, EU-Migrationsrecht für Drittstaatsangehörige, https://www.akademie-rs.de/fileadmin/user_upload/download_archive/migration/20180126_brinkmann_drittstaatsangehoerige.pdf (Stand: 29.08.2022).

Bundesamt für Migration und Flüchtlinge (BAMF), Was heißt gute Bleibeperspektive?, https://www.bamf.de/SharedDocs/FAQ/DE/IntegrationskurseAsylbewerber/001-bleibeperspektive.html?nn=282388 (Stand: 29.08.2022).

Bundesinstitut für Arzneimittel und Medizinprodukte (BfArM), ICD-11 - 11. Revision der ICD der WHO, https://www.bfarm.de/DE/Kodiersysteme/Klassifikationen/ICD/ICD-11/_node.html (Stand: 29.08.2022).

Bundesministerium für Arbeit und Soziales (BMAS), Dolmetscher - Ermessen, http://ggua.de /fileadmin/downloads/tabellen_und_uebersichten/Brief_von_der_Leyen_dolmetscherkosten.pdf (Stand: 29.08.2022).

Cindik, Elif Duygu, Migration, psychische Gesundheit und transkulturelle Psychiatrie, https://heimatkunde.boell.de/2009/04/18/migration-psychische-gesundheit-und-transkulturelle-psychiatrie (Stand: 29.08.2022).

Flüchtlingsrat Niedersachsen e.V., Soziale Sicherung, https://www.nds-fluerat.org/leitfaden/16-aufenthaltserlaubnis-qualifizierte-geduldete-beschaeftigung/16-4-soziale-sicherung/ (Stand: 29.08.2022).

Gangarova, Tanja, Migration und Gesundheit: Das Zauberwort heißt „Strukturelle Prävention", http://www.migrazine.at/artikel/migration-und-gesundheit-das-zauberwort-hei-t-strukturelle-pr-vention (Stand: 29.08.2022).

Human Rights Watch, World Report 2021. Turkey, https://www.hrw.org/world-report/2021/country-chapters/turkey#236bc2 (Stand: 29.08.2022).

Landespsychotherapeutenkammer Baden-Württemberg (LPK BW), Die längsten Fehlzeiten weiterhin durch psychische Erkrankungen, https://www.lpk-bw.de/news/2019/die-laengsten-fehlzeiten-weiterhin-durch-psychische-erkrankungen (Stand: 29.08.2022).

maiz - Autonomes Zentrum von und für Migrantinnen, „Das Leben hat Gewicht!". Ein Projekt der Primärprävention von Essstörungen im Kontext von Migration, http://www.migrazine.at/artikel/das-leben-hat-gewicht-ein-projekt-der-prim-rpr-vention-von-essst-rungen-im-kontext-von-migra (Stand: 29.08.2022).

MiGAZIN, Gesundheitswesen muss sich auf Migranten einstellen, http://www.migazin.de/amp/2015/11/18/integrationsgipfel-im-kanzleramt-gesundheitswesen-muss-sich-auf-migranten-einstellen/ (Stand: 29.08.2022).

dass., Städte lehnen Gesundheitskarte für Flüchtlinge ab, Krankenkassen sind dafür, http://www.migazin.de/2016/01/26/staedte-lehnen-gesundheitskarte-fuer-fluechtlinge-ab-krankenkassen-sind-dafuer/ (Stand: 29.08.2022).

dass., Flickenteppich bei Gesundheitsversorgung von Asylsuchenden. Gesundheitskarte, http://www.migazin.de/2016/03/10/flickenteppich-bei-gesundheitsversorgung-von-asylsuchenden/ (Stand: 29.08.2022).

Obradovic, Marija, Protecting Female Refugees against Sexual and Gender-based Violence in Camps, https://unu.edu/publications/articles/protecting-female-refugees-against-sexual-and-gender-based-violence-in-camps.html (Stand: 29.08.2022).

Statista, Durchschnittliche Arbeitsunfähigkeitsdauer aufgrund von psychischen Erkrankungen im Zeitraum von 2006 bis 2020, https://de.statista.com/statistik/daten/studie/845/umfrage/dauer-von-arbeitsunfaehigkeit-aufgrund-von-psychischen-erkrankungen/ (Stand: 29.08.2022).

Statistisches Bundesamt (Destatis), Asylbewerberleistungen, https://www.destatis.de/DE/Themen/Gesellschaft-Umwelt/Soziales/Asylbewerberleistungen/_inhalt.html (Stand: 29.08.2022).

dies., Empfängerinnen und Empfänger von Leistungen nach dem Asylbewerberleistungsgesetz, https://www.destatis.de/DE/Themen/Gesellschaft-Umwelt/Soziales/Asylbewerberleistungen/Tabellen/4-3-zv-aufenthaltsr-status-ab2020.html (Stand: 29.08.2022).

Thüringer Ministerium für Migration, Justiz und Verbraucherschutz, Aufnahmen aus Afghanistan, https://justiz.thueringen.de/themen/migration/aufenthaltsrecht#c65931 (Stand: 29.08.2022).

Weltgesundheitsorganisation (WHO), ICD-11 Coding Tool Mortality and Morbidity Statistics (MMS), https://icd.who.int/ct11/icd11_mms/en/release (Stand: 29.08.2022).

Abbildungsverzeichnis

Tabellenverzeichnis

www.ingramcontent.com/pod-product-compliance
Ingram Content Group UK Ltd.
Pitfield, Milton Keynes, MK11 3LW, UK
UKHW021921290926
8980IPUK00016B/1397

9 783631 890226